재일한인 민족교육의 역사와 현재

민족교육을 지키기 위한 노력과 한계 그리고 과제

이 저서는 2016년 대한민국 교육부와 한국학중앙연구원(한국학진흥사업단)의
한국학총서사업의 지원을 받아 수행된 연구임(AKS-2016-KSS-1230011)

재일코리안100년사 – 한민족으로서의 생활과 문화 08

재일한인 민족교육의 역사와 현재
민족교육을 지키기 위한 노력과 한계 그리고 과제

초판 1쇄 발행   2021년 12월 31일

지은이 ㅣ 김태기
펴낸이 ㅣ 윤관백
펴낸곳 ㅣ 도서출판선인

등 록 ㅣ 제5-77호(1998.11.4)
주 소 ㅣ 서울시 마포구 마포대로 4다길 4 곳마루 B/D 1층
전 화 ㅣ 02) 718-6252 / 6257
팩 스 ㅣ 02) 718-6253
E-mail ㅣ sunin72@chol.com

정가   34,000원
ISBN   979-11-6068-670-8 94900
ISBN   979-11-6068-662-3   (세트)

한국학
총서 재일코리안100년사 - 한민족으로서의 생활과 문화 08

재일한인
민족교육의
역사와 현재

민족교육을 지키기 위한
노력과 한계 그리고 과제

김태기 저

도서
출판 선인

▌ 발간사 ▐

 청암대학교 재일코리안연구소가 2016년 12월부터 수행한 한국학중앙
연구원 한국학총서사업 '재일코리안100년사−한민족으로서의 생활과 문
화'가 드디어 총 8권의 연구총서 시리즈로 결실을 맺게 되었습니다. 먼저
이 학술 프로젝트에 참여해 주신 국내외 연구원들께 심심한 감사의 말씀
을 드립니다.

 이 학술 프로젝트는 재일코리안의 생활과 문화를 입체적으로 고찰함
으로써 재외한인 연구의 새로운 패러다임을 제시하는 것에 목적을 두고
시작되었습니다. 구체적으로는 기존의 정치, 경제, 외교사 중심의 연구
를 넘어 문화와 일상 속의 100년이 넘는 재일코리안의 모습을 총체적으
로 규명하고자 하였습니다. 특히 전문가들의 비교연구를 통해 새로운 재
외동포 연구의 모델을 모색하여, 이민사와 일상사 연구를 보다 심화시킬
수 있도록 노력하였습니다. 동시에 대중학술서라는 총서의 취지에 맞게
전문성에 기초한 대중성을 적극 결합하여 연구의 보편화와 사회적 확산
도 염두에 두고 진행되었습니다.

 이러한 연구 목적을 달성하기 위해 재일코리안 100년의 생활과 문화
의 일상을 시기, 영역, 주제별로 8개 영역으로 나누어 완결성을 목표로
하여 연관성과 독자성을 갖는 연구 성과를 도출하고자 하였습니다. 간단
히 각 권의 연구내용을 소개하자면 다음과 같습니다.

총서 1권 『재일코리안의 문화예술과 위상-기억을 위한 소묘』에서는 재일코리안의 문화예술 활동을 미술, 음악, 연극, 영화, 무용, 체육 등의 분야로 나누어 조망하고 재일코리안의 문화예술 활동의 의의와 가치, 역할과 위상에 대한 시사점을 제공하고 있습니다.

총서 2권 『재일코리안의 이주와 정주-코리아타운의 기억과 지평』에서는 100년이 넘는 재일코리안의 이주사에 기초한 이주와 정주, 코리아타운의 형성과 변천, 과거와 현재의 변화 등을 종합적으로 조명하고 있습니다.

총서 3권 『재일문학이 그린 재일코리안』에서는 재일코리안 문학 연구의 추세와 동향에 대한 총괄과 함께 재일코리안의 생활과 문화의 궤적을 문학 담론을 통해 통시적으로 분석하고 있습니다.

총서 4권 『갈등과 화합의 재일코리안 단체의 역사-조직의 변화를 중심으로』에서는 재일코리안의 단체를 중심으로 갈등과 화합의 역사를 구성하고, 조직을 중심으로 한 재일코리안의 정치적 본질에 접근하고자 시도하고 있습니다.

총서 5권 『항일과 친일의 재일코리안운동』에서는 1945년 광복 이전 재일코리안의 일상을 통해 재일코리안운동의 역사를 조명하고 항일이나 친일만으로는 규정할 수 없는 재일코리안의 생동감 있는 역사와 문화의 중요성을 제시하고 있습니다.

총서 6권 『차별과 싸우는 재일코리안』에서는 일본 사회의 차별적 구조 속에 지금도 존재하는 재일코리안의 대항적 양태를 시기별 사회 변동과 연결하여 살펴보고, 재일코리안이 전개한 반차별 운동의 흐름과 의의를 재조명하고 있습니다.

총서 7권 『재일코리안 기업의 성장과 모국 기여활동』에서는 재일코리안 사회의 근간을 형성하고 있는 경제와 모국 기여라는 두 가지 측면의 현실적인 문제를 짚어보고 재일코리안 사회의 과거와 미래를 전망하고 있습니다.

총서 8권『재일한인 민족교육의 역사와 현재-민족교육을 지키기 위한 노력과 한계 그리고 과제』에서는 재일코리안의 민족교육의 흐름을 조망하고 현재 직면한 재일코리안의 교육문제에 대한 진단과 현실적 대안을 제시하고 있습니다.

이렇게 발간된 우리의 연구 성과가 재일코리안의 생활과 문화, 역사와 운동, 경제와 교육 등 재일코리안 전반에 대한 재평가와 재조명은 물론 연구 지평의 확장에도 크게 기여할 것임을 믿어 의심치 않습니다. 아무쪼록 이 연구총서 시리즈가 재일코리안의 과거와 현재를 조망하고 나아가 발전적인 미래를 모색하는 계기가 되기를 기대합니다. 다시 한 번 이번 학술 프로젝트에 참여해 주신 연구원들의 노고에 깊이 감사드립니다. 아울러 이 학술 프로젝트에 많은 관심과 격려, 그리고 조언을 주신 교내외 여러 선생님들께도 감사를 드립니다. 앞으로도 청암대학교 재일코리안연구소가 소기의 목표를 달성할 수 있도록 많은 관심과 아낌없는 격려를 부탁드립니다. 마지막으로 어려운 여건 속에서도 항상 재일코리안연구소의 많은 간행물을 출판해 주시는 도서출판 선인 윤관백 사장님과 편집진 여러분에게도 감사드립니다.

청암대학교 재일코리안연구소장 김인덕

필자가 재일한인에 대한 연구를 처음 시작한 것은 1986년(석사과정부터)이다. 재일한인의 지문날인 거부 운동으로 일본사회가 어수선한 시기였다. 당시 일본에서는 재일한인 연구자가 많지 않았고, 재일한인에 대한 연구를 하는 것만으로도 편견을 가지고 바라보는 시선이 있었다. 그러했기에 일본에서 공부하는 한국유학생으로서 보다 실증적이고 객관적인 입장에서 연구를 하고, 좋은 연구 성과를 발표해야겠다고 스스로 다짐했다. 그 결과물이 1997년에 발표한 『戰後日本政治と在日朝鮮人問題』(勁草書房)이다.

그로부터 25년이라는 세월이 흘렀다. 지금은 많은 재일한인연구자가 왕성한 연구활동을 하고 있다. 국내는 물론 일본에서도 다양한 분야에서 연구가 이루어지고 있다. 이 책의 내용도 새로운 연구 성과를 많이 반영하고 있고, 즐거운 마음으로 후속연구를 참고하였다. 구체적으로 언급하지 않으나, 필자의 연구에서 부족했던 부분을 지적하고 보완하거나, 더욱 발전시킨 후속 연구들을 읽으면서 나름 행복했다.

그러한 의미에서 이 책도 새로운 후속 연구의 토양이 되었으면 하는 바람을 가지고 정리하였다. 재일한인의 교육문제에 대한 연구가 많이 있지만, 민족교육의 역사와 현황에 대한 전체적인 사실 관계를 정리한 연구가 보이지 않았다. 이 연구는 재일한인 민족교육의 흐름을 조망하는데 도움이 될 것이다. 단지 개괄적으로 정리한 것이기 때문에, 앞으로 보다 구체적이고 실증적인 후속 연구가 나오기를 기대한다.

　이 책을 내면서 여러 사람의 도움을 받았다. 특히 청암대학교 재일코리안연구소 관계자와 도서출판 선인의 편집부에 감사를 드린다.

2021년 12월

김태기

목차

표 목차

1. 일본에 의한 조선의 식민통치 이후 자발적으로 혹은 강제로 일본에 이주하여 거주하는 한인과 그 자손을 '재일한인'이라는 용어로 통일한다. 한국·조선적은 물론 일본국적 취득자도 재일한인의 범위에 포함시킨다. 단지 사료에서 '재일조선인' 등으로 표기된 경우에는 그대로 인용을 하고, 표나 그림의 제목은 원자료의 제목 등을 참고하여 '한국' 혹은 '조선'으로 표기한다.

2. 조련 및 총련계 학교의 경우 '조선인학교'와 '조선학교'라는 용어가 나온다. 1945년 8월 이후 재일한인들이 자발적으로 개설하기 시작한 다양한 형태의 학교와 1949년 10월 및 11월의 조선인학교 폐쇄 이후 만들어진 자주학교 및 야간학교 그리고 공립학교(도립, 공립 분교) 및 특별학급 등, 다양한 형태로 민족교육이 이루어지고 있던 교육시설을 통틀어 '조선인학교'로 표기한다. 1955년에 총련이 결성된 이후의 총련계 학교는 모두 '조선학교'로 표기한다.

3. '초등학교'에 대한 용어로 초등학교, 초등부, 소학교, 초급학교, 초등학원 등 다양한 이름의 학교 명칭이 나온다. 보통명사로 사용할 때는 초등학교라고 표기하고, 고유명사로 사용할 때는 해당 표기를 사용한다. 중고등학교(중고등학생)의 경우, 동경한국학교는 중등부, 고등부 그리고 기타 한국계학교는 중학교, 고등학교, 총련계 조선학교는 중급학교 및 고급학교라 부른다. 이 또한 보통명사로 부를 때는 중학교 및 고등학교로 표기하고 고유명사로 부를 때는 해당 표기를 사용한다.

4. 민족학교 명칭의 경우 민단계의 경우 '동경'한국학교 등 학교 측에서 사용하는 한국식 표기 방법을 그대로 사용한다. 총련의 경우 1958년 초경까지 '동경'조선

중·고급학교, '서금리'(西今里)조선중학교 등 일본지명이 들어간 부분은 한글발음으로 표기하였다. 하지만 1958년도부터 '도쿄'조선중고급학교 등 일본식 발음으로 표기하기 시작하였다.* 조련과 민전 그리고 총련계 학교의 경우, 시기에 관계 없이 일본 지역명이 들어간 학교명칭은 일본식 발음으로 통일한다.

5. 지역명인 동경(東京)이나 교토(京都)는 '도쿄'와 '교토'로 표기하나, 조련 및 총련계 학교의 경우 '도꾜'조선학원 그리고 '교또'조선학원으로 표기하는데, 이들 학교명은 그대로 표기한다.

---

* 「東京朝鮮中高級学校, 看板の塗り替え」([朝鮮学校のある風景] 홈페이지.
https://www.urihakkyo.com/2018/11/25/kanban-nurikae/(검색일: 2020.10.5)

머리말

재일한인은 해방 후부터 현재에 이르기까지 어려운 환경과 상황에서도 민족학교를 유지하려고 애써왔다. 해방초기에 만들어진 민족학교의 교육목표는 우리말과 역사를 모르는 어린 세대에게 민족성을 회복시키는 것이었다. 물론 조련에 의해서 운영된 많은 학교에서는 사회주의 성향의 교육이 이루어지고 있었지만, 교육의 초점은 한글 익히기에 있었다. 민족교육을 유지하려고 민족단체와 학교 관계자는 물론, 학부모와 학생도 적극적으로 노력하였다. 하지만 일본을 점령하고 있던 맥아더 사령부와 일본정부는 이를 부정적으로 보았으며, 일본법을 준수하지 않고 공산주의 교육을 시킨다는 이유로 이들 학교를 탄압하였다.

1955년에 총련이 결성된 이후 북한의 교육지원비로 새롭게 시작된 조선학교는 설립 초기부터 자유로운 민족교육이 가능한 각종학교 형태로 운영되었으며, 지금도 각종학교로 운영되고 있다. 조선학교에서는 북한 공민 만들기에 주력하였으며 1959년에 북한으로의 집단귀국이 시작되자, 본격적으로 귀국지향의 북한일꾼 만들기 교육이 전개되었다. 1970년대 중반 이후 귀국자가 200명도 되지 않았음에도 불구하고, 여전히 조선학교의 교육은 북한 현지의 교육체제와 교육내용에서 벗어나지 못하였다. 1980년대 이후 일본 현지에서 생활을 염두에 둔 교육을 도입하였다고는 하나, 조선학교에서의 교육은 총련 조직과 조선학교 교사 양성에 중점이 놓여있었다. 남북 분단과 민단과의 대립 그리고 일본사회의 차별이 지속되는 속에서, 총련은 일본 현지에서 한인들의 보다 나은 생활을 영위하기보다는 총련이라는 조직강화에 역점을 둔 교육을 전개한 것이다.

총련은 2003년부터 조선학교의 교과서 내용을 대대적으로 수정하였으나, 여전히 일본현지에서 경쟁력 있는(일본의 유명대학에 진학할 수 있는) 인재양성보다는 주체사상과 민족적 자긍심을 갖춘 인재양성에 역점을 두고 있다. 하지만 '조선'적의 재일한인들이 '한국'적을 취득함에 따라 조선학교 내의 한국적 학생의 비율이 급증하고, 입시경쟁력 강화를 요구하는 학부모의 목소리가 커졌지만, 조선학교는 과거의 모습에서 탈피하지 못하였다. 그 결과 한때 4만 명이 넘었던 조선학교 학생수는 1970년대 중반 이후 꾸준히 감소하여, 마침내 6천 명을 채우기도 힘들어졌다. 게다가 북한으로부터의 교육지원비 감소와 학교운영 보조비 지급을 중지하는 일본의 지자체가 늘어나는 속에서 조선학교는 극심한 재정적인 어려움을 겪고 있고, 또한 학교 유지도 어려운 상황에 처하게 되었다.

한편 한국계 학교는 해방 이후 한국정부의 지원이 미비한 속에서 민단 측 및 중립계 인사의 노력에 의해 4곳의 민족학교를 유지해 왔다. 이들 학교 관계자는 일본정부의 교육탄압과 재정위기에 직면하여 현실 타협적인 선택을 하였다. 중립을 표방하던 오사카의 백두학원 건국소중고등학교는 학교 개교 때부터 정규시간에는 일본인 교육을 해야 하는 1조교 형태로 학교를 운영하였다. 금강학원 소학교도 1951년 3월에 1조교 인가를 받았고, 금강학원 중학교와 고등학교는 한국정부의 일부 지원으로 자유로운 민족교육이 가능한 각종학교로 운영된 적도 있으나, 재정적인 어려움으로 1986년부터 1조교로 운영되었다. 현재의 교토국제중학고등학교도 한국정부의 일부 지원으로 각종학교로써 민족 교육에 힘쓴 적이 있으나, 역시 재원부족으로 2004년부터 1조교로 운영되고 있다.

민단도 조련도 아닌 중립계를 표방하던 백두학원이 학교를 개설할 때부터 1조교로 운영을 한 것은 설립자의 설립 취지 및 교육방침에 의한 것이지만, 금강학원이나 교토한국학원이 각종학교를 포기하고 1조교를 선택하게 된 것은 재정적인 원인이 크다고 하겠다. 각종학교로 운영을 하는 것보다 1조교로 운영을 하는 것이 일본정부의 공적 지원금을 많이 받기 때문이다.

결국 관서지방의 한국계 학교는 현재 모두 1조교이기 때문에 일본의 학교교육법에 따라 정규시간에는 '일본인' 교육을 하면서 제한적으로 민족교육을 하는 형태로 운영되고 있다. 한국계 학교 중에는 동경한국학교만이 1954년에 설립된 이후 지금까지, 한국정부와 민단 측의 지원하에 각종학교의 형태로 독자적인 민족교육을 지속해왔다. 그리고 2020년 8월 현재 동경한국학교에는 1,397명의 학생이, 기타 관서지방의 학교에는 868명의 학생이 다니고 있는데, 관서지방의 학교들은 학생 모집에 많은 어려움을 겪고 있다.

이상과 같이 총련계 조선학교는 학생 감소와 재정난으로 인해 학교가 존폐의 위기에 몰려있는 상황이고, 한국계 학교는 동경한국학교를 제외하면, 학교유지는 물론 민족학교로서의 정체성에도 의문이 생기는 지경에 이르렀다.

해방 이후 재일한인들은 힘들게 민족학교를 유지하여 왔다. 하지만 지금 현재 이들 민족학교는 존망의 위기에 놓여 있다. 이에 대하여 우리 정부나 재일한인사회가 심각하게 고민하고 있는지 모르겠다.

2019년 현재 일본에서 '한국'적으로 외국인등록을 한 사람은 451,543명
이며, '조선'적으로 등록을 한 사람은 28,975명에 지나지 않는다. 즉 대부
분의 재일한인은 '한국국민'이다. 한국적 재일한인이 이렇게 많이 증가하
였음에도 불구하고, 이들의 교육문제를 재일한인 사회에 맡겨두고, 한국
정부가 이에 대하여 고민하고 있다는 흔적은 별로 보이지 않고, 지금 운
영하고 있는 '한국학교'와 일본인학교 내 민족학급에 대한 지원으로 안주
하고 있는 모양새이다. 민단 측 또한 총련의 조선학교가 무너져 가는 것
을 내심 반기면서도, 정작 조선학교에서 이탈한 학생들을 민단계로 흡수
하려는 적극적인 움직임은 보이지 않는다. 관서지방 민단계 학교의 활성
화에 대한 노력도 부족해 보인다.

이 책은 이러한 문제의식에서 비롯되었으며, ① 민족학교들이 지금과
같은 상황에 이르게 된 원인이 어디에 있는지를 객관적으로 살피기 위해
민족학교의 역사를 다시 뒤돌아보고, ② 민족학교가 현재 안고 있는 문
제점이 무엇인지를 진단하여, ③ 현실적인 대안을 제시하는 것에 그 목
적이 있다.

물론 보다 실질적인 제안을 위해서는 보다 치밀한 연구와 현지 조사
가 필요하다. 그러한 의미에서 이 연구는 문제를 제기하는 수준에 그치
고 있다. 하지만 이 책을 통해 조금이라도 재일한인의 민족학교에 대하
여 우리 정부와 사회가 관심을 갖게 된다면, 필자가 의도한 목적은 달성
되었다고 생각한다.

이 책은 다음의 세 가지 내용에 대하여 살피는 것을 목표로 하고 있
다. 첫째는 해방 이후 조련을 중심으로 전개된 민족학교, 즉 조선인학교
의 확산 과정, 맥아더 사령부 및 일본정부의 탄압 그리고 이에 대한 재
일한인의 투쟁을 서술한다. 둘째는 조련의 후신인 민전기부터 총련 결성
전까지 '조선인학교'의 상황 그리고 총련 결성 이후부터 최근까지의 '조

선학교'의 역사와 교육내용에 대하여 개괄한다. 또한 해방 이후부터 최근까지 한국정부의 재일한인 청소년에 대한 교육정책과 한국계 학교의 흐름에 대하여 살펴본다. 셋째는 한국계 학교 및 총련계 조선학교 그리고 일본인학교 내의 민족학급의 현황과 문제점에 대해서 살펴보고, 재일한인 사회의 변화 속에서 이들 민족학교를 유지하고 발전시키기 위해서는 어떠한 과제들이 있는지 생각해 본다.

  이 책은 총 7장으로 구성되어 있으며 각 장별 주요 내용을 정리하면 다음과 같다.

○ 제1장: 해방 후 재일한인의 민족학교와 투쟁(1945.8~1949.11)

  해방 이후 재일한인은 일본 패전이라는 혼란스러운 상황에서 황민화된 자녀들의 민족 정체성 확립을 위해 서둘러 한글교육을 중심으로 민족교육을 시작하였다. 많은 재일한인의 지지를 받고 있던 조련은 자체적으로 교재를 개발하고 교사를 양성해 갔으며, 조선인학교의 확장과 학교 체계화를 위해 노력하였다. 한편 맥아더 사령부와 일본정부는 재일한인의 민족적 권리에는 관심이 없었고 일본사회의 질서유지라는 관점에서 민족교육을 부정적으로 보고 있었다.

  그 결과 맥아더 사령부(GHQ)와 일본정부는 1947년경부터 재일한인은 '일본국민'이라는 이유로 재일한인 초중학생은 일본인 교육을 받아야 하며, 조선인학교도 일본의 학교교육법에 따라 인가를 받아야 한다고 주장하였다. 조선인학교 측이 이를 받아들이지 않자 GHQ와 일본정부는 1948년 4월경 강제로 조선인학교를 폐쇄하는 조치(제1차 조선인학교 폐쇄조치)를 취하기 시작하였고 이에 조련을 중심으로 한 재일한인들이 거세게 저항하여 4·24 교육투쟁이 발생하였다. 이후에도 조련의 조선인학교는 민족교육을 지키려고 노력을 하였고, 조련은 일본공산당과 협력하여, 일본의 민주화 운동에 적극 나섰다. 이에 반공과 사회질서 유지를 우선시한 GHQ는 일본정부와 협의하여 조련을 해산시키고 조선인학교도 폐쇄조치(제2차 조선인학교 폐쇄조치)를 취하여 민족교육을 탄압하였다.

제1장은 김태기,[1] 김덕룡,[2] 마키 토모꼬[3] 그리고 최사화[4] 등의 선행연구를 참고하여 정리하였다.

○ 제2장: 제2차 조선인학교 폐쇄조치 후의 민족교육(1949.12~1955.4)

제2차 조선인학교 폐쇄조치 이후 많은 재일한인 자녀들은 일본인학교로 강제로 편입되었다. 그렇다고 모든 학생이 일본인학교에서의 동화교육을 강요당했던 것은 아니고, ① 일본인학교로의 편입을 거부하고 무인가로 운영된 자주학교, ② 도꾜도립 조선인학교, ③ 일본 공립학교의 분교, ④ 일본인학교 내의 특별학급, ⑤ 야간강습소 등의 형태로 제한적이나마 민족교육을 지속하였다. 이와 같은 제한적인 행태로 민족교육을 받던 초·중학생은 약 1만 7천 명에 지나지 않았으며, 조선인학교에서 민족교육을 받던 나머지 약 2만 3천 명의 학생은 일본인학교로 편입되어 민족교육을 받을 수 없게 되었다.

1952년 4월에 대일평화조약이 발효된 이후 일본정부는 재일한인의 일본국적을 일방적으로 박탈하였고, 재일한인은 외국인의 신분이 되었다.

---

[1] 金太基, 『戰後日本政治と在日朝鮮人問題』, 勁草書房, 1997.

[2] 김덕룡, 『바람의 추억』, 선인, 2009.

[3] マキー智子, 「在日朝鮮人教育の歷史: 戰後日本の外国人政策と公教育」, 北海道大学大学院博士学位論文, 2014.

[4] 崔紗華, 「朝鮮人学校存廃問題の歷史過程1945-1957——グローバル・ヒストリーの視点から—」, 早稲田大学大学院博士学位論文, 2020.

외국인이 된 재일한인은 더 이상 일본의 의무교육을 받지 않아도 되었고, 민족교육도 자유롭게 할 수 있게 되었다. 하지만 1951년에 결성된 조련의 후신이라고 할 수 있는 민전은 적극적으로 민족학교를 새롭게 운영하기보다는 현 체제하에서 민족교육을 지속하는 길을 택했으며, 이러한 선택에는 일본공산당의 영향이 컸다. 그럼에도 불구하고 1953년과 1954년에 걸쳐 각 지역의 한인들이 자주학교 형태의 민족학교를 개설하여 자주학교의 숫자는 증가하였고, 이들 학교는 총련 결성 이후 조선학교로 발전하게 되었다.

제2장은 김덕룡,[5] 마키 토모꼬,[6] 마츠시타 요시히로[7] 그리고 최사화[8] 등의 선행연구를 참고하여 정리하였다.

○ 제3장: 총련 결성과 북한의 교육원조비(1955.5~1989.12)

1955년 4월에 결성된 총련은 과거의 민전과는 달리, 자주적인 민족교육에 적극적인 관심을 가지고 있었다. 북한 또한 1957년부터 거액의 교육원조비를 매년 송금하여 총련계 조선학교의 성장에 절대적인 역할을 하였다. 1959년부터 북한으로의 귀국이 시작되자, 귀국을 대비한 민족교육 열풍이 불었고, 조선학교 학생수는 급증하였다. 이후 1975년경까지 조선학교는 급성장하였으며 160개가 넘는 학교에 3만 명 정도의 학생수를 유지하였다.

5) 김덕룡, 『바람의 추억』, 선인, 2009.
6) マキー智子, 「在日朝鮮人教育の歴史: 戦後日本の外国人政策と公教育」, 北海道大学大学院博士学位論文, 2014.
7) 松下佳弘, 「戦後の在日朝鮮人教育行政の展開(1945~55年)－在日朝鮮人と地方自治体の関係－」, 京都大学大学院博士学位論文, 2018.
8) 崔紗華, 「朝鮮人学校存廃問題の歴史過程1945-1957――グローバル・ヒストリーの視点から――」, 早稲田大学大学院博士学位論文, 2020.

조선학교에서의 교육은 북한 공민 교육 그리고 기술자 양성 등 북한
에서 필요한 인재양성에 중점을 두고 있었다. 하지만 냉전의 국제사회와
남북대립 그리고 민단과의 갈등 속에서, 북한을 적극적으로 지지하고 총
련이라는 조직 강화에 중점을 둔 교육에 치중하게 되었다. 이를 위해 사
상적으로는 김일성주의를, 민족적으로는 언어교육을, 조직적으로는 단체
활동을 중시하였다. 그 결과 국제사회와 재일한인 사회의 변화 속에서도
일본현지에서의 경쟁력을 갖춘 인재양성을 등한시하는 경향이 있었고,
그로인해 학생수는 점점 감소하였다.

제3장은 김덕룡·박삼석,9) 김덕룡,10) 김은숙,11) 마키 토모꼬,12) 이토
히로코13) 그리고 나카지마 토모꼬,14) 양양일15) 등의 선행연구를 참고하
여 정리하였다.

○ 제4장: 한국정부의 재일한인 민족교육 정책과 한국계 학교
　　(1948.8~1989.12)

해방 이후 한국정부는 재일한인의 민족교육에 대해서 적극적인 관심
을 보이지 않았다. 즉 정책부재가 이어졌고, 이후 북한이 총련에 대하여

9) 김덕룡·박삼석, 『재일동포들의 민족교육』, 東京: 학우서방, 1987.
10) 김덕룡, 『바람의 추억』, 선인, 2009.
11) 김은숙, 「재일본 조선대학교 연구(1956~1968)」, 성균관대학교대학원 석사학위논문, 2008.
12) マキー智子, 「在日朝鮮人教育の歷史: 戰後日本の外国人政策と公教育」, 北海道大学大学院博士学位論文, 2014.
13) 이토히로코, 「재일한인 사회와 조선학교-이바쇼로서의 가능성을 중심으로-」, 경북대학교대학원 박사학위논문, 2019.
14) 中島智子, 「在日朝鮮人教育における民族学級の位置と性格-京都を中心として-」, 『京都大学教育学部紀要』第27号, 1981.3.
15) 梁陽日, 「大阪市公立学校における在日韓国·朝鮮人教育課題の展望-民族学の教育運動を手がかりに-」, 『Core Ehtics』第9号, 2013.

거액의 교육원조비를 송금하자, 한국정부도 교육지원을 하였으나 북한
과는 비교가 되지 않았다. 나아가 1980년대 후반까지 한국 정부가 추구
한 재일한인 교육정책은 일본에 한국학교를 세우도록 민단 측을 적극적
으로 지원하는 것도, 재일한인 자녀들이 한국어를 유창하게 말할 수 있
도록 하는 것도 아니었다. 한국정부는 재일한인 청소년들이 남한정부를
지지하도록 만들기 위해 '반공의식'을 기반으로 한 '국민 정체성'을 확립
하는데 중점을 두고 있었다.

　보수계를 대표하는 민단은 민족교육에 대하여 적극적인 관심을 보이
지 않았다. 1960년대 중반까지 민단계 한국학교는 도쿄에 동경한국학교
(초중고) 그리고 관서지방에 현재의 교토국제중학고등학교와 금강학원
(초중고)밖에 없었다. 그리고 중립계의 백두학원(초중고)이 있었는데, 이
학교가 민단계가 된 것은 1970년대 중반이다. 각종학교로 운영되는 동경
한국학교의 경우 1980년 이후 뉴커머의 증가로 학생이 증가하였으나, 학
생수가 많지 않은 관서지방의 학교들은 재정적인 어려움이 지속되었다.
결국 재정적인 어려움은 그 후 금강학원 중고등학교와 교토국제중학고
등학교의 전신인 교토한국중고등학교가 1조교의 길을 걷게 하는 중요한
요인으로 작용하였다.

　제4장은 중앙대학교부설 한국교육문제연구소,[16] 김태기,[17] 김경준 ·
김태기[18] 등의 선행연구를 참고하여 정리하였다.

---

16) 중앙대학교부설 한국교육문제연구소, 『문교사』, 1974.
17) 김태기, 「한국정부와 민단의 협력과 갈등관계」, 『아시아태평양지역연구』, 2000.8.
18) 김경준 · 김태기, 『미래인재 개발 전략으로서의 재외동포 청소년 지원방안 연구 I 』, 한국
　　청소년정책연구원, 2015.

○ 제5장: 1990년대 이후 한국계 학교의 현황(1990년대~현재)

1980년대 후반부터 한국정부의 재외한인 정책은 크게 변화한다. 국제사회의 글로벌화와 냉전 붕괴 그리고 한국경제의 발전에 따라 한국정부는 '정치적 관점'에서 벗어나 '경제적 관점'에서 재외한인을 바라보기 시작하였고, 재외한인을 한민족공동체의 구성원으로 자리매김하기 시작하였다. 그리고 경제 동반자로서의 재외한인 사회의 발전과 '재외한인'으로서의 정체성(Ethnic Identity) 확립이라는 새로운 정책을 추진하였다. 그에 따라 한국학교에 대한 지원을 늘리고, 또한 민족학급에 대한 예산도 따로 확보하는 등 노력을 하고 있다.

1990년대 이후 동경한국학교는 뉴커머의 증가로 인해 학생 수가 증가하는 현상이 일어났다. 그 결과 동경한국학교는 일시체류자와 뉴커머 중심의 한국식 교육의 비중이 커서, 일본 현지대학 진학을 희망하는 올드커머 학생 비율은 높지 않다. 관서지방의 모든 한국계 학교는 학생 모집에 고생하고 있다. 재정적인 문제로 교토국제중학고등학교가 2004년 4월부터 1조교로 학교를 운영하면서, 모든 관서지방의 민단계 학교가 1조교로 운영하게 되었다. '한국학교'라고 하지만, 일본의 기본교육과정을 모두 이수하고, 나머지 제한된 시간에 민족성 함양 교육을 받고 있다. 그 결과 민족교육은 충분하다고 할 수 없으며, 1조교이지만 '진학교'로서의 성격도 약해서 재일한인들이 별로 선호하지 않아 학생 유치에 어려움이 많다.

제5장은 김경준 · 김태기,[19] 청암대 재일코리안연구소,[20] 이수경 외[21]

---

[19] 김경준 · 김태기, 『미래인재 개발 전략으로서의 재외동포 청소년 지원방안 연구 I 』, 한국청소년정책연구원, 2015.

[20] 청암대 재일코리안연구소, 『재일동포 민족교육 현황조사』, 재외동포재단, 2013.

등의 선행연구와 동경한국학교(초등부)의 「2019학년도 학교교육계획」
(2019), 동경한국학교(중고등부)의 「2019학년도 학교교육계획」(2019), 교
토국제중고등학교의 「2019학년도 교육계획」(2019), 금강학원의 「2020학
년도 학교경영 계획서」(2020), 백두학원의 「2019년도 교육계획」(2019), 코
리아국제학원중등부고등부(コリア国際学園中等部高等部)의 「KIS 2020学
園案内」(2020) 등의 자료를 참고하여 정리하였다.

○ 제6장: 조선학교의 위기와 민족학급의 활성화(1990년대~현재)

총련계 조선학교는 학부모의 적극적인 요구로 1990년대 이후, 특히
2003년 이후 '귀국지향'에서 그야말로 '재일지향'으로 교육내용과 과정을
개선하였다. 이후 조선학교에서는 국제사회와 남북 그리고 일본에서 활
동할 수 있는 주체적 인재양성을 하고 있다고 총련은 주장하고 있으나,
총련의 운동 방향이나 조선학교의 교육은 '재일'이라는 현실을 충분히 반
영하지 못하고 있다. 그 결과 많은 '조선'적 동포는 '한국'적을 선택하게
되었고, 조선학교 학생 수도 급감하였다. 나아가 북한으로부터의 교육지
원비도 대폭 줄어들었으며, 일본정부는 조선학교와 북한과의 관계를 빌
미로 조선학원 고급부(고등학교)를 고교무상화 대상에서 배제하고, 많은
지자체가 조선학교에 대한 학교운영보조비를 중지하여, 조선학교는 그
야말로 위기에 놓여있다.

1949년에 시작된 일본 공립초중학교에서의 '민족학급'은 1970년대 초
에 10여 곳으로 줄었으나, 1970년대 이후 서서히 증가하다가 1990년대 이
후 급증하였다. 1991년에 재일한인3세의 법적지위 협정과 관련해 한일

---

21) 이수경 외, 『재일동포 민족교육 실태 심화조사 및 정책방향제시』, 재외동포재단, 2017.

양국이 맺은 각서를 이행하면서 오사카부는 민족학급을 공식적으로 지원하기 시작하였으며, 한국정부는 2011년부터 민족학급 지원 예산을 따로 책정하여 지원하기 시작하였다. 하지만 여전히 민족학급은 재정적인 어려움이 있으며, 민족강사의 육성 및 대우 그리고 수업 내용 등 개선해야 할 과제가 많다.

제6장은 김태은,[22] 송기찬,[23] 타나까 히로시,[24] 이토히로코,[25] 김광민[26] 그리고 이수경 외[27] 등의 선행연구를 참고하여 정리하였다.

○ 제7장: 재일한인 사회의 변화와 민족학교의 과제

재일한인사회는 국제사회와 일본사회의 변화, 재일한인의 세대 교체, 국제결혼과 일본국적 취득자의 증가 등으로 다양화되었다. 삶의 방식에 있어서도 조국지향, 일본지향, 재일지향, '국제'지향 등 다양한 모습을 보이고 있다. 따라서 재일한인의 민족교육도 다양한 모습으로 제공되어야 하나 현실은 그렇지 못하다. 동경한국학교를 제외하면, 오히려 민족학교는 축소되고 있다. 하지만 재일한인사회의 발전을 위해서 그리고 글로벌 한인공동체의 발전을 위해서 민족학교는 꾸준히 유지되어야 한다.

---

[22] 金兌恩, 「公立学校における在日韓国・朝鮮人教育の位置に関する社会学的考察: 大阪と京都における『民族学級』の事例から」, 『京都社会学年報』 第14号, 2006; 金兌恩, 「在日韓国・朝鮮人児童のアイデンティティとポジショナリティ: 京都市立小学校における『民族学級』を事例に」, 『京都社会学年報』 第16号, 2008.

[23] 宋基燦, 『「語られないも」としての朝鮮学校』, 岩波書店, 2012.

[24] 田中宏, 「朝鮮学校の戦後史と高校無償化」, 『〈教育と社会〉研究』 第23号, 2013.

[25] 이토히로코, 「재일한인 사회와 조선학교—이바쇼로서의 가능성을 중심으로—」, 경북대학교대학원 박사학위논문, 2019.

[26] 金光敏, 「多文化共生のための教育はどこから学ぶべきか—公教育における在日朝鮮人民族教育の起源」, 『抗路』 第2号, 2016.

[27] 이수경 외, 『재일동포 민족교육 실태 심화조사 및 정책방향제시』, 재외동포재단, 2017.

동경한국학교는 보다 넓은 학교 건물을 확보해야 하고, 올드커머를 위한 민족학교를 요구하는 재일한인사회의 요구를 진지하게 받아들여야 한다. 관서지방의 민단계 학교는 지금 상태가 이어지면 폐교가 되는 학교가 나올 수도 있다. 한국적 동포의 숫자가 90%를 넘었는데도, 민단계 학교 학생 숫자가 늘지 않는다는 것은 문제가 있다. 관서지방의 민단계 학교에 대한 총체적 개혁 없이는 그 발전을 기대할 수 없다.

총련은 현재의 조선학교의 위기를 벗어나기 위해 ① 모든 학교를 통폐합하여 총련 자체 예산으로 유지 가능한 소수의 조선학교에 집중하는 방법, ② 총련에서 조선학교를 완전히 독립시키고, 교육내용도 개선하여, 일본정부로부터의 지원을 받는 방법, ③ 일부 지역의 조선학교는 민단 측과 협의하여 해결 방안을 모색하는 방법 등이 있을 것이다.

민족학급은 일본의 공립 초중학교에 다니는 재일한인 학생에게 지극히 중요한 의미를 가지고 있다. 하지만 수업시간의 제약이 있고, 강사에 대한 대우는 개선되어야 한다. 그리고 교육 내용이나 강사양성 등을 체계화해야 할 것이다. 나아가 관서지방에 집중되어 있는 민족학급을 기타 지역으로 확산시키는 것에 대해 검토해야 할 것이다.

제7장은 이수경 외[28]의 선행연구를 참고하여 정리하였다.

28) 이수경 외, 『재일동포 민족교육 실태 심화조사 및 정책방향제시』, 재외동포재단, 2017.

제1장

해방 후 재일한인의 민족학교와 투쟁

1. 해방 후 재일한인과 민족학교 개설

1) 일본에 동화된 2세들의 정체성과 민족교육

일본의 식민통치하에서 어려운 나날을 보내야 했던 대부분의 재일한인 1세들은 일본 패망과 함께 민족해방을 기뻐하고 새로운 조국 건설의 희망을 꿈꾸었다.[1] 그리고 민족계와 혁신계, 중립계의 한인지도층은 일본에 있으면서도 조국건설의 일익을 담당하는 주체로 자신들을 자리매김하였다. 그러했기에 해방이 되자마자 재일본조선인연맹(이하 조련), 조선건국촉진청년동맹(이하 건청), 신조선건설동맹(→재일본조선거류민단→재일본대한민국거류민단→재일본대한민국민단, 이하 민단) 등의 단체를 결성하여, 새로운 조국 건설의 역군임을 자처하고 나섰다.

---

[1] 小熊英二・姜尚中編, 『在日一世の記憶』, 集英社, 2008, 178~179쪽의 인터뷰 참조.

　　하지만 일본정부의 치밀한 황민화 교육을 받아 왔던 어린 세대들은 해방의 기쁨을 주체하지 못하는 1세들과는 달리, '일본 패전'의 슬픔을 느끼는 경우가 많았다.[2] 재일한인 시인 김시종(金時鐘)은 17세 때 남한에서 해방을 맞이했는데, 그 또한 일본 군가를 부르며 며칠간 울었다고 한다.[3] 일본정부에 의한 동화교육에 의해 그들 마음속에는 자신이 일본인이라는 의식이 깊이 자리하고 있었던 것이다. 재일한인 1세와 1.5세 및 2세의 정신세계는 분명히 다른 것이었다.[4]

　　조국으로의 귀환을 당연시하고 있던 재일한인 1세들은 조국에 가서 살기 위해 일본인화된 어린 세대에게 우리말 교육을 비롯해 한민족으로서의 민족성을 심어주어야 하는 것이 시급한 과제였다. 재일한인 1세들은 해방 이후 일본인과는 다른 자신들의 민족성을 표출하였지만, 어린 세대들은 일본인과는 다른 존재라는 것을 의식적으로 의식해야 했고, 한민족이라는 색깔을 입혀가야 했다.

　　이러한 이유로 해방 직후 재일한인 1세들은 민족성을 상실한 자녀들을 위해 서둘러 한글교육을 시작하였다. 개인 민가나 간이 시설, 창고 그리고 일본인학교의 빈 교실 등을 빌려 국어강습소 형태로 민족교육이 시작되었다. 1945년 말에는 일본 전국에 200개가 넘는 강습소에 2만 명이 넘는 수강생이 있었다.

　　1945년 10월에 재일한인사회를 대표하는 조련이 결성되었고, 조련은 우후죽순처럼 전국에 생겨난 국어강습소를 체계적인 형태로 만들어가야 했다. 조련 결성 직후, 공산주의자들은 계획적으로 민족주의자와 친일파

---

2) 金石範, 『「在日」の思想』, 筑摩書房, 1981, 15쪽; 吳林俊, 『朝鮮人の光と影』, 合同出版, 1972, 96쪽 참조.

3) 金時鐘, 『「在日」のはざまで』, 立風書房, 1986, 34쪽.

4) 安宇植, 『天皇制と朝鮮人』, 三一書房, 1977; 竹田青嗣, 『〈在日〉という根拠』, 国文社, 1983, 24~26쪽 참조.

를 쫓아내고 조련을 장악하였다. 그래도 많은 재일한인들은 조련을 지지
하고 있었다. 노동자와 빈곤층이 많은 재일한인이 자신들의 권익 옹호를
적극 주장하는 공산주의자의 조련을 지지한 것이었다.

조련은 결성 이후 자체적으로 한글 교재를 개발하고 일본정부로부터
배급 받은 종이로 교과서를 편찬하기 시작하였다. 12월 7일에는 제1차
조선어 강습회를 일주일 동안 개설하여, 수료생 15명을 국어강습소 교사
로 파견하는 등 교사 양성도 서둘렀다.[5]

한편 일본을 점령한 연합국군총사령관최고사령부(GHQ/SCAP, 이하 GHQ)
는 재일한인이 한반도로 넘어갈 때 가져갈 수 있는 지참금을 1,000엔으로
제한하고 있었으며, 또한 한반도의 불안한 정세 등으로 인해 이미 1946년
초가 되면 귀환자가 급격히 감소하기 시작하였다. 조국으로의 귀환이 장
기화하려는 조짐을 보이자 1946년 2월 조련은 제2회 임시전체대회에서
체계적인 민족교육을 위한 초등학원 신설을 결정하였다. 또한 청년활동
가 및 교사양성을 목적으로 도쿄(東京)에는 '3·1 정치학원'을 그리고 오
사카(大阪)에는 '8·15 정치학원'을 개설하기로 하였다.

교육체계나 시설 등이 충분히 갖추어지지 않은 상황에서도 국어강습
소는 '초등학원', 즉 학교 형태로 발전되어 갔다. 민족교육의 경험이 없는
재일한인사회는 조련을 중심으로 하여 민족학교의 형태를 조금씩 정비
하여 갔다. 그 결과 해방으로부터 1년이 조금 지난 1946년 10월 현재, 일
본 전국에 525개소의 조련계 초등학교가 개설되어 42,182명의 학생이 있
었으며, 중학교도 4개소가 개설되어 1,180명의 학생이 재학하였다.[6]

하지만 일본 전국에서 자발적인 형태로 형성된 학교의 교육내용은 체

---

5) 조련의 교재 편찬에 대해서는 김덕룡, 『바람의 추억』, 선인, 2009, 40~68쪽 참조. 교원양성
   에 대해서는 같은 책, 69~81쪽 참조.
6) 朴成玶, 「戰後在日朝鮮人運動史·年表(その2)」, 『部落解放研究』 第11号, 1977, 157쪽.

계적일 수 없었고, 시설 등도 지극히 열악한 상황이었다. 학교 운영을 위해서는, 시설유지는 물론 교사월급, 교재, 교구, 급식을 위해 재원이 필요했으나 당시 조련은 그러한 여력이 없었다. 이들 학교는 대부분 한인 사업가의 기부와 학부모가 매월 납부하는 수업료로 운영(교재 및 교사 월급 등)되었으며, 생활이 어려운 재일한인에게는 부담이 되는 것이었다. 그래도 많은 재일한인 학부모는 자녀들에게 우리말과 우리역사를 가르치려고, 무료로 다닐 수 있는 일본인학교가 아니고 민족학교로 자녀를 보낸 것이다.

2) 조련과 조선인학교의 체계화

1946년 후반이 되어도 한반도는 여전히 혼란스러운 상황이 이어지고, 1,000엔이라는 귀환 지참금도 여전히 제한되었기 때문에, 특히 자녀가 있는 한인의 경우 조국으로의 귀환은 어려운 선택이었다. 그 결과 60만 명에 가까운 한인들이 '임시'로 '당분간' 일본에 있어야 하는 상황이 이어지고, 조련도 이에 대한 대책이 필요하였다.

10월 7일에 개최된 조련 제3회 전체대회의 중요한 회의과제는 해방 이후 어수선하게 시작된 민족학교의 체계를 잡는 것이었다. 이 대회에서 초등학교 교육방침, 학교 건설과 경영, 교원 양성, 그리고 교과서 편집 등에 대한 중요한 결정이 이루어졌다. 특히 초등학교 설립과 운영을 위해 각 초등학교 단위로 학교관리조합을 조직하기로 하였다. 이 조합이 학교를 운영하며, 해당 구역 거주 동포가 의무적으로 조합원이 되어 회비를 납부하고, 재력이 있는 동포로부터는 특별유지비를 거출하기로 결정하였다.[7] 즉 해당 학교 동포사회 전체가 한인자녀들의 교육을 함께 부담하여 학부모의 부담을 덜어주는 것이었다.

제3회 전체대회의 결정 따라 1947년 1월 제9차 조련 중앙위원회는 반항구적인 교육정책 수립, 교육시설 충실화 및 교육내용의 민주화, 일본의 혁신교육자들과 협력, 교육행정의 체계화, 교육재정의 확립 등 6개 교육강령으로 책정하고 민족교육 강화를 위해 문화부를 문화국으로 승격시키고 학무과가 교육업무를 전담케 하였다. 6월에는 교육규정을 정하는 등 학교 운영을 체계화하여 나갔으며, 또한 학교조직의 운영 세칙을 정한 교육규정을 정하고, 학교별로 학교관리조합을 결성하게 하였다. 그리고 학부모가 부담해야 했던 학교운영비를 해당 지역 조합원인 동포들(관내 거주 전동포)로부터의 회비와 재력가로부터 특별유지비를 기부받아 충당하는 체제로 바꾸었다.[8]

일본정부가 4월부터 새로운 교육기본법과 학교교육법을 시행하자, 조련은 7월 학기부터 일본의 학제에 맞추어 6·3제를 도입하기로 결정하였다. 그리고 초등교육기관을 조련 '초등학원'으로 통일시켰으며, 조련 제10회 중앙위원회는 조직 개편을 하여, 문교국을 교육, 문화, 조직의 3부제로 하고 교육부(학무, 출판)가 민족교육을 전담하게 하였다. 8월에는 재일본조선인교육자동맹(이하, 교동)도 결성되었다.

조련의 노력과 재일한인들의 민족교육에 대한 관심으로 조련계 민족학교는 체계를 갖추고 확대되어, 1947년 10월 현재, 초등학교는 541개소에 46,961명의 학생이, 중학교는 4개소에 1,123명의 학생이 다니고 있었다.[9] 당시 조련이라는 조직 자체가 재정적으로 여유가 있었던 것도 아니

---

7) 松下佳弘, 「戰後の在日朝鮮人敎育行政の展開(1945~55年)-在日朝鮮人と地方自治体の關係-」, 京都大学大学院博士学位論文, 2018, 30쪽.

8) 朴慶植, 『在日朝鮮人運動史-8·15解放後-』, 三一書房, 1989, 141쪽; 김덕룡·박삼석, 『재일동포들의 민족교육』, 東京: 학우서방, 1987, 15~16쪽. 조련에 의한 초등학교 체계화 과정에 대한 구체적인 내용은 吳永鎬·中島智子, 「「公立学校的」存在としての朝鮮学校-愛知県朝鮮学校の新設·移転·統廢合-」, 『世界人權問題硏究センター硏究紀要』 第23号, 2018, 307~313쪽 참조.

고, 재일한인 재력가가 많은 것도 아니었다. 어려운 여건 속에서도 교사
와 학부모 그리고 일부 재력가가 십시일반 협력하여 어렵게 학교를 유지
하였다. 조련 내부에서는 재정적인 돌파구를 마련하기 위해 일본정부에
교육비 부담을 요구하자는 의견이 1947년 후반부터 자연스럽게 나오기
도 하였다.

교토부(京都府)의 사례를 보면, 1945년에는 5곳 정도의 한글강습소 수
준의 학교가 있었으나, 1947년이 되면, 41곳의 학교가 있었으며, 초등학
교 39개교, 중학교 1개교, 초중학교 1개교가 있었다. 이들 학교는 대부분
'○○조련초등학교(학원)'의 명칭을 가지고 있었다. 시설은 일본인학교의
빈 교실을 사용하는 경우가 가장 많았으며, 조련 지부 및 분회 사무소,
개인 집 그리고 공사장의 한바(임시 식당) 등에서 수업이 이루어졌다.
전용 교사를 가지고 있었던 것은 민단계에서 운영하는 교토조선중학
(1947년 교토부가 각종학교로 인가)뿐이었다. 일본인학교의 교실사용은
일본에서 항구적인 교육체계를 준비해야겠다고 결정한 조련 측이 행정
당국 및 점령군에 협조를 요청하여 이루어졌다. 학교라고는 하나 교사가
1~3명인 곳이 대부분이었고, 5~6명은 4곳밖에 없었다. 학생수도 10~30명
수준이 가장 많았고, 학생수가 가장 많은 곳이 교또제1조련초등학교로
1947년 현재 273명이었다. 조련 중앙본부의 보고서에 의하면 1947년 9월
현재 "교토부하의 조련학교가 37교로 2,424명의 학생이 재적하고 있고 교
원 58명"이라고 되어 있는데, 1947년 4월 현재 교토시의 일본인 초등학교
에 다니는 한인학생이 1,121명이었으므로,[10] 교토부 재일한인 초중학생
의 약 3분의 2는 조선인학교 그리고 3분의 1은 일본인학교에 다녔다고

9) 朴成玏, 「戦後在日朝鮮人運動史・年表(その2)」, 『部落解放研究』 第11号, 1977, 147쪽.
10) 松下佳弘, 「戦後の在日朝鮮人教育行政の展開(1945~55年)－在日朝鮮人と地方自治体の関係－」, 京都大学大学院博士学位論文, 2018, 30쪽, 32쪽 표, 36쪽 표 참조.

볼 수 있다.

한편 조련과 대립하고 있던 보수계의 민단 측도 민족학교를 운영하였으나, 그 규모는 조련의 학교와 비교가 되지 않았다. 민단계 학교로는 교토부에 교토조선중학교(1946.9. 개교), 오사카부(大阪府)에 금강소학교(1947.5. 개교), 효고현(兵庫県)에 다카라즈카(寶塚)조선학교(1947.4. 개교) 그리고 오카야마현(岡山県)에 구라시키(倉敷)조선소학교(1947.7. 개교) 등 관서지방에 몇 개 학교가 있었다. 하지만 이후에 학교로서의 외형을 갖춘 것은 교토조선중학교와 금강소학교뿐이다. 그 외에 민단도 조련도 아닌 중립계의 학교로 1947년 4월 당시 오사카에 건국중학교(1946년 3월에 개교한 건국공업학교와 건국고등여학교를 통합)가 있었다.

2. 4·24 한신교육투쟁

1) 민족교육에 대한 GHQ와 일본정부의 입장

(1) 조선인학교와 재일한인의 법적지위

해방된 재일한인이 자신들의 학교를 세우고 민족교육을 하는 것은 당연한 권리였다. 한편 일본의 문부성은 재일한인이 학교를 세우는 것에 대하여 당연한 현상으로 받아들이면서도 조선인학교에 대하여 부정적인 생각을 가지고 있었다. 하지만 GHQ가 재일한인의 법적지위를 명확히 하지 않았기 때문에, 조선인학교에 대하여 어떠한 법적 조치를 취할 지 방침을 세우지 못하고 있었다.

미국정부는 애당초 GHQ에 대하여, 재일한인을 해방민족으로 취급하되, 경우에 따라서는 적국민(=일본국민)으로 취급해도 된다고 지시하였다. 해방 이후 일본정부는 재일한인을 여전히 '일본국민'이라는 입장을 취했고, 재일한인은 자신들이 '해방민족'이며 '외국인'이라는 입장을 취해, 양자 간에는 많은 갈등이 발생하였다. 하지만, GHQ는 한반도와의 정치적 문제도 결부되어 있어, 해방민족(=일본국민이 아닌 외국민)으로 취급해야 할지 일본국민으로 취급해야 할지 결정하지 못하고 있었으며, 그 결과 1946년 말까지 재일한인의 법적지위와 관련하여 구체적인 발표를 하지 못했다.

재일한인의 교육문제에 있어 법적지위가 중요한 것은 일본 학교교육법에서 규정한 의무교육의 대상여부가 그로 인해 결정되기 때문이다. 만약 재일한인이 외국인이라면 조선인학교는 일본의 정규학교(1조교)[11]가 아니고 학원처럼 '각종학교'로서 자유롭게 민족교육을 할 수 있게 된다. 반대로 일본국민이라면 일본의 교육관계법이 적용되어, 한인자녀들은 일본의 의무교육을 받아야 하고, 이들을 교육하는 한인 초중학교도 1조교로 개설해야 해서 자유롭게 민족교육을 할 수 없는 상황에 놓이기 때문이다.

한편 GHQ에서 교육문제를 담당하던 민간정보교육국(Civil Information and Educstion Section, 이하 CIE)은 당시 조선인학교에 대하여 바람직하게 생각하고 있지 않았다. 1946년에 들어서면서부터 재일한인의 조국으로의 귀환자가 급속히 줄어드는 상황 속에서, 여름이 되면 남한으로부터의 밀입국자[12]가 일본사회에서 문제시 되었고, 민단계와 총련계 세력 간

---

11) 일본의 학교교육법 제1조에서 규정하는 '학교'라는 의미임.

12) 남한에서 정치적 문제로 도일하려는 사람, 가족을 만나거나 일본으로 다시 가려는 사람들이 정상적인 방법으로 일본으로 입국할 수 없는 상황에서 배를 타고 모르게 입국하는 사례가 증가하였다. 일본에서는 언론과 보수정치가들은 이들을 '밀입국자'라고 하여 1946년 여름, 일본사회에서 크게 문제시하였다. 특히 당시 남한에서 콜레라가 발생하였는데, 이들이 법질서를 무너뜨리고, 콜레라를 일본에 전염시킨다며 보수정치가는 재일한인을 '조센진'이라 부르며 비난하였다.

의 살상 사건, 재일한인과 일본 공권력과의 갈등, 생계를 위한 재일한인의 다양한 불법적 상행위 등, 일본을 통치해야 하는 GHQ의 입장에서 보면 공정성 여부를 떠나, 재일한인은 일본사회에 혼란을 일으키는 불편한 존재라는 의식이 강하였다. 나아가 재일한인이 공산주의 세력이라고 할 수 있는 조련의 영향력하에 놓여있다는 것도 신경이 쓰였다.

물론 이러한 인식이 형성되는 과정에는 일본정부와 정치가 그리고 언론의 역할이 컸다. 1946년 여름 이후 일본정부와 보수정치가들 그리고 언론은 공식적인 발표와 기사를 통해 그리고 국회에서 재일한인을 패전 후 일본사회 혼란의 주범으로 몰고 갔다. 즉 GHQ의 입장에서 보면 재일한인은 일본을 통치하는데 있어 전혀 도움이 되지 않을 뿐 아니라 오히려 방해만 되는 귀찮은 존재였던 것이다.

법적지위에 대한 GHQ의 공식적인 입장 표명이 늦어지는 상황에서, 지방에 주둔하고 있던 점령군도 조선인학교를 어떻게 취급해야 할지 방향을 잡지 못하고 있었다. 그와 관련해 GHQ 내에서 교육문제 담당 부서인 CIE 교육과 직원이었던 에드윈 F 위글레스워스(Edwin F. Wigglesworth)는 1946년 6월 하순 히다카 다이시로우(日高第四郎) 문부성 학교교육국장을 만나 협의를 한 이후 종합적인 의견을 8월 28일자로 교육과 과장인 M. T. 오어(M. T. Orr) 대위에게 보고하였다.

그 내용은 일본정부가 공립 조선인학교를 설립하고 운영하는 것에 반대하며, 재일한인에 의한 조선인학교의 설립과 운영은 교육환경 등을 고려해서 인허가를 해야 하나, 일본 내의 소수민족을 육성할 위험성이 있으므로, 학교설립을 부정적으로 보아야 한다는 것이다. 위글레스워스의 의견에 히다카 문부성 국장의 의견이 반영되었을 가능성이 지극히 크다.

〈표(그림) 1〉 연합군의 대일점령관리 기구도(1946.7)

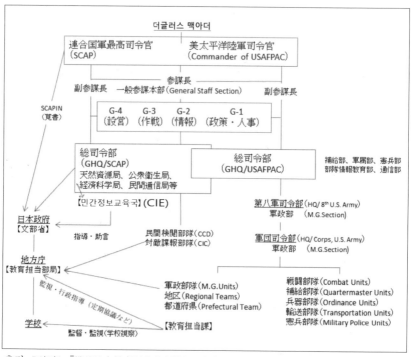

출전: 阿部彰, 『戰後地方敎育制度成立過程の硏究』, 風間書房, 1983, 7쪽.

(2) 재일한인의 법적지위에 대한 CIE와 DS의 발표

GHQ는 재일한인의 민족교육에 대해 부정적인 생각을 가지고 있었지만 조선인학교 설치를 제한하지는 않았다. 앞서 설명했듯이, GHQ 자신들이 아직 재일한인의 법적지위를 명확히 결정하지 못하고 있었기 때문에, 조선인학교에 대해 적용할 법적 근거를 가지고 있지 못했다. 재일한인의 법적지위에 대하여 GHQ가 처음으로 입장을 표명한 것은 GHQ에 의한 재일한인의 집단귀환 종료가 가까워진 1946년 11월 중순이다. 조선인학교 문제를 담당하던 CIE 그리고 재일한인의 법적지위 문제를 담당

하던 외교국(Diplomatic Section, 이하 DS)은 귀환을 하지 않고 일본에 잔
류하는 재일한인은 "합법적으로 수립된 한국정부가 한국국민으로서 승
인할 때까지 일본국적을 보유하고 있는 것으로 간주한다"고 발표하였고,
이와 같은 입장은 12월에도 재차 이루어졌다.

해방민족을 다시 일본국민으로 취급한다는 GHQ의 발표에 재일한인은
강력히 항의하였고, 남조선미군정청도 상부기관인 GHQ에 반대 의사를
표명했지만 무시되었다. 당시 GHQ는 미국무부와 협의하여 상기와 같은
발표를 하였는데, 국무부는 당시 재일한인을 일본국민으로 취급함으로
인해 발생할 수 있는 남한과의 관계에 있어서의 외교적 손실보다 일본국
내의 질서유지를 우선한 것이었다.[13]

아무튼 GHQ는 1947년부터 재일한인을 일본국민으로 취급하였다.[14]
이에 자신감을 얻은 듯 문부성은 재일한인을 일본국민 취급하라는 GHQ의
지령을 근거로, 1947년 2월 12일 지방자치체에 대하여 조선인학교와 같은
각종학교의 교직원 및 교과서 그리고 교재 등에 대하여 GHQ의 일본정
부에 대한 지령(「일본교육제도에 대한 관리정책」. 1945년 10월 22일)을 어
기지 않도록 한층 주의를 기울여 관리하도록 지시하였다(「발학제62호」).[15]

---

13) 당시 GHQ의 제안에 동의한 미국무부는 한반도에 독립된 정부 즉, 한국정부가 수립될 때
까지 재일한인을 일본국민으로 취급하고, 한국정부가 새로 수립되어 재일한인을 자국민
으로 인정하게 되면, GHQ도 이들을 외국민으로 취급한다는 전제하에서 GHQ의 제안에
동의하였다. 하지만 GHQ는 한국정부 수립 이후에도 재일한인을 외국민으로 취급하지 않
았다. 담당부서인 외교국(DS)은 지극히 친일적인 입장을 취하면서, 국무부의 결정을 의도
적으로 무시하고, '공산주의자들이고 폭력적인' 재일한인을 외국민으로 취급할 경우 일본
의 공권력이 이들을 단속할 수 없어 사회혼란이 극심해 질 것이라며 적극 반대하였기 때
문이다.
14) 일본정부는 1947년부터 재일한인을 공식적으로 일본국민으로 취급하기 시작하였으나, 참
정권이나 외국인등록령 등에 있어서는 재일한인의 권리를 제한하고 재일한인을 관리하려
는 의도에서 '당분간'이라는 단서하에 외국인으로 취급하는 편법적인 방법을 취하였다. 물
론 이러한 편법적인 법적용에 대해서는 GHQ도 용인하고 있었다.
15) 「各種学校の監督について」(発学第62号, 1947年2月12日) 地方長官あて文部省学校教育局長発
通知(マキー智子, 「在日朝鮮人教育の歴史: 戦後日本の外国人政策と公教育」, 北海道大学大学

큰 의미가 없어 보이는 지시였지만, GHQ의 「일본교육제도에 대한 관리정책」을 각종학교인 조선인학교에 대하여 적용하라는 문부성의 지자체에 대한 지시는 조선인학교도 '일본교육제도'에 포함시켜 조치를 취하기 시작했다는 것을 의미한다. 예를 들면 당시까지 조선인학교 교사들은 직업군인, 군국주의자 및 국가주의자 그리고 점령에 반대하는지를 검사하는 교직원 적격심사를 받지 않았는데,[16] 일본교육제도에 조선인학교도 포함시킴으로써, 조선인학교 교사도 문부성에 의한 교직원 적격심사를 의무적으로 받아야 하게 된 것이다.

2) 1·24통첩(제1차 조선인학교 폐쇄조치)

(1) 새로운 학교교육법과 4·12통첩

GHQ의 대일 점령 교육정책 중에서 가장 중요한 과제가 천황중심의 군국주의 일본을 민주화시키는 것이었고, 특히 CIE는 일본 학교교육에서의 민주화를 적극 추진하였다. 그 결과 1947년 3월 31일에 일본의 새로운 교육목적 등을 제시한 '교육기본법'과 유치원을 비롯해 모든 학교에

院博士学位論文, 2014, 32쪽). 「일본교육제도에 대한 관리정책」에 관한 지령은 GHQ가 점령 초기 일본정부에 지시한 것으로, 그 주요 내용은 군국주의 및 국가주의 교육은 폐지하고 민주주의 교육을 장려할 것, 직업군인, 군국주의자 그리고 국가주의자 및 점령정책에 반대하는 사람은 파면시킬 것, 민주주의 교육을 위해 신속히 교육과정을 개편할 것 등 교육개혁에 대한 것이었다.

[16] GHQ는 1945년 10월 22일의 「일본교육제도에 대한 관리정책」 지령 직후, 10월 30일에 「교원 및 교육관계자의 조사, 제외, 인가에 관한 건」(SCAPIN 212호)이라는 지령을 일본정부에 추가로 발령하였다. 전자는 직업군인 출신, 군국주의자 및 국가주의자 그리고 점령에 반대하는 사람을 교사직에서 파멸하기 위한 지시가 포함되어 있었으며, 후자는 교직추방에 관한 시책을 보다 구체적으로 지시한 것이었다. 일본정부는 이를 실행하기 위하여 「교직원의 제거, 취직금지 및 복직 등의 건(教職員ノ除去、就職禁止及復職ノ件)」(칙령제263호, 1946년 5월 7일) 그리고 이를 수정한 「교직원의 제거, 취직금지 등에 관한 정령(教職員の除去、就職禁止等に関する政令)」(정령제62호, 1947년 5월 21일)을 결정하였다. 그리고 조선인학교 교사에 대해서도 이를 적용하였다.

대한 교육제도를 규정한 '학교교육법'이 공포되고 4월 1일 새 학기부터 시행되었다. 의무교육 기간은 초등학교와 중학교를 합쳐 9년간으로 규정되었다.

GHQ가 주도하여 개혁한 민주교육이 새롭게 시작되는 것이었기에 GHQ나 지방의 군정부 또한 일본정부가 이를 잘 집행하는지 관심을 가지고 지켜보았다. 한편 새로운 학교교육법의 시행과 관련해, 4월 12일 문부성은 재일한인의 일본학교 입학과 조선인학교에 대하여 각 지방자치체에 다음과 같은 지시를 하였다(이하, 4 · 12통첩).

첫째, "현재 일본에 재류하는 조선인은 일본의 법령에 따르지 않으면 안 된다. 따라서 일단 조선인 아동에 대해서도 일본인과 똑같이 취학(就学) 시킬 의무가 있으며", 단지 "의무취학을 강제하는 것이 곤란한 사정이 한편으로 있을 수 있으니 실정을 고려해서 적절히 조치할 것",

둘째, "조선인이 그 자녀를 교육하는 소학교나 각종학교 등을 신설하는 경우에 부현(府県)은 이를 인허가해도 상관없음".[17]

즉 문부성은 GHQ가 1946년 말 재일한인을 일본국민으로 취급한다고 발표하였기 때문에, 이를 근거로 재일한인도 일본의 의무교육을 받아야 하지만, 일본인학교의 교실 사정 혹은 재일한인의 거센 반발 등 "곤란한 사정이" 있는 경우에는 "실정을 고려해서 적절히 조치"하도록 지시한 것이다. 또한 학교교육법 제1조가 규정하는 '학교'(=1조교)로서의 '조선인소학교'나 그 외 각종학교를 인허가해도 좋다고 한 것이다.

이 통첩에 따르면 '일본국민'으로 취급받게 된 재일한인이 의무교육 기간에 해당하는 초 · 중학교를 개설하는 데는 2가지 방법이 있었다. 첫

---

17) 「朝鮮人児童の就学義務に関する件」(雑学第123号, 1947年4月12日), 各都道府県県教学課長あて 学校教育局長発通牒.

째는 일본국민 교육을 위한 교육과정을 반드시 개설해야 하는 '학교'(이하 1조교)로 인허가를 받는 것이다. 이 학교는 문부성이 정한 과목과 이수시간을 정규수업 시간에 포함시켜야 하고, 과외 시간에 민족과목은 개설하는 형태를 취해야 한다. 둘째는 '각종학교'로 인허가를 받는 경우이다. 이 경우 정규 초·중학교는 의무교육 기관이라 각종학교로 인허가가 나지 않기 때문에, 정식 '학교'로 인허가를 받는 것이 아니라, 정규교육 시간 외에 교육을 하는 '학원' 형태의 각종학교로 인허가를 받게 되는 것이다(고등학교나 직업기술학교 등의 경우는 의무교육기관에 해당 되지 않기 때문에 각종학교로 개설이 가능하다). 따라서 재일한인이 각종학교 형태로 초·중학교 인허가를 받아 정규학교처럼 민족교육을 하게 되면 '법을 위반'하는 것이 된다. 후술하는 바와 같이 조련계의 조선인학교 중에는 지방 교육당국과 현지 점령군의 독촉에 따라 학교 인허가를 신청한 학교들이 있는데, 이들 학교는 모두 각종학교로 허가를 받아 민족학교를 유지하였다.

  하지만 4·12통첩은 한인학생의 취학과 관련해 강력한 조치를 지시하지 않고 "실정을 고려해서 적절히 조치"하도록 한다든가, 조선인학교 설립 및 운영과 관련해서도 '중학교'에 대한 언급은 없고 또한 초·중학교를 각종학교로 인허가해서는 안된다는 등의 구체적인 지시사항이 포함되어 있지 않았다.

  아무튼 1947년 2월 그리고 4월에 문부성의 지시를 받은 지방 교육당국은 조선인학교 관계자에게 학교 인허가를 받고, 교직원들 또한 적격심사를 받도록 통보하였다. 하지만 재일한인들은 해방된 자신들이 학교 운영을 위해 일본 관청의 인허가를 받아야 하고 또한 교직원이 일본 문부성의 적격심사를 받아야 한다는 현실을 받아들일 수 없었다. 따라서 대부분의 조선인학교 관계자들은 지방 행정당국의 통보를 무시하였다.

(2) 4·12통첩에 대한 지역별 조선인학교의 반응

1947년 10월에 열린 조련 제4회 전체회의에서는 점령군과 일본정부가 민족교육에 간섭하려는 움직임이 있다는 지적이 있었지만, 당시 조련관계자는 상황을 심각하게 받아들이지 않았다.

예를 들어 시모노세키(下関) 항구가 위치한 야마구치현(山口縣)의 교육부는 군정부의 지시하에 34개 조선인학교에 대하여 인허가를 받고 교원 적격심사를 받도록 통보하였으나, 1947년 9월 초까지 조선인학교 관계자는 이를 받아들이지 않았다. 이후 여러 차례 독촉을 한 결과 모든 학교가 각종학교로 인허가 신청을 하였으나, 야마구치현이 각종학교로 인가한 학교는 10개교에 지나지 않았다. 하지만 나머지 학교도 여전히 수업을 지속하였다. 그리고 당시 일본의 학교교육법이 엄격하게 적용되지 않았기 때문에 이들 각종학교에서는 자유롭게 민족교육이 이루어지고 있었다. 학교인가 및 운영에 있어 조선인학교가 일본법에 따르지 않고 있다고 판단한 야마구치 군정팀은 12월 상부기관인 제8군에, 문부성이 보다 강력한 정책을 시달하여야 하고, 이를 무시하는 조선인학교 관계자를 일본경찰이 체포하는데 점령군의 지원이 필요하다고 판단되면, 해당 지역 군사령부가 점령군을 동원할 수 있도록 권한을 부여해야 한다며 강력한 대응을 요구하였다.[18]

재일한인이 가장 많이 거주하는 오사카부의 경우에도 1947년 6월경 오

---

[18] 야마구치현의 당시의 상황에 대해서는 マキー智子, 「在日朝鮮人教育の歴史: 戦後日本の外国人政策と公教育」, 北海道大学大学院博士学位論文, 2014, 32~34쪽; 瀬上幸恵, 「山口県における民族教育擁護運動(地域社会における在日朝鮮人とGHQ)」, 『東西南北』 別冊1, 2000, 38~40쪽. 야마구치현에서 특히 조선인학교에 대한 단속에 관심을 가진 것은 우선, 조련 및 조선인학교에 대한 강력한 조치를 원하는 야마구치 현지사의 의향이 반영되었다는 것이다(이에 대해서는 후술한다). 둘째는 밀입국자가 많고 조련계의 활동도 적극적인 지역이라, 현지 점령군의 입장에서도 공산주의자들을 견제하고 현지에서의 사회질서를 유지하는 것이 최우선이었기 때문에, 조련계의 조선인학교가 일본법을 지키지 않는 것을 가볍게 여기지 않고 있었다고 할 수 있다.

사카 군정팀과 교육당국은 조선인학교가 법적 절차를 준수하지 않는다는 사실을 확인하고, 또한 오사카부는 정식학교가 아닌 조련의 청년 정치교육기관인 '8·15정치학원'에서 공산주의 교육이 이루어지고 있다며 문부성에 조치를 요구하였다. 하지만 문부성은 이들 각종학교에서 공산주의 교육이 이루어지고 있다고 하여 처벌하는 것은 어렵다는 입장을 취했다. 초등학교나 중학교도 아니고 각종학교인 정치학원에서 공산주의 교육을 한다고 하여 처벌할 수 있는 법규나 점령군의 지령이 없기 때문이다. 그러자 오사카부 교육과는 공산주의 교육을 하고 있는 학교를 문부성이 방치하고 있다고 현지 점령군에게 전하였다.[19] GHQ의 대일점령 정책에 있어 1947년은 일본의 민주화 정책에서 반공정책으로 정책 방향이 전환되는 과도기에 놓여 있었다. 오사카 군정팀도 9월에 상부기관인 교토의 제1군단에 보고서를 제출하여, 문부성의 미온한 자세가 재일한인에게 일본의 법률 적용을 어렵게 한다고 주장하였다.

히로시마현(広島県)의 경우 현지 군정팀이 일찍이 조선인학교를 문제 삼았다. 히로시마현 군정부는 1946년 11월 히로시마현에 대하여 "15개교에 학생 약 3,000명"이라는 사실과는 전혀 다른 정보를 제공하며 조선인학교에 대한 조사를 지시하였다. 이에 현 당국은 학교 12개소에 259명의 학생이 있으며, 1947년 2월의 문무성지시(「발학 제62호」)에 따라 학교 인가 및 감독을 하겠다고 즉시 답장을 하였다. 그리고 현 당국은 11월 30일 각 지방 및 시장 앞으로 조선인학교에 인허가를 받도록 하라고 지시하였으나, 조선인학교 관계자는 절차를 밟지 않았다. 1947년 4월 새로운 교육

---

19) 당시 문부성 장관은 가타야마 테츠(片山哲) 내각(1947.5~1948.3)의 모리토 타쓰오(森戸辰男)였다. 가타야마 내각은 보수정치가를 대표하는 요시다 시게루(吉田茂) 내각이 물러난 이후, 혁신계 정당인 일본사회당, 민주당 그리고 국민협동당이 연합하여 1947년 5월에 입각하였다. 즉 오사카부 교육당국은 진보계 내각의 재일한인 교육정책에 대하여 문제제기를 한 것이다.

법이 시행되기 시작된 이후인 4월 26일 히로시마 군정팀은 현 당국에 대하여 「발학제62호」에 따라 조선인학교도 인가를 받아야 하고, 현재 미인가 학교는 인가를 받을 때까지 임시로 폐쇄 또는 폐교하라고 지시하고 이에 응하지 않는 자는 군정부에 보고하라고 지시하였다. 조선인학교에 대한 배려 없이 권력에 의한 법집행을 지시한 것이다. 히로시마현은 직접 조련 히로시마현 본부와 협상을 하여, 5월에 각종학교 신청을 받아 8월에 조선인학교 13교를 '각종학교'(학생 수 960명)로 설치 인가하였다.[20] 당시 조선인학교 관계자는 자유롭게 민족교육을 할 수 있는 각종학교로 인허가를 신청하였고, 이를 현 당국이 인정한 것은 임시방편적인 조치이기도 하였고,[21] 또한 기술하였듯이 4·12통첩이 그에 대한 구체적인 지시를 포함하고 있지 않았기 때문이다. 아무튼 조선인학교는 군정팀의 압력으로 학교등록을 하였으나, 히로시마 군정팀은 10월 상부기관에, 히로시마의 조선인학교 초등학생과 일본인 학생 사이에 충돌이 발생하자, 조선인학교 교육 여건이 좋지 않으니, 이들을 모두 일본인학교에 집어넣고,

20) 松下佳弘, 「戰後の在日朝鮮人教育行政の展開(1945~55年)－在日朝鮮人と地方自治体の関係－」, 京都大学大学院博士学位論文, 2018, 37~40쪽.
21) 앞서 설명했듯이, 일본국적으로 취급받는 재일한인 자녀들은 1조교의 초등학교와 중학교에서 교육을 받아야 했음에도 불구하고, 당시 지방의 현 당국은 조선인학교를 각종학교로 인허가를 하였고, 이곳에서 민족교육이 자유롭게 이루어졌다. 즉 현 당국에서 인허가한 '각종학교'는 일본의 정규학교를 마친 초중학생들이 과외로 수업을 받는 '학원'과 같은 곳이었으나, 이곳에서는 정규학교와 같이 민족교육이 이루어지고 있었고, 현 당국도 숙지하고 있었다. 그럼 왜 이러한 선택을 현 당국이 했느냐 하는 것인데, 첫째, 당시 일본은 새로운 교육제도가 막 도입되어 정착이 되지 않았고, 학교시설 또한 충분하지 못한 상황이었다. 둘째, GHQ의 점령 통치하에서 일본정부가 적극적으로 공권력을 집행하기에는 한계가 있었다. 일본정부가 자신들의 공권력 집행에 자신을 갖기 시작한 것은 1949년 가을 이후이다. 연합군과 일본의 강화조약을 내다본 GHQ는 공산주의 운동을 진압하고 치안 유지를 위해서는 점령통치 종료 전에 일본 공권력 확립의 필요성을 느끼게 되었고 적극 추진하였다. 그 시기가 바로 조련이 일본 법무부에 의해서 해산 조치되는 1949년 9월이다. 셋째는 공권력이 확립되지 않은 상황에서, 재일한인을 일본국민으로 취급하고 전국의 조선인학교에 대하여 일본법을 적용하라고 하였으나, 여전히 일본인과는 다른 위치에 있던 재일한인 집단 그리고 그들을 지도하는 공산주의자들 활동가들을 단속하는 것은 쉽지 않았다.

과외로 한국어 교육을 받는 것을 허용하는 것이 좋겠다고 제언하였다.

이상과 같이, 조선인학교 문제와 관련해 지방에서 잡음이 발생하고, 문부성이 보다 강력한 조치를 취해야 한다는 현지 군정팀과 지자체의 요구가 늘어가는 속에서, GHQ는 이미 1947년 10월에, 재일한인의 민족학교도 일본의 학교교육법에 따라야 하고 따라서 민족교육은 정규 교과목의 추가 과목으로만 허용이 된다는 입장을 세우고 있었다.

사태의 심각성을 느끼기 시작한 조련은 12월 초에 조련 문교부장, 학교책임자 회의를 열어 대책을 논의하였으나, 일본교육법의 적용을 받게 되면 실질적으로 민족교육을 할 수 없게 되니 받아들일 수 없다는 것이 그들의 입장이었다. 그래서 조련 측은 조선인학교를 각종학교로 인정하여 그 독자성을 인정하도록 문부성에 요구하였으나, 문부성은 이를 무시하는 태도로 일관하였다. 문부성은 "GHQ는 조선인학교도 일본정부의 인가를 받고 일본교과서를 사용하며, 조선어교육은 과외시간에 하라고 했다"는 입장을 재일한인 측에 전할 뿐이었다. 즉 문부성은 GHQ가 그렇게 지시하고 있기 때문에 자신들도 어쩔 수 없다고 변명을 한 것이다.

(3) 1·24통첩

조선인학교에 대하여 강력한 법집행을 요구하는 지방 점령당국의 보고는 제8군을 통해 GHQ에 전달되었고, CIE는 행정문제를 담당하는 민정국(Government Section) 지방행정과(Local Government Division)와 협의하여 GHQ의 입장을 정리하였다. 그에 따라 GHQ는 1947년 11월 19일 제8군에 대하여, 첫째, 재일한인은 일본국민으로서 일본의 법률에 따라야 하며, 둘째, 문부성의 지시 없이 지방 행정당국은 일본법률을 집행할 권리가 있으며, 셋째, 문부성은 조선인학교의 법적지위를 명확히 할 필요가 있다고 답장하였다.

이와 같은 회신을 받았음에도 불구하고 지방의 점령군은 만족하지 않았다. 즉 앞서 소개한 야마구치(山口) 군정팀이나 도쿄·가나가와(神奈川) 군정관구사령부는 12월에, 일본의 법률에 복종하라는 문부성의 통지는 강제성이 없기 때문에 보다 강력한 조치가 필요하다고 주장하였다.

이에 CIE 교육과는 1947년 말 야마구치 군정팀 및 도쿄·가나가와 군정관구사령부의 권고대로 문부성에 지시하였다. 그리고 문부성 학교교육청은 CIE 교육과와 협의하여, 1948년 1월 24일 재일한인 자녀와 조선인학교에 대한 강력한 법적용을 지시하는 「조선인 설립학교의 취급에 대해서」라는 통첩(이하, 1·24통첩)을 작성하여 도도부현 지사 앞으로 발송하였다.

1. 현재 일본에 재류하는 재일조선인은 1946년 11월 20일자 총사령부 발표에 의해 일본의 법령에 복종하지 않으면 안 된다. 따라서 <u>조선인의 자녀라고 해도, 학령에 해당하는 자는 일본인처럼, 시정촌립(市町村立) 또는 사립의 초등학교 또는 중학교에 취학하지 않으면 안 된다. 또 사립 소학교 또는 중학교의 설치는 학교교육법이 정하는 바에 따라, 도도부현 감독청(지사)의 인가를 받아야 한다. 학령아동 또는 학령 학생의 교육에 대해서는 각종학교 설치는 인정되지 않는다.</u> 사립 초등학교 및 중학교에는 교육기본법 제8조(정치교육)뿐만 아니라, 설치폐지, 교과서, 교과내용 등에 대해서는, 학교교육법의 모든 총칙과 초등학교 및 중학교에 관한 규정이 적용된다. 또한 <u>조선어 등의 교육을 과외로 행하는 것은 괜찮다.</u>
2. 학령아동 및 학령아동 이외의 자의 교육에 대해서는 각종학교의 설치가 인정되고, 학교교육법 제83조 및 제84조의 규정이 적용된다.[22](밑줄은 필자)

이 통첩의 내용을 보면 알 수 있듯이 그 내용은 앞서 기술한 4·12통

---

22) 「朝鮮人設立學校の取扱いについて」(官學5号, 1948年1月24日), 都道府縣知事あて文部省學校教育局長發通牒.

첩의 내용을 보다 구체적이고 강경한 지시사항을 포함하고 있었다. 첫째, 재일한인 초·중학생은 일본의 국공립학교나 1조교의 사립학교에 다녀야 하며, 둘째, 조선인 초·중학교는 각종학교가 아니라 1조교로 인가를 받아야 하며, 셋째, 민족교육은 과외시간에만 가능하다는 것이었다. 즉 이때부터 문부성은 '교육문제에 있어서' 재일한인을 명확히 일본국민으로 취급하고, 조선인학교 및 학생의 교육에 대해서도 그에 상응하는 조치를 취하도록 지자체에 구체적으로 지시한 것이다.

문부성은 1·24통첩에 이어 1월 26일에 「조선인 교직원의 적격심사에 대하여」를 지방자치체에 보내, "조선인학교의 조선인교원의 적격심사를 일본의 학교교육법 규정에 따라 실시"하라고 도도부현에 통지하였다.[23]

문부성으로부터 지시를 받은 도도부현 교육부는 2월에 조선인학교 대표들에게 이를 통지하고, 명시한 기한까지 문부성 지방사무소에서 학교허가 수속과 학교교원의 적격심사를 받도록 통지하였다. 그리고 이들 통첩과 함께 당시 재일한인이 빌려 사용하고 있던 일본인학교를 명도하도록 통보하기 시작하였다.[24]

이에 조련 측 관계자는 민족학교의 당위성을 주장하며 문부성에 항의를 하고 여러 차례 협상을 하였으나, 양자는 팽팽히 맞섰다. 그러자 조련 측은 오히려 조선인학교의 설치, 유지 경영과 교구도 일본인학교 및 학생과 동일하게 대우하라는 요구를 하기에까지 이르렀다. 즉 재일한인 학

---

[23] 「朝鮮人の敎職員の適格審査について」(発適9号, 1948年1月26日), 都道府県知事あて文部省適格審査室長通知. 일본인교사의 경우 1947년 4월 현재 54만 명의 교사 중에서 약 4,300명이 부적격 판정을 받았으며, 1948년까지 약 70만 명이 심사를 받아 약 5천 명이 부적격 판정을 받아 교직에서 추방되었다. 당시 일본의 교직원적격 심사는 도도부현 교직원 적격심사위원회(都道府県敎職員適格審査委員会)―중앙 교직원적격심사위원회(中央敎職員適格審査委員会)―문부대신 심사(文部大臣審査)의 삼심제로 운영이 되었다.

[24] 해방 이후 재일한인들은 소개(疏開)로 비어있던 일본인학교 교실을 빌려서 민족학교로 많이 운영하였는데, 지방이나 해외에 있던 일본인들의 귀환에 의해 일본인들도 학교가 필요하게 되었고, 이들 통첩과 함께 학교 명도를 요구하기 시작한 것이다.

〈표 2〉 조련계 조선인학교 현황(1948.4.1)

지 방	학교수	학생수	교원수	지 방	학교수	학생수	교원수
東京	22	3,452	90	岐阜	12	691	32
三多摩	8	317	10	三重	13	837	25
神奈川	23	1,582	53	大阪	70	22,844	321
千葉	9	599	15	京都	34	2,458	38
埼玉	7	556	13	兵庫	58	7,379	127
茨城	18	522	21	和歌山	11	439	17
栃木	5	245	5	奈良	7	299	7
山梨	5	280	5	滋賀	18	774	38
群馬	5	156	6	岡山	23	1,798	46
福島	9	146	9	広島	23	1,400	19
宮城	9	172	19	山口	33	2,841	65
山形	2	71	22	鳥取	12	515	15
岩手	5	100	5	島根	6	282	7
秋田	4	120	5	香川	1	53	2
青森	1	40	1	愛媛	1	250	7
北海道	4	148	4	福岡	25	2,510	53
長野	3	227	6	大分	7	262	7
新潟	2	74	3	宮崎	1	64	2
福山	4	250	8	鹿児島	4	120	9
福井	10	720	20	長崎	2	43	2
石川	3	250	8	対馬島	1	50	1
愛知	39	2,842	65	합 계	566	58,930	1,229
静岡	7	352	16	합 계*	566	59,130	1,249

주: '합계'는 원자료이며, '합계*'는 통계상의 수치임.
출처: 在日本朝鮮人連盟中央委員会(第五回全体大会準備委員会)「朝連第五回全体大会提出
　　　活動報告書」(1948年度), 37~38쪽 표로 작성.

생의 교육도 일본의 공교육처럼 일본정부가 재정적 부담을 하라는 당시
로서는 현실성 없는 요구를 하며 저항한 것이다.

　한편 문부성은 무허가로 운영되고 있던 조선인학교에 대한 통제를 강
화하기 위한 법적근거를 마련하기 위해, 학교교육법 제4조(학교 설치폐

지, 설치자의 변경 기타 감독청이 정하는 사항은 감독청의 인가를 받아
야 한다)와 제84조(도도부현청은 학교 또는 각종학교 외의 곳이 각종학
교 교육을 하고 있다고 인정되는 경우, 그 사실을 관계자에게 통고하고,
전조의 규정에 따르게 할 수 있다)를 근거로, 3월 1일 "2명 이상의 교원
과 20명 이상의 학생이 있는 곳은 모두 학교교육법 제84조의 규정에 의
해 이를 각종학교로 인정한다. 따라서 동법 제83조에 의해 준용된 제4조
의 규정에 의해, 각종학교설치의 인가를 받게 해야 한다"25)는 통첩을 자
치체에 내려보냈다.

즉 일본정부는 자신들이 관리할 수 있는 조선인학교의 대상을 "2명 이
상의 교원과 20명 이상의 학생이 있는 곳"으로 정하고, 이들을 관리할 수
있는 법적근거로 학교교육법 제4조와 제84조를 준용한 것이다.

한 가지 주의해야 할 것은 이들 조치가 조선'초등학원'과 중학교를 자
유롭게 민족교육을 할 수 있는 '각종학교'로 인정하기 위한 것이 절대 아
니고, 관리해야 할 대상을 규정하고, 그 대상에 대하여 학교 폐쇄를 포함
한 학교교육법에 따른 조치를 취하기 위한 예비조치였다는 것이다.26)

3) 민족학교를 지키기 위한 투쟁

(1) 조선인학교에 대한 군정부와 지자체의 강경 조치
1·24통첩 및 1·26통지 이후 이를 집행해야 하는 지방 교육당국 및
군정팀과 조선학교 측의 분쟁이 전국에서 일어났다.

히로시마현(広島県)의 경우 군정팀은 현 당국에 대하여 문부성의 지시

---

25) 「各種学校の取扱いについて」(発学81号, 1948年3月1日), 都道府県知事あて文部省学校教育局長
発通牒.
26) 松下佳弘, 「占領期朝鮮人学校閉鎖にかかわる法的枠組みとその運用: 滋賀県の事例に即して」,
『教育史·比較教育論考』第20号, 2010.6, 27~30쪽.

에 따라 조선인학교를 1948년 3월 15일까지 조사하고, 최소한의 자격조차 갖추지 못한 학교는 폐쇄하고 교원도 전부 조사하도록 지시하였다. 이에 현 당국은 3월 15일 히로시마현 조련본부에 대하여, 13개 조선인학교를 각종학교로 1947년 8월에 인가하였으나 1·24통첩 및 군정부의 지시로 3월 31일부로 이들 학교를 전부 폐쇄하지 않을 수 없게 되었다고 전달하였다. 그리고 1조교로 학교 인가를 받기 위한 조건을 제시하였다. 이에 조선인학교 관계자는 4월 8일 민족적인 권리로서의 민족교육의 자주성을 주장하며, 일본의 의무교육에 따르라는 것은 비상식적이라며 강력히 비판하는 답장을 하였다.[27]

2월 말부터 교토부(京都府), 오사카부(大阪府), 효고현(兵庫県), 오카야마현(岡山県), 히로시마현(広島県), 야마구치현(山口県) 등 한인이 많이 거주하는 대부분의 조련계 조선인학교는 전국적으로 민족교육 옹호 인민대회를 개최하였다. 마침 3·1절기념 행사도 다가오고 있어, 운동의 분위기는 더욱 고조되었다. 당시 조련은 점령군과 일본정부라는 절대권력 앞에서 타협적인 입장을 취하면서 재일한인의 민족교육을 지키는 방법도 있었다. 그러나 식민통치하에서 동화교육을 강요당했던 그들은 학교 운영과 교사채용에 있어 문부성의 인허가를 받는 것 자체가 민족교육의 자주성을 망가뜨리게 된다고 인식하고 있었기 때문에 그야말로 투쟁을 통해 민족교육을 사수한다는 입장을 취한 것이다.

지방의 교육당국은 3월 초~4월 중순에 걸쳐 조선인학교 관계자에 대해, 재일한인 자녀를 일본 공립학교 혹은 인가 받은 사립학교에 넣을 것, 인가 받지 않은 조선인학교를 폐쇄하고, 임차해 사용하고 있는 일본인학교를 명도하라고 독촉하였다. 이러한 지방행정 당국의 조치는 대부분 현

---

27) 松下佳弘,「戦後の在日朝鮮人教育行政の展開(1945~55年)－在日朝鮮人と地方自治体の関係－」, 京都大学大学院博士学位論文, 2018, 53~56쪽.

지 점령당국의 엄격한 지시하에서 이루어졌다. 재일한인의 민족적 권리에 대한 배려 없이 일본의 법령에 재일한인이라는 집단을 '복종'시키는 것이 그들의 임무가 되어버렸다.

하지만 조련은 3월 23일 '조선인교육대책위원회'를 결성하고, 조선인학교 관계자에게 빌려쓰고 있는 일본인학교 교실을 명도하지 말고 수업을 계속하라는 지시를 내리고, 지방 당국에 대한 집단 데모를 강화하라고 지시하는 등 사태는 점차 악화되어 갔다. 저항하는 조련계 조선인학교와 일본법을 강요하는 점령군 및 지방 당국이 마치 치킨게임을 하는 양상을 보이기 시작하였다.

당시 관서지방의 점령군이 조선인학교에 대하여 보다 철저한 대응에 나섰다. 그 이유는 현지 점령군은 오사카지역 공산주의자들이 점령군을 곤란에 빠지게 할 목적으로 시위를 하고 폭동을 일으킬지 모른다는 최악의 시나리오까지도 무리하게 상정하고 있었기 때문이다. 특히 재일한인 공사주의자들을 치안대책상의 요주의 집단으로 보고 있었다.[28] 당시 남한에서는 4·3 제주 사태가 발생하였고, 또한 남한 단독정부 수립을 위한 5·10 총선거를 앞두고 단독정부 수립 찬반을 둘러싸고 혼란이 끊이지 않는 시기였다. 이를 두고 조련과 민단계의 재일한인사회도 대립하고 있었다.

(2) 한신교육투쟁

일본 지방 행정당국은 점령군의 관여 속에서 조선인학교에 대한 조치를 강화해 나갔다. 마침내 도쿄도는 4월 20일 학교교육법에 따라 인허가를 신청한 YMCA계열 1개교를 제외한 14개 조선인학교의 폐쇄를

---

[28] 당시 점령군은 일본 법무청 특별심사국 등 일본 정보기관의 첩보에 많이 의존하고 있었다. 즉 당시 점령군의 판단에는 일본정부 관계자가 영향을 많이 미쳤다.

명령하였다.

오카야마현(岡山縣)에서는 오카야마 군정팀이 오카야마현 당국에 대하여 법률에 따르지 않는 조선인학교를 4월 15일까지 폐쇄하도록 지시하였다. 이에 조선인학교 측이 응하지 않자 일본경찰이 조련 오카야마현 본부 위원장을 체포하였으나, 조련 측이 집단 항의를 하여 석방하는 사태가 벌어졌다.

오사카부의 경우, 4월 12일 일본인학교 교사를 빌려서 사용하던 19개 조선인학교를 폐쇄조치하고, 기타 조선인학교의 인허가 신청을 독촉하였다. 이에 조선인학교 측이 반발하였으나 21일 오사카부는 폐쇄를 집행하기 시작하였다. 그러자 23일 오사카 현청(縣廳)에 7,000명의 재일한인이 몰려가 항의를 하는 이른바 오사카교육투쟁이 발생하였다.

효고현의 경우, 효고현 군정팀이 현내의 고베시(神戶市) 당국에 대하여 일본인학교로부터 조선인학교를 퇴거 시키고 학생들을 일본 공립학교 및 인가 받은 사립학교로 전학시키도록 지시하였다. 하지만 조선인학교 관계자가 이를 거부하자 효고현 당국은 4월 중순 경찰력을 동원하여 일부 조선인학교를 학생들의 저항을 제압하고 강제로 폐쇄하였다. 이에 조련 및 조선인학교 관계자 그리고 학부형 등 수백 명이 4월 24일 효고 현청으로 들이닥쳐 현 지사(知事) 사무실을 점거하여 미군 헌병 3명이 현장에 출동하는 사태가 벌어졌다.

GHQ는 재일한인들의 교육투쟁을 반점령 행위로 간주하고, 제8군 아이켈버거(R. L. Eichelberger) 사령관에게 점령군의 직접 개입을 지시하였다. 이에 제8군은 4월 24일 오후 10시를 기해 고베지역에 비상사태를 선언하고 데모에 참가한 혐의로 732(일본인 74)명을 검거하였다.[29] GHQ가

---

[29] 코베에서의 검거자수 등은 정영환, 「4·24교육투쟁과 재일조선인의 민족교육」, 『창작과 비평』 186호, 2019년 겨울호 참조.

일본 점령 이래 처음 내린 비상사태였다.

이러한 상황에서도 사태는 진정되지 않고, 오사카시에서는 26일 데모 도중 16세의 한인 소년이 후두부에 일본경찰의 총탄을 맞고 사망하는 사태까지 발생하였다. 민족교육을 지키기 위해 일어선 고베와 오사카 지역을 중심으로 한 재일한인의 교육투쟁은 점령당국의 개입하에 일본경찰의 강경한 진압에 의해 제지되었다.

아이켈버거 제8군 사령관은 4월 26일 기자회견에서, 고베와 오사카의 일련의 사태는 공산당의 선동에 의한 것이며, 이들을 엄벌할 것이라고 발언하였고 실제 군사법정은 주요 관계자에 대하여 중형을 언도하였다. 스즈키 요시오(鈴木義男) 법무장관은 4월 26일, 민정국(Government Section, 이하, GS) 지방행정과와의 회담에서, 효고현의 고베사건은 조선인학교의 공산주의 교육과 재일한인의 폭력지향이 원인이라고 말하였다. 그리고 이들 사건을 빌미로 일본의 경찰력을 강화해야 한다고 주장하였다. 첩보 담당인 참모 제2부(General Section Ⅱ. 이하 G2)도 한신교육사건은 일본 공산당 관서위원회가 조련 공산당원과 계획하여 일으킨 것이라고 단정하였다.

당시 상황으로 보았을 때, 한신교육투쟁은 공산주의자들이 공산주의 운동을 달성하려고 일으킨 것이 아니었다. 조련은 자신들의 방식으로 민족교육을 지키려고 하였고, 조련의 활동에 대하여 오사카 지역 일본인 공산당원들이 협조를 한 것이라고 보아야 할 것이다. 왜냐하면, 일본공산당은 내부적으로 조련의 한신교육투쟁을 공산당에 대한 공격의 빌미를 주는 분파주의 활동이라고 비판하였기 때문이다.

(3) 5·5각서

조련을 중심으로 한 조선인학교 관계자는 한신교육사건 이후 더 이상

버틸 수 없게 되었다. 조련의 조선인교육대책위원회 측은 문제 해결을
위해 문부성과 협의를 거쳐, 5월 5일 다음과 같은 각서(이하 5·5각서)에
합의하였고, 문부성은 다음 날 통첩30)으로 지방 교육 당국에 전달하였다.
내용이 길지만, 그 후의 조선인학교 문제를 이해하는데 필요해서 전문을
인용한다.

1. 조선인의 교육에 관해서는 교육기본법 및 학교교육법에 따를 것.
2. 조선인학교 문제에 대해서는 사립학교로서 자주성이 인정되는 범위 내에
   서 조선인 독자의 교육을 행하는 것을 전제로 해서, 사립학교로서의 인가
   를 신청할 것.
   사립학교로서 자주성이 인정되는 범위는
   가. 조선인 자신이 사립 소학교, 중학교를 설치해 의무교육으로서의 최소
   　한도의 요건을 갖추고, 거기에 법령이 허용하는 범위 내에서 선택교과,
   　자유연구 및 과외시간에 조선어로 조선어, 조선의 역사, 문학, 문화 등
   　조선인 독자의 교육을 할 수 있다. 단지 이처럼 조선인 독자의 교육을
   　할 경우 교과서에 대해서는 연합국총사령부 민간정보교육부의 허가를
   　받은 것을 사용한다.
   나. 일반의 소학교, 중학교에서 의무교육을 받게 하고 나서 방과 후 또는
   　휴일에 조선어 등의 교육을 하는 것을 목적으로 설치된 각종학교에 재
   　학시켜 조선 독자의 교육을 받게 하는 것도 괜찮다.

　5·5각서 내용을 정리하면, 당시 재일한인이 초등학교와 중학교를 세
워 민족교육을 하는 방법에는 2가지가 있었다. 첫째는 1조교 인가를 받
아 일본법이 정하는 교육과정(일본어로 일본인교육)을 이수하고 "선택교
과, 자유연구 및 과외시간"에 민족교육을 하는 방법, 둘째는 각종학교로

30) 「朝鮮人学校に関する問題について」(発学第200号, 1948年5月6日), 都道府県知事あて文部省学
　校教育局長発通牒.

서 인가를 받아 일본인 초중학교에서 수업이 끝난 방과 후 그리고 휴일 등에 한인 학생들을 모아 민족교육을 하는 방법이다.

5·5각서로 조선인학교 문제가 마무리된 것 같지만, 그렇지 않았다. 5·5각서는 새로운 조선인학교 문제의 시작이었다. 왜냐하면 당시 조련계 조선인학교 관계자들은 민족교육에 제한을 받는 1조교로 학교인가를 받지 않고, 대부분 각종학교로 인가를 받거나 소규모의 경우 무인가로 민족교육을 지속하였기 때문이다. 형식적으로는 방과 후 그리고 휴일에만 운영해야 하는 각종학교이지만 실질적으로는 전일제 민족교육을 하는 경우가 많았다. 그리고 이들 학교에서의 교육은 격해지는 자유진영과 공산진영의 국제적 대립, 한신교육투쟁을 통해 가슴에 맺힌 미 점령군과 일본정부에 대한 나쁜 감정 그리고 북한을 지지하는 조련의 방침 등이 당연히 반영되었다고 볼 수 있다. 즉 GHQ나 일본정부의 입장에서 보면 이들 학교는 결코 바람직한 존재가 아니었다.

(4) 제1차 조선인학교 폐쇄조치 이후의 상황

〈표 3〉 전국 조선인학교·학생·교원수(1946.10~1954.4)를 보면 알 수 있듯이, 1948년 4월 현재 566개 조선인 초등학교에 48,930명의 학생이 다니고 있었지만, 1년 후인 1949년 5월 시점에는 288개교에 32,368명의 초등학생이 다니고 있었다는 것을 확인할 수 있다. 즉 16,000여 명의 학생이 일본인학교로 편입된 것이다. 그리고 후술하는 바와 같이 288개 학교 중 많은 학교들이 지자체에 각종학교로 등록하여 운영되었다. 한편 중학교의 경우는 1948년 4월 현재 7개교에 2,416명의 학생이 다니고 있었는데, 제1차 조선인학교 폐쇄조치 1년 후인 1949년 5월 시점에는 16개교에 4,555명의 학생이 다니고 있었다. 즉 오히려 증가한 것이다.

이러한 통계를 가지고 추측하건대, 제1차 조선인학교 폐쇄조치는 일본

〈표 3〉 전국 조선인학교 · 학생 · 교원수(1946.10~1954.4)

種類 年度	小學校			中學校			高等學校			各種靑年學校			合計		
	校數	生徒數	敎員數	校數	生徒數	敎員數	校數	生徒數	敎員數	校數	生徒數	敎員數	校數	生徒數	敎員數
1946.10	525	42,182	1,022	4	1,180	52	-			-			529	43,362	1,074
	*525	42,182	1,032	-			-			12	72	54	537	42,906	1,076
1847.10	541	46,961	1,250	7	2,761	95	-			-			548	49,722	1,345
	*541	46,961	1,250	4	1,123	48	-			30	2,148	160	575	50,231	1,458
1948.4	*566	48,930	1,229	7	2,416	65	-			32	1,726	129	605	53,072	1,423
1949.6	288	32,368	955	16	4,555	165	1	364					305	37,287	1,120
1949.7	*331	34,415	955	15	4,487	165	4	666	52	23	952	75	372	40,520	1,287
1952.4	154	14,144	327	17	2,914	110	1	570		-			172	17,628	437
1953.6	156	15,986	900	19	4,158	117	4	805		-			176	20,949	1,017
1954.4	180	17,790	704	22	5,302	255	4	936		-			206	24,018	959

출전: 朴成玲, 「戰後在日朝鮮人運動史·年表(その2)」, 『部落解放研究』第11号, 1977, 157쪽.

인학교의 빈 교실을 빌려서 사용하던 조선인 초등학교를 강제로 퇴거시키는 조치가 중심을 이루었다고 생각한다. 따라서 자체 건물을 가지고 수업을 하던 조선인 중학교의 경우 그대로 유지되었고, 또한 제1차 조선인학교 폐쇄 이후에도 초등학교를 졸업한 한인학생을 받아들이기 위해 조선인학교 측이 각종학교로 인허가를 받아 중학교를 추가로 개설한 것이라고 생각한다.

3. 조련해산과 제2차 조선인학교 폐쇄조치

1) 5·5각서 체결후의 조선인학교

5·5각서 체결 이후에도 조련 및 조선인학교 교사 그리고 학부모 및 학생들의 민족교육을 향한 열기는 식지 않았다. 조련 제5회 전체대회가

1948년 10월 14일부터 16일까지 열렸는데, 이 대회는 민족교육과 관련해 학교를 재정비하고, 교원 양성과 교재 등에 보다 힘을 쏟아 학생 능력을 향상시키며, 혁신계 일본교육자와 협력하여 민족교육을 사수한다는 목표를 설정하였다.

민족교육을 지키고자 했던 조선인학교 측은 5·5각서 준수의 정도를 둘러싸고 지방자치단체와 협상을 진행하면서, 민족교육을 지속하는 방법을 모색하였다. 야마구치현 등은 보다 엄격히 조선인학교에 대한 조치를 취하려고 했지만,[31] 문부성은 한신교육사건 이후 조련 측과 5·5각서를 맺은 이후라, 또다시 조선인학교에 대한 엄격한 조치를 취하려고 하지 않고 상황을 지켜보고 있었다.

교토부의 경우 5월 15일 교토부 및 군정 관계자와 조련 및 민단 관계자가 합의를 하여, 5·5각서를 기본으로 하되 일본인학교에 편입되는 한인학생을 따로 모아서 '특별학급'을 구성하고, '자유연구' 혹은 '선택과목' 시간에 민족교육을 받을 수 있도록 하자는 내용의 각서를 체결하였다. 그리고 이것도 엄격하게 적용된 것이 아니라, 여러 가지 형태로 민족교육의 기본권을 배려하는 수업이 이루어지기도 하였다.

5·5각서 체결 이후 1949년경까지 교토시(京都市)에서 조련이 운영하는 15개 초등학교의 상황을 보면, ① 교토 조련 '니시진(西陣)소학교'의

---

[31] 5·5각서 체결 이후 야마구치현의 상황에 대해서는 マキー智子, 「在日朝鮮人教育の歴史: 戦後日本の外国人政策と公教育」, 北海道大学大学院博士学位論文, 2014, 39~42쪽 참조. 특히 야마구치현의 다나카 타츠오(田中龍夫) 지사는 문부성에 의한 5·5각서 체결을 '철저하지 못한 타협'이라며 비판적인 입장을 가지고 있었으며, 조선인학교에 대한 철저한 탄압을 계획하고 있었다. 다나카 지사는 현지사에 당선된 1947년에 지사 직속으로 '조선정보실'을 개설하여 조선총독부 출신 등 조선 사정에 밝은 관료를 대거 채용하였으며, 한반도 정세 등 다양한 정보를 수집하여 상부에 보고하였다. 또한 1949년 2월에는 선발된 경찰로 구성된 '특별기동대'를 창설하여, 경찰과 함께 각종 사건에 투입하였다. 鄭祐宗, 「植民地支配体制と分断体制の矛盾の展開―敗戦後山口県の対在日朝鮮人統治を中心に―」, 『立命館法学』 2010年5·6号; 庄司潤一郎, 「朝鮮戦争と日本の対応―山口県を事例として―」, 『防衛研究所紀要』 第8巻第3号, 2006.3, 42쪽.

경우 학생 300명 규모의 학교인데, 당시로서는 예외적인 사례로, 군정부의 허락으로 사립소학교로 인정을 받아 전일제 민족학교로 유지되었다. ② 처음부터 건물 없이 도우카(陶化)소학교의 교실을 빌려 학교가 운영되던 교또제1조련 초등학교는 시당국과 협의하에 대외적으로는 도우카소학교 내 '특별학급' 형태로 오전부터 민족교육이 가능하였으나, 1949년 4월 군정부가 문제를 제기하여 9월 30일에 강제 폐쇄되었다. ③ 그 외 5개 학교는 자체적인 건물을 가지고, 교토시의 허락을 받아 일본인학교에서 수업이 끝난 후 '각종학교' 형태로 방과 후 수업을 하였다. 하지만 실질적으로는 오전부터 수업한 학교도 있었다. ④ 8개 학교는 자체적인 건물 없이 일본인학교에서 방과 후 수업을 한 경우이나 무슨 이유에서인지 4월 이후 휴교를 하여 시교육위가 이후 폐쇄조치하였다.

한편 '교토조선인교육회'가 운영하는 민단계 학교의 경우 '교토조선중학'이 각종학교 인가를 받았으며, 교토조선고등학교 외 1곳이 미인가 상태였으나, 1949년 2월경 교육당국에 인가 신청을 위한 준비상태였다고 한다.[32]

앞에서 기술했듯이 〈표 3〉 전국 조선인학교 · 학생 · 교원수(1946.10~1954.4)를 보면 1949년 5월 현재 조련계의 초등학교는 288개교 그리고 중학교는 16개교가 있었다. 이들 학교 중 많은 학교는 지자체의 압력으로 설치 인가를 받았으나, 1 · 24통첩에 따른 1조교 학교가 아니고 각종학교로 인가로 받았다. 그리고 한인 초중학생을 대상으로 전일제 수업을 하였다. 또한 무인가로 운영하는 곳도 있었다. 무인가의 학교들은 소규모 자주학교와 야간학급이었을 가능성이 크다.

이와 같은 상황을 문부성을 비롯해 현지 행정당국이나 군정부가 당연

32) 松下佳弘, 「戦後の在日朝鮮人教育行政の展開(1945~55年)-在日朝鮮人と地方自治体の関係-」, 京都大学大学院博士学位論文, 2018, 58~66쪽, 72쪽 표 참조.

시하고 있었던 것은 아니다. 나아가 일본인교사에게 적용된 교원적격심
사를 받지 않은 한인교사도 많았지만, 한신교육 사태와 같은 분쟁이 다
시 발생하는 것을 꺼려한 지자체가 조치를 자제하는 상황이 이어진 것이
다. 따라서 GHQ나 문부성 그리고 지방 당국이 문제를 제기하면 언제라
도 분쟁이 다시 일어날 소지를 안고 있었다.

2) 야마구치현의 조선인학교와 포크너 보고서

(1) GHQ의 반공정책과 조선인학교

5·5각서 체결 이후 조선인학교 문제에 또다시 불을 지핀 것은 야마구
치현이었다. 야마구치 현지사 다나까 다츠오(田中龍夫)는 1948년 12월 중
순경 GHQ와 문부성을 직접 방문하여 '조선인'초등학교에서 공산주의교
육을 하고 있다며 문제를 삼기 시작하였다.[33] 히다카 다이시로우(日高第
四郎) 문부성 학교교육국장은 12월 20일 이를 CIE에 보고하였고, CIE 담
당자는 직접 개입하려고 하지 않고 일본정부가 조련 측과 원만히 해결하
라고 지시하였다.

하지만 그 이후 1948년 말부터 1949년 초에 걸쳐 조선인학교에 대한
바람직하지 않은 지방 점령군의 정보가 G2를 통해 CIE에 직접 보고되었
다. 그 내용은 북한과 가까운 니이가다현(新潟県)이나 남한과 가까운 야
마구치현 등의 조선인초등학교에 북한의 인공기가 게양되고 있고, 모든
수업을 한국어로 하고 있으며, 일본의 의무교육이 실시되고 있지 않다는

---

[33] 당시 야마구치현에서는 조련에 의한 생활권옹호투쟁이 각지에서 전개되고 있었다. 야마
구치현은 남한과 가까운 시모노세키(下関) 항구가 있었으며, 규슈 남부의 나가사키(長崎)
에 이어 두 번째로 밀입국자가 많은 지역이었다. 또한 민단계와 조련계의 갈등이 심하였
으며, 공산주의자들의 운동이 적극적으로 전개된 곳이기도 하여, 현 당국은 이들 활동에
신경을 쓰고 있었다. 이들 활동을 제지하기 위해 1949년 2월 현 당국은 '특별기동대'를 창
설하였다.

것, 그리고 조선인학교에서 공산주의 선전이 이루어지고 있을 뿐 아니라, 점령통치에 대해 나쁜 선전을 하고 있으며, 교원으로서 부적격한 사람이 고용되어 있다는 것 등이었다.

미국의 대일점령정책이 반공으로 확실히 선회한 이후 GHQ 내부에서는 첩보 담당인 G2의 영향력이 커졌다. G2가 조선인학교에 대한 관심을 직접 표명하자, CIE로서도 움직이지 않을 수 없게 되었다. 냉전으로 치닫는 국제정세 속에서 미국의 대일점령정책은 민주화에서 후퇴하여 반공을 지상과제로 삼았다. 따라서 일본 국내에서의 공산주의 활동을 강경하게 견제하면서, 일본의 안정된 자립경제를 확립하는 것이 GHQ의 최우선 과제였다. GHQ는 모든 사안을 반공의 관점에서 판단하였으며, 이러한 흐름에 저항할 수 있는 존재는 아무도 없었다. GHQ의 입장에서 보면 일본공산당의 선봉대 역할을 하는 한인 공산주의자, 특히 조련의 활동을 어떻게 통제하느냐 하는 것이 현실적 과제로 대두되고 있었다. 조선인학교에서의 민족교육에 대한 GHQ의 정책도 이러한 맥락에서 이해해야 한다.

(2) 포크너 보고서

조선인학교에 대한 G2의 정보를 확인하기 위해, CIE 연락조사계 소속의 지방연락관이었던 포크너(Theodore A. Faulkner)는 야마구치의 조선인학교에 대하여 관계 부국(部局)에 정보를 의뢰하는 한편, 1월 하순부터 2월 상순 약 10일간 야마구치에 직접 방문하여 조선인학교 현황을 조사하였다. 그리고 2월 17일 CIE 뉴젠트(D. R. Nugent) 국장에게 장문의 보고서를 제출하였다.

포크너는 우선 야마구치의 조선인학교가 일본 및 남한에 대한 반감과 공산주의사상을 주입하여 혁명을 조장하고 북한에 대한 충성심을 갖게 하는 교육을 하고 있다고 현황 보고를 하였다. 그리고 현지의 조련계 조선인학교 23개소는 가능한 한 빨리 폐쇄할 것, 조선인 아동 2,223명은 일본 공립학교에 전학시킬 것, 조련 간부와 교사는 일본법률 및 점령군지령 위반으로 강제 송환시킬 것, 조선인학교 내의 조련사무소를 없앨 것 등 강경한 조치를 제안하였다. 게다가 다른 지역의 조선인학교에 대해서도 대대적인 단속을 해야 한다고 덧붙였다.

한편 이와 관련하여 제24보병사단을 통해 야마구치 현지 조사를 한 제8군은 조선인학교를 폐쇄하고 관계자를 처벌할 수 있을 정도의 충분한 법적 증거가 부족하니, 증거가 마련될 때까지 조선인학교의 운영을 인정하고 현상대로 유지하는 것이 좋을 것이라며, 포크너의 제안에 반대하는 의견을 CIE에 제시하였다.

이에 포크너는 4월 12일 뉴젠트 CIE국장에게 제8군이 법적 근거 운운하나, 조선인학교에서 조련이 공산주의 교육을 하고 있는 것이 문제이며, 일본인학교는 조선인학교 학생을 받아들일 준비가 되어 있고, 방과 후 한글학교를 지사가 약속했으니, 조선인학교를 즉시 폐쇄해야 한다고 주장하였다. 나아가 포크너는 자신의 의견을 G2 관계자에게도 전했다.

그 결과 4월 15일경, CIE와 G2 관계자는 조선인학교에 대한 대책회의를 가졌다. 이 회의에서 CIE와 G2 관계자는 제8군 제24보병사단의 보고에 의하면 법적인 증거는 불충분하지만, 야마구치 현지사가 조선인학교 폐쇄와 관계자 처벌을 정당화할 수 있는 증거를 확보할 수 있다는 결론을 내렸다. 그리고 현지사가 이들 조치를 취하면 소란이 발생할 수 있는데, 만약 일본경찰력이 부족하면 점령 병력을 동원한다는 대책까지 세웠다. 이 시점에서 한신교육사건에 이은 '제2차 조선인학교 폐쇄조치'라는 강경조치가 GHQ 내에서 결정되었다고 할 수 있다.

GHQ의 결정에 대하여 문부성 학교교육국장은 조선인학교 폐쇄는 정치적 문제를 생각하여 신중한 고려가 요구된다고 하였지만,[34] GHQ 내에서는 관련 부국이 이를 언제 누가(GHQ? 일본정부?) 주체가 되어 어떠한 방법으로 실행에 옮기느냐를 두고 협의에 들어갔다. 그 결과 7월 상순 CIE와 GS는 일본정부가 독자적으로 조선인학교에 대한 조치를 주도해야 하고, 만약 일본정부의 손으로는 통제할 수 없는 혼란이 발생한다면, 그 시점에서 점령당국이 개입해야만 한다고 하였다. 일본 독립의 분위기가 강화되는 속에서 특히 GS는 일본정부가 점령군에게 의지하지 않고 독자적으로 일본 국내를 통제할 수 있는 능력을 갖추어야 한다고 생각하고 있었다.

(3) 조련 해산

GHQ 내부에서는 조선인학교에 대한 강경조치와 그 방법이 이미 7월 달에 결정되었지만, 바로 집행이 되지 않았다. 그것은 재일한인의 법적 지위라는 외교적인 문제와 그리고 조련에 대한 대책 문제가 결부되어 있었기 때문이다.

조선인학교의 불법성을 대외적으로 주장하기 위해서는 일본국민의 법적지위를 가지고 있는 재일한인이 일본의 학교교육법 등을 위반하였다고 GHQ가 주장을 해야 하나, 1948년 8월에 한국정부가 수립되고 1949년 1월 일본에 주일한국외교대표부가 개설된 상황에서, 재일한인을 일본국민이라고 과거와 같이 간단히 주장할 수 없는 상황이 되어 버린 것이다. 따라서 당시 한국정부 수립과 주일한국외교대표부의 개설이라는 상황 속에서, 재일한인의 국적을 어떻게 취급하느냐를 둘러싸고 GHQ 내에서는 많은 논의가 진행되었다. 관련 부국이 회의를 거듭한 결과 GHQ 내부에서

---

34) マキー智子, 「在日朝鮮人教育の歴史: 戦後日本の外国人政策と公教育」, 北海道大学大学院博士学位論文, 2014, 43쪽.

재일한인의 법적지위에 대한 정책이 결정된 것은 8월이 되어서였다. 결론은 한국정부 수립에 관계없이 여전히 재일한인을 일본국민으로 취급한다는 것이었다.[35]

조선인학교에 대한 조치가 늦어진 다른 이유는 반공정책의 일환으로 조선인학교의 실질적인 운영자인 조련에 대한 해산을 GS가 준비하고 있었기 때문이다. 당시 조련의 주요 인물들은 일공 당원이었으며, 일공 운동의 선봉대 역할을 하고 있었다. 반공정책을 주도한 점령군은 이를 좌시하지 않았고, 조련 해산을 준비하고 있었다. 조선인학교를 폐쇄할 경우 생길 수 있는 저항과 다양한 운동에 대한 사전대책으로 GHQ가 조련 해산을 고려했다고 볼 수도 있다.

이러던 와중에 민단계와 조련계의 갈등이 확대되어 마침내 8월 20일에 야마구치현 시모노세키(下関)의 조련 단원들이 민단사무소와 민단간부 자택을 습격하여, 132명이 검거되고 75명이 살인미수와 소요죄 등으로 기소되는 사건이 발생하였다(이하, 시모노세키 사건). 당시 일본 전국에서 민단과 조련 단원 간의 갈등이 잦았지만, 그 규모면에서 시모노세키 사건은 특히 사회적인 이슈가 되었다.[36]

GS는 기다렸다는 듯이 시모노세키 사건 직후인 8월 22일 일본 법무부(法務府) 총재와 국장을 불러 조련 해산을 실행하라고 지시하였다. 법무부는 GS와의 세밀한 협의를 거쳐 마침내 9월 8일, 군국주의적·극단적인 국가주의적 및 반민주주의적인 단체의 결성과 활동을 금지하는 단체등

---

35) 미국무부와 GHQ가 1946년 5월 결정한 대로라면, 새로운 한국정부가 재일한인을 국민으로 인정한 재일한인을 외국인(=대한민국국민)으로 취급해야 했지만, 전술한 것처럼 담당 부서인 DS는 이러한 결정을 멋대로 번복하여 재일한인을 여전히 일본국민으로 취급해야 한다고 주장하였고, 이를 가지고 관계 부국 간에 협의가 길어졌다. 우여곡절 끝에 GHQ는 1949년 8월에 재일한인을 점령기간 동안 한국정부 수립에 관계없이 일본국민으로 취급하기로 결정하였다.

36) 山口県警察史編さん委員会編, 『山口県警察史 下巻』, 山口県警察, 1982, 811~816쪽.

규정령(団体等規正令)을 적용하여 조련을 강제 해산시켰다. 주요 조련 관계자들은 공직에서 추방되어 공개적인 활동을 할 수 없게 되었고, 조련의 재산은 일본정부가 몰수하였다.

조련 해산 직후 GS와 문부성은 조선인학교에 대한 구체적인 조치를 결정하였다. 그 내용은 조련계 학교는 무조건 폐쇄시키고, 기타 학교에 대해서도 일본의 학교교육법을 적용해서 조치를 한다는 것이었다. 애당초 야마구치현의 조선인학교가 문제가 되었으나, 전국의 한인 민족학교로 그 대상도 확대되었다.

3) 제2차 조선인학교 폐쇄조치와 그 후의 상황

(1) 제2차 조선인학교 폐쇄조치

요시다(吉田茂)내각은 10월 12일, 문부성이 마련한 조선인학교 폐쇄와 관련된 조치를 결정하였다. '조치방침'은 "① 조선인 자녀의 의무교육은 공립학교에서 한다, ② 조선인학교는 엄중히 일본 교육법령에 따르게 한다, ③ 조선인학교의 공비 부담은 하지 않는다."는 것이었다.[37]

이 결정을 받아 문부성과 법무부는 10월 13일, 「조선인학교에 대한 조치에 대해서」[38]라는 통달을 도도부현 지사 앞으로 발송하였다. 그 내용은 모든 민족학교는 일본 교육관계법을 준수시키고, 무인가학교는 인가를 받게 해야 하며, 조련 해산 지정에 따라 조련계 조선인학교는 당연히 폐교 조치하라는 것이었다.

마침내 문부성은 10월 19일, 조선인학교 측에 폐쇄조치 명령을 내렸고,

---

37) 金太基, 『戰後日本政治と在日朝鮮人問題』, 勁草書房, 1997, 597쪽.
38) 「朝鮮人学校に対する措置について」(文管庶69号, 1949年10月13日), 都道府県知事あて文部省学校教育局長発通達.

기타 학교에 대해서는 일본 교육관계법에 따른 개조를 지시하였다. 이
조치를 통해 조련계로 간주한 92교(초등학교-86교, 중학교-4교, 고교
-2교)에 대해서 폐쇄를 통고하고, 다른 245교(초등학교-223교, 중학교
-16교, 고교-6교)에 대해서는 학교 개조, 즉 2주 이내에 사립학교 신청
수속을 받으라고 요구하였다.

정환범 주일한국외교대표부 대사는 10월 20일 서둘러 시볼드 DS국장
을 방문해 항의하고 조련계 조선인학교는 주일한국외교대표부가 접수해
새롭게 개교해야 한다고 요구하였으나 아무런 의미가 없었다. 한편 국내
언론들은 조선인학교 폐쇄에 대하여 별로 관심을 보이지 않았다. 북한을
지지하는 조련계 조선인학교가 주요 대상이었기 때문일 것이다. 국회에
서도 문교사회위원회 소속 의원들이 일본정부의 부당성에 대하여 비판
하고 현지 조사단 파견을 주장하기는 하였으나, 적극적인 대응 조치는
논의되지 않았다.

일본 여론은 조선인학교 폐쇄를 당연시하였다. 진보단체도 적극적으
로 나서지 않았다. 이 조치와 관련해 일본공산당 관서지방위원회의는 조
선인학교를 폐쇄하고 일본인학교에 전학시킬 것을 한인 공산주의자들에
게 지시하였다. 재일한인 학생들이 일본인학교에 들어가 혁명의 주체가
되고, 인민정권이 수립되면 (소수민족의) 민족성을 지킬 수 있다는 것이
그들의 논리였다.

일본정부는 11월 4일, 10월 19일의 문부성의 지시에 따라 사립학교 인
가 신청을 한 99개교를 심사하여 불인가하고 또한 미신청한 123개교도
불인가하여 222개교가 폐교 대상이 되었다. 인가를 받은 곳은 오사카의
백두학원이 경영하는 건국소·중·고등학교 3개교뿐이었다.[39]

---

[39] 어떠한 법적 근거를 가지고 이들 학교를 폐쇄했는지 그리고 어떠한 문제가 있었는지에 대
해서는 松下佳弘,「戦後の在日朝鮮人教育行政の展開(1945~55年)-在日朝鮮人と地方自治体の

그 결과 1949년 10월 19일과 11월 4일에 폐쇄 명령이 내려진 조선인학교는 37개 도도부현에서 초등학교 302개교(학생수 35,095명), 중학교 16개교(학생수 3,703명), 고등학교 4개교(학생수 306명), 각종학교 40개교(학생수 1,489명), 합계 362개교(학생수 40,593명)나 되었다.[40](제2차 조선인학교 폐쇄조치)

문제의 발단이 된 야마구치현 조선인학교의 경우도 폐교되고 시설은 일본정부가 접수하였다. 7개 '조선인'초등학교와 17개 분교, 3분실 그리고 2개 중학교가 폐교되었다. 당시 야마구치현에 재일한인 초등학생 4,739명, 중학생 830명이 있었다. 이 가운데 일본의 공립 초, 중학교에 재학중이던 초등학생은 2,114명, 중학생은 277명이었다. 따라서 그들을 제외한 나머지 초등학생 2,625명, 중학생 553명이 추가로 일본 공립학교로 편입되는 조치가 이루어졌다.[41]

(2) 제2차 조선인학교 폐쇄조치 후의 조선인학교

제1차 조선인학교 폐쇄조치 때는 16,000여 명의 조선인학교 초등학생이 일본인학교로 편입되었지만, 제2차 조선인학교 폐쇄조치는 재일한인의 민족교육에 심각한 타격을 입혔다. 〈표 3〉 전국 조선인학교·학생·교원수(1946.10~1954.4)를 보면 1949년 7월 현재 331개 '조선인'초등학교에 34,415명의 학생이 재학했는데, 1952년 4월 시점에는 154개 '조선인'초

関係-」, 京都大学大学院博士学位論文, 2018, 108~129쪽 참조. 한편 이 연구에 의하면 정규학교는 아니지만, 방과 후 수업을 하는 각종학교로 구조련계가 운영하는 교또조선우메즈(梅津)학교와 민단(건청)계의 한국학원건국소학교 2곳이 인가를 받았다(142쪽).

40) 松下佳弘, 「戦後の在日朝鮮人教育行政の展開(1945~55年)-在日朝鮮人と地方自治体の関係-」, 京都大学大学院博士学位論文, 2018, 112쪽.

41) 당시 야마구치현의 상황에 대해서는 マキー智子, 「在日朝鮮人教育の歴史: 戦後日本の外国人政策と公教育」, 北海道大学大学院博士学位論文, 2014, 46~50쪽 참조. 당시의 학생수에 대해서는 필자의 선행연구와 차이가 있으나, 당시의 전체적인 상황을 정확히 이해하는 데 큰 문제가 없는 오차범위라고 생각한다.

등학교와 학생 14,144명이 남아 있다는 것을 확인할 수 있다. 약 2만 명의 한인 초등학생이 일본인학교로 흡수된 것이다. 같은 시기 중학교의 경우는 학교수가 통계상으로는 15개교에서 17개교로 증가하였지만, 학생수는 4,487명에서 2,914명으로 감소하였다.

그런데 이것은 어디까지나 통계상의 수치이며, 실질적으로 민족교육은 더 열악한 상황에 빠졌다. 즉 1952년 4월 현재 통계상으로 남아있다는 154개 조선인 초등학교와 17개 중학교는 모두 정식학교가 아니라는 것이다. 제2장에서 후술하듯이, 여기서의 학교 숫자는 구조련 및 민전 관계자가 임의로 '조선인학교'라고 분류한 수치에 지나지 않으며, 이들 학교는 각종학교의 허가를 받거나 받지 않은 자주학교(방과 후 학교), 도쿄도립 조선인학교, 일본 공립학교의 분교, 일본 공립학교 내의 특별학급 그리고 야간학급 등 다양한 형태의 '시설'을 모두 포함하고 있었다. 따라서 실질적으로는 제대로 된 민족교육을 받는 학생이 거의 없다고 할 정도로 제한적인 것이었다. 이에 대해서는 후술한다.

(3) 민단계 학교의 상황

민단계 학교의 상황을 보면, 교토에 '교토조선중학교'가 있었는데, 이 학교는 민단계인 '교토조선인교육회'(1946년 9월 결성. 이후 대한민국교토교육회로 개명)가 1947년 5월에 개설하여 운영하고 있었다. 하지만, 교토부의 지시로 1949년 11월에 폐쇄되었다. 그리고 후술하는 바와 같이 1951년 12월에 다시 1조교인 동방학원중학교로 개교하게 된다.

오사카에는 니시나리(西成)조선인소학교가 있었다. 민단계의 '니시나리(西成)조선인교육회'가 1946년 2월 결성되어, 1948년 4월 개교한 학교이다. 이 학교도 1949년 10월 학교 폐쇄조치 때 폐쇄되었다. 이후 학교법인 금강학원이 1951년 3월에 1조교의 금강소학교를 개설한다.

〈표 4〉 교토국제중학고등학교 연혁

설립 주체	중학교	고등학교
교토조선인교육회 1946.9. 결성 ↓ 재단법인 동방학원 1951.12 설립 ↓ 학교법인 교토한국학원 1958.4. 인가 ↓ 학교법인 교토국제학원 2003.12. 인가	교토조선중학(교) 1947.5. 개설(각종학교) 1949.11. 폐쇄. ↓ 동방학원중학교 1951.12. 개교(각종학교) ↓ 교토한국중학교 1958.4. 개명(각종학교) 1961.5. 문교부 인가 2003.12. 1조교 인가 ↓ 교토국제중학교(1조교) 2004.4. 개명	교토한국고등학교 1963.4. 개교(각종학교) 1965.9. 문교부 인가 2003. 12. 1조교 인가 ↓ 교토국제고등학교(1조교) 2004.4. 개명

출처: 교토국제학원, 「2019학년도 교육계획」, 2019 및 학교 홈페이지의 '학교연혁'으로 작성.

〈표 5〉 금강학원소·중·고등학교 연혁

설립 주체	초등학교	중학교	고등학교
니시나리(西成)조선 인교육회 1946.2. 결성 ↓ 재단법인 금강학원 1950.3. 설립 ↓ 학교법인 금강학원 1951.3. 인가	니시나리(西成)우리학교 1946.4. 개교(각종학교) ↓(임시학교 통합) 니시나리조선인소학교 1948.4. 개교(각종학교), 1949.10. 폐쇄. ↓ 금강소학교 1951.3. 개교(1조교) ↓ 금강학원소학교 (1조교) 1986.4. 개명	금강중학교 1954.4. 개교(1조교) 1961.2. 문교부 인가 ↓ 오사카한국중학교 1968.2. 개명(각종학교) 1985.11. 1조교 인가 ↓ 금강학원중학교 (1조교) 1986.4. 개명	금강고등학교 1960.4 개교(1조교) 1961.2. 문교부 인가 ↓ 오사카한국고등학교 1968.2. 개명(각종학교) 1985.11. 1조교 인가 ↓ 금강학원고등학교 (1조교) 1986.4. 개명

출처: 금강학원, 「2020학년도 학교경영 계획서」, 2020 및 홈페이지의 '학교연혁'으로 작성.

그리고 민단계도 조련계도 아닌 중립의 백두학원 '건국소·중·고등학교'가 있었다. 기술하였듯이 이 학교는 조선인학교 폐쇄조치 때 유일하게 살아남았다. 제주 출신으로 재일한인 사업가인 조규훈은 해방 이후 문화사업단체 '백두동지회'를 결성하였다.[42] 그리고 사업의 일환으로 백두학원을 설립하고 지식인 이경태를 교장으로 영입하여, 민단과 조련이라는 좌우대립의 정치 상황에서 이를 극복하기 위해 중립을 표방하고 일본사회 및 국제사회에 통용하는 학교를 만들자는 생각을 가지고 학원창립단계부터, 각종학교가 아니라 일본인학교와 동등한 자격을 갖춘 1조교로서 오사카부에 학교설립 허가 신청을 했다고 한다.[43] 그 결과 1946년 3월 '건국공업학교'와 '건국고등여학교'를 개교하였다. 그리고 일본정부가 1947년 4월부터 새로운 교육제도를 실시하자, 이들 학교를 통합하여 '건국중학교'를 개설하였다. 1948년 4월에는 '건국소학교'와 '건국고등학교'도 설립하였다. 그리고 이들 학교를 운영하는 백두학원은 1949년 5월에 일본정부로부터 재단법인 인가를 받은 상태였다. 학교 연혁에 의하면, 1951년 3월에 백두학원이 1조교 인가를 받아, 일본학교교육법 제1조에 의한 법적 자격을 갖추었다고 기록되어 있다.[44]

---

[42] 1906년 제주도에서 태어난 조규훈(1906~2000)은 1923년 17세 때 일본 고베(神戸)로 건너가, 고무공장에서 일을 하며 돈을 모아서, 고무, 방적 등 다양한 분야에서 사업을 하여 성공하였고, 이후 10개의 계열사를 거느린 사업가로 성장하였다고 한다(『연합뉴스』 2009년 11월 26일; 『제민일보』 2013년 10월 6일). 1949년 1월에 주일한국외교대표부 대사로 일본에 부임한 정한경은 관저를 마련할 자금이 없어 조규훈을 찾아가 도움을 청했다. 이에 조규훈이 흔쾌히 1,000만 엔을 기부하였고, 정 대사는 그 돈으로 긴자(銀座)에 위치한 핫토리빌딩 4층을 통째로 임대해 사무실로 사용하였다고 한다. 그리고 현재의 대사관 관저를 처음 구입할 때도 300만 엔을 기부하였다고 한다. 조규훈 이사장은 민단 제8, 9대 단장(1949.6~1950.3)을 역임하기도 하였으나, 백두학원은 여전히 중립적인 위치를 지켰다. 조규훈은 사업부진으로 1950년 가을까지 학교운영비를 지원하고 이후에는 학교운영에서 손을 뗐다고 한다(이민호, 「오사카 민족학교 백두학원 창립자 조규훈」, 『월간조선』 2010년 10월호 참조).

[43] 정희영, 「'재일코리안 한국계 민족학교의 학교문화 특성에 관한 연구'에 대한 반론을 통한 민족학교 이해」, 『일어일문학』, 2018.5, 137쪽.

〈표 6〉 건국유 · 소 · 중 · 고등학교 연혁

설립 주체	유치원	초등학교	중학교	고등학교
재단법인 백두학원 1949.5. 인가 ↓ 학교법인 백두학원 1951.3. 인가	건국유치원(1조교) 1980.4. 개원 1997.4. 1조교 인가 2010.6. 문교부 인가	건국소학교 (1조교) 1949.4. 개교 (1조교)	건국공업학교 건국고등여학교 1946.3. 개교(1조교) ↓(2교를 통합) 건국중학교(1조교) 1947.4. 개교(1조교) 1976.10. 문교부 인가	건국고등학교 (1조교) 1948.4. 개교(1조교) 1976.10. 문교부 인가

출처: 백두학원, 「2019년도 교육계획」, 2019 및 학교 홈페이지의 '학교연혁'으로 작성.

---

44) 백두학원, 「2019년도 교육계획」, 2019, 6쪽.

제2장

제2차 조선인학교 폐쇄조치 후의 민족교육

제2장
제2차 조선인학교 폐쇄조치 후의 민족교육

1. 재일한인의 민족교육에 대한 애착과 노력

일본정부는 1949년 10월 19일 및 11월 4일의 조치로 모든 조선인학교에 대한 폐쇄령을 발하였다. 앞서 소개했듯이 일본정부가 조선인학교 폐쇄령을 내렸다고 하여, 하루아침에 민족학교가 사라지고 모든 학생이 일본인학교로 편입된 것은 아니다. 각 지자체는 학교 폐쇄 명령에 대한 조선인학교 측의 반발과 요구, 현지 군정부의 입장, 일본인학교의 수용 여건 그리고 지역 사회의 반응 등 실질적으로 고려해야 할 사항이 많았기 때문에, 구체적인 집행과 관련해 갈피를 잡지 못하고 보다 구체적인 방침을 문부성에 요청하였다.

이와 관련해 문부성은 1949년 11월 1일 도도부현 교육당국 앞으로 「공립학교에 있어서의 조선어 등 취급에 대하여」[1](이하, 11·1통달)라는 문

---

[1] 「公立学校における朝鮮語等の取扱いについて」(文初庶第166号, 1949年11月1日), 都道府県知事·教育委員会あて文部省事務次官発通達.

서를 보내, 일본인학교에 편입하였을 경우 한인학생의 민족교육에 대해
다음과 같은 문부성의 기본 방침을 전달하였다.

① 초등학교에서는 정규수업 시간 외에 조선어나 조선역사 등을 가르치는 것
은 무방하며, 중학교에서는 외국어로서의 조선어를 가르칠 수도 있다.
② 조선인 교원은 면허증이 있고 교직적격자라면 교사로 채용해도 되며, "정
규 수업시간 외에 조선어, 역사를 가르치는 경우, 교직부적격자가 아니라
면 따로 자격을 요하지 않는다".
③ "학력보충 그 외 어쩔 수 없는 사정이 있을 경우, 당분간 특별학급 또는 분
교를 설치해도 무방하다."[2]

이후 조선인학교 관계자가 과거처럼 각종학교로 여전히 민족학교를
유지하려는 움직임을 보이자, 문부성은 11월 15일 또 다시 「조선인 사립
각종학교의 설립인가에 대하여」라는 통달을 자치체에 보내, 이들 학교가
구조련 시설을 이용하지 못하게 하고, 구조련의 정치적 성향을 불식시킬
것이며, 교장 및 교원 채용에 있어 단체등규정령에 저촉되지 않도록 할
것을 지시하였다.[3] 즉 문부성으로서는 이참에 조선인학교와 구조련과의
관계를 완전히 단절시키려고 의도한 것이었다.

문부성은 이미 1948년 1월에 한인의 학교 설립과 관련하여, 1·24통첩
(「조선인 설립학교의 취급에 대해서」) 및 1·26통지(「조선인 교직원의

---

2) 문부성은 11월 24일, 「조선인 아동, 생도의 공립학교수용에 대하여」를 와카야마현(和歌山
県) 교육위원회에 발송하여, "분교는 인정하지 않는 방침"이지만, "일본인학교에 수용하는
것이 불가능할 경우(예를 들어 특수 지역에 부락을 만들어 일본인학교에 수용하기에 거리
의 관계상 불가능한 경우)", 분교 설치를 당분간 인정한다고 통고하였다. 「朝鮮人児童、生
徒の公立学校受入れについて」(文庶第153号, 1949년11월24日), 和歌山県教育委員会教育長あ
て初中等教育局長·管理局長発通知).

3) 「朝鮮人私立各種学校について」(文管庶69号関連, 1949년11월15日), 都道府県知事·教育委員会
あて文部省次官発通達. 이 통달은 문부성이 10월 13일에 내린 「조선인학교에 대한 조치에
대하여」라는 통달의 내용을 구조련과 관련하여 보다 자세히 보완하는 것이었다.

적격심사에 대하여」)을 시달하였는데, 추가로 11·1통달 및 11월 15일 통달을 지방자치체에 지시함으로써, 한인들 특히 구조련계 한인이 '학교'라는 시설을 통해서 합법적으로 전일제 민족교육을 할 수 있는 여지를 완전히 차단하려고 하였다.[4]

그렇다고 해서, 일본정부의 지시에 따라 지방의 모든 조선인학교가 바로 폐교되고, 지방 행정당국이 학생들을 무작정 일본인학교에 편입시켜 일본인 교육을 받게 한 것은 아니었다. 지방마다 다른 방식으로 조선인학교 폐교에 따른 후속 조치가 취해졌다.

우선 일본 행정당국의 사정을 살펴보면 지방자치체의 권한이 과거보다 강화되어, 재일한인의 교육문제와 관련해서도 자치체가 어느 정도의 자율권을 가지고 있었다. 문부성이 '통달'이라는 형태로 '지시'를 내리기는 하나, 실질적으로 조선인학교 문제를 처리하는 것은 각 자치체였으며, 1948년 11월에는 도도부현 및 5대 시(市)에서 공선제의 교육위원회(각 지역의 공립학교를 관장하는 공적 기관)가 발족되어, 교육문제에 있어 자치체의 영향력은 더욱 커졌다. 따라서 조선인학교 문제는 현지 지사나 시장 그리고 교육장(교육위원회)이 어떠한 선택을 하느냐에 따라서 전혀 다른 결과를 가져왔다.

그리고 지역적으로 보면, 일본인학교의 교실 확보 등 학생 수용 능력과 한인학생의 수용에 대한 학교 관계자 및 학부모의 반응이 많은 영향을 미쳤다. 일본인학교도 학생수의 증가로 2부제 수업을 하는 등 교실이 부족한 곳이 많아, 재일한인이 집단으로 거주하는 지역의 경우, 그 지역 학생을 집단으로 수용할 수 없었다. '조선인 민폐론'을 내세워 재일한인

---

4) 문부성이 지방관청에 보낸 '통첩'과 '통달'은 상부기관이 하부기관에 '지시'를 할 때 사용하는 공문서 명칭인데, 1948년경까지는 '통첩'이, 1949년경부터는 '통달'이라는 용어가 일반화된 것 같다.

이 집단으로 일본인학교에 전학하는 것을 반대하는 학부모가 있는 지역도 있었다.[5] 나아가 근본적으로 재일한인의 민족교육에 대해 배려하려는 지역 사회와 그렇지 않은 지역사회가 있는 등 이들의 반응은 행정당국이 조선인학교 문제를 처리하는데 있어 고려하지 않을 수 없는 요소였다.

또한 GHQ는 맥아더 사령관이 대일평화조약을 거론하기 시작하면서 1949년 가을 이후 일본정부가 독자적으로 일본을 통치할 수 있도록 지방군정부인 '군정팀'(Military Government Team)을 '민사팀'(Civil Affairs Team)으로 개편하는 등 군사적인 색채를 줄여가는 통치방식으로 바꾸어 갔는데, 지방에 따라서는 민사팀이 여전히 막강한 '점령군 권력'을 배경으로 지방행정에 깊숙이 관여하는 경우가 있었다. 따라서 민사팀의 성향에 따라 조선인학교 문제는 영향을 받게 되었다.

마지막으로 현지 조선인학교 관계자와 학부모 그리고 학생이 어떻게 대응했느냐에 따라 향방이 결정되었다. 조련이라는 구심점이 한순간에 사라진 상태에서도, 합심하여 민족적 권리를 주장한 곳과 그렇지 않은 곳은 전혀 다른 결과를 가져왔다. 이와 관련하여 한인들이 집단으로 거주하는 지역과 그렇지 않은 지역의 차이도 결정적이었다. 나아가 이들 운동에 일본공산당의 방침도 반영되었다. 조련이라는 단체는 해산되어도 여전히 비공식적으로 재일한인 공산주의자들은 활동을 하였고, 이들은 기본적으로 일본공산당의 지시를 받고 있었기 때문이다.

이상과 같은 다양한 요소가 얽혀서 제2차 조선인학교 폐쇄 이후, 재일한인의 민족교육은 다양한 형태로 이루어지게 된다. 즉, ① 일본인학교로의 편입을 거부하고, 무인가로 운영된 소규모 자주학교, ② 도쿄도립

---

5) 김덕룡, 『바람의 추억』, 선인, 2009, 310쪽; 梁陽日, 「大阪市公立学校における在日韓国・朝鮮人教育課題の展望一民族学校の教育運動を手がかりに一」, 『Core Ehtics』 第9号, 2013, 248쪽.

〈표 7〉 조선인학교 현황(1952.4)

지방	소학교 레벨의 학교·분교·학급							중학교 레벨의 학교·분교·학급						
	공립학교	공립분교	자주학교	특별학급	야간학급	소계	아동수	공립학교	공립분교	자주학교	특별학급	야간학급	소계	학생수
岩手			1			1	50							
山形				1	1	2	77				1		1	7
茨城				11		11	300							
千葉			1	5		6	188							
埼玉				5		5	150							
東京	12	1				13	2,705	1					1	1,088
神奈川		5		2		7	1,144			1			1	221
静岡			1			1	78							
愛知		3	9	3		15	1,540			1	1		2	260
岐阜				4	5	9	150				1		1	15
三重			1			1	80							
滋賀				18		18	720				3		3	100
京都			1	8	9	18	980							
大阪			3	4		7	1,130		1		1		2	500
兵庫		8	14	1		23	3,583			1	1	1	3	620
岡山			2	2	2	6	300							
広島			4			4	310							
山口					3	3	150							
愛媛			1			1	40							
福岡				4		4	591				2		2	92
	12	17	38	68	20	155	14,266	1	1	3	10	1	16	2,903

출전: 東京都立朝鮮人学校労働組合宣伝部,『民族の子－朝鮮人学校問題－』(1954年11月30日)

조선인학교, ③ 일본 공립학교의 분교, ④ 일본 공립학교 내의 특별학급,
⑤ 야간강습소(학급) 등이다. 그리고 나머지 학생들은 일본인학교에서
일본인교육을 받게 되었다. 그런데 후술하는 바와 같이, 특히 일본 공립
학교의 분교(이하, 공립분교)와 특별학급의 경우는 지역에 따라 운영방

식에 많은 차이가 났다.

이들 모두를 구조련계 측에서는 '조선인학교'라 통칭하였기 때문에, 여기서도 조선인학교로 분류하고, 야간강습소를 뺀 나머지 학교의 지역별 현황과 교육형태에 대하여 살펴보기로 한다.

1) 자주학교

제2차 조선인학교 폐쇄조치 이후, 공립분교의 형태로 학교를 운영하지 못하고 자녀를 일본인학교에 편입시켜야 하는 지역에서는 소규모의 자주학교로 자유로운 민족교육을 지향하는 곳이 있었다. 민족교육을 지키기 위한 재일한인으로서는 어쩔 수 없는 마지막 선택지였다. 이들 자주학교는 일본인학교에서 정규수업을 마친 뒤에 방과 후 수업을 하는 형태로 수업을 하여야 했으나, 실질적으로는 전일제 수업을 하는 곳도 있었다.[6]

자주학교는 모두 무인가로 수업을 한 것은 아니다. 예를 들어 교토부의 경우, 1949년 11월 21일에 구조련계가 운영하는 교또조선우메츠(梅津)학교와 민단계인 건청 교토본부 측에서 운영하는 교토한국학원 그리고 1951년 12월 19일에 민단계인 동방(東邦)학원(구 교토조선인교육회)이 운영하는 동방학원중학(구 교토조선중학)이 교토부 교육당국으로부터 각종학교 인가를 받았다.[7]

---

[6] 앞서 기술하였듯이, 문부성은 교사 2명, 학생수 20명 이상인 경우 각종학교 허가를 받아야 한다고 하였다. 따라서 그 기준 이하의 '학교'는 무인가라도 법적으로는 문제가 없었다고 할 수 있다. 물론 20명을 넘더라도 무인가로 운영한 곳은 많았다고 생각한다. 인가를 받아도 아무런 혜택이 없고 오히려 굴레가 되기 때문이다.

[7] 松下佳弘, 「朝鮮人学校閉鎖措置以降の私立学校設置認可－京都府の事例から(1949年～53年)－」, 『研究紀要』第24号, 2019, 57~62쪽.

이들 자주학교의 운영은 일본정부의 재정적 지원을 전혀 받을 수 없어, 자주학교 운영자가 자체적으로 운영비를 조달해야 했는데, 과거와 같이 조련 산하의 학교관리조합에서 운영하는 것도 아니어서 결국 학부모들이 매달 납부하는 수업료로 겨우 유지되었다. 교사와 시설 등 교육환경이 열악했다는 것은 말할 것도 없고, 생계도 어려운 재일한인 학부모가 월사(月謝)까지 지불하며 자녀에게 민족교육을 시키려고 한 것이다.

예를 들어, 히로시마의 구조련 후쿠상(福三)분회 사무소는 일본인학교로 편입을 거부하고 있던 학생 35명을 모아 민족교실을 운영하였다. 2명의 교사가 매일 오전 9시부터 오후 1시까지 조선어, 조선역사, 산수 등을 가르치고, 학생 1인당 200엔의 월사를 받았다고 한다. 오카야마(岡山)의 경우 1953년 2월 현재 5개의 자주학교에 9명의 교사와 208명의 학생이 재학하고 있었다. 초·중학교를 겸하고 있었다는 것을 감안하면 학원수준이었다고 할 수 있다. 오카야마의 경우도 학교시설유지와 교사봉급 그리고 교재, 교구 조달을 위해 한 가구당 500엔(최저 50엔)의 월사를 납부했다.[8]

지역마다 설치 시기와 폐교 시기가 다양하지만, 〈표 7〉 조선인학교 현황(1952.4)을 보면 1952년 4월 현재, 한인들이 자율적으로 운영한 자주학교는 효고(兵庫 초등학교 14개교, 중학교 1개교), 아이치(愛知 초등학교 9개교, 중학교 1개교)에 집중되어 있고, 히로시마(広島 초등학교 4개교) 등 전국에 38개교가 존재하였다.

효고의 경우 1952년 4월 현재 8개의 공립분교와 15개(초등학교 14개교, 중학교 1개교)의 자주학교 그리고 2개(초등학교 1개교, 중학교 1개교)의 특별학급과 1곳의 야간학급이 개설되어 이들 시설에서 4,203명의 학생이

---

8) 김덕룡, 『바람의 추억』, 선인, 2009, 141쪽, 150~151쪽.

제한적이나마 민족교육을 받을 수 있었다. 학생수의 변동은 있겠지만, 후술하는 바와 같이 공립분교가 되는 조선인학교의 재학생수가 학교 폐쇄 시점에 1,500여 명이었다는 것을 감안한다면, 그 외의 약 2,500명이 넘는 학생이 자주학교에서 민족교육을 받았다는 것을 의미한다. 이렇게 많은 학생이 자주교육 형태로 민족교육을 유지한 것은 효고현이 유일하다.

지극히 열악한 환경 속에서도 자주학교라는 형태로 민족학교를 지키려고 했던 교사들의 헌신과 어려운 생활 속에서도 월사를 내면서까지 자녀들을 민족학교에 보내고자 했던 학부모의 마음, 그리고 민족교육을 받고자 했던 학생들의 의지는 어쩌면 세대교체와 정치경제적 변화 속에서도 '재일'이라는 지금의 사회를 유지하게 한 기반이 되지 않았나 생각된다.

2) 도쿄도립 조선인학교

(1) 도쿄도립 조선인학교의 개설

도쿄도는 1949년 11월 20일 도내 16곳의 조선인학교에 대한 폐쇄조치를 취하고, 12월 17일 도립 조선인초등학교 12개교 및 분교 1개교, 조선인중학교 1개교, 조선인고등학교 1개교, 총 15개교를 그간의 시설과 공간을 그대로 유지한 채 도립화하였다. 도립화 직후의 초등학생 수는 2,606명, 중학생은 917명, 고등학생은 149명으로 총 3,672명이었다.[9]

---

9) 「東京都教育概要(1949年度版)」, 東京都立教育研究所編, 『東京都教育史 通史編 4』, 東京都立教育研究所, 1997, 874쪽; 松下佳弘, 「戰後の在日朝鮮人教育行政の展開(1945~55年)-在日朝鮮人と地方自治体の關係-」, 京都大學大學院博士学位論文, 2018, 171쪽; 金德龍, 『朝鮮学校の戦後史—1945-1972—』, 社会評論社, 2002, 118쪽 참조.

〈표 8〉 도꾜도립 조선인학교 일람(1954.6.10)

学校名称	所在地	校長名	学級数	児童生徒定員数	日本人教員数	朝鮮人教員数	1951年児童生徒数
都立第一朝鮮人小学校	荒川区日暮里町2丁目	石津元治	13	575	11	13	432
同　文京分校	文京区白山御殿町						42
都立第二朝鮮人小学校	江東区深河枝川町1丁目	岩瀬一朗	6	163	6	5	156
都立第三朝鮮人小学校	板橋区板橋町4丁目	浅野新	6	239	6	5	229
都立第四朝鮮人小学校	足立区元木町1丁目	阿川晋	6	311	7	5	303
都立第五朝鮮人小学校	葛飾区奥戸本町	志賀為彦	6	258	6	6	248
都立第六朝鮮人小学校	大田区調布千鳥町	氏家綱雄	6	324	7	4	280
都立第七朝鮮人小学校	品川区大崎本町3丁目	尾池太治馬	6	205	6	5	197
都立第八朝鮮人小学校	世田谷区池尻	常盤広	6	138	6	6	169
都立第九朝鮮人小学校	杉並区阿佐ケ谷4丁目	山田輝彦	4	85	5	3	79
都立第十朝鮮人小学校	墨田区吾嬬町西7丁目	神戸義昌	6	164	6	6	164
都立第十一朝鮮人小学校	立川市錦町4丁目	篠塚大策	6	163	6	5	159
都立第十二朝鮮人小学校	南多摩郡町田町原町田	脇房助	4	126	6	4	128
都立朝鮮人中学校	北区上十条2丁目	安岡富吉	22	1280	22	33	859
都立朝鮮人高等学校	北区上十条2丁目		6	641	12	4	348
合計			103	4672	112	103	3793

주: 東京都教育庁学務部, 『昭和20年6月 東京都立朝鮮人学校に関する資料』로 작성. '아동생도정원수'
는 1954년 4월 9일자로 도꾜도 교육위원회가 각학교장 앞으로 보낸 통달 「都立朝鮮人学校の運
営について」에서 교육위원회가 제시한 것임. 참고로 오른쪽 부분에, 『昭和26年11月現在 都立朝
鮮人学校要覧』에 있는 '1951년 아동생도수'를 표시하였음.
출전: 松下佳弘, 「戦後の在日朝鮮人教育行政の展開(1945~55年)－在日朝鮮人と地方自治体の関係－」,
京都大学大学院博士学位論文, 2018, 166쪽.

　도쿄의 조선인학교의 경우 1949년 10월 19일 폐쇄령이 내리자 이에 반
대하는 조선인학교 측의 움직임이 있었다. 한편 조선인학교 폐쇄로 인해
학생을 받아들여야 하는 일본인학교 관계자는 교실이나 수업 방식 등 현
실적 어려움을 도(都)당국에 호소하며 한인만을 위한 학교나 학급 개설
을 도당국에 요청하기도 하였다.
　이와 같은 상황에서 조련 문교부장 이은직은 10월 하순 도쿄도 교육청

을 방문하여 조선인학교가 존속하는 방법을 관계자와 협의하였고, 도 관계자는 '도립화'(즉 도쿄도의 공립학교)라는 현실적인 대안을 제시하였다. 이에 양자가 동의하여 조선인학교 측에서는 자발적으로 학교 폐교 신청을 하였고, 도쿄도는 11월 2일 조선인학교 16개교의 폐쇄를 공지하고, 문부성의 반대가 있었음에도 불구하고 12월 17일 도내의 조선인학교 15개교(소학교 12+분교1, 중학교 1, 고등학교 1)를 도쿄도립 조선인학교로 개조하였다.[10]

도립 조선인학교 설치에는 도쿄도 측의 의향이 많이 반영되었다. 그리고 조선인학교로서는 투쟁을 하여 조선인학교를 지키지 못하는 상황에서, 대규모의 한인 학생들이 함께 수업을 받게 하기 위해서는 도립 조선인학교라는 선택이 나쁘지 않았다. 따라서 그들은 도립학교를 개설하는 대신 한인 교직원 등에 대한 자주성을 인정하도록 주장하였다. 이에 도쿄도 측은 학교 구성원은 임의로 하기 어려운 문제이나 "자주성 문제는 기술적으로 선처할 수 있다고 생각한다"며 조선인학교 측을 설득하였다.[11]

도쿄도는 당시 상황에 대해, "사립조선인학교 약 3500명의 학생을 공립학교에 재수용하는 것은 (1) 2부수업을 압박하고, (2) 조선인아동·학생의 입학에 의한 부형의 감정적 대립, (3) 생활곤궁자의 증가에 따른 교육상의 폐해 등의 문제를 안게 되므로, 도 교육국은 일반 학부모의 전교(轉校) 문제 등의 움직임을 중시하여, 문부성, 점령군, 도쿄 군정부의 반복된 권고로 어려움이 있었음에도 도가 독자의 최선책을 세우는 데 성공하였다"[12]고 정리하고 있다.

10) 李殷直,「『在日』民族教育·苦難の道－1948年10月~54年4月－」, 高文研, 2003, 338~358쪽; 김덕룡, 『바람의 추억』, 선인, 2009, 153쪽.
11) 崔紗華,「朝鮮人学校存廃問題の歴史過程 1945~1957―グローバル·ヒストリーの視点から―」, 早稲田大学大学院博士学位論文, 2020, 106~114쪽; 松下佳弘,「戦後の在日朝鮮人教育行政の展開(1945~55年)－在日朝鮮人と地方自治体の関係―」, 京都大学大学院博士学位論文, 2018, 166쪽.

도쿄도가 관리하고 재정을 부담해야 하는 도립 조선인학교는 도쿄도
와 조선인학교 관계자의 타협의 산물이었다고 할 수 있다. 도 교육당국
으로서는 수천 명의 학생을 일본인학교로 편입시켜 발생하는 부작용을
차단할 수 있었고, 조선인학교 관계자의 입장에서는 '도립'이라는 제약은
있지만, 기존의 학교를 그대로 유지하면서 민족교육을 시도할 수 있는
여지가 남아 있었다. 또한 재정적인 부담에서 해방될 수 있었다.[13]

(2) '4원칙'과 수업 방식

1949년 12월 20일부터 운영이 개시된 도립 조선인학교의 경우, 도립화
직후부터 도쿄도와 조선인학교 관계자의 갈등이 시작된다. 학교 개설과
함께 일본인 교장과 교사가 부임하였고, 구 조선인학교 교원은 전임강사
와 시간강사의 형태로 수업에 가담하였다. '도쿄도립 조선인중·고등학
교'의 경우 일본인 교장 이하 약 30명의 일본인 교사가 파견되고, 재일한
인 전임강사는 7명, 시간강사는 25명이었다. 전임강사는 1년간의 계약직
이었다. 일본인 교사에 의한 수업이 시작되자 이를 거부하는 학생들의
언행은 오랫동안 이어졌다. "민족과목(조선어, 조선역사)이 과외수업이
아니라 정규 속에 포함"되었고, 일본인교장은 형식적이고 실질적으로는
또 한 명의 교장이 있었다고 한다. 한 반에 일본인 교사와 한인 강사 2명
이 담임을 하였으나 실질적인 담임은 한인 강사였다.[14]

---

12) 東京都立教育研究所編, 『戰後東京都教育史 上卷 教育行政編』, 東京都立教育研究所, 1964, 60쪽.
   (松下佳弘, 「戰後の在日朝鮮人教育行政の展開(1945~55年) - 在日朝鮮人と地方自治体との関係-」,
   京都大学大学院博士学位論文, 2018, 168~169쪽 재인용).
13) 김덕룡, 『바람의 추억』, 선인, 2009, 153쪽, 159쪽.
14) 松下佳弘, 「戰後の在日朝鮮人教育行政の展開(1945~55年) - 在日朝鮮人と地方自治体との関係-」,
   京都大学大学院博士学位論文, 2018, 171쪽; 崔紗華, 「朝鮮人学校存廃問題の歴史過程 1945~
   1957―グローバル・ヒストリーの視点から―」, 早稲田大学大学院博士学位論文, 2020, 158쪽.

〈표 9〉 도꾜도립 조선인 중·고등학교 교직원수(1950, 1952)

學校別	民族別	職別	1950年	1952年
中學校	日本人	教諭	20	12
		專任講師	1	4
		時間講師	1	0
		事務員	3	3
	朝鮮人	專任講師	4	11
		時間講師	20	17
		事務員	5	5
		計	54	52
高等學校	日本人	教諭	10	8
		專任講師	0	1
		時間講師	0	0
		事務員	2	2
	朝鮮人	專任講師	3	0
		時間講師	6	4
		事務員	3	3
		計	24	18
總計			78	70

출전: 李東準, 『日本にいる朝鮮の子ども』, 春秋社, 1956, 98쪽.

도립화 이후 도 교육당국은 학교 측에 교육용어를 일본어로 할 것, 초등학생의 민족과목은 과외로 하고 중학생은 '조선어'를 외국어로 취급할 것, 시설확충은 없고, 재일한인 교원은 민족과목만 담당시킨다는 '4원칙'을 지킬 것을 요구하였다. 하지만 재일한인 교사들은 일본인 교사들에게 압력을 가하여, 민족과목(조선어, 역사, 지리 등)도 정규시간에 가르치는 등 민족교육을 지키기 위한 노력을 지속하였다.[15] 학생들 또한 민족교육을 요구하며 일본인 교사를 '선생님'으로 받아들이려고 하지 않아 정상적

---

15) 김덕룡, 『바람의 추억』, 선인, 2009, 156~157쪽.

인 수업이 어려운 경우가 많았다. 이러한 학생들의 입장을 이해하려고 노력하며 학생과 가까워진 일본인 교사도 있었지만, 그렇지 않은 일본인 교사의 입장에서는 정상적인 상황이 아니었다.[16]

수업시간을 살펴보면 도꾜도립 조선인중학교는 1951년도 수업시간으로 '조선어'가 주5시간, '(조선)역사'와 '(조선)지리'가 각 2시간 그리고 일본어가 주2시간으로 설정되어 있었다.[17] 기타 수업시간은 당연히 문부성이 정한 일본의 교육과정이 배정되었지만, 기술하였듯이 학생들의 저항으로 정상적인 수업이 어려운 경우가 많았다고 할 수 있다. 도꾜도의 입장에서는 학교 수업 실태만이 문제가 아니었다. 학생들이 일본공산당이 주도하는 민주화 투쟁에 동원되는 현실도 심각하게 받아들였다.

1951년 2월에는 도립 도꾜조선인고등학교 학생이 거리에서 반전 비라를 소지하고 있었다는 이유로 수백 명의 경찰이 동원되어 조선인중·고등학교를 압수 수색하는 일도 발생하였다. 나아가 2월 사건에 대한 항의로 학부형들은 3월에 PTA대회를 개최하였는데, 사전 신청 없이 열렸다는 이유로 약 1,500명의 경찰이 동원되어 강제로 해산을 하였고, 이에 저항하는 학교 관계자들은 검거되었다.[18] 후술하는 바와 같이 구조련을 대신하여 민전(재일조선통일민주전선)이 1951년 1월에 결성되는데, 민전의 경우 일본공산당의 지시에 따라 일본 민주화의 일익을 담당하는 위치에 있었고, 학생들 또한 동원되고 있었다.

파행적인 학교 운영과 관련해 4월 도교도는 학교장에 대하여 보다 엄

16) 松下佳弘, 「戦後の在日朝鮮人教育行政の展開(1945~55年)-在日朝鮮人と地方自治体の関係-」, 京都大学大学院博士学位論文, 2018, 157~162쪽.
17) 崔紗華, 「東京都立朝鮮人学校の廃止と私立各種学校化—居住国と出身社会の狭間で—」, 『境界研究』 第8号, 2018, 18쪽.
18) 崔紗華, 「朝鮮人学校存廃問題の歴史過程 1945~1957—グローバル・ヒストリーの視点から—」, 早稲田大学大学院博士学位論文, 2020, 165~167쪽.

격히 4원칙을 실시하라고 학교 관계자에게 압력을 가하였다. 1952년 새 학기를 앞두고 도 교육당국은 북한을 지지하고 김일성 초상을 게시하는 등의 편향된 이념교육을 지양하고, 민족과목을 지시대로 취급하라고 도 립 조선인학교 측에 요구하였다. 이른바 학교에서의 정치교육은 도립 조 선인학교를 관리하는 도쿄도도 알고 있었으나, 후술하는 바와 같이 문부 성의 방침이 불명확한 속에서 도쿄도는 적극적으로 단속을 하지 않았 다.[19]

(3) 도립 조선인학교 수업에 대한 민전과 총련의 평가

이상과 같이 도쿄도 교육당국의 간섭하에서도 민족교육은 진행되었 고, 그에 대한 평가는 갈라진다. 총련의 입장을 대변하는 김덕룡은 1948년 4월 한신교육사건 이후부터 도내의 조선인학교에서는 수업이 일본어로 이루어지기 시작했으며, 실질적으로는 동화교육적인 상황이 발생하고 있었다고 평가한다.[20] 한편 조선인학교 관계자들은 "일본인 교원들은 우 리의 요구에 협조하여 4항목의 실시를 못하게 하였으며 1955년 3월 도립 폐지까지 실질적으로 민족 교육에 지장 없이 진행해 왔던 것이다"[21]고 자평하였다.

도립 조선인학교는 학교 개설과 함께 기본적인 교육용어로 일본어를 사용하고 있었다. 그리고 '조선어', 역사, 지리 등의 과목에 대해서는 문 부성과 도쿄도의 방침을 어기고, 가능한 정규시간에 수업이 이루어지게 하려고 노력했다는 것을 알 수 있다. 또한 학교 수업내용에 있어서 북한

19) 崔紗華, 「東京都立朝鮮人学校の廃止と私立各種学校化—居住国と出身社会の狭間で—」, 『境界研究』第8号, 2018, 21쪽.
20) 김덕룡, 『바람의 추억』, 선인, 2009, 159쪽.
21) 창립10주년 기념연혁사편찬위원회, 『도꾜조선중고급학교 10년사』, 도꾜조선중고급학교, 1956, 24쪽.

을 지지하고, 일본공산당의 3반운동(반요시다, 반미, 반재군비)과 관련해
학생들이 삐라(전단지)를 살포하는 등의 역할을 했을 여지도 있다. 따라
서 김덕룡은 당시 도내 조선인학교의 교육이 민전의 지침에 따른 소수민
족지향의 교육과 제한적인 민족교육이었다는 점에서 부정적인 평가를
내린 반면, 당시의 조선인학교 관계자는 공권력의 강압이라는 어려운 환
경 속에서도 일정 부분 민족교육을 달성했다는 자부심을 가지고 스스로
를 평가하였다.

학생들의 저항과 탄력적인 수업 방식으로 어느 정도 민족교육은 이루
어졌지만, 기본적인 교육용어는 일본어고, 일본어를 비롯하여 정규수업
시간이 있었기에, 과거에 비하면 민족교육을 받을 수 있는 시간은 제한
되어 있었다고 할 수 있다. 또한 일본인에 의한 수업 시간이 제대로 운
영되지 못하는 경우가 많았다는 것은 정상적인 수업을 받아야 하는 학생
들에게는 큰 손실이었다. 하지만 GHQ와 일본정부가 공권력으로 조선인
학교를 폐쇄조치하는 상황에서 구조련계가 민족교육을 지킬 수 있는 선
택지는 제한되어 있었다.

3) 공립학교 분교

일본 공립학교의 분교(이하, 공립분교)는 제2차 조선인학교 폐쇄조치
이후에도 조선인학교가 과거의 학교 시설을 유지하면서 일본 공립학교의
분교 형태로 운영된 경우이다. 공립분교의 경우 가나가와(神奈川)에서 11월
4일에 5개의 공립분교(초등학교)가 설치된 것을 비롯하여, 오카야마(岡山
12개 초등학교), 효고(兵庫 8개 초등학교), 야마구치(山口 1개 초등학교),
아이치(愛知 3개 초등학교), 오사카(大阪 1개 중학교) 순으로 공립분교가
설치되었다. 단지 오카야마의 경우는 본교 없이 단독으로 '분교'의 형태

를 취하였다. 기타 지역에 분교가 설치되지 않은 것은 자치체가 조선인
학교 측의 요구를 받아들이지 않고 강경한 입장을 취했기 때문이라고 할
수 있으며,[22] 현지 조선인학교 관계자와 지자체와의 역학 관계에 의해
조선인학교의 향방이 좌우되었다고도 볼 수 있다.

공립분교의 조선인학교도 도꾜도립 조선인학교처럼 외형적으로 학교
건물이 그대로 유지되고 한인학생들은 과거와 다름없이 학교에 다닐 수

〈표 10〉 공립학교 조선인분교 설치현황

都府県	학교형태, 학교수 설치주체	아동 생도수	설치결 정시기	개교일	교사사용 조치	폐쇄시기	개설 기간	비고
神奈川県	시립소 분교 5 横浜市, 川崎市, 横須賀市	5	1140	1949. 10.하순	川崎市 11.4.	접수한 교사의 관리를 법무부가 시장에 위탁하는 형태로 사용	1965.12	15년	
愛知県	시립소 분교 3 名古屋市	3	506	1949. 11.21	1.31	나고야시가 조련 소학교 교사를 임차하여 사용	1966.3	16년	
兵庫県	시립소 분교 8 尼崎市, 伊丹市, 明石市, 高砂町	8	약1500	1949. 12.4 尼崎市	12.24 尼崎市	"현의 구조선인학교 교지, 교사 및 설비 등은 대차 관계를 가지고 사용" 각서	1966.4 尼崎市	16년	부(副)지사/ 현교위와 관리 조합대표 간의 각서 (1950.3.25)
大阪府	시립중 분교 1 大阪市	1	139	1950. 3.상순	1950. 7.1	오사카시가 히가시나리 조선인학원 교사를 임차	1961.8	10년	
岡山県	市町村立소 분교 9 市町村立중 분교 3 岡山市, 倉敷市, 津山市, 伊部町, 連島町, 西大寺町, 吉岡村, 石蟹郷村	12	1999	1949. 11.4	11.7~8	접수한 조선인학교 교사를 각 시정촌립 학교 교사로 사용	1950.8~9	1년 미만	부(副)지사/ 현교위와 조선 인 측의 협정 서(1949.11.4)
山口県	시립소 분교 1 下関市	1	376	1949. 10.21	12.19	폐쇄 접수한 교사를 사용	1953.3	3년	

출전: 松下佳弘, 「戰後の在日朝鮮人敎育行政の展開(1945~55年)－在日朝鮮人と地方自治体の関係－」, 京都大学大学院博士学位論文, 2018, 164쪽.

22) 松下佳弘, 「戰後の在日朝鮮人敎育行政の展開(1945~55年)－在日朝鮮人と地方自治体の関係－」, 京都大学大学院博士学位論文, 2018, 158쪽, 164쪽 표 참조.

있었다. 하지만 학교 관리와 운영, 교원 인사와 교육 내용은 자주성을 박탈당하지 않을 수 없었다. 분교였기 때문에 학교 관리업무는 일본인 분교 주사(主事)가 담당하였고, 교원인사의 주체는 당연히 본교와 분교 주사의 영향을 받지 않을 수 없었다. 또한 수업내용도 일본의 교육과정을 기본적으로 이수하고, 나머지 시간에 민족과목 수업을 하였다. 따라서 이들 문제를 둘러싸고, 현지 교육당국·일본인 주사·일본인 교사와 한인 강사·학부모·학생들 사이에는 끊임없이 분쟁이 일어났다. 한인 강사들은 더 많은 한인 강사 채용과 대우 개선, 그리고 민족교과 수업의 확대를 요구하였고, 학생들은 일본인 교사에 의한 수업을 거부하거나 정상적인 수업을 힘들게 하며, 민족교육을 요구하였다.

(1) 가나가와현[23]

도쿄도 옆에 위치한 가나가와현(神奈川県)의 경우 조선인학교 관계자의 항의에도 불구하고, 문부성은 1949년 10월 19일, 가나가와현의 조선인학교(초등학교 및 분교 9개교)에 대한 폐쇄 명령을 내렸다. 그리고 조선인학교 관계자와 학생들의 거친 반대에도 불구하고, 조련이 경영하던 학교였다는 이유로 모든 건물을 강제로 접수하였다.

가나가와 현 당국은 경찰력을 동원하여 강제로 조선인학교를 폐쇄하기는 했으나, 학생들을 일본인학교로 편입시키는 것은 어려운 과제였다. 조선인학교 학생 수용 문제와 관련해 도쿄도가 안고 있던 고민을 가나가와 현(県) 당국도 그대로 안고 있었기 때문이다. 결국 조선인학교가 위치한 가나가와현의 가와사키(川崎), 요코하마(横浜) 그리고 요코스카(横須

---

23) 가나가와현의 공립분교화 과정에 대해서는 今里幸子,「神奈川における在日朝鮮人教育の民族教育 - 1945年~49年を中心に -」,『在日朝鮮人史研究』第39号, 2009; 松下佳弘,「戦後の在日朝鮮人教育行政の展開(1945~55年) - 在日朝鮮人と地方自治体の関係 -」, 京都大学大学院博士学位論文, 2018, 188~193쪽을 참조하여 정리.

賀) 시(市)당국은 일본인학교도 교실 부족으로 2부제 수업을 하고 있는
등 조선인학교 학생을 집단으로 받아들일 상황이 안되자, 10월 하순부터
11월 초에 걸쳐, 접수한 조선인학교(초등학교)의 건물을 공립분교로 사
용하는 허락을 현(県)당국과 법무부로부터 받아냈다.

<표 11> 가나가와현의 공립 조선인분교(1953.1)

지자체	공립분교 명칭	개설 연월일 (1949년)	학교 소재지	1953년 1월 조사 교직원/학생수*			1949년 10월 시점 사립 조선인학교**		
				일본인 교원수	조선인 교원수	학생 수	학교명	교원	아동
横浜市	青木小学校 沢渡分校	11月11日	神奈川区 沢渡2-21	(자료없음)			朝連横浜 小学校	5	249
	下野谷小学校 小野分校	11月11日	鶴見区 小野町10	4	6(1)	171	朝連鶴見 小学校	5	151
川崎市	桜本小学校分校	11月4日	浜町1-20	7	11(4)	433	朝連川崎 小学校	8	387
	高津小学校分校	11月4日	瀬田町2406	5	4	134	朝連川崎 小学校 南武分校	5	121
横須賀市	諏訪小学校分校	11月24日	大滝町85	5	4(1)	153	朝連横須賀 小学校	5	143

이 표는 「朝鮮学校関係綴」(『歴史的公文書』 神奈川県立甲文書館)의 문서로 작성하였음.
* 조사는 「1953.1.15/32. NO.39 ㉦○학교의 実態調査 K.K.3」(国警神奈川県本部調査)에 의
함. 조선인교직원의 ( ) 안의 수는 「PTA고용」 교직원수(내수)임.
** 「第一次措置による閉鎖学校(昭和24年10月19日現在)」(Korean School file, 1949, GHQ/SCAP
文書, GS(A)02503〜4)에 의함.
출전: 松下佳弘, 「戦後の在日朝鮮人教育行政の展開(1945~55年)－在日朝鮮人と地方自治体
の関係－」, 京都大学大学院博士学位論文, 2018, 188쪽.

가와사키시의 경우, '조련 가와사키소학교'는 폐쇄되고 한인교사들은
전부 해고되었으며, 가와사키시 '사쿠라모토(桜本)소학교'의 분교'(=오시
마大島 분교)로 다시 개설되어, 8명의 일본인 교원만으로 11월 4일부터
운영되었다. 이에 학생들이 민족교육을 요구하며 저항하자, 가와사키 교

육당국은 11월 5일 즉시 한인 학부모와 협의하여 한인강사를 채용하고, 과외수업의 형식으로 1교시는 출석 체크를 겸하여 '조선어' 수업을 하기로 결정하였다. 다카츠(高津)소학교 분교도 5명의 한인 강사가 채용되었다.

아래 〈표 12〉의 수업시간표를 보면 당시 분교의 수업 상황을 엿볼 수 있다. 1학년부터 3학년까지는 '조선어'와 사회 과목이 그리고 4학년부터 6학년까지는 국사와 지리 수업을 추가로 실시하였다는 것을 확인할 수 있다.[24]

〈표 12〉 가와사키시립 사쿠라모토소학교 오시마(大島)분교 시간 할당표

학년별	일본과목	조선과목	조선과목 내용				
			국어	국사	지리	사회	체조
1	18	8	6			1	1
2	20	8	6			1	1
3	21	8	6			1	1
4	21	13	7	2	2	1	1
5	24	13	6	3	2	1	1
6	24	13	6	3	2	1	1

출전: 『解放新聞』1949년 11월 15일(崔紗華, 「朝鮮人学校存廃問題の歴史過程 1945~1957―グローバル・ヒストリーの視点から―」, 早稲田大学大学院博士学位論文, 2020, 98쪽).

요코하마시는 문부성의 조선인학교 폐쇄 명령 직후인 10월 29일, 일본인학교는 교실 부족으로 2부 수업을 하고 있는 현실 여건상 약 700명의 조선인학교 학생을 추가로 받아들일 여력이 안되니, 폐쇄된 조선인학교 2곳을 분교로 개설할 수 있게 해달라고 문부성에 요청하였다. 이것이 받아들여져 공립분교 2개교가 개설되고 가와사키시의 공립분교와 비슷한

24) 崔紗華, 「朝鮮人学校存廃問題の歴史過程 1945~1957―グローバル・ヒストリーの視点から―」, 早稲田大学大学院博士学位論文, 2020, 95~98쪽.

형태의 수업이 진행되었다.[25]

결국 가나가와현의 9개 조선인 초등학교 중에서 5개교(학생 약 1,050명)는 공립분교가 되었고, 2개교 학생들은 일본인학교로 집단 입학하여 특별학급이 설치되었으며, 나머지 2개교의 학생들은 일본인학교에 분산 편입되었다.[26] 그리고 조선인학교 관계자에 의해 1951년 요코하마시에 가나가와조선중학교(학생 약 220명)가 무인가의 자주학교 형태로 개설되었다(1953년에 학교 설치인가취득. 1954년 가나가와조선중고급학교로 개칭).

따라서, 가나가와의 경우 1948년 4월 1일 현재 조선인학교 학생수가 약 1,600명(〈표 2〉 조련계 조선인학교 현황(1948.4.1))이었다는 것을 고려하면, 제2차 조선인학교 폐쇄조치 이후에도 이들 중 많은 학생이 '학교'에서 제한적이나마 민족교육을 받을 수 있는 기회를 가졌다고 할 수 있다.

(2) 아이치현[27]

아이치현에는 1949년 10월 당시 조선인학교 31개교(각종학교 26개교, 무인가 5개교)에 학생 3,000명 정도가 있었다. 조선인학교 15개교는 10월 19일의 문부성의 지시에 따라 학교관리조합을 만들어 인가 신청을 하였으나 11월 4일 문부성은 불허가 조치를 내렸다. 이에 아이치현은 11월 6일 모든 조선인학교 관계자에 대해 학교 폐쇄 명령을 하고, 학생들은 주거지 공립학교로 편입시킬 것을 지시하였다.

나고야시의 경우 이미 10월 19일에 아이치 조련 제1, 2, 3소학교(학생

---

25) 崔紗華,「朝鮮人学校存廃問題の歷史過程 1945~1957—グローバル·ヒストリーの視点から—」, 早稲田大学大学院博士学位論文, 2020, 99쪽.

26) 今里幸子,「神奈川における在日朝鮮人教育の民族教育—1945年~49年を中心に—」,『在日朝鮮人史研究』第39号, 2009, 175쪽.

27) 아이치현의 공립분교는 「戦後の在日朝鮮人教育行政の展開(1945~55年)—在日朝鮮人と地方自治体の関係—」, 京都大学大学院博士学位論文, 2018, 236~239쪽; 김덕룡,『바람의 추억』, 선인, 2009, 169~171쪽을 참조하여 정리.

수 약 760명)에 대해 폐쇄 명령을 하고, 학생들은 일본인학교로 전학하라고 통지하였다. 이들 학교는 문부성에 법인개조 허가신청을 하였으나 11월 4일 당연히 인가를 받지 못하였다. 학교 폐쇄 명령 이후에도 학생들은 대부분 출석하여, 경찰의 감시하에 정상적인 수업은 못하고 '자습'이라는 형태로 학교는 유지되었다. 학교 관계자는 학교 폐쇄 철회를 당국에 요청하고, 학생들은 19일 집단으로 나고야시 교육위원회를 찾아가 공립분교화, 한인교원 채용, 집단 입학 등을 요구하였다. 당시 지역 주민도 좋은 방향으로 해결되길 바라는 분위기가 있어, 나고야시 교육위원회는 21일 학생들과 협의를 하여, 조선인학교 3개교를 각각 나고야시립 일본인학교의 분교장(分敎場)으로 하는 결정을 내렸다.[28] 이름만 분교장이지 분교와 같은 형태였다. 이후 교과목과 수업방식을 둘러싸고 학교 측과 당국의 합의가 이루어지지 않아 학교 개설이 지연되기는 하였으나, 1950년 1월 말과 3월 초가 되어 공립분교가 개설되었다.

3월에 개교한 마키노(牧野)소학교 분교장(구 제1조련소학교)의 경우 학생의 반발로 분교 문패도 걸지 못했으며, 일본인교사에 대한 학생들의 반발은 심했다. 일본인 교사 7명이 부임하고 한인교원은 강사로 3명이 채용되었다고 한다. 한인 교사들은 '조선어' 수업의 확대, 재일한인 교원 확대를 꾸준히 요구하였다. 1953년 현재 이 학교는 6학급으로 196명의 학생과 교원 11명(한인 강사 4명)의 규모로 이루어지고 있었다.

하지만 아이치현의 기타 지역에서는 공립분교가 개설되지 않았다. 아이치현에는 1948년 4월 현재 초등학생 1,540명 중학생 260명의 조선인학교 학생이 있었다(〈표 2〉 조련계 조선인학교 현황(1948.4.1)). 한편 아이

---

28) 협의 당일 시청 주변에는 600명의 학생들이 몰려와 경찰과 대치하는 상황에서 부상자도 나왔으며 12명이 검거되었다. 이에 일본인단체와 재일조선인교육방위원회 회원도 달려와 경찰에 항의하는 등 학생들에게 힘을 실어주었다. 吳永鎬, 「名古屋市立朝鮮学校の設置・存続・廃止—日本の公教育像を再考する—」, 『〈教育と社会〉研究』 第27号, 2017, 50쪽.

치현에는 1952년 4월 현재, 3개교는 공립분교, 4개교는 특별학급(3개교는 초등학교, 1개교는 중학교), 10개교는 자주학교(9개교는 초등학교, 1개교는 중학교)가 있었고 이들 17개교에는 약 1,800명(초등학생 1,540명, 중학생 260명)의 학생이 다니고 있었다(〈표 7〉 조선인학교 현황(1952.4)). 즉 아이치현의 경우 제2차 조선인학교 폐쇄조치 이후에도 조선인학교 출신 학생들이 제한적이나마 민족교육을 받고 있었다고 할 수 있다.

〈표 13〉 아이치현의 공립 조선인분교(1953)

공립분교 명칭	개설 연월일 (1950년)	학교 소재지	1953년도 교직원/학생수*			1949. 10. 폐쇄 시점 조선인학교		
			일본인 교원수	조선인 교원수	학생수	학교 명칭	교원수	학생수
名古屋市立 牧野小学校分教場		中村区牧野町	8		194	愛知県第一 朝連小学校	7	284
名古屋市立 大和小学校分教場		千種区豊年町	7		169	愛知県第二 朝連小学校	7	372
名古屋市立 西築地小学校分教場	1月31日	港区港栄町	4		143	愛知県第三 朝連小学校	4	146

* 1953年度名古屋市教育委員会編, 『名古屋市内学校便覧』에 의함.
출전: 松下佳弘,「戦後の在日朝鮮人教育行政の展開(1945~55年)−在日朝鮮人と地方自治体の関係−」, 京都大学大学院博士学位論文, 2018, 236쪽.

(3) 효고현29)

효고현의 경우 조선인학교 폐쇄 당시 아마가사키시(尼崎市)에는 '조련 아마가사키초등학교'와 그 분교 4곳(총 843명) 그리고 기타 3개 시에 3개 초등학교가 있었다(총 666명). 효고현 당국은 1949년 11월에 이들 8개 조

---

29) 효고현의 공립분교는 崔紗華,「朝鮮人学校存廃問題の歴史過程 1945~1957—グローバル・ヒストリーの視点から—」, 早稲田大学大学院博士学位論文, 2020, 101~105쪽; 松下佳弘,「戦後の在日朝鮮人教育行政の展開(1945~55年)−在日朝鮮人と地方自治体の関係−」, 京都大学大学院博士学位論文, 2018, 175~185쪽을 참조하여 정리.

〈표 14〉 효고현의 공립 조선인분교(1949.11)

자치체	공립분교 명칭	개설 연월일	학교 소재지	1949년 교직원/학생수			1949.11. 폐쇄시점 조선인학교*1		
				일본인 교원수	조선인 교원수	학생 수	학교명	교원 수	학생 수
尼崎市	市立武庫小学校 守部分校	1949年 12月24日	守部小松通り				朝連尼崎初等学校 武庫分校*2	4	147
	市立大庄小学校分校	1950年 4月1日	西字中惣新田252				朝連尼崎初等学校 (本校)	38	513
	市立大島小学校分校		今北36				朝連尼崎初等学校 大島分校	2	56
	市立立花小学校分校		小中島				朝連尼崎初等学校 立花分校	2	48
	市立園田小学校分校		三反田				朝連尼崎初等学校 園田分校	2	79
伊丹市	神津小学校桑津分校	1950年 12月22日	東桑津	9	3	319	朝連伊丹初等学校	13	320
明石市	林小学校船上分校	1951年4月	船上大坪				朝連明石地区 初等学校	3	170
高砂市	市立高砂小学校 木曽分校	1950年 6月10日	高砂町木曽町	5	2	148	朝連高砂初等学校	8	176

*1: 「第2次措置による閉鎖学校(1949年11月4日現在)」(Korean School file, 1949, GHQ/SCAP문서, GS02503~4)에 의함.
*2: 조련 아마가사키소학교는 오시마(大島), 무코(武庫), 다치바나(立花), 소노다(園田), 츠네시마(常松) 등 5개 분교가 있었는데, 츠네마츠분교(아동수 30명)는 무코소학교 모리베(守部)분교로 흡수되었다.
출전: 松下佳弘, 「戦後の在日朝鮮人教育行政の展開(1945~55年)-在日朝鮮人と地方自治体の関係-」, 京都大学大学院博士学位論文, 2018, 176쪽.

선인학교를 일방적으로 폐쇄하고 일본인학교에 학생을 강제로 편입시키기는 강력한 조치를 취하였다. 하지만 2부제 수업으로 교실이 부족했던 일본인학교들은 집단 편입을 거부하였고, 또한 편입된 학생들이 민족교육을 요구하며 소란을 피우는 등 학사 진행에 어려움이 발생하였다.

아마가사키시의 경우 모든 일본인 초등학교가 교실부족 등의 이유로 조선인학교 학생을 수용하기를 거부하였으나, 식민지 시기 한인만을 따로 모아 분교를 운영한 적이 있는 무코(武庫)소학교는 한인학생을 받아 들이기로 하여 11월 24일에 4개 반 283명의 특별학급이 개설되어 일본인 교사가 수업을 진행하였다. 하지만 한인 편입생의 증가로 인한 2부제 수 업, 일본인 학생과의 학력차 그리고 민족교육을 요구하는 학생들의 집단 행동 등으로 학사 진행은 어려움에 직면했다. 결국 아마가사키시는 현 당국의 부정적인 입장을 물리치고 12월 초에 무코소학교 분교 설립을 결 정하고, 다른 4개 학교에 대해서도 이후 공립분교 설립을 결정하였다.

그 결과 12월 하순에 아마가사키시에는 무코소학교 공립분교가 그리 고 1950년 4월에는 추가로 4개교가 공립분교로 개설되었다. 아마가사키 시에서의 분교 설립에 반대하는 입장을 취하고 있던 효고현은 이후 시기 는 달리하지만, 다른 3곳의 시(이타미시 伊丹市, 아카시시 明石市, 다카사 고시 高砂市)에도 각각 1개의 공립분교 설립을 허가하였다.

1952년 4월 현재 효고현에는 8개의 공립 분교, 14개의 자주학교, 1개 특별학급(3개에서 2개는 폐쇄)에 4,583명의 초등학생이 다니고 있었으며, 중학생의 경우 1개 자주학교, 1개 특별학급 그리고 1개 야간학급에 620명 이 민족교육을 유지할 수 있었다. 1948년 4월 당시 58개 조선인학교에 7,379명의 학생(〈표 2〉 조련계 조선인학교 현황(1948.4.1))이 있었다는 것 을 생각하면, 2천 명이 넘는 학생이 일본인학교로 완전히 편입되어 민족 교육으로부터 멀어졌다는 것을 알 수 있다. 그래도 효고현의 경우 자주 학교가 14개교(초기에는 16개교)가 유지되었다는 특징을 가지고 있다.

(4) 오사카부[30]

오사카부는 1949년 11월 5일, 문부성 지시에 따라 오사카 조련학원 산

---

30) 오사카부의 공립분교에 대해서는 崔紗華, 「朝鮮人学校存廃問題の歴史過程 1945~1957—グ ローバル・ヒストリーの視点から—」, 早稲田大学大学院博士学位論文, 2020, 119~121쪽; 松下

하 24개교를 포함해 총 40개(분교 4개교) 학교에 대하여 폐쇄조치를 하고, 일본인학교로 편입조치를 하였다. 오사카에서는 백두학원 건국소·중·고등학교만이 폐교되지 않고 1조교로서 유지되었다.

한인들이 가장 많이 거주하고 있고, 한신교육 투쟁 당시 조련을 중심으로 가장 격렬하게 저항한 오사카 지역에서 조선인학교에 대한 폐쇄가 상대적으로 무리 없이 진행된 것은 조련이라는 구심점이 사라졌다는 것이 가장 큰 요인으로 작용하였다. 하지만, 당시 한인 공산주의자들을 지도하는 입장에 있던 일본공산당의 영향 또한 무시할 수 없는 것이었다. 그런데 일본공산당의 입장에서는 일본의 민주화를 위한 투쟁이 우선이었기 때문에, 한인 공산주의자들이 민족적 권리를 내세우며 민족교육을 위해 투쟁하는 것에 대하여 부정적이었다. 한신교육투쟁 당시에도 일본공산당은 조련 측에 대하여 민족적 편향이라고 비판을 하였다. 1949년의 조선인학교 폐쇄 상황에서도 일본공산당은 학교를 지키는 것보다 '민주민족교육내용'을 지켜야 한다는 입장이었으며, 특히 오사카에서는 "일본교육의 민주화를 위해 동포 자녀를 공립학교에 입학시켜야 한다"고 지시하였다. 따라서 일본공산당은 한인만을 위한 학교를 따로 세우는 것은 민족적 편향이라는 이유로 일본인학교로 분산하여 편입시키라는 것이 조련계 조선인학교에 대한 기본 방침이었다.[31]

결국 오사카지역의 조선인학교는 모두 폐쇄되고 일본인학교로 편입되

佳弘,「戰後の在日朝鮮人教育行政の展開(1945~55年)-在日朝鮮人と地方自治体の関係-」, 京都大学大学院博士学位論文, 2018, 193~198쪽; 坂本清泉,「公立朝鮮人学校の自主校移管の問題-市立西今里中学校の場合を中心にして Ⅰ, Ⅱ」,『大分大学教育学部研究紀要教育科学』第3巻 4-5号, 1969; 梁永厚,「大阪における朝鮮人学校再建運動—1950~1953」,『在日朝鮮人史研究』第8号, 1981.6; 梁永厚,『戰後・大阪の朝鮮人運動 1949-1965』, 未来社, 1994, 119~124쪽; 大阪民族教育60年誌編集委員会,『大阪民族教育60年誌』, 大阪朝鮮学園, 2005를 참조하여 정리.

31) 崔紗華,「朝鮮人学校存廃問題の歴史過程 1945~1957—グローバル・ヒストリーの視点から—」, 早稲田大学大学院博士学位論文, 2020, 117~118쪽.

게 되었는데, 그렇다고 문제가 해결된 것은 아니다. 많은 조선인학교 학생들이 편입을 거부하거나, 이들 학생이 이미 일본인학교에 편입된 한인학생들을 불러내 학사 진행을 방해하는 사태가 벌어지기도 하였다. 또한 일본인학교에 편입되어도 학교에서의 차별과 학력차 등으로 많은 학생이 장기 결석하는 사태가 발생하여 오사카시로서도 방치할 수 없는 지경에 이르렀다.

〈표 15〉 오사카 시립 소·중학교 조선인아동학생 수용 상황(1949.12.10)

	폐쇄전 학생수	폐쇄후 수용인원	금후 수용계획	합 계
소학교	4,110	3,552	3,974	11,636
중학교	536	492	2,798	3,826

주: 이 표는 「朝鮮人兒童受入狀況(1949年 12月 10日現在)」, 『敎育月報』 第11号, 1590年1月, 大阪市敎育委員会 자료로 작성하였음.
출전: 松下佳弘, 「戰後の在日朝鮮人敎育行政の展開(1945~55年)－在日朝鮮人と地方自治体の関係－」, 京都大学大学院博士学位論文, 2018, 194쪽.

오사카시의 경우 1949년 12월 10일 현재 상황을 보면, 초등학생의 경우 전체 편입 예정 인원에서 50% 넘는 학생이 여전히 편입을 거부하였으며, 특히 중학생의 경우 수용예정 인원의 85%에 해당하는 2,798명이나 되는 학생이 일본인학교로 편입하는 것을 거부하고, 학교에 출석하지 않는 상황이 이어진 것이다.

오사카시의 조선인학교 관계자는 1949년 12월 중순부터 오사카시 교육위원회에 공립분교의 조선인소학교 및 중학교 설치를 요청하였다고 한다. 하지만 오사카시는 '조선인'초등학교의 공립분교 설치는 거부하고, 1950년 3월 하순 여전히 많은 중학생이 등교 교부를 하는 동성조선학원 중학교에 한해, 학교 시설 그대로 공립분교를 허가한다고 조선인중학교 측에 통지하였다. 이후 오사카시의 결정에 대하여 상부기관인 오사카부가 못마땅히 여겼으나, 4월 현재 1400명이 넘는 한인학생이 등교를 거부하는 사태가 지속되는 것은 바람직하지 않다며, 오사카부와 군정부(민사부) 등을 설득하여 마침내 7월이 되어서야 오사카시립 혼죠중학교(本庄中学校) 니시이마자토(西今里) 분교가 개설되었다.[32] 오사카부의 반대 속에서 오사카 시립 니시이마자토(西今里)중학교로 개교하려고 하였으나, 의도적으로 분교의 형태를 취하고, 빈곤한 가정의 한인중학생이 많은 거주하는 지역의 직업교육을 위한 학교라고 대외적으로 포장하여, '조선인중학교'라는 색채를 희석시켰다고 한다. 그러나 1951년 5월에는 독립하여, '오사카 시립 니시이마자토(西今里)중학교가 되었다. 이렇게 하여 한인이 가장 많은 지역에 단 1개의 공립분교가 개설되는 데 그쳤다.

〈표 16〉 니시이마자토중학교의 연도별 학급수 · 학생수 · 교원수(연도말)

연 도	1950	1951	1952	1953	1954	1955
학급수	3	5	2	14	16	18
학생수	139	276	499	621	814	943
졸업생수	26	56	169	169	189	227
일본인교원수	9	13	14	20	21	22
조선인교원수	2	3	5	12	16	19

전거: 赤塚康雄, 「戰後大阪市教育史(Ⅱ)」, 『大阪市教育セソタ-研究紀要』 第7号, 1986, 100쪽에 의함. 또한 조선인 교원은 매년 증원되고 있는데, 1952년 이후 증원분은 오사카시 교육위원회 채용이 아니고, 오사카조선인학교 PTA 채용에 의한 것임(坂本淸泉, 「公立朝鮮人學校の自主校移管の問題-市立西今里中學校の場合を中心にして」, 『大分大學校教育學部研究記要教育科學』 3卷4号, 1969).
출전: 松下佳弘, 「戰後の在日朝鮮人教育行政の展開(1945~55年)-在日朝鮮人と地方自治体の関係-」, 京都大学大学院博士学位論文, 2018, 199쪽.[33]

[32] 당시 한인들은 '西今里'를 일본식 발음인 '니시이나자토'가 아니고, 한글 발음으로 '서금리'라고 불렀다.
[33] 마츠시타는 이 표에 대한 주석에서 1952년 이후의 '조선인교원' 증원은 (재일본조선인)교육회가 채용한 것이라고 사카모토 이즈미(坂本淸泉)의 연구를 참고하여 설명하고 있는데, '교육회'는 총련이 결성된 이후인 1955년 7월에 재일본조선인학교PTA가 없어지고 만들어

이 학교는 1949년 4월 현재 820명의 학생이 있었으나, 분교로 다시 개교하였을 때는 교사 11명(일본인 10명, 재일한인 강사 1명)이 가르치고, 4학급에 120명의 학생이 재학하였다.[34] 즉 학교가 정상 수업을 못하고 파행하는 동안 진로를 위해 700여 명의 학생이 일본인학교로 편입된 것이다.

이상과 같이 한인이 가장 많이 거주하던 오사카부에는 1952년 4월 현재, 공립분교의 한인 초등학교는 1개교도 없고, 4개교에 특별학급만 설치되어 있었다. 그리고 자주학교 3개교가 있었고, 이들 학교에 1,130명의 학생이 재학하였다. 중학교는 앞서 소개한 공립분교 1개교와 특별학급이 설치된 1개교에 500명의 학생이 재학하였다. 즉 1952년 4월 당시 민족교육의 기회가 주어진 것은 이들 1,600여 명에 지나지 않았다(〈표 7〉 조선인학교 현황(1952.4)).

오사카부에는 1948년 4월 현재 22,844명의 한인학생이 조선인학교에 재학하였다(〈표 2〉 조련계 조선인학교 현황(1948.4.1)). 즉 제1차 및 2차 조선인학교 폐쇄조치로 인해 2만 명이 넘는 학생이 일본인학교로 편입되어 버린 것이다.

(5) 오카야마현[35]

오카야마현(岡山県)은 1949년 10월 19일 오카야마조련학교관리조합과 조합이 운영하는 중학교 2개교, 초등학교 5개교와 분교 5개교를 폐쇄한

진 것이기 때문에, 사실 오류가 아닌가 생각된다.

[34] 김덕룡, 『바람의 추억』, 선인, 2009, 172~175쪽, 김덕룡은 이 학교에서 자주적인 조선학교에서처럼 교육이 이루어졌다(175쪽)고 하는데, 그것이 가능했는지 확인이 필요하다.

[35] 오카야마현의 공립분교에 대해서는 김덕룡, 『바람의 추억』, 선인, 2009, 129~134쪽; 松下佳弘, 「戦後の在日朝鮮人教育行政の展開(1945~55年)－在日朝鮮人と地方自治体の関係－」, 京都大学大学院博士学位論文, 2018, 200~212쪽; 崔紗華, 「朝鮮人学校存廃問題の歴史過程 1945~1957—グローバル・ヒストリーの視点から—」, 早稲田大学大学院博士学位論文, 2020, 83~95쪽을 참조하여 정리.

〈표 17〉 오카야마현 공립 조선인분교(1949)

자치체	공립분교 명칭	교장	개설 연월일 (1949)	학교 소재지	1949년 교직원/학생수			1949.11. 폐쇄 시점 조선인학교*		
					일본인 교원수	조선인 교원수	학생수	학교명	교원	학생수
岡山市	岡山市立中学校 分校	中村亀夫	11月4日	岡山東田町75	6	2	112	岡山朝連 中学校	5	112
	岡山市立小学校 分校	中村亀夫	11月4日	岡山東田町75	14	9	456	岡山朝連 初等学校	9	458
和気郡 伊部町	町立伊部小学校 光が丘分校	田中隆一	11月4日	伊部町南伊部郡 砂が浜166-2	4	2	95	岡山朝連 初等学校 和気分校	3	95
浅口郡 連島市	町立西浦小学校 亀島分校	安金李郎	11月4日	連島市 大字亀島新田	16	8	532	水島朝連 初等学校	13	532
	町立連島中学校 亀島分校	高見芳松	11月4日	連島市 大字亀島新田	4	2	83	水島朝連 中学校	4	83
児島市	児島市立小学校 砂走分校	原野隆		児島市味野町 4丁目砂走	3	1	57	水島朝連 初等学校 岡西児島分校	3	57
津山市	津山市立小学校 分校	椋代誠一		津山市 大谷昭和町	4	2	86	津山朝連 初等学校	4	86
久米郡 吉岡村	村立久木小学校 藤原分校	藤本繁木		吉岡村字藤原	3	1	64	津山朝連 初等学校 吉岡分校	2	64
阿哲郡 石蟹郷村	村立井倉小学校 井倉分校	藤井寛		石蟹郷村 大字井倉	6	3	168	備北朝連 初等学校	6	168
倉敷市	市立西小学校 向市場分校	高橋節太		倉敷市 向市場町	4	2	116	倉敷朝連 初等学校	2	116
上道郡 西大寺町	町立西大寺小学校 特別学級	三宅東男			1	1	30	岡山朝連学校 西大寺分室	기재 없음	

이 표는 『岡山県教育要覧1950版』(岡山県教育委員会, 1961年3月, 75頁)의 「朝鮮人師弟収容の学校一覧表」에 의함.
* 「第二次措置による閉鎖学校(昭和24年11月4日現在)」(Korean School file, 1949, GHQ/SCAP문서, GS02535~4)에 의함. 이 자료에는 「岡山朝連学校西大寺分室」라는 학교명은 나오지 않음.
출전: 松下佳弘, 「戦後の在日朝鮮人教育行政の展開(1945~55年)－在日朝鮮人と地方自治体の関係－」, 京都大学大学院博士学位論文, 2018, 206쪽.

다고 통지하였다. 조선인학교 측이 교육법에 따라 학교를 개조할 수 없다고 판단한 현 당국은 10월 하순부터 폐쇄하는 조선인학교를 일본 공립학교로 개조하여 문제를 해결하려고 하였다. 하지만, 조선인학교 측은 민족교육을 사수한다며 공립화를 반대하고, 공립화 조건으로 현재의 모든 교원을 정교원으로 채용할 것, 전체 수업시간의 반 이상을 민족교과로 하고 교육위원의 선거권 및 피선거권을 부여할 것 등을 주장하였다.

오카야마현은 조선인학교 측의 요구를 받아들이지 않았고 이후 경찰력을 동원하여 11월 4일 12개교에 대한 폐쇄 및 시설접수 조치를 집행하였다. 집행 당일 조선인학교 측은 어쩔 수 없이 "법령의 범위 내에서" "조선어, 조선 역사 등에 대하여 추가로 독자적인 교육을 추가"하는 것으로 현 당국과 조선인학교의 공립분교화에 합의하는 협정을 맺었다.

현 당국의 주도로 공립분교 설치가 기정사실화 되었으나, 현지의 시정촌 학교 및 학부모가 반대하여, 일본인학교의 분교가 아니라, 본교가 없는 분교라는 변칙적인 방법으로 공립분교화가 이루어졌다. 그 결과 11월 7일 11개 분교(공립 중학교 분교 2, 소학교 분교 9)와 특별학급이 1개교가 설치되고 약 1,800명의 학생이 재학하게 되었다. 이들 10개 학교에 65명의 일본인 교사가 파견되고, 재일한인 강사도 33명이 있었다. 다른 지역의 공립분교처럼, 일본인 '주사'가 분교를 관리하였다.

분교 설립 후 5개월이 지난 1950년 4월 3일 현 교육위원회는 이들 학교에 일본인 주사가 책임자로 있음에도 불구하고 한인교원의 영향력으로 과거의 조선인학교와 다름없는 교육이 이루어지고 있다는 판단하에, 각 분교 앞으로 법령 및 협정사항을 준수하라고 지시하였다(이하, 4·3통첩). 당시 한인교사와 학생들의 반대로 일본인 교사에 의한 수업은 진행이 어려운 상황이었다. 즉 이들 학교에서는 일본법령의 범위를 넘어서, 민족교육이 이루어지고 있었다는 것을 의미한다.

공립분교 중에는 4·3통첩에 대하여 반대 집회를 열거나 학교수업을 거부하고 자체적으로 민족교육을 하는 동맹휴교로 돌입하는 등 거세게 반대하는 움직임이 있었다. 공립분교측은 1949년 11월 4일 맺은 협정대로 교육을 지속하는 것은 어렵다고 대항하여, 대립상황은 7월로 이어졌다. 그리고 당시 오카야마에 방문한 CIE 교육부 직원은 공산주의에 편향된 공립분교에 대한 대책이 필요하며, 현 당국의 요구를 받아들이지 않는 공립분교는 현 당국이 책임을 지고 폐쇄해야 한다고 지시하였다.

이에 현 당국은 공립분교에 대한 일시휴교 조치 후, 일본인 교원만으로 학교를 다시 재개할 계획으로 8월 31일 전체 11개 공립분교 중에서 9개 분교에 대한 휴교조치를 통지하였다. 나머지 2개교[36]는 공립학교의 범위 내에서 특수성을 고려한 교육이 이루어지고 있다며, 그대로 분교로 유지하였다. 휴교조치 과정에는 학교 측 관계자 및 학생들의 결사적인 저항으로 쉽게 수습되지 않았으며, 결국 관계자가 구속되는 등 경찰력에 의해 제압되었다. 이후 1500명 정도의 학생은 일본인학교로 편입되었는데, 당시 현 당국이 학생들을 일본인학교로 등교시키라고 신문과 라디오를 통해 설득한 것을 보면, 그 과정에는 어려움이 많았다는 것을 짐작할 수 있다.

한편 현 당국은 9개 분교에 대하여 휴교 조치 후 일본인 교사로만 구성된 분교를 다시 개설할 계획이었으나 분교 측의 거센 저항에 부딪히자 분교를 폐쇄하는 방향으로 방침을 수정하였다. 단지 폐쇄조치한 분교 중에서 츠라지마(連島)정립(町立) 니시우라(西浦)소학교와 중학교의 카메지마(亀島)분교(초등학생 500명, 중학생 100명 규모) 2개교를 일본인 교원만으로 운영하는 공립분교로 다시 개설하여 1967년까지 유지하였다.

(6) 야마구치현[37]

조선인학교에 대하여 엄격한 조치를 상부에 요구하고 있던 야마구치

---

36) 阿哲郡 井倉小学校 井倉分校와 児島市立小学校 砂走分校.

37) 야마구치현의 공립분교는 松下佳弘,「戦後の在日朝鮮人教育行政の展開(1945~55年)－在日朝鮮人と地方自治体の関係－」, 京都大学大学院博士学位論文, 2018, 212~218쪽; 崔紗華,「朝鮮人学校存廃問題の歴史過程 1945~1957──グローバル・ヒストリーの視点から─」, 早稲田大学大

현은 10월 19일 현 내 조련 초등학교 4곳과 분교 2개교(학생수 2,237명)를 폐쇄하고, 교육위원회에 대하여 이들 학생을 일본인학교로 편입시키도록 지시하였다. 이들 조치는 예상과는 달리 큰 문제없이 집행되었다. 9월에 발생한 시모노세키(下関)사건으로 야마구치현의 조련 관계자 75명이 살인미수와 소요죄로 기소되어, 학교폐쇄와 관련하여 이에 저항할 운동의 구심점이 없는 상황이었다.

단지 한인이 가장 많이 거주하는 시모노세키시(下関市) 교육당국은 800여 명이나 되는 학생을 지역의 초등학교가 받아들일 여력이 안된다는 입장이었다. 실제로 시모노세키와 우베시(宇部市)의 일본인학교에서는 이들 학생을 받아들일 여건이 되지 않아 약간의 트러블이 발생하였는데, 특히 20일에는 '시모노세키 조련소학교'(下関朝連小学校) 학생 200여 명이 집단으로 현지 무카이야마(向山)소학교에 입학하겠다고 들이닥친 사태까지 발생하였다. 시모노세키 조련소학교는 당시 본교학생 688명과 시내 각 지역에 분교학생 320명이나 되는 큰 학교였다. 결국 10월 21일 현과 시 당국자가 협의를 하여 무카이야마소학교는 공립분교를 만들어 한인학생을 따로 수용하기로 결정하였다.

이후 절차를 거쳐 11월에, 시모노세키 조련소학교는 시모노세키 시립 '무카이야마(向山)소학교 오츠보(大坪)분교'로 다시 개설되었다. 하지만 시 당국은 학구(学区) 준수를 내세워 기타 지역에 거주하는 한인학생의 공립분교 입학을 제한하고, 또한 민족교육을 요구하는 학부모의 반대 속에서, 11월 26일의 입학식에는 300여 명의 학생만이 참석하였다. 오츠보분교는 처음부터 한인교사를 채용하지 않고, 일본인 교원만으로 수업을 하여, 민족교육에 대한 배려를 아예 하지 않았다. 나아가 개교 다음 해부터

学院博士学位論文, 2020, 79~83쪽을 참조하여 정리.

〈표 18〉 시모노세키 시립 무카이야마(向山)소학교 오츠보(大坪)분교의
학년별 학생수(1949.12)

	1학년	2학년	3학년	4학년	5학년	6학년	합 계
학년별 학생수	68	103	117	47	38	3	376
(참고) 연령에 맞춘 학생수	49	59	73	67	70	58	376

* 이 표는 マキー智子, 「在日朝鮮人教育の歷史－戰後日本の外國人政策と公敎育－」(北海
道大學博士学位論文, 2014)의 〈表1-5下關市立向山小學校の在日朝鮮人數〉로 작성. 1949년
12월 개교 시의 학생수로 여겨짐.
출전: 松下佳弘, 「戰後の在日朝鮮人教育行政の展開(1945~55年)－在日朝鮮人と地方自治体
の関係－」, 京都大学大学院博士学位論文, 2018, 216쪽.

는 신입생을 입학시키지 않아, 자연스럽게 학교 규모를 축소시켜, 1953년
3월에 분교를 폐쇄하고, 5, 6학년이 되는 학생 120명은 무카이야마소학교
로 편입시켜 버렸다. 즉 오츠보분교는 한인학생을 집단으로 교육하는 학
교였지만, 그것은 어디까지나 일본인학교가 그들을 받아들일 여건이 되
지 않아 일시적으로 만든 것일 뿐, 재일한인의 민족교육을 조금도 배려
하지 않은 임시 방편적인 것이었다.[38]

4) 특별학급

1948년의 한신교육사건 이후 조선인학교와 문부성 관계자가 체결한
5·5각서에 근거하여 일본 공립학교 내에 한인학생을 위한 특별학급을
만들기 위해, 오사카부 교육당국과 조선인학교 관계자 사이에 구체적인
합의까지 이루어졌었다. 그런데, 1949년 5월 오사카 지역을 통괄하는 교

---

[38] 야마구치현에서 이러한 강경한 조치가 가능했던 원인에 대해서, 정우종은 당시의 다나카
타츠오 현지사를 비롯하여 조선에서의 행정 경험자가 현 당국에 많이 포진되어 있어 그
들의 경험이 활용되었다고 분석하였다. 鄭祐宗, 「植民地支配体制と分断体制の矛盾の展開—
敗戰後山口県の対在日朝鮮人統治を中心に—」, 『立命館法学』 2010年5·6号.

토주둔 군정부가 재일한인에게 특별한 대우를 하지 않는 것이 GHQ의 입장이라고 밝혀 특별학급의 설치는 무산되었다. 그러다가 앞서 소개한 1949년의 11·1통달에 의해 특별학급 설치가 공식적으로 허가된 것이다.[39]

특별학급은 오사카의 경우 공립소·중학교 33개교(시간강사 36명)에 처음 설치되었으며, 이후 추가로 개설되거나 폐쇄된 학급도 있는데, 〈표 7〉 조선인학교 현황(1952.4)을 보면 1952년 4월 현재 특별학급은 이바라기현(茨城県 11개교), 시가현(滋賀県 18개교) 그리고 교토부(8개교)를 비롯하여, 전국에 78개교(초등학교 68개교, 중학교 10개교)에 개설되었다.

특별학급의 형태는 3가지로, ① 일본인학교에서 한인학생만 따로 반을 구성하여 종일 수업하는 분급(分級)형 특별학급, ② 정규수업의 민족과목 시간에, 일반학급에 소속되어 있는 한인학생을 따로 모아 수업하는 추출(抽出)형 특별학급, 그리고 ③ 방과 후 수업시간만 한인학생을 모아 민족과목을 가르치는 민족학급이 있었다. 이들 형태는 조선인학교 관계자의 요구에 대한 현지 당국의 수용여부에 따라 결정되었으며, 따라서 지역별 그리고 같은 지역이라도 다른 형태로 특별학급이 운영되기도 하였다.

방과 후 과외수업 방식의 민족학급은 실질적으로 민족교육을 하는 데 어려움이 많았다. 전용 교실이 있는 것도 아니고, 많은 인원의 학생을 교사 한명이 담당해야 했으며, 정규수업을 마친 방과 후 시간에 진행된 민족학급은 환경도 좋지 않고 학생들도 지쳐있어, 일정 수준의 민족교육을 기대하기도 쉽지 않았다. 민족강사에 대한 일본인 교사의 차별적인 태도나 민족학급에 대한 학교 측의 대우가 지극히 열악한 상태에서 수업이

---

[39] 김덕룡, 『바람의 추억』, 선인, 2009, 178~181쪽. 양양일은 이들 민족학급을 '각서민족학급'이라고 규정하였다. 梁陽日, 「大阪市公立学校における在日韓国·朝鮮人教育課題の展望—民族学の教育運動を手がかりに—」, 『Core Ehtics』 第9号, 2013, 245~246쪽.

진행되었다.[40)]

야마가타현(山形県)의 경우는 시교육당국의 지원도 받아, 오후 3시부터 6시까지 3시간의 과외교육 형태로 체계적인 민족교육을 진행할 수 있었다고는 하나, 대부분의 특별학급은 열악한 환경에서 민족교육이 겨우 이루어지고 있었다고 볼 수 있다. 또한 일본인학교에서 소수자였던 특별학급 학생들은 '조센진'이라는 이유로 차별을 받아야 했으며, 열등감을 가지고 학교에 다녀야 했다.[41)]

(1) 시가현

시가현(滋賀県) 당국은 1949년 11월과 12월에 조련계 초등학교가 13개교(학생수 약 680명, 교원 29명)에 대해 폐쇄조치를 취하였다. 이들 학교는 대부분 조련 지부 및 분회(分會) 건물 그리고 민가나 공사장의 식당을 교실로 사용하였다. 현 당국은 이들 중 6개교가 조련의 재산이라는 이유로 경찰력을 동원하여 강제로 접수 조치하였다. 이에 반대하는 학교 관계자와 학생도 있었지만 큰 사건 없이 마무리되었다.

현 당국은 폐쇄된 학생 전부를 일본인학교로 편입시키고, 한인을 위한 공립분교나 특별학급의 설치 없이, 희망자에 한해 일주일에 4~5시간 '조선어'로 과외수업을 한다는 결정을 하였다. 학생들이 일본인학교로 편입된 이후 학교 사정에 따라 하나씩 개설된 '민족학급'은 교실부족과 시간편성 등의 문제가 발생하여 한인학생들이 반발하였으며, 이들 문제를 해결해야 하는 일본인학교 교장들도 어려움에 부딪혔다.

시가현 오츠시(大津市)의 경우 9개 시립 초등학교에 한인학생을 편입

---

40) 梁陽日, 梁陽日,「大阪市公立学校における在日韓国・朝鮮人教育課題の展望―民族学の教育運動を手がかりに―」,『Core Ehtics』第9号, 2013, 247~248쪽.

41) 김덕룡,『바람의 추억』, 선인, 2009, 183~184쪽.

하였고, 시가(滋賀)소학교 등 3개 학교에는 240명의 한인학생이 수용되었
다. 이들 3개 학교에는 한인강사를 채용하여 과외시간에만 특별학급을
운영하였으나, 3개 학교 교장이 1950년 5월에 한인만 따로 모아 전일제
수업을 하는 분급형 특별학급을 구성하게 해 달라고 오츠시 교육장에 요
청하기도 하였다. 그러나 받아들여지지 않고, 결국 시가현에서는 '민족학
급' 형태로 수업이 진행되었다. 시가현에는 1950년 7월 현재 약 20개교에
민족학급이 개설되었다.[42]

한편 시가현 일본인학교에서의 특별학급 수업방식과 관련해, 이나츠
기 야스노리(稲継靖之)는 시가현의 경우 다른 지역과는 달리 한인 학생
들만의 특별학급('시가형 민족학급')이 구성되어 '전일제(全日制)방식'으
로 자유롭게 민족교육이 이루어졌다고 기술한다. 김덕룡 또한 이러한 시
가현의 사례가 민전 시기에 모범 케이스로 여겨졌다고 기술하고 있다.[43]

그렇다고 한다면 시가현의 경우 초창기에는 민족학급 방식으로 수업
이 진행되다가 이후에 분급형 특별학급 방식으로 바뀌었다는 것이 된다.
그 시기는 대일평화조약이 발효된 다음 해인 1953년 4월 이후가 아닌가
생각된다. 시가현이 설치를 거부하던 중학교에서의 민족학급[44]이 마이
바라(米原)중학교에 개설된 것은 이규대(李圭台)에 의하면 1953년이 되어
서이다.[45]

1957년 12월 현재 시가현에 17개의 특별학급이 남아있었으며, 전체
680명의 한인학생 중에서 약 67%에 해당하는 443명이 이에 참여하였다.[46]

---

[42] 松下佳弘, 「占領期朝鮮人学校閉鎖にかかわる法的枠組みとその運用−滋賀県の事例に即して
−」, 『教育史・比較教育論考』 第20号, 2010.6, 31~41쪽.

[43] 稲継靖之, 「戦後の滋賀県公立学校内における民族学級について」, 『滋賀県立大学研究報告−人
間文化』 第19号, 2006; 김덕룡, 『바람의 추억』, 선인, 2009, 184쪽 참조.

[44] 김덕룡, 『바람의 추억』, 선인, 2009, 186쪽.

[45] 李圭台, 「民族の誇りを伝えて−聞き書き湖国私史−3」, 『朝日新聞』 1980年8月28日에 의하면
이규대가 바이바라(米原)소학교에 임용한 이후 본인이 교섭하여 개설한 것이라고 한다.

(2) 교토시

교토부는 11월 5일 부내 13개 학교(교토시내 10개교 약 425명, 시외 3개교 약 188명)에 대한 폐쇄조치를 명령하였다. 12개교는 조련계였으며 1개교는 민단계였다. 단지 부(府) 당국은 조련계 조선인학교의 설립자 및 소유자를 조련으로 간주하지 않았기 때문에 이들 시설에 대한 강제 접수는 하지 않았으나, 일본인학교 교실을 빌려 사용하던 조선인학교는 강제 퇴거시켰다.

교토부의 결정에 따라 교토시는 학교폐쇄 이후 학생들을 일본인학교로 편입시키려고 하였으나, 420명이 넘는 학생들은 전학을 거부하고 학교 유지를 호소하는 운동과 진정을 거듭하였다. 조선인학교 관계자들은 일본공산당의 지시에 의한 것인지, 자체적으로 교육을 할 수 있는 교실이 마련되지 않아서인지,[47] 공립분교 설립의 요구는 하지 않고, 일본인학교에서의 수업 방식과 내용을 둘러싸고 시당국과 협상을 지속하였다.

시당국은 조선인학교 관계자와 1950년 1월, '조선어수업'과 관련해 37개 초등학교에서 과외 시간에 주2회 민족과목 수업을 실시하는 것으로 기본적인 합의를 보았다. 이후 조선인학교 관계자는 한인 집단 거주지역 소재 학교에 한해 분급형 특별학급 설치를 요청하였으나, 시당국이 받아들이지 않았다. 시당국은 4월 신학기부터 일본인학교로 등교한 약 400명의 한인학생을 대상으로 '조선어수업'을 과외로 시키려고 준비하였다. 하지만, 강사 채용을 둘러싼 민단 측과 구조련계의 대립 등 우여곡절을 거친 끝에 교토시는 1951년 1월부터 9월에 걸쳐 한인학생이 특히 많은 시

46) 김덕룡, 『바람의 추억』, 선인, 2009, 184~186쪽.
47) 당시 교토시에는 일본인학교 교실을 빌려서 운영하던 교또제1조련초등학교(6학급 약 300명)가 있었는데, 이 학교는 1949년 11월에 강제 퇴거 되었다. 이후 일본식 아파트를 교실로 사용하며 각종학교로 유지되었다고 한다. 中島智子,「在日朝鮮人教育における民族学級の位置と性格一京都を中心として」,『京都大学教育学部紀要』第27号, 1981.3, 119~120쪽.

립초등학교 5개교에만 주2회의 '조선인과외교육'을 개설하고 7명의 한인
을 강사로 채용되었다. 이후에 추가 되어 1952년 4월 현재 8개교에 특별
학급이 개설되었다.

하지만 조선인단체와 학부모와 학생들은 민족교과 시간에만 한인 학
생을 따로 모아 수업하는 추출형 특별학급으로는 교육 성과가 없다고 주
장하며, '분급'을 강력히 요구하였다. 특히 '조선인PTA' 등 단체는 집요하
게 시당국에 항의하고 협의를 하였으나 받아들여지지 않았다.[48]

하지만 대일평화조약 발효 이후 재일한인 측의 요구는 더욱 강해졌다.
나아가 일교조의 지원과 민전의 관여하에, 민족학교 관계자와 조선인PTA
등은 1953년 3월부터 시당국에 대하여 공립분교 형태의 민족학교 개설을
주장하기 시작하였다. 나아가 7월에는 자주학교로 운영되던 교또제1조
선인소학교(구 교또제1조련초등학교) 학부형들이 자주학교를 공립분교
화 시켜달라고 요구하였고, 10월에는 5월에 각종학교로 인가받고 운영되
던 '교또조선중학' 관계자들이 자신들의 학교를 공립학교로 만들어 달라
고 청원을 제출하기도 하였다. 당시 이러한 교토지역 조선인학교 관계자
의 요구는 후술하는 민전의 입장을 반영한 것이기도 하였다.

〈표 19〉 교토 시립 소·중학교의 조선인 학생수(1952)

학 년	1	2	3	4	5	6	합 계
소학교	737	675	815	736	743	938	4,644
중학교	463	394	378				1,235

『昭和27年度京都市敎育敎育委員會指定統計』로 작성.
출전: 松下佳弘,「朝鮮人学校閉鎖措置以降の私立学校設置認可─京都府の事例から(1949年~
53年)─」,『研究紀要』第24号, 2019, 63쪽.

<hr>

[48] 松下佳弘,「戰後の在日朝鮮人教育行政の展開(1945~55年)─在日朝鮮人と地方自治体の關係─」,
京都大学大学院博士学位論文, 2018, 260~280쪽; 中島智子,「在日朝鮮人教育における民族学級
の位置と性格─京都を中心として」,『京都大学教育学部紀要』第27号, 1981.3, 117~127쪽.

결국 시교육위원회는 1953년 12월 「조선인을 위한 특별교육실시요강」을 책정하여, 잠정조치로 요우세이(養正)소학교 1개교에만 분급형태의 특별학급을 허락하였다. 특별학급은 1954년 1월에 3, 4학년(49명)과 5, 6학년(44명)[49]을 함께 모아 2개 반의 '조선학급'으로 설치되었다. 일본의 정규과목과 함께, 정규과목 수업시간을 조종하여 '조선어'와 '조선 역사 및 지리' 그리고 '조선 음악'을 추가로 수업하는 형태를 취했다. 담임은 일본인 교사가 담당하고 부담임은 촉탁 강사로 한인강사가 임용되었다. 실질적으로 한인강사가 담임 역할을 하였으며, 총련 결성 이후 총련 쪽에서 강사를 추천하면 시당국이 임용하였다. 교토시에서는 이 학급을 '특별학급'이라고 불렀다. 시교위는 특별학급 외에 10월까지 '추출(抽出)학급'은 6개교에 '방과후 학급'은 2개교에 개설하였다. 정규수업 시간에 일본인학생 중에서 한인 학생을 따로 추출하여 수업을 한다는 의미에서 '추출학급'이라고 부르고, 방과 후 한인학생을 모아 민족수업을 하는 학급을 '방과후 학급'으로 구분하였다.

따라서 1954년 10월경 교토에는 9개교(14학급)에 특별학급이 있었으며, 이 중에서 1개교는 분급형, 6개교는 추출형 그리고 2개교는 민족학급 형태로 수업을 한 것이다.[50] 애당초 교토시 당국은 37개교에 재학하는 한인학생에 대한 민족교육에 대한 배려를 계획했지만, 결국 9개교(14학급)에 재학하는 600~800명만 대상이 되었고, 나머지 4,000명이 넘는 학생은 민족교육의 권리를 박탈당한 셈이다.[51]

---

49) 특별학급을 희망하지 않은 학생도 58명이나 있었다고 한다. 松下佳弘, 「戦後の在日朝鮮人教育行政の展開(1945~55年)－在日朝鮮人と地方自治体の関係－」, 京都大学大学院博士学位論文, 2018, 277쪽.

50) 中島智子, 「在日朝鮮人教育における民族学級の位置と性格―京都を中心として」, 『京都大学教育学部紀要』 第27号, 1981.3, 20~123쪽.

51) 松下佳弘, 「戦後の在日朝鮮人教育行政の展開(1945~55年)－在日朝鮮人と地方自治体の関係－」, 京都大学大学院博士学位論文, 2018, 260~280쪽; 松下佳弘, 「朝鮮人学校閉鎖措置以降の私立学

2. 대일평화조약 발효와 조선인학교

1) 민전의 결성과 민족교육에 대한 기본 방침

(1) 민전의 결성과 조선인학교

조련 해산 이후 구조련 관계자가 중심이 되어 1951년 1월 9일 재일조선통일민주전선(이하, 민전)을 결성하였다. 이미 알려진 바와 같이, 일본공산당(이하, 일공) 민족대책부(이하, 민대)의 지시에 따라 한인 공산주의자들은 민전의 결성을 준비하였으며, 설립 초기에는 이강훈 등 민족주의자도 포함시킨 단체로 출범되었다. 하지만 공산주의자들은 이후 민족주의자를 배제하였고, 민전은 과거의 조련처럼 공산주의자들의 단체가 되었다. 민전 내부에서는 북한과의 관계를 중시하는 조국파(민족파)와 일본공산당과의 관계를 중시하는 일공파 사이에 갈등이 있기는 하였으나, 일공 민대의 지도 아래서 일본 국내의 혁명을 중시하는 일공파의 영향력 아래에 놓여있었다.

민전은 민전결성대회 강령에서 "우리는 민족문화를 위해 교육의 자주성을 확보함에 전력을 다 한다."[52]고 밝히고 교육목적을 "10만 재일조선인 아동을 조선민주주의인민공화국의 충실한 자녀"로 키운다고 규정하였다. 하지만 초기의 이러한 '조국 지향'의 방향 설정과는 달리, 민전은 일공의 영향 아래에서 조국과 민족보다는 일공의 지상 과제인 일본의 민주화투쟁에 치중하였다.

일공은 1951년 2월에 개최된 제4회전국협의회에서 재일한인을 '재일소수민족'이라 규정하고 민주화 투쟁을 위해 소수민족과의 연계 강화를 투쟁방침의 하나로 자리매김하였다. 즉 일공의 입장에서는 재일한인 공산주의자들이 '분파적인' 민족 투쟁을 자제하고 일공과 함께 일본의 민주화 투쟁에 전념해야 한다는 것이었다. 민주화에 성공하면 민족적 권리는 자연스럽게 보장된다는 것이 일공의 논리였다. 그리고 일공이 10월의 제5회전국협의회에서 폭력에 의한 민주화 즉 극좌모험주의 노선을 결정한 이후, 민전은 지하조직 조국방위위원회 및 조국방위대(조방대)를 활용하여 1951년 말부터 1952년 중반에 걸쳐 전개한 화영병 투척 등 일공 주도의 무장투쟁의 일익을 담당하였다.

민전 행동대인 조방대는 조선인학교 고등학생도 회원으로 가입시켜 삐라를 뿌리게 하는 등 그들의 운동에 동원하였다.[53] 극단적으로 말해, 일공과 민전은 재일한인의 자주적인 민족교육보다는 재일한인 학생들이 일본인학교에서 일본민주화 운동의 선봉이 되기를 기대한 것이다. 이러한 일공과 민전과의 관계 그리고 민전의 운동방침은 당연히 조선인학교 문제에도 반영된다.

1951년 9월에 미국에서 대일평화조약이 조인되고, 일공이 극좌모험주의 노선을 채택한 다음 달인 11월에 민전 제2회전국대회가 열렸다. 이 대회에서는 학교에서 모국어를 사용하여 수업을 실시하고, 교육비는 일본정부가 부담하는 현재의 체제를 유지한다는 방침을 확인하였다. 다가오는 대일평화조약 발효 이후의 학교 운영에 대해서도 논의는 있었으나, 일본정부가 아무런 입장표명을 하지 않는 상황에서 구체적인 결정은 이루어지지 않았다.[54]

마침내 1952년 4월 대일평화조약이 발효되어 일본은 다시 주권을 찾게

53) 崔紗華,「朝鮮人学校存廃問題の歴史過程 1945~1957—グローバル・ヒストリーの視点から—」, 早稲田大学大学院博士学位論文, 2020, 165~166쪽.
54) 坪井豊吉,『在日同胞の動き』, 自由生活社, 1975, 463~466쪽.

되었다. 일본정부는 당일 재일한인에게 국적선택권을 부여하지도 않고 일방적으로 일본국적을 박탈하여, 재일한인은 외국인의 신분이 되었다. 패전 이후부터 대일평화조약 발효 때까지 미군에 의한 점령하에서 일본정부는 재일한인을 일본국민으로 취급하여 일본정부가 직접 통제하고, 일본국민이라는 이유로 일본인 교육을 강요하며 민족교육을 억압하였다. 하지만, 대일평화 조약 발효 이후 주권을 찾은 일본정부는 재일한인을 외국인으로 취급하여 일본으로부터 언제라도 추방할 수 있도록 해놓고, 재일한인에 대한 행정적 사회적 차별을 통해 어쩔 수 없이 일본인으로 동화하게 만드는 정책을 취하기 시작하였다.

이와 같은 의도를 가지고 있던 일본정부나 도쿄도 교육당국은 대일평화조약 이후 재일한인에게 일본의 의무교육을 강제할 필요가 없어졌고, 정부 예산으로 재일한인을 교육해야 하는 의미도 없어졌다. 재일한인의 입장에서는 강제로 일본의 의무교육을 받지 않아도 되었고, 자유롭게 민족교육을 할 수 있게 된 것이다.

대일평화조약 이후 조선인학교와 관련된 일본정부의 공식적인 입장이 표명된 것은 후술하는 바와 같이 대일평화조약이 발효되고 거의 1년이 지난 1953년 2월, 즉 4월 새학기를 앞둔 시기였다. 그 이유는 1952년 7월 문부성과 법무부는 재일한인 교육에 대한 지시 즉, 의무교육 정지와 공립 조선인학교의 폐지를 당연시하고 이에 관한 통달을 준비하였으나 실행에 옮기지 못했다고 한다. 왜냐하면 당시 민전을 중심으로 공립 조선인학교 폐지 반대 운동이 전국적으로 진행되고 있어서 통달이 집행되면 사회적 혼란이 야기될 수 있었기 때문이다.[55]

나아가 당시 한일협정 예비회담이 열리고 있어서, 문부성의 입장에서

---

55) 崔紗華, 「朝鮮人學校存廢問題の歷史過程 1945~1957—グローバル・ヒストリーの視点から—」, 早稻田大學大學院博士學位論文, 2020, 175쪽, 177~178쪽.

는 재일한인 교육문제에 대한 한국 측의 입장을 확인한 후에 한인 학교 문제에 대해 방향을 설정할 필요가 있었기 때문이라고 생각된다.[56]

하지만 그보다 더 큰 이유는 의무교육의 정지와 공립학교 폐쇄 후의 후속 조치에 대한 아무런 준비 없이 통달을 실행에 옮기는 것은 현실적으로 불가능했기 때문이라고 생각한다. 후술하는 바와 같이, 도꾜도립 조선인학교나 각 지역의 공립분교를 인계받을 주체도 없는데, 학생들이 다니고 있는 학교를 일방적으로 폐쇄하는 것은 있을 수 없는 일이었기 때문이다. 즉 일본정부가 자신들의 방침을 실행에 옮기기 위해서는 학교를 인수해야 하는 민전 측의 협조가 필요하였다.

(2) 대일평화조약 발효 이후 민전의 움직임

한편 한인 교육에 대한 일본정부의 공식적인 발표가 없는 상황에서, 민전은 1952년 10월에 개최된 제7회 중앙위원회에서 '민주민족교육 방위 투쟁 방침'을 결정하였다. 그리고 "'운동전술'로서의 교육비의 일본정부 부담에 의한 민족교육의 실시를 실현시키기 위한 활동에 둔다"라고 정하였다. 구체적으로는 학교를 운영하던 곳은 교육비 획득, 일본인학교에서의 특별학급 확대, 도립, 공립분교 및 특별학급은 사립이관 반대하고 현상태 유지, 자주학교는 일본인학교 재학생의 편입 유도 및 교육비 획득을 과제로 삼았다.[57]

법적지위가 바뀌는 큰 변화 속에서도 민전은 조련 시기의 조선인학교와 같은 자유로운 민족학교를 재건하겠다는 적극적인 민족교육 재건 운

---

56) 다나카 요시오 초중등교육국장은 1952년 8월, "사립 이관을 아직 결정하지 않는 것은 공립 상태로 좋지 않느냐는 의견을 가진 사람도 있지만, 일한회담의 향방을 기다리거나, 여러 가지 이유가 있어 지금까지 지지부진한 것이다"라고 발언하였다. 「極左の指令で動く朝鮮人学校—無視される法規 手ぬるい当局に批判の声—」, 『読売新聞』 1952年8月26日.

57) 김덕룡, 『바람의 추억』, 선인, 2009, 147쪽.

동이 아니라, 일본의 교육제도에 기본적으로 따라야 하는 현 체제하에서
교육비를 확보하고 자주학교로 한인 학생을 유도한다는 소극적인 민족
교육 방침을 유지하는데 머무르고 있다는 것을 확인할 수 있다. 그 이유
로서는 일본의 민주화를 우선시하는 일공의 지시로 자율적인 민족학교
를 개설해야 한다는 의지가 민전에게는 없었다는 것 그리고 일본 전국에
민족학교를 새로 재건할 수 있는 재정적인 능력이 민전에게는 없었다는
것을 생각할 수 있을 것이다.

　이와 같은 상황에서 대일평화조약 발효 이후 처음으로 각종학교 인가
를 받아 1953년 4월에 개설된 것이 '교토조선중학'이다. 교토조선교육자
단(京都朝鮮教育資団 교토조선학원의 전신)은 1953년 4월 20일 교토조선
중학을 창립하고, 5월 18일 학교법인인가(1950년 3월부터 시행된 사립학
교법에 다른 학교법인)를 취득하였다. 교토조선교육자단의 중심인물은
과거에 조련계 학교 경영에 관여했으며, 그를 비롯한 직물업 관계자를
중심으로 하여 고철, 고물업, 한약업 등을 하던 사업가들로 구성되었다.[58]
이들이 중학교 개설에 나선 것은 일본인학교에 강제로 편입된 많은 한인
중학생들이 학교에서의 차별과 학업차 그리고 빈곤한 가정상황 등으로
학교생활에 적응하지 못하고 비행 청소년이 되어갔고, 더 이상 방치할
수 없을 정도로 문제가 심각했기 때문이다. 이런 현실을 개선하기 위해
한인 교육자와 사업가가 중학교 개설에 나선 것이고, 교토부도 이를 인
지하고 있었다.[59]

---

[58] 교토의 니시진(西陣)이라는 지역에는 직물공장이 집중되어 있었는데, 이 지역 한인 사업
　　가에 대한 연구로는 安田昌史, 「西陣織産業における在日朝鮮人―労働と民族的アイデンティ
　　ティを中心に―」, 『同志社グローバル・スタディーズ』 第6号, 2016.3 참조.

[59] 교토조선교육자단은 1953년 2월에 교토부에 학교법인 설립 신청서를 제출하였다. 그들이
　　설립 예정한 '교토조선중학교 학칙'의 제1조에 "민족적 자각과 애국심을 배양하고, 민주주
　　의조선국가의 발전과 국제사회에 공헌할 수 있는 유능한 인재를 양성하는 것을 목적으로
　　한다"고 규정하고 있으며, 북한을 지지하는 내용은 없고 민족 인재양성을 위한 학교임을

따라서 대일평화조약 이후 각 지역의 한인들이 민족학교 재건에 나서
기 시작하여, 1952년 4월 현재 41개교(초등학교 38개교와 중학교 3개교)
의 자주학교는 1953년 10월 현재 63개교로 증가하였다. 이후에도 자주학
교는 증가하여, 후술하는 바와 같이 총련이 결성되고, 총련이 북한의 지
원을 받아 '조선학교' 확장에 나서게 되면서, 대부분 조선학교로 발전하
게 된다.

2) 대일평화조약 발효와 2·11통달

재일한인의 학교 교육과 관련하여 공식적인 방침을 정하지 못하고 있
던 문부성은 1953년 새학기를 앞두고 신입생을 모집하는 시기가 다가오
자, 마침내 2월 11일 「조선인의 의무교육학교로의 취학(就学)에 대하여」
라는 통달(이하, 2·11통달)을 지방교육당국에 보냈다.

이 통달에서 문부성은 '재일조선인'은 일반외국인과 같이 취급되며, 그
로 인해 "의무교육상의 원칙은 적용되지 않지만", "조선인에 대해서는 종
래부터의 특별한 사정도 있기 때문에", "일본 법령을 엄수할 것을 조건으
로 하여", "종래대로 입학을 허용한다."[60]고 입장을 밝혔다.

즉 외국인의 신분이 된 재일한인 자녀에게는 일본의 의무교육과 관련

강조하였다. 그리고 교토조선교육자단은 '교토조선중학교'를 자유롭게 민족교육을 할 수
있는 각종학교가 아니고 '1조교'로 운영할 계획이었다. 하지만 이를 심사한 교토부는 1조
교로서는 기준에 부합하지 않는다는 이유로 교토조선교육자단 측과 협의를 하여 각종학
교 신청으로 변경되었다(그 결과 학교 명칭도 '교토조선중학'으로 고침). 교토부는 5월 18일
에 법인과 학교설립을 인가하였다(松下佳弘, 「朝鮮人学校閉鎖措置以降の私立学校設置認可
―京都府の事例から(1949年~53年)―」, 63~74쪽). 교토조선교육자단은 설립 이후 교토부
내의 민족학교 설립의 주체가 되었으며, 총련 결성 이후 총련이 이를 관할하고 1972년부
터는 학교법인 교토조선학원으로 변경하였다.
60) 「朝鮮人の義務教育学校への就学について」(文初財74号, 1953年2月11日), 都道府県教委あて文
部省初等中等局長発通達(自民党政調会外人教育小委員会, 『外人教育関係資料』, 1964, 132쪽).

된 법이 적용되지 않으나, 일본인학교 입학을 희망하는 재일한인 자녀가
있을 경우에는 '종래부터의 특별한 사정을 고려하여' 입학을 허용해도 좋
다는 내용이었다.[61] 문부성은 더 이상 재일한인에게 일본의 의무교육을
적용하지 않으며, 재일한인이 일본인학교에 입학을 희망하는 경우에는
허용하겠다는 것이었다. 이러한 상황에서 과거의 조련이라면, 자유로운
민족교육을 위해서, 도립 조선인학교나 공립분교 체제에서 벗어나, 각종
학교로서의 조선인학교화를 즉시 도모했을 것이다. 하지만 민전은 여전
히 그러한 움직임을 보이지 않았다.

　민전의 이러한 입장은 1953년 9월의 시점에서도 다시 확인된다. 민전
은 당시 '10·19 학교폐쇄 4주년 기념'을 앞두고 6개 항목의 '교육투쟁지
침'을 정했는데, 그 내용은 기본적으로 1952년 10월에 정한 '민주민족교
육 방위투쟁 방침'과 다름이 없는 것으로, 도립 및 공립분교의 사립이관
에 반대한다는 것이었다. 단지 추가된 것이 있다면, "재일 12만 조선청소
년을 모두 공화국의 아들, 딸로 교육"한다는 것과 "금년 10월에 개교하는
사범학교의 학생모집운동과 '조선종합대학' 건설기금모집운동을 대대적
으로 전개한다"는 것이었다.

　민족교육의 목표를 '일본의 소수민족 교육'이 아니라 '공화국의 아들,
딸로 교육'하겠다는 것은 민전에 나타난 새로운 움직임이라고 할 수 있
다. 후술하는 바와 같이 1953년 이후 민전 내에서 조국파의 세력이 확대
되었는데, 북한을 지지하는 조국파의 의견이 민전의 활동에도 반영되기
시작한 것이라고 생각된다. 제3장에서 후술하는 바와 같이 조국파가 중
심이 되어 조직한 총련은 1955년 5월 결성 당시 교육강령을 구체화한 교
육방침을 결정하는데, 그 첫 번째 방침이 민조교육의 목적을 '공화국'의

---

61) 崔紗華, 「東京都立朝鮮人学校の廃止と私立各種学校化—居住国と出身社会の狭間で—」, 『境界
　　研究』 第8号, 2018, 10쪽.

충실한 아들, 딸로 키우는데 있다고 규정하였다.[62]

따라서 민전은 자유로운 민족교육을 위한 투쟁보다는 일본교육 체계 내에서 교육비를 추가로 확보하는 운동을 중심으로 활동하였지만, 더 이상 도립 조선인학교나 공립분교를 유지할 의사가 없었던 일본정부가 교육비를 추가로 지급할 이유가 없었다. 단지 조선종합대학 건설을 위한 구체적인 움직임이 이미 민전 시기에 결정되었고 모금 운동이 시작되었다는 것은 주목할 만하다.

민전 시기의 교육사업과 관련해, 1955년에 결성된 총련 측은 "사대주의, 민족허무주의자들은 민전 시기에 ≪재일조선인은 일본의 소수민족≫이라는 허황한 리론을 들고 나와 동포자녀들을 일본학교에 보내는 것을 사실상 긍정하였다. 이자들은 민족교육의 자주권을 포기하고 학교교사까지 팔아먹으면서 민족교육사업을 ≪3반(반미, 반요시다, 반재군준비) 투쟁≫의 일환으로 보고 일본의 민주화를 위한 리용물로 하려는 엄중한 책동을 감행하였다"[63]고 신랄히 비판하였다.

민전이 결성된 것은 1951년 1월로 이미 조선인학교 학생은 일본인학교로 편입되고 도립화나 공립분교화가 이루어진 이후이다. 그럼에도 불구하고 총련 측이 이러한 평가를 한 것은 우선, 1948년 4월의 한신교육사건 이후 일공파가 일공의 지시를 받아 일본의 민주화를 우선하는 조선인학교의 교육과 운동 방향을 설정했기 때문일 것이다. 그리고 둘째로, 민전 시기에 학생들이 삐라를 뿌리는 등 일본공산당의 '3반투쟁'(반전, 반미, 반요시다)에 한인학생들이 동원되는 경우도 있었기 때문일 것이다.[64]

---

62) 김덕룡, 『바람의 추억』, 선인, 2009, 147~148쪽; 오자와 유사쿠 지음, 이충호 옮김, 『재일조선인 교육의 역사』, 혜안, 1999, 332~334쪽.
63) 김덕룡·박삼석, 『재일동포들의 민족교육』, 東京: 학우서방, 1987, 24~25쪽.
64) 민전 시기의 교육사업에 대한 평가는 조국파냐 아니면 일공파냐에 따라서 관점이 다를 수 있지만, 이후 일공 스스로 자신들의 극좌모험주의에 '소수민족'을 동원한 것은 잘못된 것

한편 민전의 영향력 아래에서 활동하던 '도꾜도립 조선인학교 교직원
조합'(이하 조교조)이나 '재일본조선인학교PTA연합회'(이하 PTA연합회)는
1952년 당시 도립 조선인학교의 사립이관 반대 이유에 대하여, 군국주의
에 반대하는 입장을 취하고 있는 도립 조선인학교를 보다 쉽게 '압살(壓
殺)'하기 위해 도꾜도가 사립이관하려고 한다고 주장하였다.[65]

이러한 주장대로 하면, 도꾜도립 조선인학교를 비롯하여, 각 지역의
공립분교를 사립이관하여 재일한인이 직접 운영하게 되면 일본정부에
의해 '압살'되기 쉬운 상태가 된다는 것인데, 사립이관 이후 조선인학교
측이 감당해야 할 재정적인 부담과 그로 인한 학교 운영의 어려움을 제
외하면, 그것은 납득하기 어려운 논리가 아닌가 생각된다.

민전 측이 사립이관화에 반대한 실질적인 이유를 찾아보면 첫째, '조
선인'학생을 일본인학교로 편입하라는 일공의 방침(소수민족화)이 여전
히 유효했을 것이라는 것이다. 즉 극좌모험주의를 지향하며 거세게 '민
주화' 투쟁을 전개하던 일공은 민전이 자주적인 교육운동을 전개하는 것
을 바라지 않고 있었다. 둘째는 일본정부가 모든 재정적 부담을 책임지
는 도립, 공립분교 그리고 특별학급의 형태로도 민족교육이 일정 수준
가능했다는 것이다.[66] 셋째는 민전이 자체적으로 전국의 조선인학교를
운영할 재정적인 능력을 가지고 있지 못했다는 것 등을 생각할 수 있을
것이다.

이었다고 자기비판을 하였고, 그리고 '재일조선인공산주의자'들 또한 그러한 평가를 내렸
다. 즉 공산주의자들이 조선인학교의 역사를 보았을 때, 일본의 소수민족을 지향하고 또
한 일본 내정에 간섭하는 민전 시기(실질적으로는 한신교육사건 이후)의 교육사업은 잘못
된 방향을 지향하고 있었다는 것을 의미한다.

[65] 崔紗華, 「朝鮮人学校存廃問題の歴史過程 1945-1957—グローバル・ヒストリーの視点から—」,
早稲田大学大学院博士学位論文, 2020, 173~174쪽.

[66] 呉永鎬, 『1950~1960年代における朝鮮学校教育史』, 明石書店, 2019, 63쪽.

3) 도꾜도립 조선인학교 폐교와 도꾜조선학원의 설립

(1) 사립이관 반대 운동

도꾜도와 도꾜도립 조선인학교 측의 갈등이 지속되는 속에서 대일평화조약이 발표되었고, 더 이상 재일한인에게 일본의 의무교육을 강제할 필요가 없게 되자, 도꾜도도 정부예산으로 도립조선인학교를 유지할 의사가 없었다.

대일평화 조약이 발효되고 2달이 지난 6월, 도꾜도 가와사키 슈이치(川崎周一) 교육장은 조교조(도꾜도 조선인학교 교직원조합)와의 면담에서, "자민족의 자녀 교육 책임은 그 민족의 손으로 돌려주는 것이 정상일 것이다"라며, 도립조선인학교의 사립화 입장을 밝혔다.[67] 보수 언론도 1952년 8월, 도립 조선인학교의 파행적인 운영 실태를 지적하며, 학교 유지에 의문을 제기하기 시작하였다.[68]

나아가 도꾜도 교육장은 문부성이 1953년 2·11통달을 통해 한인학생의 공립학교 입학과 관련된 지시를 내리기도 전인 1952년 9월에, 「조선인 자녀의 공립 소, 중학교 및 고등학교로의 취학에 대하여」라는 통달을 도내 학교로 보내, 한인학생에 대한 의무교육 시행의 필요는 없으나, 일본법령을 지키겠다고 승낙한 자, "조선어, 지리, 역사 등 이른바 민족과목은 교육하지 않는다는 것을 승낙한 자"에 한해, 학교 교장이 학교 시설과 학사 운영에 지장이 없다고 판단되면 입학을 허락해도 좋다고 지시하였다.[69] 즉 일본인학교에서 한인 자녀의 교육을 책임질 의무가 없으나

67) 崔紗華, 「朝鮮人学校存廃問題の歴史過程 1945~1957—グローバル·ヒストリーの視点から—」, 早稲田大学大学院博士学位論文, 2020, 169~170쪽.
68) 「朝鮮人学校の実態はこうだ—赤い教練の拠点『公立』をなぜ取消さぬ?—」, 『読売新聞』 1952年8月24日.
69) 東京都立朝鮮学校教職員組合情報宣伝部編, 「民族の子」, 21쪽(崔紗華, 「朝鮮人学校存廃問題の

입학 지원자에게는 민족교육을 시킬 의무가 없음을 명확히 하고 학교장의 판단으로 입학을 시켜도 좋다는 것이었다.

도립 조선인학교의 사립이관 조짐 및 한인학생에 대한 의무교육의 책임이 없다는 교육장의 입장이 밝혀지자, 조선인학교 측은 보다 적극적으로 사립이관화 반대 운동을 전개하기 시작하였다. 우선 조교조와 PTA연합회는 이미 6월부터 책자 등을 통해 사립이관 반대입장을 표명하기 시작하였다. 같은 달 열린 '재일본조선인교육자동맹'(이하, 교동) 도쿄지부 제6회대회에도 사립이관반대, 교육비 획득, 교원 처우개선 등을 운동방침으로 결정하였다. 사립이관 반대에 대해서는 일본의 일부 영향력 있는 지식인도 동조를 하였다.[70]

그리고 앞서 민전의 교육활동에서 보았듯이, 10월에 열린 민전 제7회 중앙위원회는 사립이관 반대를 교육투쟁 기본 방침으로 결정하였다. 또한 조선인학교 측은 10월 10일 「조선인 자제의 교육을 지키기 위해서(공립조선인학교 사립이관반대 서명 취의서)」를 작성하여, 사립이관 반대 서명운동을 전국적으로 시작하여 30만 명이 넘는 서명을 모았다.[71]

앞서 언급했듯이 당시 민전이나 도립 조선인학교 관계자가 우려하였듯이, 일본교육 당국이 갑자기 이들 학교를 사립화할 수 있는 상황이 아니었다. 한일 예비회담도 진행 중이었고, 학교를 인계 받아야 하는 단체와의 협의가 필요한 사항이었다.

하지만 민전을 중심으로 한 조선인학교 관계자는 1952년에서 1953년

歷史過程 1945~1957—グローバル・ヒストリーの視点から—」, 早稲田大学大学院博士学位論文, 2020, 172쪽 재인용).

70) 崔紗華, 「朝鮮人学校存廃問題の歴史過程 1945~1957—グローバル・ヒストリーの視点から—」, 早稲田大学大学院博士学位論文, 2020; 김덕룡, 『바람의 추억』, 선인, 2009, 147쪽.

71) 梶井陟, 『都立朝鮮人学校の日本人教師 1950-1955』, 岩波書店, 2014, 100~104쪽; 崔紗華, 「朝鮮人学校存廃問題の歴史過程 1945~1957—グローバル・ヒストリーの視点から—」, 早稲田大学大学院博士学位論文, 2020, 174쪽.

사이에 도립 조선인학교의 사립이관 반대, 의무교육권 보장 그리고 민족
교육의 권리를 도 교육당국에 요구하였다. 민전의 입장에서는 자주적인
민족교육을 지향하는 것이 민족적이었지만, 앞서 설명했듯이 일공파가
주도하는 민전은 민족교육에 많은 제한은 있으나, 일본정부의 예산으로
운영되는 당시의 교육체제를 그대로 유지하려고 하였다.

실질적으로 대일평화조약 발효 이후 민족과목 수업시간도 증가하였
다. 예를 들어 도꾜도립 조선인중학교의 1951년과 1953년도 수업시간을
비교해 보면 '조선어' 주 5시간→7시간, '(조선)역사'가 주 2시간→3시간,
'(조선)지리'가 주2시간→3시간으로 늘어났고 '일본어' 수업은 주2시간으
로 변경이 없었다.[72]

일본정부가 사립이관에 보다 적극적으로 움직이기 시작한 것은 1953년
8월이 되어서다. 8월 22일에 외무성 주재로 문부성 등 관계 성청(省庁)관
계자에 의한 '조선문제연락협의회'가 열렸는데, 조선인학교 문제도 거론
되어, 문부성은 도립 조선인학교의 사립화가 필요하다는 의견을 피력하
였다.

그로부터 얼마 후인 10월 20일 도립 조선인학교 연합운동회에서 천황
과 황후 모습의 인형을 밧줄로 묶고 '인간 천황, 바보의 상징'이라는 프
랭카드를 걸고 고등학생들이 행진하는 일이 벌어졌다. 천황에 대한 부정
적 언행을 터부시하는 일본사회에서 '큰 사건'으로 비화되었다. 국회에서
도 문제시하여, 문부대신 오오다치 시게오(大達茂雄)는 12월 8일, 국가예
산으로 운영되는 도립 조선인학교의 치외법권적인 행태를 반드시 고쳐
야한다고 발언하였다. 도당국은 문부대신의 발언이 있었던 12월 8일, 도
립 조선인학교PTA연합회에 대하여 과거에 요구했던 4항목의 준수와 편

---

72) 崔紗華, 「東京都立朝鮮人学校の廃止と私立各種学校化—居住国と出身社会の狭間で—」, 『境界
    研究』 第8号, 2018, 18쪽 참조.

중된 정치교육의 자제 등 6개 항목을 지키도록 강력히 요구하였다. 1954년 2월 PTA연합회가 이를 거부하자 도 교육당국은 교육내용과 예산결제권으로 조선인학교 측에 압력을 가했고, 그로인한 양자 간의 갈등은 쉽게 마무리되지 않았다.[73]

(2) 조국파의 대두와 도꾜조선학원의 설립

한편 1953년 이후 민전 내부에는 큰 변화가 생기기 시작했다. 이미 1952년 4월 민전의 지하조직 조국방위위원회가 발행하는 『신조선』에 한덕수가 백수봉이라는 필명으로 「애국진영의 순화와 강화를 위하여」라는 논문을 게재하여 일본공산당의 지도하에서 일본의 민주화투쟁을 전개해온 민전의 활동방침을 공개적으로 비판하고, 일본의 소수민족이 아니라 '공화국' 사람으로서 조국 해방운동을 전개해야 한다고 주장하였다. 일공은 조국파의 주장을 분파주의라며 경고하였지만, 북한의 지지하에 민전 내부에서의 조국파의 영향력은 점점 강화되었다.

조국파는 일본의 내정에 간섭하는 것은 잘못된 운동방침이며, '조선'민족은 자신들의 문제에 전념해야 하며, 학교교육도 일본의 민주화가 아니고 민족교육을 우선해야 한다고 주장하였다. 1953년에도 그리고 1954년에도 민전의 도립 조선인학교의 사립이관 반대의 방침은 그대로 유지 되었지만, 일본의 민주화 투쟁에 중점을 둔 민전의 교육방침에 대해 조국파의 비판은 거세졌다. 나아가 1954년 7월에 열린 조방대 고등학생 대원들의 마지막 회의에서는 그간의 운동은 일부 지도자에 의해서 잘못된 방향으로 끌려왔다고 학생들에게 보고하기에까지 이르렀다.[74] 고등학생들

73) 崔紗華, 「東京都立朝鮮人学校の廃止と私立各種学校化─居住国と出身社会の狭間で─」, 『境界研究』 第8号, 2018, 12쪽과 22~23쪽; 松下佳弘, 「戦後の在日朝鮮人教育行政の展開(1945~55年)─在日朝鮮人と地方自治体の関係─」, 京都大学大学院博士学位論文, 2018, 173~175쪽.
74) 崔紗華, 「東京都立朝鮮人学校の廃止と私立各種学校化─居住国と出身社会の狭間で─」, 『境界

에게 이러한 보고가 이루어졌다는 것은 민전 내부에서 조국파가 실질적인 영향력을 확보했다는 것을 의미한다. 게다가 8월에는 조국파에 힘을 실어주는, "일본에 거주하는 조선인을 공화국의 공민으로서 정당한 권리를 인정"한다는 '남일성명'이 발표되었다.

이러한 분위기 속에서 1954년 9월 내각 총리부는 조선인학교와 관련된 문부성, 경시청, 외무성, 도쿄도교육청 등 관계자 회의를 주재하였다. 그리고 회의에서는 도립 조선인학교의 설치는 변칙적이고 잠정적인 조치였으며, 영속시킬 필요가 없다는데 의견을 모았다.

특히 외무성 관계자는 민전의 조국파가 도립학교 폐지 즉 도립학교의 사립화를 각오하고 있으며, 각종학교 설치를 검토하고 있다는 보고를 하였다. 일본정부도 민전 내부에서 조국파의 영향력이 강회되었다는 것을 감지하고 있었고, 도립 조선인학교에 대한 그들의 의향도 파악하고 있었다는 것을 알 수 있다.

이 회의 결과에 따라 도쿄도는 마침내 10월에 조선인학교 관계자에게 1955년 3월 31일자로 도립 조선인학교 15교를 전부 폐지하겠다고 통고하였다. 그것은 일방적인 통고가 아니고, 도쿄도와 조선인학교 관계자와의 은밀한 협의에 의한 것일 가능성이 크다.

이후 조선인학교 관계자는 혁신정당과 일본교직원조합(이하 일교조)의 도움을 받아 사립화 반대 운동에 나서기는 하였으나, 1955년에 들어서자 도립 조선학교의 사립화를 기정사실로 받아들이고, 사립화 이후의 학교운영비 등과 관련하여 도 교육당국과 협상을 진행하였다. 그 결과 사립화 이후 5년간 약 1억 2천만 엔의 교육비를 도 교육당국이 부담하는 것으로 결론이 났다. 도쿄도가 통고한 대로 1955년 3월 도립 조선인학교

研究』第8号, 2018, 19쪽; 崔紗華, 「朝鮮人学校存廃問題の歴史過程 1945~1957─グローバル・ヒストリーの視点から─」, 早稲田大学大学院博士学位論文, 2020, 179~185쪽.

는 폐교가 되고, 4월부터 학교법인 도꾜조선학원이 각종학교로서 조선인
학교 22개교를 운영하게 되었다.[75] 민전의 후신인 총련이 결성되기 한
달 전이었다.

[75] 崔紗華, 「東京都立朝鮮人学校の廃止と私立各種学校化—居住国と出身社会の狭間で—」, 『境界
研究』第8号, 2018, 25~30쪽. 도립학교의 성립에서 폐쇄까지의 선행연구는 小沢有作, 『在日
朝鮮人教育論 歷史編』, 亜紀書房, 1973, 302~414쪽; 金徳龍, 『朝鮮学校の戰後史 1945-1972』,
116~125쪽; 梶井陟, 『朝鮮人学校の日本人教師』, 亜紀書房, 1974; 東京都立朝鮮人学校, 「朝鮮
人問題について—都立朝鮮人学校廃校延期についての訴え—」, 『歷史学研究』第180号, 1955.2.

제3장

총련 결성과 북한의 교육원조비

제3장
총련 결성과 북한의 교육원조비

1. 북한의 교육원조비와 조선학교

1) 총련의 조선학교 교육방침

1955년 5월 25일 재일본조선인총연합회(이하, 총련)가 결성되었다. 한덕수를 비롯해 조국파를 중심으로 한 총련의 결성은 한인 공산주의자들의 운동방침이 일본공산당 지도하의 일본 민주화운동에서 북한 공민으로서의 역량강화와 북한 지지운동으로 전환되었다는 것을 의미했다. 이러한 운동방침의 근본적인 전환은 이후 총련에 의해서 운영되는 조선인학교(이하, 조선학교)의 민족교육에도 그대로 반영되었다. 즉 일본 민주화의 역군이 아니고, 북한의 충실한 공민으로 한인 자녀를 육성하는 교육을 시작한 것이다.

총련은 결성대회에서 8개항의 강령을 채택하는데, 제4항에서 "우리는 재일조선동포 자녀에게 모국의 말과 문자로 민주민족교육을 실시하고 일반 성인 속에 남아있는 식민지노예사상과 봉건적 유습을 타파하고 문맹을 퇴치하며 민족문화의 발전을 위해 노력한다."고 교육강령을 정했다.[1] 민족교육의 목적으로는 첫째, '지도자동지를 높이 모신 공화국의 해외공민'으로서 자부심을 가진 인재 육성, 둘째, 자주적인 사상의식과 능력을 갖춘 인재 양성, 셋째, 세계의 인민과 친선 이해를 깊이 할 수 있는 인재 양성으로 설정하였다.[2]

구체적인 민족교육의 3대 목표로는 ① 국어를 중심으로 한 학력을 향상시키는 것, ② 애국주의 교양을 높이는 것, ③ 교육과 노동을 결합시키는 것으로 정하였다. 특히 사상적으로는 고상한 국제주의적 애국사상을 가지고 무장시키고, 생활면에 있어서는 자각적 규율과 민주적 도덕을 확립시키며, 학식 면에 있어서는 독(讀)·서(書)·산(算)을 중심으로 한 기초학력을 향상시킨다고 설정하였다.[3]

그리고 동대회는 조선학교의 교육강령과 목표를 구체화한 교육방침도 결정하였다. 우선, ①민족교육의 목적을 '공화국'의 충실한 아들, 딸로 키우는 데 있다고 규정하고, ② 교육의 질을 높이기 위해 교사의 역량강화와 일본의 실정에 맞게 교육내용을 개발하고, ③ 자주학교를 확대하고 일본인학교 재학생을 조선인학교로 편입시키며, ④ 교육지도체제 강화를 위해, 총련중앙과 지방기관에 교육전문부서를 설치하며, ⑤ 빈곤 학생대상 장학사업과 진학 대책 그리고 ⑥ 민족간부 양성을 위해 조선사범

[1] 한덕수에 의하면, 총련 결성 당시 북한이 제시한 '재일조선인' 운동방향은 사회주의조국을 열렬히 사랑하고 적극 옹호할 것, 재일조선공민들의 민주주의적 민족 권리를 굳건히 지킬 것, 남조선인민들의 반미자주화, 반 파쑈 민주화 투쟁을 적극 지지하고 조국통일을 실현하기 위하여 견결히 투쟁할 것, 일본인민들과의 우호친선을 강화하고 세계의 자주화에 이바지할 것이었다고 한다(한덕수, 『주체의 해외교포운동사상의 제 문제』, 東京:구월서방, 1987, 44쪽).
[2] 김덕룡·박삼석, 『재일동포들의 민족교육』, 東京: 학우서방, 1987, 60~63쪽.
[3] 「1955年5月の総連結成大会で採択された活動方針より」, 『朝鮮新報』 1999年11月24日.

전문학교를 대학으로 발전시키기로 하였다.[4]

나아가 총련은 결성대회에서 "자주학교의 법인화와 학교인가 수속을 추진하고, 그 과정에 있어 일본국민도 이해할 수 있는 방법으로 일본의 권력기관으로부터 교육비의 원조를 받도록 할 것"[5]을 결정하였다. 즉 무인가의 자주학교를 각종학교로 등록을 하고, 또한 학교 운영에 있어 일본정부의 공적 지원을 받겠다는 것이다.

이후 총련은 교육방침을 실천에 옮겼다. 우선 7월 2~3일, 재일본조선인교육자회를 재일본조선인교직원동맹(이하, 교직동)으로, 그리고 PTA연합회를 재일본조선인교육회로 개편하고, 중앙에는 중앙교육회 그리고 지방에는 도도부현교육회 및 지역교육회가 결성되었다. 또한 총련은 중앙에 교과서편찬위원회를 설치하고, 각급학교 교과 과정안, 학생규칙 등을 북한의 교육규정에 의거하여 제정하였다.

이후 총련은 총련계 조선학교 건립에 총력을 기울이게 된다. 총련 결성 이후 1년 동안 신증축이 완료된 학교는 17개교나 되었으며, 1956년에는 조선대학교, 큐슈조선중고급학교, 시모노세키초급학교, 도쿠야마(德山)조선초급학교가 신설되었다.[6]

총련 결성 이후 조직의 체계화 및 강화는 당연한 과제였겠지만, 그에 못지않게 당시 총련은 조선학교 활성화에 전력을 쏟은 것이다. 후술하는 바와 같이 1957년 4월 북한으로부터 교육원조비가 송금되면서부터 조선

---

4) 김덕룡, 『바람의 추억』, 선인, 2009, 208~210쪽.

5) 公安調査庁, 『朝鮮総連の教育活動の実態 附−北朝の教育体系−』, 1956, 3쪽(マキー智子, 「在日朝鮮人教育の歴史: 戦後日本の外国人政策と公教育」, 北海道大学大学院博士学位論文, 2014, 108쪽에서 재인용).

6) 김덕룡, 『바람의 추억』, 선인, 2009, 212쪽. 박종상의 『봄비』(평양: 문학예술종합출판사, 2001)와 량우직의 『서곡』(평양: 문학예술종합출판사, 1995)은 1955년 총련 결성 직후의 조선학교 상황을 묘사하고 있다. 윤송아, 「총련 결성과 재일조선인 민족교육−박종상의 『봄비』와 량우직의 『서곡』에 나타난 총련 결성 시기 '조선학교'의 재현양상을 중심으로−」, 『비교문화연구』, 2019.12 참조.

학교 개설은 급증하였고, 이들 학교는 1960년대 중반이 되면 대부분 총련계 학교법인 산하의 체계적인 교육체계를 갖추게 된다.

1970년대 중반까지 총련의 주요활동은 조직강화, 조선학교의 활성화 그리고 귀국사업이었다고 할 수 있다. 조직강화를 위해서는 학교 교육을 통한 조직원 양성이 필요했고, 귀국사업을 위해서는 귀국 전의 사전교육으로서 학교교육이 필요하였다. 즉 조선학교 운영은 총련 조직의 가장 중추적인 사업이었다고 할 수 있다.

2) 북한의 교육원조비

총련이 민족교육의 활성화를 위해 적극적으로 움직이던 1955년 9월 29일, 김일성은 '조국해방 10주년 경축 재일조선인대표단'과 접견한 자리에서 교육원조비 지원을 약속하였다.[7] 그리고 약속대로 1957년 4월 8일과 15일, 제1차 교육원조비로 약 2억 2천만 엔이 총련 측에 송금된 것을 비롯하여[8] 2021년 현재까지 167차에 걸쳐 약 489억 엔이 송금되었다.

"이 조국으로부터의 교육비원조가 극심한 재정난에 허덕이던 조선인학교의 운영에 재정적인 도움은 말할 것도 없고, 정신적으로 얼마나 커다란 힘이 되었는가 하는 것을 측량하기가 힘들다. 동시에 이것은 재일조선인과 사회주의조국을 한층 강하게 묶어세우는 정치적 효과를 가져다 준 획

7) 김일성은 1956년 11월 21일 일본언론에 "재일조선인들은 우리나라의 해외공민입니다. 그러므로 공화국 정부는 그들의 문제에 커다란 관심을 가지고 있습니다. 우리는 무엇보다도 재일조선인들에게 생활상의 권리가 보장되어야 한다고 인정합니다. 일본 정부는 재일 조선공민들이 안정된 생활을 할 수 있도록 그들에게 직업과 일자리를 알선해 주며, 귀국의 권리를 비롯하여 온갖 민주주의적 자유와 권리를 보장해 주어야할 것입니다."(김일성, 「일본 '요미우리 신문'기자가 제기한 질문에 대한 대답」, 『조선 해외교포 운동에 대하여』, 평양: 조선로동당 출판사, 1985, 7쪽)라며, 재일한인에 대한 관심을 표명하였다.
8) 김덕룡, 『바람의 추억』, 선인, 2009, 227~228쪽.

기적인 의미를 지닌다."[9)]는 김덕룡의 평가는 적절하다고 할 수 있다.

〈표 20〉 북한 교육원조비의 연도별 송금액(1957~2021)

연도	차수	금액	연도	차수	금액	연도	차수	금액
1957	1~2	221,609,086	1979	71~73	1,550,000,000	2001	147	246,600,000
1958	3~4	200,021,000	1980	74~78	2,459,000,000	2002	148	262,600,000
1959	5~6	291,036,590	1981	79~82	1,779,400,000	2003	149	239,600,000
1960	7~8	419,492,231	1982	83~86	1,908,000,000	2003	150	210,800,000
1961	9	411,066,000	1983	87~90	1,423,700,000	2005	151	216,760,000
1962	10	558,470,000	1984	91~94	1,322,595,000	2006	152	238,000,000
1963	11~13	791,062,644	1985	98~98	997,290,000	2007	153	234,500,000
1964	14~16	808,270,000	1986	99~102	686,190,000	2008	154	205,000,000
1965	17~19	807,508,942	1987	103~106	566,950,000	2009	155	199,000,000
1966	20~22	808,640,000	1888	107~110	515,680,000	2010	156	184,027,000
1967	23~26	1,001,036,300	1989	111~113	608,550,000	2011	157	165,200,000
1968	27~29	998,114,000	1990	114~116	445,550,000	2012	158	165,600,000
1969	30~33	1,196,925,240	1991	117~119	965,260,000	2013	159	198,300,000
1970	34~37	1,204,506,600	1992	120~122	381,300,000	2014	160	207,800,000
1971	38~42	1,498,392,800	1993	123~125	327,750,000	2015	161	240,000,000
1972	43~47	1,685,805,800	1994	126~129	413,350,000	2016	162	218,800,000
1973	48~52	1,750,933,000	1995	130~132	281,090,000	2017	163	218,000,000
1974	53~56	2,255,755,000	1996	133~135	431,100,000	2018	164	213,700,000
1975	57~61	3,737,767,950	1997	136~139	493,751,000	2019	165	224,000,000
1976	62~64	1,834,133,000	1998	140~142	384,950,000	2020	166	216,600,000
1977	65~66	1,424,500,000	1999	143~145	341,730,000	2021	167	219,060,000
1978	67~70	1,962,598,000	2000	146	211,400,000	합계		48,861,771,830

주: 진희관, 「남북대립과 민족단체의 경직화」, 국사편찬위원회 편, 『일본 한인의 역사 (상)』, 국사편찬위원회, 2009, 274쪽과 宋基燦, 『「語られないもの」としての朝鮮学校』, 岩波書店, 2012, 162~163쪽 그리고 『조선신보』의 신문보도 등을 참고하여 작성하였 으나, 조선중앙통신은 2021년 5월 25일 북한이 지금까지 총련에 보낸 교육원조비 와 장학금의 규모는 총액 48,879,393,900엔이라고 발표하였다(『연합뉴스』 2021년 5월 25일). 따라서 이 표의 총액과 약간 차이가 난다. 추가적인 조사가 필요하다.

9) 김덕룡, 『바람의 추억』, 선인, 2009, 231쪽.

총련에 대한 북한의 지원은 오랜 가뭄 끝의 단비와 같았고. 단비는 지속적으로 이어졌다. 북한으로부터의 교육원조비 지원으로 학교의 신축 및 개보수는 물론, 초등학교 수업료는 폐지(학부모의 생활수준에 따라 납부하는 교육회회비 신설)되고, 중·고등학교의 수업료도 인하되었다. 생활이 곤란한 학생을 위한 장학금도 부여되었으며 교원들은 안정적인 급여를 받을 수 있게 되었다. 특히 학교운영비의 경우, 1958년도 1학기 조선학교의 운영비 중에서 교육원조비가 점하는 비율은 전국평균으로 초등학교의 경우 48.6%, 중·고등학교는 26.7%이며, 학생수가 100명 미만의 소규모학교에서는 그 비율이 70%를 넘는 경우도 있었다.[10]

일본인학교 공립분교의 경우에도 민족교육이 강화되면서 한인 강사가 증원되었는데, 이들 강사료는 일본정부의 예산이 아니라 북한으로부터의 교육원조비로 지급되었다.[11] 일본의 공립분교에서 민족교과의 비중이 늘어났으나, 일본 문부성이나 현지 당국이 이를 적극적으로 제지하였다는 움직임은 보이지 않는다.

3) 귀국지향의 민족교육

총련 결성과 함께 중앙에 설치된 교과서편찬위원회는 1955년부터 1957년에 걸쳐 조선인학교 교과서를 편찬하고 선별하였으며(제1차 교과서 편찬), 교과서의 내용은 "국제주의적 애국사상을 가지고" "사회주의 조국건설에 기여할 수 있는 인재양성을 목표로, 국어교육과 애국주의 교양을 강화"하는 방향으로 구성되었다고 한다.[12]

---

10) 김덕룡, 『바람의 추억』, 선인, 2009, 234쪽.
11) マキー智子, 「在日朝鮮人教育の歴史: 戦後日本の外国人政策と公教育」, 北海道大学大学院博士学位論文, 2014, 74~79쪽.

총련 결성대회에서의 결정대로 총련은 결성 초기부터 민족교육발전을 위해 북한의 교육정책, 교육행정관련 규정, 학교운영 방법 그리고 교육내용 등을 바탕으로, 조선인학교의 교육관련 규정을 정비해 나갔다. 이미 1956년 초가 되면, 초·중·고 각급학교규정은 물론 한국어를 중심으로 한 학년별 커리큘럼이 정해지고, 1957년이 되면 학교운영을 위한 세부규칙까지 정해진다. 각 지역에서 총련계 초등학교와 중학교도 이 시기에 많이 만들어진다. 총련은 1958년도부터 새로운 「재일조선인 각급학교 과정안」을 적용하기로 결정하고, 개정안의 기본방향을 설정하였다. (「1958년도 신학년도 준비사업에 관하여」). 그 핵심적인 내용은 첫째, 북한에서 필요로 하는 기본적인 생산기술교육을 도입하고, 둘째, 공산주의 국가 북한의 공민으로서 자본주의 국가 일본에서 살아가는 것을 전제로 한 교육을 한다는 것이었다.

즉 새롭게 책정된 1958년도 커리큘럼은 북한에서 필요한 인재양성과 일본에서 살아가는 것을 전제로 구성되었다고 하나, 실질적으로 일본에서의 장기적 생활을 염두에 둔 교육은 아니었다. 일본 현지에서 생활해야 하는 또 다른 현실을 무시한 북한 일변도의 교육노선 설정에 대해서는 반대하는 사람도 있었으나, 그들의 의견은 무시되고 비판을 받았다고 한다.[13]

모든 학년의 수업은 국어가 중심이 되었고, 일본어수업은 전체 학년이 일주일에 3시간씩만 이수하도록 짜였다. 특히 중학생의 경우 일본 생활의 필수라고 할 수 있는 한문수업을 없애는 대신 국어수업을 강화하고, 고등학생의 경우는 "2학년 때부터 보통과, 사범과, 공업과의 3개 코스로 나누어 보통과에 생산기본교과와 공업기본, 농업기본을 그리고 공업과

---

12) 『조선신보』 2003년 1월 24일.
13) 김덕룡, 『바람의 추억』, 선인, 2009, 214~220쪽, 239~240쪽.

에 공업기본교과를 신설한 것들은" 일본에서의 대학진학이나 취업을 염두에 둔 것이 아니라, 북한 기술자의 양성이라는 교육적 의도가 반영된 것이다. 사범과는 조선학교 초등부 교원을 양성하기 위한 것으로, 도쿄와 고베의 고등학교에 설치되었다.[14]

　귀국을 전제로 한 민족교육은 당시로서는 현실성 있는 교육으로서의 여지도 있었다. 귀국을 전제로 한 삶은 민단의 경우도 마찬가지였다. 일본에서의 생활기반 그리고 재일한인 2세의 부족한 민족적 정체성 등의 문제로 일본에서의 체류가 기정사실화 되어 가고 있었지만, 언젠가 고국으로 돌아간다는 의식을 재일한인 1세들은 막연하나마 가지고 있었다. 민단 관계자의 경우는 1965년에 한일협정이 체결되고 나서야 일본 잔류를 결정하는 사람이 많았다고 한다. 또한 재일한인이 일본에서 정착하기 위해서는 안정된 생계가 전제되어야 하는데, 차별 등으로 취업이 되지 않아 생계에 어려움을 느껴 일본에서의 삶도 결코 안정적이지 않은 사람이 많았다. 따라서 총련 초기에 귀국을 전제로 한 민족교육은 당시의 상황을 반영한 하나의 현실적인 선택이었다.

　또한 남북이 대립하는 상황 속에서 남한이 반공중심의 재일한인 교육정책을 하였듯이, 총련이 북한을 지지(=김일성 찬양)하는 교육내용을 중시하는 것은 총련의 입장에서는 당연한 것이었다. 문제는 초기에 설정된 총련의 귀국지향의 교육방향이 그 이후 일본 잔류의 기정사실화와 세대 변화 그리고 국내외 정세의 변화에도 불구하고, 좁은 의미로는 1980년대 말까지 넓은 의미로는 최근까지 이어지고 있다는 것이다.

[14] 김덕룡, 『바람의 추억』, 선인, 2009, 220쪽.

2. 귀국사업과 조선학교의 확장

1) 귀국사업

총련이 결성된 1955년부터 1975년까지 약 20년은 조선학교의 전성기라
고 불린다. 총련은 결성 초기부터 일본인학교에서 차별받으며 왜곡된 교
육을 받고 있던 재일한인 자녀를 한 명이라도 더 조선학교에서 민족교육
을 시키기 위해, 체계적이고 조직적으로 학교운영과 확장을 해나갔다.
이것이 가능했던 것은 북한이 총련 측에 송금한 거액의 교육원조비였다.
그런데 당시 재일한인사회는 물론, 민족교육에 대해서도 큰 영향을 미친
것은 총련의 귀국사업이다.

1959년 8월 13일 일본적십자사 대표는 북한적십자사 대표와 '재일조선
인'의 「귀환협정」을 체결하였다. 이 협정은 애당초 일본정부가 1954년
1월, 북한에 남아있던 일본인을 귀국시키려고 북한 측과 협의를 시작하
는 과정에서, 재일한인의 북한귀환이 거론되면서 논의가 시작되었다. 그
리고 1956년 2월, 36명의 재북일본인의 귀환과 관련해 북일 양국은 공동
성명을 발표했는데, 성명서에는 "재일조선인문제는 쌍방이 인도주의적
입장에서 해결할 문제라고 인정하였다."는 내용이 포함되었다. 북한은
1958년 중반 이후 총련과 일본 혁신세력의 지원을 받으면서, 재일한인의
집단적 귀국운동을 전개해 나가기 시작하였다. 일본정부는 한국정부의
적극적인 반대에도 불구하고, 한일회담 타결의 전망도 보이지 않는 상황
에서, 일본사회의 부담이 된다고 생각하고 있던 재일한인의 집단적 귀국
을 허용하기로 하였다. 그 결과 1959년 8월 13일, 양국 적십자사 간에 귀
환협정이 체결되었다.[15]

1959년 12월부터 시작된 북한으로의 귀환은 사실상 1984년 7월에 마치

는데, 이 기간 동안에 귀국한 사람은 93,342명에 달한다. 그리고 귀환자
는 귀환 초기인 1960년과 1961년에 집중되어, 이 기간 동안에만 7만 명
넘게 귀환하였다.

〈표 21〉 연도별 북송자수

연도	횟수	인원	세대	연도	횟수	인원	세대
1959	3	2,942	781	1973	3	704	328
1960	48	49,036	12,460	1974	3	479	245
1961	34	22,801	6,696	1975	3	379	199
1962	16	3,497	1,402	1976	2	256	148
1963	12	2,567	1,157	1977	2	180	103
1964	8	1,822	815	1978	1	150	52
1965	11	2,255	1,046	1979	2	126	77
1966	12	1,860	855	1980	1	40	29
1967	11	1,831	873	1981	1	38	29
1968				1982	1	26	18
1969		중 단		1983	0	0	0
1970				1984	1	30	23
1971	7	1,318	485	1985	0	0	0
1972	4	1,003	589	합 계	186	93,340	28,410

출전: 오일환, 「재일조선인의 북송문제」, 국사편찬위원회편, 『일본 한인의 역사 (하)』,
국사편찬위원회, 2010, 74쪽.

2) 조선학교의 확장

(1) 조선학교(자주학교) 학생의 증가

귀국운동이 고양되어 가고 있던 1958년 10월, 총련은 중앙위원회 제15차

---

15) 오일환, 「재일조선인의 북송문제」, 국사편찬위원회편, 『일본 한인의 역사 (하)』, 국사편찬
위원회, 2010, 48~65쪽.

확대회의를 개최하고, 조선학교 교육과 관련해 「1959년 신학년도 준비사
업에 관한 방침」을 결정한다. 그 주요 내용은 첫째, 귀국문제와 관련하
여 민족교육을 한층 강화하는 것, 둘째, 재학생수를 30%늘리자는 것이었
다.[16] 당시 총련 측은 집단귀국을 당연시하고 있었고, 그것을 대비해 민
족교육을 강화하고 또한 재학생을 늘려야 한다는 목표를 설정한 것이다.

〈표 22〉 학교형태별 아동학생수의 증가대비

형태	학교 수	1959.4.10	1958.4.10	증가수	증가율(%)
자주초급	67	11,169	9,113	2,056	22.5
자주중급	23	4,937	3,635	1,302	25.9
자주고급	10	3,278	2,647	631	23.8
공립초급	18	3,400	3,232	168	5.2
공립중급	1	1,163	866	297	34.3
민족초급	53	3,196	3,108	88	2.8
민족중급	3	254	225	29	12.9
소 계	175	27,397	22,826	4,571	20.0
오후 야간	67	2,930	1,369	1,561	114.0
합 계	242	30,327	24,195	6,132	24.9

주: 재일본조선인교직원동맹, 『교동 제12차 정기대회문헌집』, 30~31쪽, 1959년 6월부터
  작성.
출전 : 김덕룡, 『바람의 추억』, 선인, 2009, 249쪽.

  목표 달성을 위해 총련 및 조선학교 관계자는 일본인학교에 재학하는
동포가정을 일일이 방문하여 조선학교로의 전학운동을 전개하였다. 그
결과 조선학교(자주학교), 공립분교, 민족학급 그리고 야간학급 재학생
은 1958년 4월 10일 현재 24,195명에서 1959년 4월 10일 현재 30,327명으
로 1년 사이에 6,132명 증가하였다. 전체적으로는 24.9%가 증가하였지만,

16) 韓德銖, 『主体的海外僑胞運動の思想と実践』, 未来社, 1986, 231~232쪽.

자주학교 중급부(중학교)의 경우는 전년도에 비해 1,302명(35.9%)나 증가
하였다. 이와 같은 분위기 속에서 1959년 8월 조선학교 관계자는 신학년
도에는 학생 수를 50% 늘리자는 목표를 설정하고, 실제로 1960년 4월 현

〈표 23〉 조선학교 분포도(1961.12)

주: 1961년 12월 현재의 조선학교 분포도(출전: 『民族教育』 1962年2月1日). 시즈오카현
    에 고급학교가 있다고 표시되어 있으나 오류임. 시즈오카초중고급학교의 고급부는
    1961년에 폐지된다. 吳永鎬・中島智子, 「「公立学校的」存在としての朝鮮学校 −愛知県
    朝鮮学校の新設・移転・統廃合−」, 『世界人権問題研究センター研究紀要』 第23号, 2018,
    297쪽에서 재인용.

재 조선학교 재학생은 1만 5,650명(전년 대비 51.2%)이 증가하여 민족교육을 받는 학생이 약 4만 6천 명으로 증가하였다.[17] 이 숫자는 자주학교인 조선학교, 공립분교, 민족학급 그리고 오후 야간학급(강습소) 학생을 포함한 것이다. 1960년 당시 재일한인 초중학생수를 약 14만 명으로 본다면, 약 30%의 학생은 민족교육을 받고 있었다는 것이 된다.

(2) 귀국열풍과 조선학교의 증설

1960년부터 1961년까지 2년 동안 귀환한 동포가 7만 명이 넘었는데도, 여전히 다양한 형태로 민족교육을 받고 있던 학생이 4만 명을 넘었다는 것은 동포사회의 북한에 대한 기대, 민족교육에 대한 열망과 더불어, 민족교육의 질적 향상의 영향도 있을 것이다. 하지만 전술하였듯이 그 교육내용은 오로지 귀국을 위한 교육이었다. "1960년대에 조선학교에 입학한 2세 대부분은 1970년대 중반까지 조국(북한) 귀국을 전제로 한 귀국형 교육을 받았으며, 일본 정주를 염두로 한 교육은 거의 받지 못하였다."[18] 당시 수업을 받았던 재일한인은 다음과 같이 회상한다.

그땐 대부분이 북한에 귀국하는 것을 목적으로 했었고, 학교 다니는 이유도 귀국을 염두에 뒀던 것이었어요. 귀국을 하고 싶으면 학교 다녀야 하고, 학교 다니면 귀국을 생각하고. 그 당시 조선학교는 정말 북한으로 귀국하기 위한 준비를 하는, 아이들이 이제 고향에 가서 살겠다는 그 마인드를 가지게 할 곳이었어요. 물론 모두가 북한으로 가는 것이 아니었지만 다 같이 그런 수업을 들었던 거죠." 〈올드 F(재일한인 2세, 여)〉[19]

17) 김덕룡, 『바람의 추억』, 선인, 2009, 245~250쪽.
18) 이토히로코, 「재일한인 사회와 조선학교-이바쇼로서의 가능성을 중심으로-」, 경북대학교대학원 박사학위논문, 2019, 88쪽.
19) 이토히로코, 「재일한인 사회와 조선학교-이바쇼로서의 가능성을 중심으로-」, 경북대학교대학원 박사학위논문, 2019, 86쪽.

총련은 1963년부터 64년에 걸쳐 개편된 교과서를 사용하는데(제2차 교과서 편찬), 북한에서 사용했던 교과서와 관련 자료를 입수하여 교과서 개편이 이루어졌다. 그 내용은 "조선민족으로써 주체성을 확립하고, 조국 건설과 미래를 향해, 세계 여러 나라 사람들과의 우호를 다지는 조선인으로 양성한다"고 하며 북한의 해외공민으로서의 주체성 확립에 중점을 두었다.[20] 당연히 북한으로의 귀국을 전제로 한 것이었다. 그리고 60년대 후반부터 교과서는 북한노동당의 주체 사상교육을 실시하기 위한 수단이 되었다. 그 결과, 대부분 사회과학 과목 내용이 획일적으로 조선노동당이나 김일성 관련 사상이나 역사를 다루게 되었다.[21]

당시 각종학교 형태의 조선학교(초·중·고)와 공립분교(초·중, 1967년까지 모두 각종학교가 됨)만을 보았을 때, 이들 학교 재학생은 1960년부터 1969년도까지 10년간 3만 명대를 유지하였다. 그 이후 학생 수는 서서히 줄어가지만, 새로운 학교의 개설과 건물의 증축 및 개축 등, 1970년대 중반까지 1960년대의 분위기는 지속되었다.[22]

1955~1960년에 산타마(三多摩), 도치기(栃木)에 새로운 초등학교가, 큐슈 지방에 고등학교가 개설되었으며 1960~1965년에 홋카이도(北海道), 도호쿠 지방(東北), 사이타마(埼玉), 치바(千葉), 기후(岐阜), 시가, 와카야마(和歌山), 후쿠오카에 중학교가, 히로시마에 고등학교가 개설되었다. 그리고 1965~1975년에 니이가타(新潟), 후쿠시마(福島), 나가노(長野), 나라(奈良) 등 15개소에 중학교가, 도호쿠지방에 고등학교가 개설되었다.[23]

20) 『조선신보』 2003년 1월 24일.
21) ウリハッキョをつづる会, 『朝鮮学校ってどんなとこ？』, 社会評論社, 2001, 136쪽.
22) 김덕룡, 『바람의 추억』, 선인, 2009, 251~252쪽.
23) 김덕룡·박삼석, 『재일동포들의 민족교육』, 東京: 학우서방, 1987, 29쪽, 32쪽, 39~40쪽.

〈표 24〉 조선학교 인가 현황

	법 인 명	인가 연월일	인가학교 수
1	학교법인 교토조선학원	1953. 5. 18	7
2	학교법인 도쿄조선학원	1955. 4. 1	22
3	재단법인 오사카조선학원	1961. 8. 2	21
4	학교법인 효고조선학원	1963. 9. 30	23
5	학교법인 후쿠오카조선학원	1964. 8. 13	7
6	학교법인 가나가와조선학원	1965. 9. 21	8
7	학교법인 미야기조선학원	1966. 7. 27	3
8	학교법인 기후조선학원	1966. 9. 27	2
9	학교법인 도치기조선학원	1966. 10. 29	2
10	학교법인 미에조선학원	1966. 11. 19	3
11	학교법인 이바라기조선학원	1966. 12. 15	3
12	학교법인 히로시마조선학원	1966. 12. 24	13
13	학교법인 아이치조선학원	1967. 2. 14	14
14	학교법인 야마구치조선학원	1967. 2. 20	2
15	학교법인 시즈오카조선학원	1967. 3. 31	4
16	학교법인 오카야마조선학원	1967. 3. 31	4
17	학교법인 호구리꾸조선학원	1967. 5. 6	2
18	학교법인 치바조선학원	1967. 8. 23	2
19	학교법인 사이타마조선학원	1967. 12. 25	2
20	학교법인 군마조선학원	1968. 3. 7	2
21	학교법인 니이가타조선학원	1968. 12. 2	2
22	학교법인 홋카이도조선학원	1968. 12. 12	2
23	학교법인 시가조선학원	1968. 12. 28	2
24	학교법인 에이메조선학원	1969. 1. 27	2
25	학교법인 와카야마조선학원	1970. 2. 26	2
26	학교법인 나라조선학원	1970. 7. 18	2
27	학교법인 나가노조선학원	1971. 7. 30	2
28	학교법인 후쿠시마조선학원	1971. 12. 28	2
29	학교법인 산인조선학원	1975. 10. 31	2
합 계			164

주 1: '학교법인'으로 오사카 조선학원의 인가는 1989년 6월 21일.
주 2: 『재일조선인과 그 교육』자료집 제2집(1972년 8월), 조선대학교 민족교육 연구소
　　　편 자료집 『재일조선인의 민족교육 권리에 대하여』(1991년 9월) 참조.
주 3: '인가학교 수'는 같은 부지내의 학교도 그 교종(초동 및 전기중등 후기중등교육)
　　　을 기준으로 계산함(예: ○○초급학교는 1개교, ○○초중급학교의 경우는 2개교).
출전: 김덕룡, 『바람의 추억』, 선인, 2009, 261쪽.

(3) 지역별 '조선학원' 인가 현황

여기서 한 가지 주의할 것은 총련은 결성초기부터 자주적인 민족학교 건설을 내세웠으나 학교법인이 운영하는 각종학교로 정식으로 인가를 받은 것은 1950년 말까지 민전 시기인 1953년 5월에 학교법인 인가를 받은 '교또조선학원' 산하 7개교와 총련 결성 직전 도꾜도로부터 떠맡겨지듯이 인가를 받은 '도꾜조선학원' 산하 22개교뿐이었다.

그리고 1960년대 중반까지 인가를 받은 것은 1961년 8월 개설된 '오사카조선학원' 산하 21개 학교와 1963년 9월 인가를 받은 '효고조선학원' 산하 23개 학교뿐이며, 나머지 지역의 학교법인이 인가를 받은 것은 1960년대 중반 이후이다. 총련은 귀국사업에 전력을 투구하였고 또한 귀국을 위한 교육사업에 집중하여, 북한으로부터 교육원조비가 1957년부터 송금되기 시작했지만, 지역에 이르기까지 학교체계를 잡는 것은 시간이 필요하였다고 생각한다. 그러한 상황인데도 학생수는 급증하였다.

오사카조선학원이 그나마 1961년에 만들어진 것은 공립분교가 개설되지 않아 많은 학생이 일본인학교로 편입되었고, 자주학교도 몇 개 없어 오사카 지역에서의 민족학교 개설은 다른 지역보다 급한 과제였기 때문일 것이다. 오사카에서 유일하게 존재했던 공립학교인 오사카시립 니시이마자토중학교도 1961년 9월부터 오사카조선학원 산하 나카오사카(中大阪)조선초중급학교로 개설되었다. 또한 귀국 열풍으로 입학생이 너무 많아 학생을 분리하여 9월 10일 히가시오사카(東大阪)조선중급학교를 추가로 개설하였다.

학교법인 효고조선학원도 비교적 빠른 시기인 1963년 9월에 인가를 받아 23개 학교를 운영한 것으로 알려졌다. 오사카 옆에 위치한 효고지역의 경우, 총련은 공립분교와는 별도로 운영되고 있던 자주학교를 각종학교로 인가를 받아 조선학교를 개설하였다. 후술하는 바와 같이 공립분교도 1966년에 효고조선학원으로 통합된다.

따라서 도쿄와 교토 그리고 오사카와 효고를 제외한 기타 지역에서 학교법인이 설립되어 체계적인 학교운영이 시작된 것은 1960년대 중반 이후이다.

그리고 한 가지 더 주목할 것은 1960년대 말까지 조선학교 학생수가 증가한 데는 일본의 진보 교육단체인 일본교직원조합(이하, 일교조)의 역할이 적지 않았다는 것이다. 일교조 전국교연집회(全国教研集会 이하, 교연)에서는 1950년대 후반부터 1960년대 초에 걸쳐 재일한인 학생의 교육에 대한 논의를 하였다. 이 회의에는 총련 관계자도 참가하여 의견을 제시하였는데, 그 주요 내용은 재일한인 학생들이 일본인학교에서 유무형의 차별로 민족성을 자유롭게 표출하지 못해, 능력 발휘가 안되니, 한인학생들은 민족학교에서 자유롭게 민족적 자각을 가지고 능력발휘를 할 수 있게 해야 한다는 것이었다. 일교조는 교연에서의 논의를 바탕으로 "조선아이는 조선학교로"라는 기본방침을 정하였고, 이후 일교조 교사들은 차별을 피해서 그리고 자녀의 생계를 위해서 일본인학교에 다니길 바라는(즉 일본에 동화하려는) 한인 학부모들이 많은 '현실' 속에서도, 그들을 설득하여 조선학교에서 자녀들이 공부하도록 하였다.[24] 일교조 교원들의 재일한인교육에 대한 이러한 기본노선은 1960년대 말까지 그대로 유지되었다. 따라서 조선학교가 한창 성장해 가는 시기에 일교조가 조선학교의 학생 증가에 일익을 담당한 것이다.

---

24) 孫・片田晶,「1960年代の日教組教研の在日朝鮮人教育論-『在日朝鮮人教育』の変容」,『社会学評論』第67巻第3号, 2016, 285~298쪽.

3) 외국인학교법안과 공립분교의 폐교

(1) 12·28통달-1

총련은 북한으로부터의 교육지원비와 귀국운동 그리고 민족교육에 대한 동포들의 열망에 힘입어, 1960년대에 조선학교를 확장시켜 나갔지만, 이러한 과정이 순탄하게 이루어진 것만은 아니었다.

우선 일본사회에 '조선인 민족학교'가 확장해 나가는 것 그 자체에 대하여 일본정부는 부정적으로 보고 있었다. 또한 총련은 결성 초기부터 각종학교의 확대와 함께, 지방 교육당국에 대하여 교육보조금을 요청하였고, 그 금액이 크지 않았으나 보조금이 지급되는 경우도 있었다. 일본정부의 입장에서는 이들 학교에 보조금이 투여되는 것은 바람직한 현상이 아니었다.[25]

일본정부 관계자는 1961년 4월경 한일회담 비공식회담 석상에서 "문부성도 소학교, 중학교, 고등학교 등에 필적하는 각종학교는 일본의 교육체계를 어지럽히기 때문에 절대 반대한다."[26]라며 한국 측 대표에게 노골적으로 민족학교에 대하여 부정적인 의견을 표명하였다. 나아가 정치적인 문제도 얽혀있었다. 한일회담 과정에서 한국 측은 조선학교에 대해 부정적인 의견을 피력했고, 민단 또한 도립 및 공립분교 형태의 조선인학교를 사립이관하여 총련하의 각종학교로 인가하는 것에 대해 반대 운동을 전개하던 상황이었다.

일본정부는 미국의 베트남 전쟁 개입과 미소 군사대결 확대 등 냉전

---

25) マキー智子, 「在日朝鮮人教育の歴史: 戦後日本の外国人政策と公教育」, 北海道大学大学院博士学位論文, 2014, 108~111쪽.

26) 北東アジア課, 「法的地位問題に関する第9回非公式会談記録(1961年3月30日)」, 日本外務省公開日韓会談文書, 5-1117-1113.(マキー智子, 「在日朝鮮人教育の歴史: 戦後日本の外国人政策と公教育」, 北海道大学大学院博士学位論文, 2014, 115쪽 재인용).

이 격화되는 1964년 3월경부터 민족교육(=반일)과 공산주의 교육(=반미일)을 하는 조선학교에 대해 불편한 심기를 노골적으로 나타내기 시작하였다. 즉 1964년 3월 문부성 관리국장은 중의원(衆議院) 문교위원회에서, 일본의 학교교육법을 지키지 않는 공립분교는 각종학교 형태로 이루어져야 하나, "조선인만을 수용하는 그리고 거기에 모국어를 가지고 이른바 민족교육을 하는, 그런 각종학교의 새로운 설치 등에 대해서는 꼭 바람직한 것은 아니라는 생각으로 현재 처리하고 있습니다."[27]라고 답변을 하였다. 1965년 3월에 아이치 키이치(愛知揆一) 문부대신도 비슷한 취지의 발언을 하였다. 즉 각종학교의 형태라도 조선학교는 인가해서는 안되다는 '과격한' 발언이었다.

같은 달 자민당 정조회문교조사회 내에 '외인교육소위원회'가 설치되었다. 이 회의에는 국회의원은 물론 문부성, 외무성, 경찰청 그리고 공안조사청 직원이 참석하였다. 그리고 문부성은 4월 4일 성내에 '재일외국인교육연락회'(문부, 외무, 공안 등 관계성청 협의회)를 구성하여 조선(인)학교(=공립분교와 총련의 조선학교)에 대한 직접 제재를 준비하였다. 이 연락회는 중간보고서에서 기존의 공립분교는 기회가 되면 바로 인가를 취소하고, 새로운 조선학교의 학교법인 인가 신청은 받지 말 것이며, 조선(인)학교에서의 반일(반미)교육은 묵과하지 않는다는 지극히 강경한 의견을 제시하였다. 내각조사실의 『조사월보』 7월호는 조선(인)학교 문제는 교육문제가 아니라 치안문제라는 관점에서 접근해야 한다고 지적하였고, 12월 사토(佐藤) 수상은 국회에서 민족교육을 하고 싶다면 본국에서 하면 된다는 취지의 발언을 하였다.

이와 같은 분위기 속에서 문부성은 한일협정 발효(1966년 1월) 직전인

---

27) 「第46回国会衆議院文教委員会議録13号」1964年3月25日(일본 国会会議録検索システム http://kokkai.ndl.go.jp/ 검색일: 2018.10.21).

1965년 12월 28일에 2통의 통달을 도도부현으로 보낸다. 하나는 「조선인만을 수용하는 교육시설의 취급에 대하여」(이하 12·28통달-1)[28]이고, 또 하나는 「일본국에 거주하는 대한민국국민의 법적지위 및 대우에 관한 일본국과 대한민국간의 협정에서의 교육관계 사항의 실시에 대하여」[29] (이하 12·28통달-2)라는 통달이다.

12·28통달-1은 공립분교와 조선학교 인가와 관련된 지시였는데, 그 내용은 첫째, 공립분교에서의 일본법령을 정상적으로 적용하고, 정상화가 불가능할 경우 폐쇄를 검토하고, 이후에는 분교 및 특별학급을 설치하지 말 것, 둘째 조선학교는 1조교로서 학교법인 인가를 하지 않도록 할 것이며, 새로운 외국인학교법을 마련하여 적용할 때까지 각종학교에 대해서도 인가하지 말라고 지시하였다.

12·28통달-2는 일본인학교에서 진행되고 있는 특별학급에 관한 지시였는데, 이에 대해서는 후술한다.

(2) 지역별 공립분교 폐쇄 과정

일본법령을 지키지 않는 공립분교를 폐쇄하라는 12·28통달-1을 근거로 지방 교육당국은 공립분교를 폐쇄하기 시작하였으나, 일방적인 폐쇄라기보다는 총련 측과 협의하여 진행하였다. 또한 각종학교로 인정하지 말라는 문부성의 지시에도 불구하고, 학교법인 인허가권를 가지고 있던 지자체는 이들 학교를 총련계 학교법인에 인계하고 모두 각종학교로 인가하였다. 당시 많은 지자체는 일본정부의 무리한 조선학교 탄압에 대해

---

[28] 「朝鮮人のみを収容する教育施設の取り扱いについて」(文管振第210号, 1965年12月28日), 各都道府県教育委員会·各都道府県知事あて文部事務次官発通達.

[29] 「日本国に居住する大韓民国国民の法的地位および待遇に関する日本国と大韓民国との間の協定における教育関係事項の実施について」(文初財第464号, 1965年12月28日), 各都道府県教育委員会·各都道府県知事あて文部事務次官発通達.

서는 반대하는 입장을 취하고 있었기 때문이다.

1965년 말 당시 남아있던 공립분교(초등학교)는 가나가와 5개교, 아이치 3개교, 효고 8개교였다. 우선, 가나가와현의 5개 공립분교는 1965년 12월에 가나가와조선학원(1965년 9월에 학교법인 인가)에 모두 인계되었다.[30) '가나가와조선학원'은 이들 분교를 포함하여 자주학교로 운영하던 7개 초등학교와 가나가와조선중고급학교(1951년 가나가와조선중학교→ 자주학교로 운영→1953년 학교설치인가→1954년에 고등부 개설) 등 8개 학교를 운영하였다.

아이치현의 3개 공립분교는 1966년 3월에 '아이치조선학원'(학교법인 인가는 1967년 2월)으로 인계되었다.[31) 아이치조선학원은 이들 3개 초등학교와 자주학교로 운영하던 초등학교 9개교 그리고 아이치조선중고급학교(1948년 4월 츄부(中部)조선중학교 창립→자주학교로 운영→1953년 고등부 개설) 등 14개 학교를 각종학교로 운영하기 시작하였다.

효고의 경우 8개 공립분교가 개설되었는데, 이후 이들 학교의 폐교 및 조선학교로의 통합 여부는 확실치 않으나, 오쇼(大庄), 오시마(大島), 무코(武庫)소학교 분교를 1965년 7월에 통합하여 운영하기 시작한 오시마 공립분교가 남아 있었다. 총련 측이 9월에 이를 '효고조선학원'(학교법인 인가는 1963년 10월 인가)으로 이관하기를 현 당국에 요청하여, 1966년 4월에 효고조선학원에 인계되었다.[32) 이후 효고조선학원은 초등학교 20여 곳과 고베조선중고급학교(1949년 코베조선중학교→자주학교로 운영→

---

30) 가나가와현의 공립분교 폐쇄 과정에 대해서는 マキ-智子, 「在日朝鮮人教育の歴史:戰後日本の外国人政策と公教育」, 北海道大学大学院博士学位論文, 2014, 88~94쪽 참조.

31) 3개 공립분교의 1953년, 1957년부터 1966년까지의 학생, 학급 및 교원수는 吳永鎬・中島智子, 「「公立学校的」存在としての朝鮮学校-愛知県朝鮮学校の新設・移転・統廃合-」, 『世界人権問題研究センタ-研究紀要』 第23号, 2018, 321쪽 참조.

32) 尼崎市議会事務局編, 『尼崎市議会史』, 尼崎市議会事務局, 1970, 626~629쪽.

1952년 효고조선중고등학교→1955년 고베조선중고급학교→1972년 고베조선고급학교)를 운영하였다.

한편 오카야마의 경우에도 일본인 교사만으로 운영되던 공립분교가 있었는데, 이들 학교가 총련계 학교법인에 인계되었는지는 확실치 않다. 총련계 자료에는 이들 학교를 공립분교의 통계에 넣지도 않았다. 오카야마현의 경우, 1949년 11월에 개설된 오카야마현의 11개 공립분교(공립중학교 분교 2개교, 공립초등학교 분교 9개교)가 현 당국의 입장에서 보면 파행적인 민족교육을 하였다. 이에 현 당국이 1950년 4월 3일자 통첩을 보내 경고를 하였으나, 이들 학교가 반대운동을 하자, 1950년 8~9월 사이에 9개 학교에 대해 폐쇄조치를 하고, 2개교 초등학교는 법을 준수하고 있다며 그대로 유지하였다. 그리고 현 당국은 일단 폐쇄한 학교 중에서, 츠라지마쵸립(連島町立) 니시우라(西浦)소학교, 아사쿠치군(浅口郡) 츠라지마(連島)중학교 카메지마(亀島)분교를 일본인 교원만으로 다시 개설하였다. 즉 오카야마현의 경우 3개의 초등학교와 1개의 중학교가 공립분교로 유지되었으나, 민족교육은 현실적으로 불가능하였다.[33] 이들 학교의 그 후의 행방에 관한 연구가 없기 때문에 단정할 수는 없으나, 1956년에 오카야마조선초중급학교, 1957년에 구라시키(倉敷)조선초급학교(→1960년 구라시키조선초중급학교 倉敷朝鮮初中級学校)가 개설되는데, 이들 총련계 조선학교로 학생들이 편입된 것이 아닌가 생각된다. 총련계 학교법인 '오카야마조선학원'은 1967년 3월 인가를 받아 이들 2개 초중급학교를 운영하였다.

---

33) 김덕룡, 『바람의 추억』, 선인, 2009, 129~134쪽; 松下佳弘, 「戦後の在日朝鮮人教育行政の展開(1945~55年)-在日朝鮮人と地方自治体の関係-」, 京都大学大学院博士学位論文, 2018, 200~212쪽; 崔紗華, 「朝鮮人学校存廃問題の歴史過程 1945~1957—グローバル・ヒストリーの視点から—」, 早稲田大学大学院博士学位論文, 2020, 83~95쪽.

(3) 외국인학교법안

한편 일본정부는 자민당(외인교육소위원회)이 1966년 3월 작성한 '외국인학교제도'안을 바탕으로, 1966년 4월 재일외국인교육연락회의 권고를 반영한 '학교교육법 개정안'을 완성하여 국회에 상정하기로 결정한다. 그 내용의 핵심은 조선학교와 같은 외국인학교에서의 교육은 "일본의 이익과 안전을 해치는 것이어서는 안 된다."는 것이고 이에 반할 경우 인가를 하지 않는 것은 물론, 수업 등의 변경 명령, 수업중지 명령 그리고 학교폐쇄 명령을 할 수 있다는, 지극히 자의적이고 일방적인 조치를 포함하고 있었다.[34] 하지만 야당의 반대 등으로 국회 상정을 미루다가 마침내 1967년 3월, 학교교육법 개정안의 내용을 포함한 '외국인학교법안'을 각의(閣議) 결정하고 국회에 상정하였다.

한일협정 체결로 한일 양국이 국교 정상화되고, 한국정부가 민단계 재일한인의 증가에 관심을 가지고 있었기 때문에, 당시 일본정부의 움직임은 한국정부의 입장이 반영된 것이라고 총련 측은 인식하고 있었다.[35]

일본정부의 무모한 외국인학교법안에 대해 총련은 물론 일본의 진보계 인사나 단체 그리고 지방자치체도 동참하여 반대운동을 적극적으로 전개하였다. 나아가 12·28통달-1을 통해, 각종학교에 대한 인허가를 당분간 삼가해 달라는 문부성의 요청이 있었음에도 불구하고, 인허가권을 가지고 있는 지방교육당국은 조선학교 측이 제출한 각종학교로서의 학교법인 허가 신청을 받아들였다. 그 결과 1966년에는 26개교(6개 학교법

34) 개정안이 만들어지는 구체적이 과정에 대해서는 マキー智子, 「在日朝鮮人教育の歷史: 戰後日本の外国人政策と公教育」, 北海道大学大学院博士学位論文, 2014, 119~127쪽 참조.
35) 김덕룡·박삼석, 『재일동포들의 민족교육』, 東京: 학우서방, 1987, 35쪽. 실제로 한국정부와 민단은 '반공실리론'(민단계 학교보다 총련계 학교가 압도적으로 많으므로, 총련계 학교가 무너지면 한국정부에 이익)을 내세우며, 찬성의견을 표명했다고 한다(金賛汀, 『激動の百年』, 朝日新聞社, 2004, 162쪽).

인), 1967년에는 30개교(7개 학교법인) 그리고 1971년 1월 현재 155개 학교 중에서 146개교가 각종학교로 인가를 받았다.[36]

　일본정부는 1967년부터 1974년까지 7번이나 외국인학교법안을 국회에 상정하였으나, 결국 국회에서 폐안이 되고 말았다. 일본정부의 무리한 민족교육탄압정책에 대하여, 일본의 지방자치체는 물론 국회에서도 받아들일 수 없었던 것이다.

4) 조선대학교의 인가

　외국인학교법안으로 일본정부가 조선학교에 대해 압력을 가하고 있던 1968년 4월 17일 조선대학교가 우여곡절 끝에 각종학교로 정식으로 인가를 받았다. 과거 민전은 당시의 조선인학교에서의 심각한 교원 부족 문제를 해결하기 위해 1953년 10월에 동경(12월에 치바[千葉]로 이전)에 '중앙조선사범전문학교'를 개설하고, 1955년 4월부터는 '조선사범전문학교'로 개칭하였다(제1기 졸업생 44명, 2기 78명, 3기 82명).[37] 민전 시기에도 종합대학 설치가 논의되기는 하였으나, 그 역량이 되지 못했고, 그 주체로 등장한 것은 총련이었다.[38]

　총련은 결성 초기인 1955년 9월, 사범학교를 조선대학교로 발전시키기로 하고 교사 신축문제도 논의하여, 도꾜조선중고급학교의 임시교사에서 1956년 4월부터 2년제의 조선대학교(정경, 어문, 이수理數, 예능 4개과)를 설립하였다. 교수진은 전임교원 6명에 24명의 강사진으로 구성되

36) 韓德銖, 『主体的海外僑胞運動の思想と実践』, 未来社, 1986, 226~227쪽.
37) 김은숙, 「재일본 조선대학교 연구(1956~1968)」, 성균관대학교대학원 석사학위논문, 2008, 11쪽.
38) 이하 조선대학교의 설립과정에 대해서는 김은숙, 「재일본 조선대학교 연구(1956~1968)」(성균관대학교대학원 석사학위논문, 2008)을 내용을 참고하여 정리하였다.

었으며, 강사진에는 일본의 진보 지식인들도 많이 포함되어 있었다. 첫
해의 신입생은 84명(1958년 3월에 졸업한 학생은 48명)이었다. 이후 북한
으로부터의 교육원조비의 일부가 조선대학교 건설에 투여되었고, 1958년
4월부터는 4년제(2학부 6학과)로 학제를 개편하였다. 총련은 일본 사회
의 반대 속에서 1959년 6월에 현재의 도쿄 고다이라(小平)시에 위치한 새
학사로 조선대학교를 이전하였다. 1960년도에는 귀국열풍으로 재학생이
500여 명이나 되었다고 한다. 1964년 4월에는 문학부, 역사지리학부, 정
치경제학부, 이학부, 사범학부 등 학부제로 개편하고 1967년에는 공학부
도 개설하였다.[39]

　총련은 1959년부터 도쿄도에 조선대학교의 각종학교 인가를 신청하였
으나, 도쿄도는 접수조차 받지 않았다. 이후 일본 진보세력의 협력으로
1966년 4월에 접수를 하기는 하였으나, 문부성의 압력으로 도쿄도는 심
사를 미루고 있었다. 하지만 1967년 4월 도쿄 도지사에 당선된 진보계의
미노베 료키찌(美濃部亮吉)는 도쿄대 총장을 비롯한 일본인 지식인과 혁
신계 관계자의 적극적인 지지하에서, 행정적인 관점에서 외국인학교 문
제를 처리하겠다는 의지를 표명하였다. 이러한 분위기에서 도쿄도는
1967년 8월에 조선대학교의 인가신청 서류를 정식으로 수리하였다. 외국
인학교법안을 만들어 조선인학교를 폐쇄하고자 했던 당시 일본정부의
입장에서 보면, 조선대학교의 인가는 있을 수 없는 일이었다. 당시 일본
보수세력은 물론 한국정부 그리고 민단도 반대의 입장을 취하고 있었다.
많은 반대 속에서도 미노베 도지사는 조선대학교 인가는 일본의 현행법
에 저촉되지 않는다는 입장에서 1968년 4월 각종학교로 정식으로 인정한
것이다.

---

39) 조선대학교 연혁(https://www.korea-u.ac.jp/history/ 검색일: 2020.8.10).

어렵게 인가를 받은 조선대학교는 총련 인재양성의 산실로서 역할을
하게 되었다. 조선대학교는 1986년에 이르게 되면 8개 학부와 3개의 연
구소를 갖추게 되었고, 이후에도 학부의 통폐합 및 학부 신설이 이루어
져 2021년 현재 정치경제학부를 비롯하여 8개 학부가 운영되고 있으며,
대학원에 해당하는 연구원(研究院) 과정도 있다.[40] 학생수는 1990년대에
약 1500명 정도였던 시기도 있으나 2021년 1월 현재 약 600명인 것으로
알려졌다.[41] 조선대학교 졸업생들은 총련의 활동가나 조선학교의 교사
가 되는 총련계 한인사회의 중심적인 인물로 성장하였다. 하지만 조선대
학교는 이념적 한계와 폐쇄성에서 벗어나지 못하였다. 조선대학교 출신
이기는 하나, 북한과 총련의 이념적 그리고 조직적인 경직성과 폐쇄성에
환멸을 느껴, 중립의 입장에서 재일한인사회에서 활동을 하고 있는 사람
도 많이 있다.

5) 12·28통달-2와 특별학급 감소

1952년 4월 현재 78개교에 개설되었던 특별학급은 민전 시기인 1953년
부터 1954년 사이에 더욱 증가하여 95개교까지 늘어났다.[42] 일본인학교
내에서 민족교육의 기회를 늘린다는 민전의 방침과도 일치하는 결과였
다. 하지만 1955년 총련 결성 이후 특별학급은 급격히 쇠퇴해 간다.

우선 총련 결성 이후 각 학교의 특별학급은 대부분 총련이 추천하는
사람을 지자체가 채용하는 형태를 취했는데, 이를 반대하는 학교도 있었

---

[40] 조선대학교 연혁(https://www.korea-u.ac.jp/history/ 검색일: 2020.8.10).
[41] 『毎日新聞』 2021年1月14日.
[42] 中島智子, 「在日朝鮮人教育における民族学級の位置と性格―京都を中心として」, 『京都大学教育学紀要』 第27号, 1981.3.

다. 둘째, 당시의 행정당국과 일본인학교는 강사의 신분과 대우, 특별학급의 운영비, 커리큘럼 및 수업시간 배당 등 특별학급과 관련하여 협조적이지 않았다. 열악한 교육환경과 한인강사에 대한 차별 등으로 강사가 사임을 하는 경우가 많이 있었는데, 후임 강사가 없으면 학급은 자연스럽게 폐지되었다. 현지 교육당국과 학교 측이 사직한 민족강사를 충원해야 했으나 후속조치를 취하지 않았고, 결국 민족학급 활동이 정지되기에 이르렀다.[43] 셋째, 총련이 일본인학교 학생들이 총련이 운영하는 조선학교로 편입하는 경우가 늘었다는 것이다.

오사카의 경우 1961년 8월에 오사카조선학원 산하 21개 조선학교가 설립되자 일본인학교에 있던 많은 학생들이 조선학교로 들어갔다. 시가현의 경우 1959년 12월에 집단귀국이 시작되자, 총련 관계자는 오오미 하치만(近江八幡)의 공민관(公民館)을 1년 기한으로 빌려, 1960년 4월 학생수 90명 정도의 시가조선중학교를 설치하였다. 하지만 학생수가 증가하자 1963년 4월 오츠시(大津市)에 '시가조선초중급학교'를 정식으로 개설하였다.[44] 이후 시가현 내의 민족학급 숫자는 급속히 감소하였다.

넷째, 앞에서 서술하였듯이, 한일협정 발효 직전인 1965년 12월 28일에 문부성이 12·28통달-2를 도도부현에 지시하였기 때문이다. 이 통달은 한일협정에서 교육과 관련하여 한일 간에 합의된 사항을 실시하라는 것

---

[43] 오사카부의 경우, 梁陽日, 「大阪市公立学校における在日韓国・朝鮮人教育課題の展望―民族学の教育運動を手がかりに―」, 『Core Ehtics』 第9号, 2013, 247쪽 참조.

[44] 李圭台, 「民族の誇りを伝えて―聞き書き湖国私史 4」, 『朝日新聞』 1980年8月29日. 이 학교의 학생은 1980년 현재 180명으로 많지 않았다. 1949년 9월 현재 약 680명의 학생이 민족교육을 받고 있었다는 것을 생각하면 많은 학생이 1949년의 학교 폐쇄조치 이후 민족학교로 돌아오지 않고 일본인학교로 완전히 편입되었다는 것을 알 수 있다. 더욱 심각한 것은 2020년 5월 1일 현재 이 학교의 학생수는 21명이고 교사는 9명이다. 그야말로 폐교 상황에 놓여있다. 滋賀県教育委員会, 「学校数、学級数、園児・児童・生徒数、本務教員数(専修学校・各種学校)」, (https://www.pref.shiga.lg.jp/edu/toukei/suuzidemiru/kakusyu/313934.html 검색일: 2021.5.30).

이었는데, 그 내용은 영주권을 가진 재일한인의 일본인학교에서의 입학과 진학 그리고 수업료 등에 대해 지시하는 것이었다. 그런데 생뚱맞게도 마지막 '四 교육과정에 관한 사항'에서 학교에서의 "조선인의 교육에 대해서는 일본인 자녀와 동등하게 취급하여, 교육과정의 편성 · 실시에 대하여 특별한 취급을 해서는 안될 것임."이라고 지시를 한 것이다.

자치권을 가지고 있는 지방 교육당국이 문부성의 지시를 모두 이행한 것은 아니지만, 이 통달을 근거로 특별학급을 폐지하는 지자체도 있었다. 예를 들어 교토시의 경우 시 교육위원회는 위의 12 · 28통달-2를 빌미로 특별학급 폐지 조치를 취하여, 1966년부터 1969년까지 9개의 민족학급형 특별학급 중에서 6개가 폐쇄되었다.[45] 분급형 특별학급이었던 요우세이소학교의 특별학급은 학부모의 반대로 폐쇄는 되지 않았지만 1967년 3월 말에 추출형 특별학급으로 바뀌었다.[46]

다섯째, 1949년 11월에 조선인학교가 폐쇄된 이후 도쿄 도립조선인학교와 일부 공립분교를 제외하면 많은 학생이 일본인학교에 편입되었고 1960년대 중반이 되면 이미 그로부터 15년이 지났다. 일본사회의 차별은 여전하였고 일본인학교에서 일본인의 차별을 피하기 위하여 대부분의 학생이 일본이름(통명)을 사용하며 자신의 출신을 감추었다. 학교는 물론 차별이 극심한 사회적 분위기 속에서 민족학급은 결코 그들의 울타리 역할을 할 수 없었다. 또한 당시 일본은 경제적으로 부흥하고 있었고, 한반도의 상황은 나아지지 않았다. 일본사회에서 재일한인은 하류민족으로 여겨졌다. 즉 출신이 밝혀질까봐 민족학급에 참여하기를 꺼리는 학부모와 한인 학생들이 증가하였고 결국 민족학급을 폐쇄하는 요인으로

45) 中島智子, 「在日朝鮮人教育における民族学級の位置と性格―京都を中心として」, 『京都大学教育学部紀要』 第27号, 1981.3 참조.
46) 松下佳弘, 「戦後の在日朝鮮人教育行政の展開(1945~55年)―在日朝鮮人と地方自治体の関係―」, 京都大学大学院博士学位論文, 2018, 280~284쪽.

작용하였다.

이와 같은 다양한 이유로 1958년에는 63개교, 1961년에는 50개교 그리고 1960년 중반에는 30개교로 감소하였다.[47]

3. 주체적 해외교포교육과 재일한인사회의 변화

1) 조청조고위원회의 결성과 제3차 교과서 편찬

(1) 조청조고위원회

총련은 결성 초기에 북한의 공민으로서의 애국주의를 강조하였으나, 1967년부터는 '김일성 주석사상=주체사상'을 내걸기 시작하였다. 그리고 1970년부터는 '유일사상' 나아가 1974년부터는 '김일성주의'라는 간판을 내걸고 김일성에 대한 개인 숭배를 더해가며 운동을 전개하였다.[48] 당시 총련의 사상과 활동은 다분히 남북한이 대립하는 극한 정치상황 속에서 북한의 대남정책의 일익을 담당하는 것이었다. 이러한 총련의 성향은 조선학교 교육에도 그대로 반영되었다.

북한의 관심과 재일한인이 경제적으로 힘든 시기에 지원된 교육원조비는 조선학교 학생들로 하여금 북한체제를 지지하고 '김일성 수령'에 대한 충성심을 갖게 하는데 일조하였다. 즉 교육을 통한 강요된 것이 아니라, 당시의 분위기가 학생들에게 그러한 감정을 가지게 한 측면도 있었다.[49]

---

47) 中島智子,「在日朝鮮人教育における民族学級の位置と性格―京都を中心として」,『京都大学教育学部紀要』第27号, 1981.3.
48) 韓徳銖,『主体的海外僑胞運動の思想と実践』, 未来社, 1986, 220쪽.

한편, 총련의 조선학교 교육은 이미 조련 시기부터 그러했듯이, 일본에 동화되어 한민족으로서의 정체성을 갖추지 못한 동포 자녀들에게 '우리말'을 가르치는 것을 우선 과제로 삼았다. 그리고 교육원조비를 송금한 북한 또한 재일한인 자녀들의 언어습득을 무엇보다도 중시하였다. 총련의 귀국운동과 더불어, 조선학교에서의 우리말 교육은 사상교육과 함께 가장 중요한 과제로 자리 잡았다. 이러한 방향설정은 결과적으로 오랜 세월이 지나도 우리말을 하는 한인 집단이 일본사회에 형성되는 데 중요한 역할을 하였다. 김일성은 1970년 총련결성 15주년 기념대회 축하문에서 "새로운 세대들이 우리말과 글을 올바르게 쓰도록"해야 한다고 강조하거나, 1972년 총련계 북한방문단에 대해 "재일동포들은 아들딸들을 다 조선학교에 보내어 조선말을 배우게 하여 조선 사람으로 만들어야 합니다"[50]라는 등 거듭 강조하였다.

한편 1972년 7·4 공동성명으로 남북관계가 화해 무드를 조성하는 가 했는데, 박정희 정부는 갑자기 10월부터 헌정체제를 부정하고 독재 유신체제를 구축하였다. 이후 '반공'을 이유로 군사 독재정치를 강화하였다. 이에 민단은 '총화민단'과 '새마음운동'으로 유신체제를 지지하고 내부 결속을 다졌다. 나아가 1974년 8월 문세광 사건 이후, 한국정부는 민단을 통해 총련 관계자의 모국성묘단 사업을 진행하는 등 총련 조직 흔들기를 시작하였다. 자유롭게 남한을 방문할 수 없는 당시, 대부분 남한 출신인 재일한인의 고향에 대한 향수를 자극한 것이다.

이에 총련 또한 강력히 반발하며 조직 결속에 힘썼다. 그 일환이라고 생각되는데, 총련은 1974년부터 '재일본조선청년동맹'(이하, 조청)에 모든

---

49) 이토히로코, 「재일한인 사회와 조선학교－이바쇼로서의 가능성을 중심으로－」, 경북대학교대학원 박사학위논문, 2019, 89~90쪽.
50) 조선로동당 편, 『김일성저작집 25권』, 평양: 조선로동당출판사, 1984, 127쪽; 조선로동당 편, 『김일성저작집 27권』, 평양: 조선로동당출판사, 1984, 158쪽.

조선고급학교(이하, 조고) 학생을 가입시켰다.[51] 조청은 총련 결성과 함께 조직된 총련 산하 청년단체이다. 이 조직은 총련의 지도하에 각 지역(현)별 본부와 지역 조직을 가진 전국조직이며, 모든 조고 내의 '조청조고위원회'는 현의 조청본부에 소속되었다.

조청 규약(規約) 제1조는 "조청은 조선민주주의인민공화국정부의 정책을 높이 받들고, 총련 강령을 고수하며, 총련의 제반 결정 집행에 있어 선두에 선다. 조청은 자기의 모든 사업을 총련의 지도하에 진행한다."고 규정하고 있다. 그리고 조청 맹원의 '의무'를 규정한 제5조에서 , "1) 조청원은 공화국정부의 노선과 정책, 그것을 구현한 총련의 결정을 깊이 학습하고, 그것을 선두에 서서 옹호 관철하며, 널리 해설 선전해야 한다. (중략) 3) 조청원은 조국을 열렬히 사랑하고, 주체사회주의조국을 내외반동들의 책동에서 견실히 옹호하기 위해 헌신해야 한다. (중략). 14) 조청원은 내외의 적의 책동에서 총련 조직을 견고히 지켜야 한다"고 규정하고 있다.[52]

즉 북한의 노선과 정책을 따르는 총련의 결정을 선두에 서서 관철하는 '행동대'로 조청을 자리매김하고 있다. 그것은 마치 조련 시기의 조선민주청년동맹(민청)과 그리고 민전 시기의 조방대와 같은 존재였다. 총련은 이러한 조청에 고등학교 학생도 의무적으로 가입을 시켜, 조직강화에 나선 것이다. 대외적인 활동에 이들 학생을 적극적으로 동원하지는 않았으나, 한창 대학 입시나 취업을 위해 공부해야 하는 학생들에게 '행동대'의 역할을 부여한 것이다.

51) 김덕룡·박삼석,『재일동포들의 민족교육』, 東京: 학우서방, 1983, 70쪽.
52) 조청 규약은 東京都生活文化局私学部私学行政課調整担当,「朝鮮学校調査報告書」, 東京都, 2013.11, 17쪽에서 재인용.

(2) 주체적인 해외교포교육(제3차 교과서 편찬)

이러한 분위기에서 1970년대 중반, 조선인학교의 교육방침은 1970년대 전반기에 설정된 '주체적인 해외교포교육'에 중점을 두고 있었다. 이는 김일성이 북한을 방문한 조선인학교 관계자에게 1973년 8월 31일에 한 연설(「총련 교육일군들의 임무에 대하여」)을 지침으로 한 것이다. 그 내용은 사상적으로는 김일성주의를, 민족적으로는 언어교육을 중시하며, 국가적으로는 북한에서 필요한 인재양성에 중점을 둔 것이라고 정리할 수 있다. 1974년이 되면, 총련은 이를 실행한다며 "각급 학교들에서는 경애하는 수령님의 교시를 전달 침투하고 교시관철을 위한 집행계획을 수립하"53)고 집행해 나갔다고 한다.

이와 관련하여 총련은 1974년부터 1977년에 걸쳐 또 다시 교과서 개편을 하였다(제3차 교과서 편찬). 총련 측은 "시대의 변화에 의거하여, 일본에서 태어나 자란 동포 아이들의 실정을 한층 더 고려"하고 "조총련 애국사업에 바탕을 둔 교과서로 개편"54)하였다고 하는데, 1970년대 중반 이후의 남북 및 민단과 총련과의 대립관계를 고려했을 때, 조직 단합을 위해 철저히 '김일성주의'를 학생들에게 주입하였을 것이라 생각된다.

재일한인 사학자로 조선대학교에도 근무했던 고 박경식은 김일성 주체사상을 "객관적 제 조건과 자연, 사회의 법칙을 무시하는 주관적 사상, 관념론으로밖에 생각되지 않는다."55)며, 비난하였지만, 이는 후술하는 바와 같이 많은 재일한인의 생각을 대변한 것이라고 할 수 있다.

당시 총련은 이러한 상황에서 '재일'이라는 현실에도 불구하고, 조선학교에서의 김일성 주체사상 교육을 유지하고 지덕체를 갖춘 북한 공민 양

53) 김덕룡·박삼석, 『재일동포들의 민족교육』, 東京: 학우서방, 1987, 43쪽.
54) 『조선신보』 2003년 1월 24일.
55) 朴慶植, 『解放後在日朝鮮人運動史』, 三一書房, 1989, 418쪽.

성이라는 교육 방향을 고집하였다. 구체적으로는 정치사상 교육, 모국어 교육, 과학기술 교육, 체육 교육이라는 큰 틀 안에서 교육이 이루어졌다.[56]

남북한 정부는 그 '대리전쟁'을 하는 민단과 총련을 통해 재일한인 청소년이라는 '개인'들에게 '국가'에 대한 애국심을 배양하려고 했지만, 정작 재일한인청소년들의 국가의식은 희박해지고, 한 국가의 국민이기 이전에, 한 개인으로서(주민으로서) 현지에서의 삶 자체를 중시하는 경향이 점점 커지고 있는 상황이었다. 해방된 지 20년 가까이 지났으나 조국으로 귀환하지 않고 여전히 일본에서 거주하고 있고 또한 계속 거주하는 현실을 무시할 수 없는 것이었다. 하지만 총련의 1세들은 이러한 현실에 눈을 감고 있었다.

사상교육이 강화되는 한편, 조선고급학교에서의 상업과 설치는 고교 졸업 후 일본에서의 취업을 고려한 것이 아닌가 생각된다. 조선학교는 학부모의 요청으로 1974년부터 도쿄, 오사카 그리고 고베의 조선 고등학교에서 상업과를 개설하여 일반과목 교육과 더불어 부기회계, 공업부기, 상업경제, 상업법규, 계산실무, 주산, 전탁, 영문타자, 컴퓨터 과목과 일련의 자격취득을 위한 교육을 시작했다고 한다.[57] 즉 일본에서의 취업을 목표로 한 실기 위주의 자격취득과정이 개설되었으며, 이것은 일본 현지에서의 삶도 중시하기 시작했다는 것을 의미한다. 하지만, 일본사회에서의 성공을 위한 일본 유명대학 입학을 위한 교육과정과는 거리가 있었고, 일본어 수업은 제한적이고 일본사회 관련 수업도 없어, 조선학교 출신자들은 한자도 모른다는 이야기가 공공연히 회자되었다. 1970년대 말

---

56) 박종운·박종철, 『주체의 해빛아래 발전하여온 總聯의民主主義的民族教育』, 東京: 학우서방, 1981, 9~29쪽.
57) 김덕룡·박삼석, 『재일동포들의 민족교육』, 東京: 학우서방, 1987, 45~46쪽, 70쪽.

의 조선학교 재학생수도 약 2만 5천 명(153개교)으로 감소하는 추세였다.

2) 제4차 교과서 편찬

1980년대에 들어서 북한으로의 귀국 희망자는 더욱 줄어(1981년 38명, 82년 26명, 83년 0명, 84년 30명, 84년 0명), 총련의 귀국사업은 마무리되었다. 귀국지향의 조선학교 교육은 현실적인 의미가 약화되었고, 학부모나 학생의 입장에서는 일본에서 살아가야 하는 것을 전제로 한 교육을 요구하게 되었다.

총련은 1983년부터 1985년에 걸쳐 초등부(초등학교), 중등부(중학교) 그리고 고급부(고등학교)의 교과서를 순차적으로 개편, 적용하였다(제4차 교과서 편찬). 교과서 개편과 관련해 총련은 "민족교육이 지향하는 이상적 인간상은 민족적 자주성이 확립되어, 조국과 일본 및 국제사회의 각 분야에서 충분히 활약할 수 있는 창조적 능력을 겸비한 조선인이다"(밑줄은 필자)[58]라고 규정하였다. '재일'이라는 현실을 감안한 교육 개편이 이때부터 시작되었다고 할 수 있다.

수업 시간도 조정이 이루어져, 예를 들면 일본어 수업시간은 초등학교에서는 709시간에서 897시간, 중학교에서는 315시간에서 525시간, 고등학교에서는 265시간에서 400시간으로 증가하였고, 교과서도 전체의 60~85%가 일본인 작가의 작품으로 구성되었다.[59] 고급부의 경우 고등학교 2학년부터 사회과학계통과 자연과학계통으로 학급을 편성하기 시작하였다.

하지만 총련 측의 교육개혁 의지는 현실의 변화를 따라가지 못하고 있었다. 여전히 1세대 중심으로 조직이 움직이고 있고, 또한 그들의 조

---

58) 『조선신보』 2003년 1월 24일.
59) ウリハッキョをつづる会, 『朝鮮学校ってどんなとこ?』, 社会評論社, 2001, 137쪽.

국 지향적인 사고는 2, 3세 중심으로 움직이는 동포사회의 변화와 경제
교류를 중심으로 확산되는 상호의존적인 국제사회와는 거리가 있었다.

3) 재일한인사회의 변화

(1) 조선학교 학생수의 감소

1987년 현재 조선학교의 교육목적은 "동포자녀들은 조국과 민족의 번
영에 이바지하는 지덕체를 갖춘 어엿한 조선사람으로 키우는 데 있다"[60]
고 되어 있다. 그러면서, "민족교육은 내용편성에서는 일본이라는 환경
속에서 진행되는 민족교육이라는 사정, 동포자녀들이 학교 졸업 후에 일
본에서 오래 생활하고 사업하게 된다는 현실을 정확히 반영하고 있다.
따라서 재일동포들의 사업과 생활, 재일조선인운동의 요구를 교육내용
에 담을 뿐 아니라 일본어와 일본의 역사, 지리, 일본사회와 국제사회에
대하여 잘 알 수 있도록 내용을 정하고 있다"[61]고 주장한다.

이 주장대로라면 북한 공민교육과 일본현지에서의 생활능력 배양이라
는 두 가지 목적이 균형 있게 학교수업에 반영되고 있었다는 느낌을 받
는다. 하지만 실상은 그렇지 않다는 데 문제가 있다.

총련 측은 해방 이후 약 30년간의 민족교육의 역사와 관련해 다음과
같이 평가한다. "실로 민족교육의 력사는 경애하는 수령 김일성원수님과
친애하는 지도자 김정일동지의 현명한 령도하에 재일동포들이 주체적인
해외교포교육사상을 지침으로 삼고 교육사업을 끊임없이 심화시켜온 긍
지높은 력사이며 교육일군들과 각 계층 재일동포들이 높은 헌신성과 희
생성을 남김없이 발휘하여 민족의 대와 애국운동의 대를 믿음직하게 이

---

60) 김덕룡 · 박삼석, 『재일동포들의 민족교육』, 東京: 학우서방, 1987, 60쪽.
61) 김덕룡 · 박삼석, 『재일동포들의 민족교육』, 東京: 학우서방, 1987, 81쪽.

어갈 인재를 키워온 <u>전진의 력사이며</u> 민족교육의 권리를 침해하고 탄압
하려는 온갖 책동을 단호히 물리치고 민족교육의 권리를 굳건히 고수하
여온 영광찬 <u>투쟁의 력사이다.</u>"62)(밑줄은 필자)

〈표 25〉 총련계 조선학교의 학생수

연도별	초 급		중 급		고 급		대 학	
	학교수	학생수	학교수	학생수	학교수	학생수	학교수	학생수
1970	90	11,336	45	13,223	9	10,170	1	933
1981	88	14,135	53	6,890	11	5,830	1	950
1985	85	9,809	56	5,201	11	4,552	1	1,443

출처: マキー智子, 「在日朝鮮人教育の歴史: 戦後日本の外国人政策と公教育」, 北海道大学
　　　大学院博士学位論文, 2014, 15쪽의 「총련계 학교수와 재학생수」를 가지고 작성.

　　총련은 스스로의 교육에 대해서 '이념적'으로는 이렇게 자평할 수는
있지만, 그럼에도 불구하고 조선학교에서 조금씩 멀어져가는 동포사회
의 '현실'에 대해서 심각하게 인식했어야 했다. 그들의 노력과는 달리 이
미 1960년대 후반부터 조선학교 재학생은 조금씩 감소하기 시작하였고,
1970년대 중반 이후에는 더욱 심하게 감소하기 시작하였다. 이미 1985년
에 2만 명이 되지 않는 초중고등학생이 있었고, 그 이후에도 상황은 호
전되지 않았다.

(2) 1970년대 중반 이후 재일한인 사회의 변화
　　1970년대 중반 이후 재일한인사회는 크게 변하고 있었다. 첫째는 세대
교체로 1974년에 이미 조국을 직접 알지 못하는 세대가 80%에 달했다.
　　둘째는 재일한인 2세가 일본기업에 취업하거나 취업할 수 있다고 인

62) 김덕룡·박삼석, 『재일동포들의 민족교육』, 東京: 학우서방, 1987, 50쪽.

식하기 시작했다. 많은 1세들이 일본사회의 차별 속에서 그리고 민족적
인 저항심으로 일본사회의 외연에서 활동하였다고 한다면, 2, 3세들은
일본사회를 구성하는 재일한인 시민으로서 일본사회 속으로 뛰어들기
시작하였다. 1951년생으로 아라이 가네시(新井鐘司)라는 통명(일본명)으
로 생활하던 박종석(아라이 가네시)이, 국적을 이유로 자신을 해고한 히
타찌제작소(日立製作所)를 상대로 제기한 해고무효 소송에서 승소한 것
은 1974년 6월이다(히타찌취업차별재판). 재일한인이 일본의 대기업에서
일하는 것은 재일한인 1세에게는 상식을 넘어서는 일이었으나, 재일한인
2세들은 자신들도 일본기업에 취직할 수 있다는 희망을 갖게 되었다.[63]
재일한인 신분으로 1976년에 사법시험에 합격하였으나, 한국적을 이유로
사법연수생 입소를 거부당했던 김경득은 소송을 제기하였고, 1977년 일
본의 최고재판소는 김경득의 이의제기를 받아들였다. 즉 재일한인도 일
본사회에서 당당히 취업하고 활동할 수 있다는 의식이 확산되었다. 현재
한국이나 조선적으로 일본에서 변호사업을 하는 사람이 많이 있다.

　세 번째 변화는 재일한인사회의 세대교체에 따른 국가와 민족에 대한
인식변화이다. 조국과 민족을 '실감'하지 못하는 2세와 3세는 1세와는 달
리 조국과 민족을 자신들과 일체화 시키지 않았으며, 오히려 재일한인으
로서 일본에서 어떻게 살아가야 하는지를 고민하였다. "2세와 3세 중에
는 조총련과 민단 양쪽 모두가 본국과의 관계에 집착하거나 본국 정부의
의지대로 움직이고 있어 운영이 비민주적이고, 한반도의 분단 상황을 재
일한인사회로까지 확대시키고 있다며, 이에 환멸을 느끼는 사람들이" 증
가하기 시작하였다.[64] 이러한 의식은 일본에서의 삶도 중시하며, '재일'

63) 한경구, 「일본사회의 국제화와 공존을 지향하는 재일한인의 운동」, 국사편찬위원회 편, 『일
　　본 한인의 역사(상)』, 국사편찬위원회, 2009, 352~353쪽.
64) 한경구, 「일본사회의 국제화와 공존을 지향하는 재일한인의 운동」, 국사편찬위원회 편, 『일
　　본 한인의 역사(상)』, 국사편찬위원회, 2009, 355~356쪽.

한인으로서 일본인과 공존하자는 1980년대의 지문날인거부운동 등 차별
철폐운동으로 발전하였다.

네 번째 변화는 일본정부와 기업의 취업과 관련된 차별이 많이 완화
되었다는 것이다. 재일한인과 일본인도 동참하여 시작된 교수 및 교원
임용차별 철폐운동이 전개되어, 1970년대 말 이후 지방자치단체 공무원,
대학, 초·중·고 교원 등 다양한 분야에서의 국적에 의한 임용차별철폐
가 확대되어 나갔다.[65]

즉, 총련계 재일한인사회는 물론, 재일한인을 둘러싼 환경이 1970년대
중반 이후 크게 변하기 시작하였고, 1980년대 이후 그 변화의 폭은 넓어
졌다. 새로운 세대는 증가하고 한국의 경제발전으로 일본에 새롭게 건너
온 일본거주 민단계 뉴커머도 급증하였다.

총련은 40년간의 조선학교 교육과 관련해, "영광찬 투쟁의 력사"라고
자평하였다. 하지만 재일한인 젊은 세대의 변화와 그들을 둘러싼 환경변
화에 적절한 교육을 제공하지 못하고, '주체적인 해외교포교육'을 1987년
현재에도 고집하고 있었다. 즉 총련 측에서는 변화에 맞추어 수업내용
등을 개편하였다고 변론할지 모르나, '북한의 공민'을 지향하는 교육목적
의 근본적인 수정 없이는 조선학교의 침체를 막을 수 있는 방법이 없었
다. 제4장에서는 1990년대 이후 조선학교가 쇄락해가는 과정과 그 원인
에 대해 상술한다.

---

65) 한경구, 「일본사회의 국제화와 공존을 지향하는 재일한인의 운동」, 국사편찬위원회 편, 『일
본 한인의 역사(상)』, 국사편찬위원회, 2009, 368~369쪽.

제**4**장

한국정부의 재일한인 민족교육정책과
한국계 학교

제4장
한국정부의 재일한인 민족교육정책과 한국계 학교

1. 이승만 정부와 장면 내각의 민족교육 지원사업[1)]

1) 이승만 정부의 민족교육 지원사업

한국정부수립 이후 이승만 정부는 재일한인의 법적지위, 생계 그리고 교육실태 등에 대해서 대체로 파악하고 있었다. 그리고 법적지위와 관련해서는 현지 대사를 통해 재일한인의 권리를 주장하기도 하였다. 그러나 국내문제에 매몰되어 재일한인의 귀환은 물론 현지 문제에 대해서도 적극 대응하지 않았다. 한국전쟁 이후에도 마찬가지였다.[2)] 특히 재일한인

[1)] 김경준·김태기,『미래인재 개발 전략으로서 재외동포 청소년 지원방안 연구 I』, 한국청소년정책연구원, 2015, 35~40쪽; 김태기,「한국정부와 민단의 협력과 갈등관계」,『아시아태평양지역연구』제3권1호, 2000.8을 참조하여 정리하였다.
[2)] 이승만정부의 재일한인 정책에 관한 최근의 연구로는 오가타 요시히로,「이승만정부의 '재일동포'정책 연구」, 연세대학교대학원 박사학위논문, 2018; 閔智焄,『韓国政府の在日コリアン政策[1945-1960] 包摂と排除のはざまで』, クレイン, 2019 등이 있다.

의 민족교육은 완전히 방치된 상황이었다. 조련계 조선학교에 대해서는 공산주의 교육을 한다는 이유로 비난을 하였지만, 정작 민단 측이 민족교육에 대해 소극적인 것에 대해서는 문제를 삼지도 관심을 보이지도 않았다.

이러한 와중에 민단이 처음으로 학교법인 '동경한국학원'의 설립을 의결한 것은 1953년 10월 23일에 열린 민단 전국대회에서였다. 구조련계의 자주학교가 증가하는 속에서, 민단은 도쿄지역에 자체적인 학교 건설을 위해 한국정부에 자금 지원을 요청하였다. 그 결과 한국 정부는 처음으로 34,500달러(1,242만 엔)의 교육 지원금을 송금하였고, 민단은 1954년 4월 자체기금 6천만 엔과 한국정부 지원금의 일부로 동경한국학교 초·중등부를 개설하였다.[3] 첫해는 민단자녀를 중심으로 초등학생 17명, 중학생 9명의 학생으로 개교하였다. 도쿄도로부터 각종학교로 인가를 받았으며 1956년에는 고등부도 개설하였다.[4] 어려운 환경 속에서도 동경한국학교 초·중·고등부 학생수는 1959년 5월 현재 332명으로 증가하였다.

한편 총련이 민족학교 재건에 한창이던 1956년 2월, 문교부는 총련계 조선학교 및 민단계 학교현황을 확인하기 위해 교육실태조사단을 일본에 파견하였고, 민단 측은 교육법령, 학교신설 및 보수, 교사교육, 도서관 설치, 교육행정관 파견 등을 요청하였다. 이후 문교부는 동포교사초청, 장학관 파견, 장학제도 도입, 학교시설 및 교사봉급보조, 교육관계자의 방한, 재일한인학생 본국초청 등의 사업을 검토하기 시작하였다.[5]

문교부는 1957년부터 민단계 학교시설보조비를 송금하고 교과서를 공

---

3) 김봉섭, 「이승만정부 시기의 재외동포정책」, 한국학중앙연구원 한국학대학원 박사학위논문, 2009, 180쪽.
4) 동경한국학교(초등부), 「2019학년도 학교교육계획」, 2019, 4쪽.
5) 김봉섭, 「이승만정부 시기의 재외동포정책」, 한국학중앙연구원 한국학대학원 박사학위논문, 2009, 180~183쪽.

급하기 시작하였으며, 당해에 2만 2천 달러(792만 엔)를 송금하였다.6) 나
아가 재일한인 출신의 이옥동 국회의원이 1958년 8월, 민단이 과거부터
요청해온 사항, 즉 장학관 및 교사의 일본파견, 민단계 교사의 본국연수,
학교증설 및 장학금 지원 등을 국회에서 건의하여 통과되었다.7) 실질적
으로 이들 항목에 대한 지원 규모는 크지 않았으나 이후 문교부의 지원
사업에 모두 포함되었다.

〈표 26〉 한국정부의 민단계 학교 지원사업(1953~1959)

년 도	항 목	금액(달러)
1953	· 동경한국학원 건설비	34,500
1957	· 민단계 학교 시설보조비	22,000
1958	· 민단계 학교 시설보조비 · 교사 봉급 보조비 · 장학금	39,600 15,200 20,000
1959	· 재일 모범학교 설치비 · 항목 불명	160,000 16,000

주: 교과서 공급은 별도. 1959년의 '항목 불명' 16,000달러는 '교사봉급 보조비'가 아닌
　가 생각됨.
출처: 중앙대학교부설 한국교육문제연구소, 『문교사』, 1974, 287~288쪽 자료로 작성.

하지만, 민단계 한인의 입장에서 보면 당시 한국정부의 지원규모는 그
야말로 면피용에 지나지 않았다. 북한이 재일한인을 북한의 공민이라고
대외적으로 발표하고, 1957년부터 거액의 교육지원비를 송금했을 뿐 아
니라, 1959년 초 총련계 한인의 북한귀환이 기정사실화되자, 마침내 민

6) 총무처, 「재일교포교육비 보조와 교육관 파견의 건」(「제107회 국무회의(1957.11.5) 회의록」, 국가기록원 소장).
7) 김태기, 「한국정부와 민단의 협력과 갈등관계」, 『아시아태평양지역연구』 제3권1호, 2000.8, 73~74쪽; 총무처, 「재일교포민족교육대책에 관한 건의 이송의 건」(「국무회의 회의록(1958.8.29.)」, 국가기록원 소장. http://www.archives.go.kr/next/search/searchTotalUp.do 검색일: 2017.10.5).

단은 이승만 자유당정부에 대한 불신임안을 공개적으로 선언하였다.[8] 이승만 정부의 재일한인정책에 대한 평가는 관점에 따라 다를 수도 있지만, 당시 민단 측의 신뢰를 완전히 잃었다는 사실은 부정할 수 없다.

〈표 27〉 민단계 한국학교 현황(1959.5)

법 인 명	학 교 명	학급수	학생수	학교유형
동경한국학원	동경한국학교초등부	6	141	각종학교
	동경한국학교중등부	3	101	각종학교
	동경한국학교고등부	3	90	각종학교
금강학원	금강유치원	(1)	(18)	-
	금강소학교	6	201	1조교
	금강중학교	3	79	1조교
교토한국학원	교토한국중학교	3	167	각종학교

출처: 청암대학교 재일코리안연구소, 『재일동포 민족교육 현황 조사』, 재외동포재단, 2013, 33쪽의 자료를 보완하여 재작성.

1959년 5월 현재 민단계 학교는 동경한국학원 외에, 오사카에 금강소학교(1조교)와 1954년 4월에 각종학교로 개교한 금강중학교가 있었다(1960년 4월에는 고등학교 개교). 금강중학교를 건립할 때 동경한국학원 건립시 한국정부가 지원한 금액의 일부가 사용된 것이 아닌가 생각된다.

그리고 교토에도 민단계의 교토한국중학교(각종학교)가 있었다. 이 학교는 제2차 조선인학교 폐쇄 때 폐교된 민단계의 교토조선중학교를 '재단법인 동방(東邦)학원'(1951년 12월 설립)이 1951년 12월에 다시 각종학교 인가를 받아 개설한 것이다. 1958년 4월 동방학원은 '교토한국학원'으로 이름을 바꾸고, 동방학원중학교도 교토한국중학교로 변경하였다. 1960년

---

8) 김태기, 「한국정부와 민단의 협력과 갈등관계」, 『아시아태평양지역연구』 제3권1호, 2000.8, 75쪽.

8월에는 '모범학교 건설' 대상이 되어 한국정부로부터 지원을 받았으며, 1961년 5월에는 문교부로부터 '한국학교' 인가를 받아, 재정적인 지원을 받게 되었다.[9]

관서지방에 민단계 학교가 두 곳밖에 없었다는 것은 당시 민단계의 재정상태와 민족교육에 대한 의욕 그리고 한국정부의 지원 부족을 단적으로 보여주는 것이다. 1959년 5월 현재 도쿄와 오사카지역 민단계 학교에 재학하는 학생은 779명(유치부 제외)에 지나지 않았다.

그리고 중립의 위치에서 학교를 운영하고 있던 백두학원 건국소·중·고등학교에는 1959년 5월 현재 민단계보다도 많은 1,029명의 학생이 다니고 있었다. 관서지방에 민단계 고등학교가 없는 상황에서 민단계 학교를 졸업한 많은 졸업생이 건국고등학교로 진학하였을 것이라 생각된다. 관서지방의 민단계 고등학교로는 1960년 4월에 금강고등학교(1조교)가 그리고 1963년 4월에 '교토한국고등학교'(각종학교)가 개설된다.

〈표 28〉 백두학원 현황(1959.5)

법 인 명	학 교 명	학급수	학생수	학교유형
백두학원	건국소학교	6	162	1조교
	건국중학교	3	167	1조교
	건국고등학교	7	698	1조교

출처: 청암대학교 재일코리안연구소, 『재일동포 민족교육 현황 조사』, 재외동포재단, 2013, 33쪽의 자료를 보완하여 재작성

---

[9] 학교법인 교토국제학원, 「2019학년도 교육계획」, 55쪽. 1960년 8월 문교부로부터 '모범학교 건설' 대상으로 지정되어 예산 지원을 받아 건물을 지어, 1963년 4월 교토한국고등학교를 개설한 것이 아닌가 생각된다. 교토한국고등학교는 1965년 9월 문교부로부터 '한국학교'로 인가를 받았다.

2) 장면 내각의 민족교육 지원사업

4.19 혁명으로 1960년 6월 제2공화국이 들어서고 8월에 출범한 장면 내각은 약 1년간의 집권이었지만, 민단 측에 보다 관심을 가지고 지원하려고 했던 흔적이 보인다. 내각이 출범한 8월 문교부는 문교행정 실천사항(33개 항)을 발표했는데, 재외한인과 관련해, ① 재일교포교원에 대한 재교육강화, ② 재외국민교육의 강화, ③ 해외유학생의 지도 강화, ④ 국제문화교류의 강화[10] 등의 시책을 제시하였다. 그리고 1961년 2월에는 '재일교포상황시찰단'을 일본에 파견하기도 하였다.[11]

〈표 29〉 장면 내각의 재일동포 청소년 교육지원 사업

사업지역	교육지원 내용	비 고
일본 현지	모범학교 설치비	이승만 정부의 교육 지원 사업을 승계
	시설 보조비	
	교사봉급 보조비	
	학생 장학금 지원	
	교과서 공급	
	주일한국외교대표부에 장학관 파견	문교부직제 개정 (1961년 3월 18일, 국무원령 233호)
한국 국내	재일교포학교 교사초빙 재교육(1960년)	예산은 계상되었으나 집행 여부는 불명확
	재일교포학생초청 특별지도(1961년)	

* 출처: 1) 총무처, "재일교포 교육비 보조와 교육관 파견의 건", 『제107회 국무회의 (1957.11.05) 회의록』.
(http://theme.archives.go.kr/next/cabinet/keywordSearchResultDescription.do 에서 2015년 10월 5일 인출)
2) 중앙대학교부설 한국교육문제연구소, 『문교사』, 1974, 99쪽, 482~483쪽.
1) 2)에서 재구성
출전: 김경준·김태기, 『미래인재 개발 전략으로서 재외동포 청소년 지원방안 연구 I』, 한국청소년정책연구원, 2015, 39쪽.

---

10) 중앙대학교부설 한국교육문제연구소, 『문교사』, 1974, 482쪽.
11) 김태기, 「한국정부와 민단의 협력과 갈등관계」, 『아시아태평양지역연구』 제3권1호, 2000.8, 78쪽.

내각이 출범한 1960년 8월에 문교부는 교토한국학원에 대해 모범학교 건설계획을 승인하여 자금을 송금하고, 1961년 5월에 교토한국중학교를 '한국학교'로 인가하여 지원하기 시작하였다(박정희 정부 시절인 1963년 4월에는 교토한국고등학교가 2학급 73명의 학생으로 개교하는데, 이 학교 또한 1965년 9월에 한국학교로 인가를 받았다). 또한 문교부는 1961년 2월 금강중학교(1954년 개교, 1조교)와 고등학교(1960년 개교, 1조교)를 한국학교로 인가를 하였다. 나아가 장면 내각의 지원으로 동경한국학원 4층 건물의 공사도 시작되었다(1961년 10월에 준공. 1962년 3월 초·중·고등부는 한국학교로 인가를 받았다).

게다가, 군사혁명 직후인 1961년 12월에는 장면 내각에 의해 계획되었던 장학관 1명의 주일한국외교대표부 파견과 교사 9명의 한국학교 파견이 집행되어, 장학관과 교사 파견이 시작되었다.[12] 집행여부는 확인이 되지 않고 있으나, 「재일교포학교 교사초빙 재교육」 및 「재일교포학생 초청 특별지도」 관련 교육지원 사업도 새로운 지원사업으로 포함되게 되었다. 민단계 학교에 대한 장면 내각의 지원사업을 보면, 이승만 정부보다는 재일한인의 민족교육에 대하여 관심을 가지고 지원을 하였다고 볼 수도 있다. 그러나 돌이켜 보면, 이들 사업은 민단이 과거부터 요청한 것들이었고, 1958년 8월에 재일한인 출신 이옥동 의원이 국회에 건의하여 통과된 것들이었다.

---

12) 석윤균, 「재외동포교육정책의 발전과정에 관한 연구」, 성균관대학교대학원 석사학위논문, 1997, 24쪽.

2. 박정희 정부와 재일한인 민족교육 정책13)

1) 박정희 정부 초기의 민족교육 정책

박정희 정부 초기의 재일한인정책은 과거정부와 큰 차이가 없었으나, 1962년 당시 한국정부의 재일'국민'정책은 자유주의 한국국민으로서의 단합과 법적지위 향유, 공산세력으로부터 재일국민보호와 생활향상, 한일관계증진에 기여하게 하고, 본국으로의 귀국보다는 일본에서의 영주를 유도한다는 것이었다.14)

당시 북한이 총련계 한인의 귀국 장려와 북한의 공민을 양성하는 민족교육에 대해 적극적으로 지원했던 것과는 달리, 남한정부의 민단계 동포에 대한 정책은 재일한인에 대한 반공의식함양과 일본에서의 영주였던 것이다. 이승만 집권기의 한국정부는 정치적 그리고 경제적인 이유로 재일한인의 집단귀국을 꺼려했는데, 박정희 정부도 재일한의 일본에서의 영주를 기정사실화하고 있었던 것이다. 그리고 그것은 한국인 혹은 한민족으로서 일본사회에서 일본인과 공존하는 것이 아니고, 일본사회에 점차 동화해 갈 것이라는 예상을 전제로 한 것이었다.

물론 한국정부는 공개적으로 재일한인의 일본에서의 동화나 영주를 표명한 적은 없다. 하지만 그러한 의도는 재일한인정책에 자연스럽게 반영되었고 한일회담 과정에서도 그대로 노출되었다. 즉 한국정부의 입장에서는 재일한인이 우리말을 유창하게 하는 국내의 한국인처럼 되기를

---

13) 김경준·김태기, 『미래인재 개발 전략으로서 재외동포 청소년 지원방안 연구Ⅰ』, 한국청소년정책연구원, 2015, 40~53쪽; 김태기, 「한국정부와 민단의 협력과 갈등관계」, 『아시아태평양지역연구』 제3권1호, 2000.8을 참조하여 정리하였음.

14) 김태기, 「한국정부와 민단의 협력과 갈등관계」, 『아시아태평양지역연구』 제3권1호, 2000.8, 79~80쪽.

바라지 않았다. 한국정부는 재일한인이 한국민으로서의 '의식'을 가지고
남한 정부의 반공정책에 우호적인 존재로 유지되길 바라는 정도였다.

박정희 정부 초기에는 한국학교시설보조비 등 과거 정부의 교육지원
사업이 그대로 유지되었다. 그런데 변화가 있다면, 첫째 문교부가 1963년
4월부터 도쿄, 오사카 그리고 교토 등 일본의 주요지역 10개소에 '한교
(韓僑)교육문화센터'를 개설하였다는 것이다. 이 센터의 주요 목적은 일
본인학교 재학생과 일반 성인에게 한국어를 가르치는 것이기는 하나, 부
가적으로는 국민교육과 반공교육을 실시하고 또한 총련계 학교를 저지
하려는 것이다.[15]

둘째는 민단계 재일한인을 중심으로 한 '재일한국인 교육후원회'를
1963년 6월에 발족시켜, 동포교육을 위한 재정기반 확립을 유도했다는
것이다. 민단 측이 동포교육을 위한 자금마련을 위해 적극 나서야 했으
나, 그렇지 않은 상황에서 한국정부가 나서서 이를 독려한 형태가 되어
버린 것이다. 이 후원회는 100만 불(3억 6,000만 엔)의 기금 확보를 목표
로 1969년까지 6년 동안 659.028달러(정부지원금 462,410달러, 현지모금
196,618달러)를 확보하였다.[16]

셋째는 1962년부터 모국유학생을 국비장학생 형태로 받아들이기 시작
했다는 것이다. 민단계 인재양성을 목적으로 한 것인데, 이 제도로 1962년
에 국내에 입국한 학생은 3명에 지나지 않았지만, 1969년까지 183명의

---

[15] 김상현, 『재일한국인-교포80년사-』, 어문각, 1969, 242쪽 참조. 하지만 당시 한국정부의
의도와는 달리, 예산상의 문제로 센터 설치 초기에는 민단계 교직 유경험자(3개원)와 현
지에 파견되어 있던 교사(4개원)가 운영책임자로 임명되고, 나머지 3개원은 1964년까지
운영되지 못했다. 1965년과 66년에야 이들 3개원에 문교부 파견교사가 충원되었다. 네이
버 지식백과(한국학중앙연구원, "재외한국교육원" 항목 http://terms.naver.com/entry.nhn?docId
=2456615&cid=46615&categoryId=46615 검색일: 2018.10.10).

[16] 중앙대학교부설 한국교육문제연구소, 『문교사』, 1974, 487~488쪽. 659,028달러는 당시 환율
로 약 2억 3,700만 엔이었다. 북한이 1969년 한해에만 보낸 교육원조비가 약 12억 엔이었
다.

재일한인 유학생이 입국하였다.[17)]

〈표 30〉 박정희 정부 초기 재일동포 청소년 등 교육지원 사업

사업지역	교육지원 사업내용	비 고
일본현지	한국교육문화센터(1963,4) 개설	→한국교육문화센터(1965)→한국교육원(1977,2)
	재일한국인 교육후원회 발족(1963,6)	→한국교육재단(1973)
	재일한국학교 시설보조, 교사 봉급 보조, 정부 파견 교사 인건비, 도서 및 교과서 공급 교육행정비(주일장학실 운영비)	이승만 및 장면 정부의 교육 지원 사업을 승계 "재외국민의 교육에 관한 규정"(1977,2)으로 법제화
한국국내	모국수학제도(1962년부터) 국비장학금 지급	
	재일교포학생 모국 초청 지도	재일교포학생 하계 단기교육 규정(1966,8)→재외교포학생 단기교육 규정(1978,6)

출전: 김경준·김태기,『미래인재 개발 전략으로서 재외동포 청소년 지원방안 연구Ⅰ』, 한국청소년정책연구원, 2015, 42쪽.

2) 한일정상화 이후의 반공정책과 민족교육[18)]

(1) 한일협정과 민족교육

한일 양국정부가 1965년 2월에 한일기본조약에 가조인을 하고 4월에는 법적지위 등 제 현안에 대한 가조인을 하자, 민단은 5월 7일 "우리와 관계가 깊은 재일 동포의 법적 지위와 처우 문제에 대하여는 우리의 요구와는 너무나 거리가 먼 점에 실망을 금할 수 없다."고 전제하고, 사회보장 등의 문제 등에 대해서는 추후 협의에서 진전이 있기를 기대하며,

---

17) 중앙대학교부설 한국교육문제연구소,『문교사』, 1974, 488쪽.
18) 김태기,「한국정부와 민단의 협력과 갈등관계」와 김경준·김태기,『미래인재 개발 전략으로서 재외동포 청소년 지원방안 연구Ⅰ』, 한국청소년정책연구원, 2015의 내용을 참고하여 정리하였다,

"특히 2세 교육 문제에 있어서의 교육재단 설치 등 발본적인 정책의 수립을 요망한다."[19]는 성명을 발표하였다.

1965년 6월 한일 양국이 서명한 한일협정은 재일한인의 입장에서 보면 결코 만족스러운 것이 아니었다. 교육문제도 예외는 아니었다. 교육과 관련해 한일 양국은 "일본국에 있어서의 교육, 생활보호 및 국민건강보험에 관한사항"에 대해 일본정부는 '타당한 고려'를 한다(제4조 (1)항)는 형태로 마무리하였다. 교육과 관련해 구체적인 약속은 없었고, 일본정부에 일임하겠다는 것과도 마치가지였다. 재일한인의 특수한 역사적 배경을 고려하였을 때, 일본정부가 당연히 보장해야 할 사항에 대해, 마치 일본정부가 재일한인에 대해 정책적 배려를 하는 형태로 내용이 정리된 것이다.

교육문제에 대해서 보다 구체적으로 합의한 양국의 「합의 의사록」을 보면, 협정영주권자가 "일본국의 공립소학교 또는 중학교에 입학을 희망하는 경우에는 그 입학이 인정되도록 필요하다고 인정되는 조치를 취하고, 또한 일본국의 중학교를 졸업한 경우에는 일본국의 상급학교 입학 자격을 인정한다."(제3조 (1)항)고 합의하였다.

재일한인자녀가 일본의 초, 중학교 입학을 희망하는 경우 필요한 조치를 취한다는 것은, 대일평화조약 발효 후 일방적으로 재일한인의 일본국적을 박탈한 일본정부가 이미 1953년도 새학기 전에 지방교육당국에 지시한 내용으로, 전혀 새로운 것이 아니다. 또한 일본중학교를 졸업한 한인학생에게 일본고등학교 입학자격을 인정하는 것도 당연한 것으로 굳이 한일 양국이 합의해야 할 성격의 내용은 아니었다.

만약 당시 한국정부가 보다 재일한인의 민족교육에 대해 관심을 가지고 있었다면, 도꾜도립 조선인학교가 1955년 4월에 도립에서 각종학교로

---

19) 민단 50년사업편집위원회, 『민단 50년사』, 재일본대한민국거류민단, 1997, 91쪽.

사립화 될 당시, 일본정부도 재일한인 아동의 민족교육을 책임져야 한다고 민전 측이 주장하여, 결과적으로 자립화 이후 5년간 약 1억 2천만 엔의 교육비를 도교육당국으로부터 받게 된 사례를 참고해야 했다.[20]

즉, 한국정부는 민단계 '한국학교' 특히 1조교가 아니고 각종학교의 형태로 한국의 정규과목을 가르치는 학교에 대해서도 일본정부의 교육지원 책임을 물어, 일정금액의 교육비를 부담시킨다는 자세로 한일회담에 임해야 했다. 또한 일본인학교 내에서의 한국인 자녀를 위한 특별학급 보장도 가능했을 것이다. 하지만 후술하는 바와 같이, 한국정부는 오히려 현재 운영되고 있는 특별학급조차도 폐지시키는 약속을 일본 측과 하였다. 대부분의 특별학급이 총련계 민족강사로 채용되고 운영되고 있어 이를 저지하려는 의도가 있었다고 볼 수 있다. 즉 당시 한국정부는 '반공'이 1순위이고 '민족'은 2순위였다.

극단적으로 평가하자면, 재일한인은 일본에서 영주하면서 결국 일본인으로 동화되어 갈 것이라는 전제가 깔려있었고, 이러한 인식은 재일한인의 법적지위를 협상하는 한국대표단의 발언에서도 엿볼 수 있는 것이었다. 한국정부의 이러한 인식은 1980년대 말까지 이어진다.

한일협정 과정에서 나타난 한국정부 관계자의 발언과 관련해 재일시인 김시종의 다음과 같은 인터뷰 내용이 대변한다.

김시종(재일시인·교육자) : 일본 국적 갖고서 한국과의 우호를 친선을 조성하는 게 좋다고 했어요. 일본에서 차별받고 고생할 필요 없다 그런 얘기겠죠. (한국의) 총리가 그렇게 말 하는데 민족교육 필요 없지 않을까 그런 생각 들도 했고 그러니 일본학교 다니는 게 보통이었죠.(밑줄은 원문)[21]

---

20) 정희선, 『재일조선인의 민족교육운동』, 선인, 2014, 214~230쪽.
21) 정희영, 「재일코리안 한국계 민족학교의 학교문화 특성에 관한 연구'에 대한 반론을 통한 민족학교 이해」, 『일어일문학』, 제78호, 2018.05, 137~138쪽.

결국 교육문제와 관련해 한일협정 내용에는 재일한인이 민족교육을
받을 권리와 관련된 내용은 없었다. 그래서 민단은 5월 7일의 성명에서,
교육재단 설립 등 2세의 교육에 대해서 한국정부가 보다 발본적인 대책
을 세워주길 요망한 것이다.

(2) 민단강화 대책회의

1966년부터 한일협정에 의한 재일한인의 협정영주권 신청이 시작되었
다. 재일한인이 협정영주권을 받는다는 것은 절차상 '남한'의 국민이 되
는 것을 의미하는 것이었기에, 남북한 정부 및 민단과 총련 관계자의 입
장에서는 중요한 관심사였다. 하지만 당시 협정영주권을 신청하는 사람
은 많지 않았다.

이러한 상황에서 문교부는 '한교'교육문화센터를 '한국'교육문화센터로
개칭을 하고 1969년까지 21개소로 확대시켰다. 그리고 이들 센터 산하에
105곳의 국어강습소를 개설하였다.[22] 매년 여름에 실시해온 '재일교포학
생 모국초청지도'사업을 8월부터 '재일교포 하계 단기교육'으로 제도화하
고 사업의 목적을 '조국애와 반공정신 함양'으로 설정하였다. 이 사업은
일본중고교 및 대학 재학생이 서울과 부산의 하계학교에서, 4주간의 일
정(3주간은 교육, 1주간은 연고지 방문)으로 교육을 받는 것이었다.
1965년까지는 참가자가 50명 정도였는데, 1966년부터는 대폭 확대하여,
1966년에 469명, 1967년에 431명, 1968년에 648명, 1969년에 525명으로
1965년 수준의 약 10배로 참가자를 늘렸다. 동포사회에 남한정부를 홍보
하고 반공정신을 함양하게 함은 물론 협정영주권 신청을 유도하기 위한
것이었다고 볼 수 있다.

---

22) 김상현, 『재일한국인-교포80년사-』, 어문각, 1969, 242쪽.

한국정부의 노력에도 불구하고 1968년 1월 13일 현재 협정영주권 신청
자는 전체 재일한인의 10%도 되지 않는 58,176명에 그쳤다. 이후 한국정
부는 중앙정보부가 주도하여 민단조직 강화를 위해 움직였고, 외무부 주
최로 1969년 8월 7~8일 '재일거류민단 강화 대책회의'가 열렸다. 이 회의
에는 한국정부 관계자와 민단관계자 73명이 참석하여, 민단조직, 동포경
제, 교육, 법적지위 등 민단 강화를 위한 의견조정이 이루어졌다.[23]

〈표 31〉 재일거류민단 강화 대책회의(1969.8) 교육관련 민단 요구사항

민단 요구		정부의 대응
①	장학관실 확장	장학관실 확장은 어렵고, 연차적으로 장학사 증원
②	재일교육위원회 강화	재일교육위원회 강화에 협조
③	도쿄와 오사카에 고등학교 신설 본국 진학을 위한 1년 예비과정을 일본에 개설	고등학교 추가 설치는 예산상 어려움 일본에 1년 예비과정 설치는 예산상 어렵고 본국 내에 설치 본국 유학생 중에서 교사 양성
④	재일한국인 교육후원회 지원금 목표액 200만 달러 달성 위한 교육 보조금 증액	정부 목표액인 100만 달러는 조속히 지원 노력, 자체 노력도 바람
⑤	본국대학 일본 분교 설치	예산상 어려우므로 본국 유학 권장

출전: 김경준·김태기,『미래인재 개발 전략으로서 재외동포 청소년 지원방안 연구 I 』,
한국청소년정책연구원, 2015, 45쪽.

특히 민족교육과 관련하여 민단 측은 도쿄와 오사카에 고등학교 신설,
한국대학 입학을 위한 1년 예비과정 설치 등 민족학교의 추가 개설을 희
망하였다. 하지만 한국정부는 예산상의 이유를 들어, 일본 내에서의 민
족학교 추가개설은 받아들이지 않고, 국내에서의 민족교육지원책을 제
시하였다. 북한의 경우 일본에서의 민족학교 개설에 적극적이었으나, 한

---

23) 김태기,「한국정부와 민단의 협력과 갈등관계」,『아시아태평양지역연구』제3권1호, 2000.8,
85쪽.

국정부는 여전히 소극적이었으며, 지금도 이러한 입장은 이어지고 있다.

회의 결과에 따라, 한국 내에서의 민족교육 지원을 위해 1970년 6월 서울대학교 내에 '재외국민교육연구소'(1977년 재외국민교육원→1992년 교육부 산하 국제교육진흥원)가 설치되어, 국내 대학 및 대학원 입학을 희망하는 재일한인을 대상으로 한국어 및 역사 등 1년간의 예비과정을 개설하여 교육을 실시하기 시작하였다.[24]

한국정부의 '재일한국인 교육후원회'에 대한 지원도 일정 금액 지속되어, 1973년에 1,227,209달러(정부 보조비 557,410달러, 현지 모금 1,057,410달러)가 되었다.[25] 교육후원회는 '한국교육재단'이 되었으며, 이후에도 모금을 지속하여, 민단계 학생에 대한 장학사업과 학술지원 사업 등을 전개한다.[26] 또한 한국정부는 1969년부터 매년 민단계 교육 공로자를 초청하였으며, 1973년부터는 민단 및 민단 산하 교육기관과 한국교육문화센터 관련 청년 간부를 초청하여, 약 3주간의 국내교육 및 견학 등을 실시하였다.[27]

한일협정 과정에서 이미 민족교육에 대한 한국정부의 인식이 알려졌지만, 한일정상화 이후에도 한국정부는 일본에 민족학교를 개설하는 것에는 관심이 없었다. 경제성장에 따른 교육 관련 지원금액이 조금 증가하는데 그쳤다.

---

[24] 중앙대학교부설 한국교육문제연구소,『문교사』, 1974, 620~621쪽;『동아일보』1970년 6월 23일.

[25] 미국이 1971년 8월 달러의 금교환 정지를 발표한 이후 변동환율제와 고정환율제가 혼재하였으나, 1973년 4월부터 변동환율제가 정착되었다. 1973년의 평균 환율은 1달러에 약 271엔이었다. 따라서 1,227,209달러는 3억 3,300엔이었다.

[26] 민단 30년사 편찬위원회,『민단 30년사』, 1977, 488쪽. 2014년 3월 현재 약 13억 엔의 자산을 보유하고, 매년 120여 명의 고교, 대학, 대학원생에게 장학금을 지원하고 있다.

[27] 중앙대학교부설 한국교육문제연구소,『문교사』, 1974, 624~625쪽.

〈표 32〉 남북한의 재일한인 교육지원비(1972~1975)

년도	남 한	북 한	평균환율(1달러)
1972	1,026,524달러(311,036,772엔)	1,685,605,800엔	303엔
1973	1,038,081달러(281,319,951엔)	1,750,932,300엔	271엔
1974	1,247,181달러(362,929,671엔)	2,255,755,000엔	291엔
1975	1,508,865달러(448,132,905엔)	3,737,767,950엔	297엔
합 계	1,403,419,299엔	9,430,061,050엔	

출처: 한국정부의 달러 지원금액은 안광호, 「재일국민자녀교육의 개선방안에 관한 연구」, 연세대학교대학원 석사학위논문, 1976, 66~67쪽 참조.

한편 1970년의 민단계 학교(동경한국학교, 금강학원, 도쿄한국중고등학교) 재적 학생수는 초등학생 461명, 중학생 255명, 고등학생 457명으로 1,173명으로 집계되고 있다.[28] 앞서 살펴본 것과 같이 1959년 5월 현재 민단계 학생 숫자는 779명(유치부 제외)이었는데, 10년 동안 약 400명이 증가한 것이다. 다양한 요인이 있지만 가장 큰 이유는 앞서 기술하였듯이 1960년 4월과 1963년 4월에 금강고등학교(1조교→1968년 오사카한국고등학교로/각종학교)와 교토한국고등학교(각종학교)가 설립되는데, 이들 고등학생 숫자가 약 400명 증가한 것이다.

1972년부터 1975년까지 한국정부가 민단 측에 지급한 교육지원비는 약 14억 엔이며, 같은 시기 북한의 교육원조비는 약 94억 엔이었다. 한국정부의 지원금액은 과거보다 많이 증가하기는 하였으나 여전히 격차가 심하다는 것을 알 수 있다. 그렇지만 북한의 총련에 대한 지원비는 1975년 현재 164개교에 달하는 조선학교의 전국적 규모와 총련 상공인의 북한에 대한 송금액 등과 관련지어서 생각해야 할 것이다.

1971년 현재 문교부로부터 '한국학교'로 인가를 받아 지원을 받은 것은

28) 문교부, 『문교통계연보 1970』, 문교부, 1970.

동경한국학원, 교토한국학원, 오사카 금강학원 3곳뿐이었지만, 해방 후 오카야마의 구라시키(倉敷)와 효고현의 다카라즈카(寶塚)에도 사설학원 수준의 민족학교가 유지되고 있었고, 1970년대에 아마가사키 한국학원 (1972), 고베한국학원(1974), 나고야 한국학원(1975) 그리고 효고 한국학 원(1985)이 각종학교 인가를 받아 민족교육을 하였다고 한다.[29] 1970년 대에 관서지방에 민단계 한인들이 한국학원을 새롭게 개설한 것은 민족 교육의 현실적 필요성과 민족교육에 대한 동포사회의 의욕을 나타내는 것이었지만, 이들 학교들은 결국 활성화 되지 못하였다.

3) 민단 조직강화와 민족교육

　1972년의 10월유신 단행과 1974년 8월의 문세광 사건 이후, 한국정부 는 총련계 재일한인 모국방문사업으로 총련 조직의 분열을 꾀했고, 총련 에 대항하는 세력으로서의 민단의 역할에 보다 관심을 가지게 되었다. 당시 한국의 초등학교 운동회에서는 장대에 매달린 박을 터트리면, "분 쇄하자 공산당"이라는 현수막이 아래로 내려오는 시대였다. 국가 안보를 위해 반공은 필요한 정책이었지만, '반공'을 도구로 독재체제 강화를 도 모하였다.

　민단도 유신체제에 우호적인 집행부가 나서서, '총화민단' 그리고 '새 마음운동'을 내걸고 유신체제에 보조를 맞추었다. 1976년도의 주일한국 대사관 교육관실의 재일한국인 교육목표는 "1. 대한민국 국민으로서의 자각과 투철한 반공, 애국정신의 함양, 2. 재일국민으로서의 건전한 생활 능력의 배양, 3. 협동, 단결과 조화, 친선의 증진"[30]이었다.

---

[29] 오자와 유사쿠 지음, 이충호 옮김, 『재일조선인 교육의 역사』, 혜안, 1999, 383쪽; 김환, 「재일동포교육 어제, 오늘 그리고 내일」, 『교육월보』 제178호, 1996, 22쪽.

1975년 6월 30일 현재 재일한인 학생현황을 보면, 총 131,384명의 한
국·조선국적 학생 중에서,[31] 일본인학교에 다니는 학생은 약 99,000명
(약 75.9%)이었고, 총련계 조선학교 재학생수는 약 3만 명(약 22.8%)이었
으며, 민단계와 중립계의 백두학원 학생(유·초·중·고)은 모두 합쳐도
1,765명[32](약 1.3%)에 지나지 않았다. 1976년 12월 현재, 일본에 파견된
교육관과 파견교사는 55명이었다. 한국교육문화센터(1977년부터 한국교
육원)는 35개소가 있었고, 국어강습소 160여 개, 성인교육 한국학원은
29개소가 존재했다.[33]

1970년대 중반 이후 재일한인사회에서는 일본에서의 삶의 방식을 두
고 고민을 하기 시작하였다. 재일한인 2세의 성장과 사회 진출이 급증하
는 속에서, 한국인(혹은 북한 공민)으로 살 것인가, 일본인으로 살 것인
가가 중요한 과제로 대두되고 있었다. 재일한인 2세에게 반공이나 친북
의 문제는 이차적인 문제이고, 그 이전에 개개인 어떠한 정체성을 가지
고 살아야 하는지, 보다 근본적인 문제를 가지고 고민하고 있었다. 물론
정체성을 둘러싼 논의는 1980년대에 들어서 적극적으로 논의되기 시작
하지만, 박종석 취업차별, 김경득의 사법연수생 채용 문제로 이미 1970년
대 중반 이후 화제가 되기 시작하였다.

그러나 1977년 당시 한국정부의 재일한인 정책은 첫째, 교민사회의 육
성강화로 민단조직을 총련세력에 대항할 수 있게 육성, 둘째, 모국과의
연대강화로 남한홍보, 셋째, 교민사회에 대한 북한 침투 저지를 위해 총
련 동포에 대한 모국성묘단 사업 지속, 총련 단체 등에 대한 정탐과 대

30) 재일본대한민국거류민단 중앙본부, 『교육백서』, 재일본대한민국거류민단, 1990, 130~131쪽.
31) 외무부, 『재외국민현황 1975년도』, 1975, 23쪽.
32) 문교부, 『문교통계연보 1975』, 문교부, 1975, 792쪽.
33) 변우량, 「재일동포 2세의 민족교육」, 『입법조사월보』 No.99, 1976.12, 14쪽.

처 등이었다.[34)]

실제로 한국정부는 민단조직 강화를 위해 6만 달러(약 1,170만 엔)의 민단 육성비와는 별개로, 1978년부터 매년 10억 엔이라는 거액의 조직운영비를 민단에 지원하기 시작하였다.[35)] 즉, 당시 한국정부나 민단이 재일한인의 민족정체성 형성에 적극적인 관심이 있었다면, 매년 민단에 지원하는 자금의 일정 부분은 민족교육에 할당되었을 것이다. 그러나 당시 그리고 지금도 한국정부는 민단계 학교 확장에는 별로 관심이 없다. 또한 민단 측도 학생 수요 등을 이유로 학교 확장에는 적극적인 관심이 없었다.

따라서 박정희 정부의 재일한인 민족교육정책은 민단계 학교의 현상 유지하면서, 제한된 학교 교육 내에서 애국심 및 반공의식을 배양하는 교육을 하는 한편, 일본 내의 교육문화센터를 통해 일본인학교 재학생을 대상으로 한국어를 가르치면서 홍보하는 정도였다. 그리고 매년 재일한인청소년을 집단으로 국내에 초청하여 하계학교를 열어 한국을 홍보하는 동시에 애국심 및 반공의식을 갖게 하는 사업에 치중하였다.

3. 전두환 정부의 재일한인 민족교육 정책[36)]

1) 본국중심의 민족교육 정책과 재일한인의 정체성 상실

전두환 군사정부 초기 문교부의 '재외국민교육' 목표는 첫째, 한국인으

34) 외무부교민1과, 「교민업무편람」, 외무부, 1977, 76~80쪽.
35) 김태기, 「한국정부와 민단의 협력과 갈등관계」, 『아시아태평양지역연구』제3권1호, 2000.8, 89~90쪽.
36) 김경준·김태기, 『미래인재 개발 전략으로서 재외동포 청소년 지원방안 연구Ⅰ』, 한국청소년정책연구원, 2015, 53~59쪽을 참고하여 정리하였음.

로서의 자각과 자부심 고취, 둘째, 건전한 생활능력의 배양·지원하여 '긍지 높은 재외한국인'을 육성하여 동포사회와 모국 발전에 기여하고 세계 평화에 기여하게 한다는 것이다.[37] 이러한 '재외국민교육'목표는 노태우 정부로 그대로 이어진다.

여기서 주목해야 하는 것은 우선 이승만 정부 이후 한국정부가 유지해온 반공교육정책이 표면적으로는 재외국민교육 목표에서 제외되었다는 것이다. 남북한이 여전히 대치하고 있고, 일본사회에서는 민단과 총련이 대립하고 있는 상황임에도 불구하고, 반공정책이 교육정책에서 제외된 것은 국제사회와 재외한인사회의 변화를 반영한 것이며, 북한체제 및 경제에 대한 남한정부의 자신감을 반영한 것이기도 하였다. 국제사회는 상호의존이 심화되고, 동서 간에 화해 무드가 고조되고 있었으며, 남한경제는 북한과의 비교 대상이 아니었고, 재일한인 사회에서도 민단 조직은 확대되어 갔던 반면, 총련 조직과 조선학교는 축소되어갔다. 1980년대 초의 한국적 재외한인 숫자는 150만 명 가까이 되었고, 재일한인들은 현지에서의 안정된 정착과 2세의 교육문제가 심각하게 대두되고 있는 상황이었다. 즉 당시 상황에서 보았을 때 '반공'정책은 표면적으로 그 의미가 약화되고 있었다. 하지만 실질적으로 반공은 여전히 재일한인정책의 중심으로 이루고 있었고, 이것이 확실하게 약화되는 것은 김영삼 정부가 들어서면서부터이다.

전두환 정부 초기 '재외국민교육' 목표의 또 한 가지 특징은 여전히 '본국'이라는 '국가' 중심의 '의식적 민족정체성' 함양을 지향하고 있었다는 것이다. 재일한인은 물론 재외한인사회에서는 현지에 동화되어가는 한인 2세의 정체성의 문제가 부각되었고, 민족성 강화(한국말, 문화 이해

---

37) 『관보』(1981.12.31) 제9028호. 재외국민의 교육에 관한 규정 중 개정령.

등)에 대한 대책이 시급했다. 하지만 당시 한국정부는 그러한 현실적 문제에 대한 대응보다는, '한국인으로서의 자각과 자부심의 고취'라는 막연한 목표를 지향하고 있었던 것이다.

1980년대 중반 이후가 되면 국제사회의 상호의존은 더욱 심화되고, 한국적 재외한인의 숫자는 미국, 일본 등 200만 명을 넘게 된다.[38] 재외한인의 증가로 인해 국내의 관심도 커지고 있는 상황이었고, 한인 2세 교육에 대한 대책도 당연히 주요한 과제로 부상하였다.

2) 교육개혁심의회의 재일한국학교 발전방안

한편 그 배경을 알 수 없으나, 문교부는 1987년에 학교교육 개혁을 위해 각계 전문가로 구성한 '교육개혁심의회'(이하 심의회)를 구성하였다. 심의회의 '초,중등교육분과 위원회(제2분과)'는 5월 21일, 「해외교포교육 발전방안」이라는 보고서를 완성하였고 26일에 심의회는 이를 의결하였다.

보고서의 내용을 보면 현재 200만 명이 넘는 재외한인이 있고, 한국의 경제발전으로 증가 추세에 있으므로 "해외에 거주하는 교포 자녀들이 현지에 잘 적응할 수 있도록 할 뿐 아니라 모국어를 익히고 우리의 역사와 문화를 이해할 수 있도록 도와주어야 할 것"이며, "국가의 이익을 도모하고 국력배양의 기반을 조성하기 위해서는 교포교육을 강화, 발전시키는 노력이 시급히 요청되고 있다"[39]고 지적하였다. 즉 재외한인 자녀들의 현지 적응은 물론 민족정체성을 확립하기 위한 모국어와 역사 그리고 문

---

38) 1986년 현재 미국 1,083,596명, 일본 692,757명 등 총 2,006,216명으로 나타났다. 일본의 경우 한국·조선적이 모두 포함된 숫자이다. 외무부, 『재외국민현황』, 1986.10, 13쪽.
39) 교육개혁심의회, 「해외교포교육 발전방안」(정책연구 ii-7), 문교부, 1987, i 쪽.

화에 대한 교육이 필요하다고 강조한 것이다.

이것은 그간의 교육방침과는 다른 것이었다. 그리고 정체성 확립을 위한 구체적인 과제로 ① 해외교포교육(전일제, 정시제, 통신교육, 단기집중교육, 모국수학)의 기회확대, ② 지역특성에 맞는 다양한 교포교육 실시, ③ 교포교육 교육과정 및 교재의 개발, 보급, ④ 우수한 담당 교원 확보 및 자질 향상(연수 등), ⑤ 교포교육 행·재정 지원체제 구축 등을 제안하였다.[40] 그리고 민단계 학교와 관련하여 다음과 같은 문제점과 개선방안을 제시하였다.

〈표 33〉 재외한국학교(전일제) 현황

국명	학교수	교원수				학급수	학생수
		계	파견	현지채용	강사		
일본	4	142	21	98	23	62	1,655
자유중국	2	13	3	6	4	9	118
인도네시아	1	12	2	4	6	6	128
이란	1	16	1	9	6	9	93
사우디아라비아	3	31	7	15	9	24	397
이집트	1	7	1	2	4	4	40
바레인	1	5	1	3	1	4	35
쿠웨이트	1	8	1	6	1	7	81
리비아	1	8	1	7	0	7	43
미국	1	10	0	5	5	5	124
계	16	252	38	155	59	137	2,714

* 출처: 교육개혁심의회, 「해외교포교육 발전방안 (정책연구 ii-7)」, 문교부, 1987, 9쪽.

첫째, 학교 이사회나 민단 지원이 저조하여 재정자립도가 낮고, 정부 의존도가 과도하게 높다. 둘째, '교포'학생 수는 지속적으로 감소하고 있

---

40) 교육개혁심의회, 「해외교포교육 발전방안」(정책연구 ii-7), 문교부, 1987, ii-iii쪽.

고, 단기 체류자의 본교 연계 교육문제가 대두되고 있다. 셋째, 시설이 낙후되고 우수교원 확보가 어려우며, 모든 교육환경이 현지 표준에 미달됨으로써 교육의 질적 보장이 어렵다. 넷째, 1조교인 금강학교와 건국학교는 일본의 교육과정을 따라야 하고, 현지 적응 교육이 필요해, 모든 면에서 "한국학교라는 명분을 찾기가 어렵다". 다섯째, 나머지 2개교(동경한국학교, 교토한국학교)도 학생 유치와 학교 발전을 위해 1조교 인가 취득을 당면과제로 하고 있어 "한국학교라는 명분을 상실하게 될 우려가 있다." 여섯째, 이들 한국계 학교는 한국인으로서의 자각과 긍지를 교육목표로 하고 있지만, 일본의 교육과정을 기본으로 하기 때문에 소기의 목표를 달성하기 어렵다. 일곱째, 대다수의 동포자녀가 일본인학교에 재학하여, 한국계 학교의 비중이 미약하다. 여덟째, 한국계 학교에 대한 "2,3세 교포들의 교육적 신뢰도가 낮고 따라서 한국학교의 학생 수 증가와 재정적 자립을 더 이상 기대하기 곤란한 실정이다."[41]

그리고 교육개혁심의회는 한국계 학교가 활성화되지 못하는 문제와 관련해 민단의 문제점에 대해서도 지적하였다. 즉 민단은 창단 이래 명분상 민족교육을 활동방침에 포함시키면서도 실천을 하지 않았고, "조직간부를 비롯한 지도급 인사들의 자녀들은 일본학교에 재학하고" 민단계 학교에 다니지 않는 실정이므로 "민족교육의 진흥이 구호에 불과하게 되고 말"았다고 비판하였다.[42]

이상과 같은 문제제기를 근거로 교육개혁심의회는 민단의 한국계 학교에 대한 대대적인 개혁안을 제시하였다. 첫째, 한국계 학교를 완전히 분리한다. 즉 한국의 학교 교육체제를 따르는 '한국학교'와 '1조교 학교'로 한국계 학교를 분리하고, 운영주체와 교육내용 그리고 담당교원 및

41) 교육개혁심의회, 「해외교포교육 발전방안」(정책연구 ii-7), 문교부, 1987, 49~50쪽.
42) 교육개혁심의회, 「해외교포교육 발전방안」(정책연구 ii-7), 문교부, 1987, 53쪽.

운영재원도 본국정부와 재일한인 측으로 나누고 후자에 대해서는 한국
정부가 일부 지원을 하는 형식으로 가야한다고 제안하였다. 둘째, 학교
교육의 질적 향상을 위해 교원에 대한 처우와 근무조건을 개선하여, 우
수교원을 확보하고 교원에 대한 재교육을 통해, 전문성을 높여야 한다.
셋째, 교육내용의 정비 및 교육자료 개발을, 넷째, 한국계 학교의 민단에
의한 자립체제 확립, 다섯째로는 문교부에 재외국민교육과에 교육전문
부서를 둘 것과 재외국민교육원의 기능 강화를 제안하였다.[43]

교육개혁심의회가 구체적인 문제점을 지적하고 해결 방안을 제시했지
만, 그 이후 구체적인 진전은 보이지 않았다. 그 결과 동경한국학교 내에
서 올드커머와 뉴커머의 갈등이 심화되었고, 관서지방에서의 한국계 학
교는 사정이 점점 어려워졌다.

4. 한일정상화 이후 1980년대 말까지 한국계 학교의 상황

1) 뉴커머의 증가와 동경한국학교의 활성화

동경한국학교는 개교 초기부터 학생모집에 어려움을 겪었다. 가장 큰
이유는 일본의 유명대학에 입학시키기 위하여, 일본인학교로 자녀를 보
내는 경향이 민단계 한인사회에 있었기 때문이다. 조련과 총련은 국가와
민족지향의 학교교육을 중시하였지만, 민단은 표면적으로는 국가와 민
족을 내세웠지만, '재일'이라는 보다 현실적인 선택을 하였다. 그래도 그
와중에는 민족교육을 중시하는 학부모들은 동경한국학교에 자녀들을 보

---

43) 교육개혁심의회, 「해외교포교육 발전방안」(정책연구 ii-7), 문교부, 1987, 62~68쪽.

냈고 학생수는 지속적으로 증가하여 1963년에는 717명이 되기도 하였다.[44] 이후 올드커머 학생수는 감소하였지만, 1966년 1월 한일정상화 이후 도쿄에 부임한 단기체류의 한국 공관원 및 상사 주재원 자녀가 증가하면서 500~600명대의 학생수를 유지하였다.

한편 동경한국학교는 1970년대 초까지 초·중·고등부의 경우 국어, 역사, 지리, 도덕 등은 본국의 교과서를 사용하고, 기타 과목은 일본의 검인정교과서를 사용하여 1조교에 준하는 수업을 하였다. 하지만 한일협정 체결 이후 일본 현지에 파견된 공관원 및 상사 주재원의 자녀 등 본국 출신의 학생이 증가하면서 초·중등부 통합과정은 한국의 교과과정이 강화되고, 고등부의 경우는 한국식과 일본식의 교육이 병행되었다. 그 결과 올드커머 자녀수가 지속적으로 감소하여 1971년 4월 현재 693명의 학생이 1981년에는 412명까지 감소하였다. 이것은 올드커머 자녀는 줄어들고 단기체류자 자녀가 점하는 비율이 증가하였다는 것을 의미한다. 1980년에 동경한국학교에 재학하던 본국출신 학생과 일본 현지출신 학생비율은 59.6%(242명)과 40.4% (164명)로 본국출신 학생수가 60%를 차지하였다.[45]

1982년 이후 동경한국학원의 학생수는 초등학생을 중심으로 지속적으로 증가하기 시작한다. 가장 큰 요인은 한인 뉴커머와 일시체류자가 증가하기 시작하였다는 것이다. 즉 올드커머 자녀의 입학은 큰 변화가 없었으나, 뉴커머의 초등학교 자녀가 지속적으로 증가하였다. 특히 학부모의 요망으로 1980년대부터 초등부에도 영어수업이 도입되고 한국의 교과과정이 더욱 강화되어, 올드커머를 위해 만들어진 동경한국학교는 뉴

---

44) 이 수치는 李南教, 「在日韓国人の民族教育に関する研究」, 芦屋大学大学院博士学位論文, 1995, 192쪽에서 가지고 왔음.
45) 이남교, 「재일동포의 민단계학교: 민족교육 2」, 『새교육』 제506호, 1996.12, 103쪽.

커머를 위한 학교로 더욱 변모해갔다. 초등학생의 증가는 이후 중·고등
학생의 증가로 이어졌다. 그 결과 1990년에는 학생수가 745명으로 회복
되었고, 1990년대 이후에도 초등학생을 중심으로 학생수가 꾸준히 증가
하였다, 후술하는 바와 같이 그 증가세는 지금도 이어져 지금의 건물로
는 도저히 학생을 수용할 수 없는 상황에 이르렀다.

〈표 34〉 한국계 학교 학생수 추이(1965~2019)

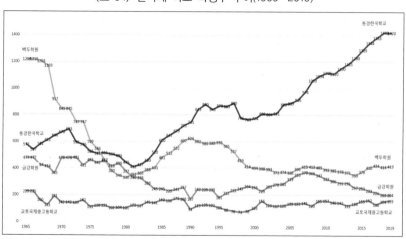

출처: 교육부가 매년 발간하는 『문교통계연보 1965』부터 『문교통계연보 2019』의 통계
　　　 자료로 작성.

2) 관서지방의 한국계 학교의 침체

(1) 백두학원

일찍이 1조교로 출발한 백두학원은 민단이나 총련과 거리를 두면서
중립적인 입장을 견지하며 학교를 운영하였다. 그 결과 민단과 총련계
자녀들도 많이 입학하여 1966년에는 1,235명[46)까지 학생 수가 증가하였

다. 하지만 이후 학생수가 줄기 시작하여 1975년 4월 현재 1966년의 50%
가 안되는 599명의 규모로 급감하였다. 그 이유로 생각할 수 있는 것은
우선 총련계 조선학교로의 유출을 생각할 수 있을 것이다. 둘째는 학교
내의 교육 분위기를 추측할 수 있다. 중립계를 표방했다고는 하나, 학내
에서는 남북으로 학생들이 갈라져 서로 대립하는 양상이 이어졌다고 한
다. 셋째는 민단계 학교로의 유출도 생각할 수 있다.[47)

급작스러운 학생 감소로 인해 재정위기를 맞게 된 백두학원 경영진은
1976년 9월에 한국계 학교로서의 노선을 걷기로 결정하여 10월에는 문교
부로부터 '한국학교' 인가를 받았다. 그리고 '백두학원 정상화(한국인학
교화) 추진 5개년 계획'에 따라 한국정부로부터 1차년도에 100만 달러가
송금되었고, 그 일부로 교사들의 밀린 봉급을 지급하였다고 한다.[48) 이
후 한국정부의 지원금으로 기숙사 구입(1979), 신교사 시공(1979) 그리고
유치원 신설(1980) 등 교육환경을 재정비하였다.[49) 1977년부터는 학교에
태극기가 게양되었고, 1978년부터는 한국인교사가 파견되었다. 그 결과
한국계 학교는 4곳으로 증가하였다. 1975년 이후에도 학생수는 지속적으
로 감소하여 1980년 4월 현재 330명까지 학생수가 감소하였으나, 학교
재정비 이후 지속적으로 증가하여, 1985년에 481명, 1990년에 624명(소 ·
중 · 고)까지 학생수가 증가하였다.

1980년대 백두학원 학생수의 증가는 학교건물 신축 등 학교환경 개선

46) 이 수치는 李南教,「在日韓国人の民族教育に関する研究」, 芦屋大学大学院博士学位論文, 1995,
192쪽에서 가지고 왔음. 문교부,『문교통계연보 1965』와『문교통계연보 1966』은 모두
1,218명으로 표시하고 있으나, 1966년의 추치는 1965년의 수치를 그대로 옮긴 것 같음. 왜
냐하면, 교토한국중고등학교와 금강학원의 학생수도 1965년과 1966년의 수치가 똑같기 때
문임.
47) 백두학원 학생 감소의 원인은 정치학, 역사학 그리고 교육학 분야의 중요한 연구과제이나
현재까지는 보이지 않는다.
48) 이민호,「오사카 민족학교 백두학원 창립자 조규훈」,『월간조선』2010년 10월호.
49) 민관식,『재일본한국인』, 아세아정책연구소, 1990, 32~33쪽.

과 한국교사 파견이 영향을 미쳤다고 할 수 있다. 하지만 뉴커머의 증가로 인한 학생증가도 하나의 요인으로 생각할 수 있다. 동경한국학교처럼 한국식 교육을 받을 수 없는 오사카 지역에서 1조교의 학교지만 그나마 민족학교의 형태를 취하고 있는 백두학원에 뉴커머와 일시체류자 자녀가 증가한 것이 아닌가 생각된다. 하지만 이러한 증가세는 1990년 이후 다시 꺾이게 된다.

(2) 금강학원

동경한국학교와 백두학원 건국학교는 1970년대는 학생 감소 그리고 1980년대는 학생 증가 추세를 보였으나, 금강학원은 지속적으로 감소하였다. 금강학원은 금강소학교의 경우 설립 이후 1조교로 운영되었으나, 금강중학교(1954)와 금강고등학교(1960)는 설립 당시는 1조교로 시작하였다가(1961년 문교부로부터 '한국학교' 인가), 1968년부터 각종학교로 운영하기 시작하였고, 학교명도 '오사카한국중학교' 그리고 '오사카한국고등학교'로 명칭을 바꾸었다. 오사카에서는 유일하게 '한국인'교육을 하는 중고등학교가 생긴 것이다. 각종학교로 운영하면 일본정부의 재정지원을 받을 수 없어 학교운영에는 부담이 되나, 한일정상화 이후 이학교는 나름 '한국인' 교육을 지향했다고 볼 수 있다.

1957년에 2대 이사장으로 취임한 사업가 서갑호[50])의 재정지원에 많이 의지하던 금강학원은 1970년 중반까지 대체로 450명 정도의 학생수를 유지하였다. 하지만 서갑호 이사장의 사업체인 사카모토(坂本)방적의 사업부진과 도산(1974) 그리고 서갑호 이사장의 사망(1976) 이후 학교재정이 급속히 나빠지자 학생수도 함께 감소하였다. 1980년 이후에도 지속적으

---

50) 서갑호는 주일한국대표부가 일본에서 처음으로 대사관 관저를 마련할 때, 도쿄의 요충지인 미나미아자부(南麻布)에 있는 자신의 건물과 토지를 기부한 유명한 사업가이다.

로 감소하여 1985년 4월 현재 학생수는 245명이었다.

이와 같은 상황인데도 한국정부나 민단 측 관계자의 적극 지원은 이루어지지 않았다. 결국 재정적인 부담으로 각종학교를 유지하는 것이 어려워지자, 일본정부의 재정지원을 받기 위해 1985년 11월에 중·고등학교도 다시 1조교 인가를 받아 1986년부터는 1조교로 운영하기 시작하였고 학교명도 '금강학원소·중·고등학교'로 바꿨다. 금강학원은 이후 백두학원처럼 '한국학교'로서 한국정부의 재정지원과 '1조교'로서 일본정부의 재정지원으로 겨우 유지할 수 있게 되었으나, 학생수는 증가하지 않고 1990년까지 감소추세는 멈추지 않았다.

(3) 교토한국중고등학교

교토지역의 유일한 한국계 학교인 교토한국중고등학교는 각종학교로서 독자적인 민족교육을 유지하고 있었으나 학생 유치에 더욱 어려움을 보였다. 교토한국중학교는 1961년에 문교부로부터 한국학교 인가를 받아 지원을 받기 시작하였고, 1963년에 개교한 교토한국고등학교는 1965년에 문교부 인가를 받아 지원을 받기 시작하였다.

한일국교가 정상화되는 1966년에는 학생수가 225명이었으나 10년 후인 1975년에는 111명으로 감소하였다. 이러한 추세는 그 이후에도 이어져 1980년 4월 현재에도 학생수는 101명(중학생 44명 고등학생 57명)이었다. 하지만 이후 뉴커머 및 일시체류자 자녀가 증가해서인지, 학생수는 점차 증가하여, 1985년에는 162명 그리고 1989년에도 168명 수준을 유지하였다. 그러다 1990년 이후 다시 감소하기 시작한다.

제5장

1990년대 이후 한국계 학교의 현황

제5장
1990년대 이후 한국계 학교의 현황

1. 1990년대 이후 한국정부의 재외한인정책과 정체성 함양[1]

1) 한민족공동체 구성원으로서의 '재외동포'와 현지화 정책(1990년대)

1988년 2월에 노태우 정부가 들어섰지만, 기본적인 '재외국민교육' 목표는 과거 정부의 정책을 그대로 승계하였다. 하지만 노태우 정부의 재외한인 교육정책과 관련해 큰 변화가 있었다. 우선 한국정부가 냉전붕괴 이후 1990년부터 중국과 러시아 및 중앙아시아 거주 한인도 '재외동포'로 포함시켜, 1991년 6월 당시 약 480만 명으로 추산하였다. 그 결과 이들에 대한 민족교육 지원 사업도 과제로 부각된 것이다. 둘째는 재외한인을 '한민족공동체'의 구성원으로 인식하기 시작했다는 것이다. 즉 관리하고 관리받고, 지원하고 지원받는 일방적인 관계가 아니라, 상호 도움이 되

---

[1] 김경준 · 김태기, 『미래인재 개발 전략으로서 재외동포 청소년 지원방안 연구 I』, 한국청소년정책연구원, 2015, 59~84쪽을 참고하여 정리하였음.

는 경제공동체의 구성원으로 재외한인을 자리매김하기 시작한 것이다. 셋째는 반공교육을 지양했다는 것이다. 전두환 정부 시절부터 이미 반공교육을 '재외국민교육'목표에서 제외했지만, 보다 적극적으로 '탈'반공교육정책을 취한 것이다.

1990년에 발간된 외교백서는 "현재 재외교포수는 사회주의권까지 포함하여 약 450만에 달할 것으로 보이는바, 정부는 교민들이 거주국에서 정착, 안정된 생활을 하며 존경받는 시민이 되도록 지원하는 것을 기본교민정책"으로 삼고, "장기적 차원의 국제협력 기반 조성을 목적으로"한다고 설정하였다. 그리고 특히 재외동포청소년 교육과 관련해, "교포 2, 3세들이 조국에 대한 올바른 인식을 갖도록 교포자녀에 대한 민족교육을 지원하며, 한글 및 우리말의 보존육성과 현지 교포사회에서 추진하고 있는 우리 전통, 문화의 계승발전 노력을 지원하고 있다"고 밝혔다.[2]

1980년대 말까지 한국정부의 재외한인정책의 기본목표는 한국인으로서의 자긍심과 반공의식을 고취하는데 치중되어 있었다. 즉 한국의 안보와 발전을 위해 '국가중심적'이면서도 '의식적'인 면에서의 민족정체성(National Identity)의 함양에 있었다. 기술하였듯이 북한은 '우리말과 사상(의식)'을 모두 중시하는, 보다 강력한 민족정체성을 추구한 데 비해, 한국정부는 '사상(의식)'을 중시하였다.

하지만 글로벌화해가는 국제사회의 변화 속에서 1990년대에 들어 한국정부가 새롭게 선택한 것은 이른바 '현지에서 존경받는 시민으로 정착'하는 '현지화'정책이다. 그리고 약화되어 가는 재외한인 2, 3세들의 '재외한인'으로서의 정체성 확립을 위해 언어와 역사 그리고 문화교육을 지원하는 것이다. 즉 1990년대에 들어서부터 한국정부는 국가중심의 민족정

---

2) 외무부, 『외교백서』, 1990, 197쪽.

체성 확립에서 재외한인의 소수집단으로서의 정체성(Ethnic Identity) 함
양으로 정책 방향이 선회하기 시작하였다. 재외'한인'으로서의 의식 함양
과 정체성 확립 그리고 언어교육을 위한 지원으로 정책이 변하기 시작한
것이다.

이는 소수민족이라는 존재가 지배집단에 동화되는 '멜팅 폿(Melting
Pot)'이 아니라, 소수자로서의 정체성을 가지고 지배집단과 공존하는 '샐
러드 볼(Salada Bowl)'적인 집단으로 존재해야 한다는 1970년대 이후 서
구사회에서 확산된 의식과도 결부되어 있다. 1970년대 중반 이후 재일한
인이 일본사회의 취업차별 반대 운동 그리고 1980년대 이후 지문날인 반
대 운동을 전개하면서, 일본사회에서의 재일한인과 일본인과의 공존을
요구한 것과도 연결이 된다. 그리고 이들 운동은 '한국국민이나 북한 공
민으로서의 한인'이 아니라, '재일 한인'을 표출한 것이기도 하였다. 재일
한인 스스로도 이들 운동을 통해 '재일'의 의미를 되새기고, 재일한인으
로서의 정체성이 무엇인지에 대해 자문하기 시작하였다.

즉 이와 같은 국제사회와 재외한인 그리고 재일한인의 의식변화가 한
국정부의 재외한인 정책에도 변화를 가져왔다고 할 수 있다. 1993년에
취임한 김영삼 정부도 전 정부의 현지화 정책과 정체성 함양 정책을 그
대로 이어갔다. 1993년 8월 '재외국민정책심의위원회'는 '새 교포정책'을
수립하였는데, 그 첫 번째가 '교포의 거주국 사회 내 정착지원'이고 두
번째가 '민족 동질성 및 본국과의 유대 강화'이다.[3] 민단의 경우 현지화
를 지향한다는 의미에서 1994년 3월 재일본대한민국'거류민단'에서 재일
본대한민국'민단'으로 단체명을 바꾸었다.

김영삼 정부의 재외동포 정책의 또 하나의 특징은 재외동포 사회를

---

3) 외무부, 『외교백서 1994』, 1994, 265~270쪽.

한민족공동체의 구성원으로 적극 활용한다는 것이다. 김영삼 정부의 '세계화추진위원회'(1995년 1월 조직)는 12월에 29개 과제를 의결하였는데, 외교·통일분야의 6개 과제 중에 "재외동포사회 활성화 지원방안"을 포함시켰다. 이를 위한 동포정책 방향은 '새 교포정책'을 유지하면서 특히 '한민족 공동체 의식 강화방안을 강구'해야 한다고 제시하였다. 나아가 이 위원회는 동포정책 강화를 위해 재외국민정책심의위원회 대신에 국무총리 산하로 '재외동포정책위원회'를 설치하고, 재외한인의 정체성 함양을 지원하기 위한 '재외동포재단'의 설립을 권고하였다.[4]

1996년 2월 설치된 재외동포정책위원회는 5월에 다시 재외동포정책의 기본방향을 결정하였는데, 결국 그 주요 내용은 "재외동포들이 거주지역 발전에 기여하고, 동 거주국 사회 내에서 융화를 이룰 수 있도록 지원"하는 것과 "재외동포의 요구에 부응하는 언어·전통·문화·예술 차원에서의 지원"을 하겠다는 것이었다.[5]

하지만 제한된 숫자의 한국계 학교와 한글학교에 대한 지원을 하면서, 즉 정체성 확립과 관련된 지원이 충분하지 않은 상황에서, 한국정부의 현지화 정책은 동포사회를 현지 사회로의 동화를 촉진했다는 역풍을 맞았다. 재외한인 2, 3세의 정체성 상실문제는 1990년대에 주요사회적 이슈로 대두되었다. 이후 보다 적극적인 의미에서의 정체성 확립과 관련된 지원이 논의되기 시작하였으며, 1997년 10월에 설치된 재외동포재단은 그 중요한 역할을 하게 되었다.

4) 세계화추진위원회(1995.12.19) 14차 회의 심의·의결(이형규, 「정책의제 형성과 전이에 관한 연구: 재일동포사회 활성화 지원 방안을 중심으로」, 성균관대학교대학원 박사학위논문, 2000, 313~314쪽에서 재인용).
5) 재외동포정책위원회(1996.5.3) 〈부록10〉 재외동포정책 추진계획 1차회의 심의·의결(이형규, 「정책의제 형성과 전이에 관한 연구: 재일동포사회 활성화 지원 방안을 중심으로」, 성균관대학교대학원 박사학위논문, 2000, 326쪽).

2) 동반자·인적자원으로서의 재외동포와 정체성 확립 정책(2000년대)

1998년 2월에 김대중 정부가 출범한 이후 재외한인정책은 현지화 정책의 강도가 약화되고, 재외한인의 정체성 유지가 상대적으로 비중이 커졌다. 현지화 정책이 현지 사회로의 동화를 촉진했다는 비판 속에 민족적 정체성 유지가 상대적으로 강조된 것이다. 이에 따라 당시 교육부의 "재외동포교육의 목표는 한민족으로서의 정체성 유지와 모국에 대한 유대감 강화 및 현지에서의 안정된 생활영위와 존중받는 시민 육성에 있으며, 궁극적으로는 세계 속의 자긍심 높은 한민족의 상을 구현하는 데 정책의 방향"이 설정되었다.[6]

김대중 정부의 재외한인에 대한 시각에도 변화가 보였다. 1997년의 금융위기를 거치면서 재외한인을 한국정부가 관리하고 보호하는 대상이 아니라 '한민족의 살아 있는 자산'이며 '동반자'로 자리매김하기 시작했다는 것이다.[7] 매년 세계한상대회를 열어 외국에 있는 한인상공인들이 국내에 함께 모이는 행사는 2002년부터 시작되어 지금까지 이어지고 있다.

이러한 정책적 기조는 2003년 출범한 노무현 정부로도 이어졌고, 재외한인의 현지에서의 지위 향상과 정체성 강화가 주요 정책으로 자리 잡았다. 나아가 교육인적자원부는 2005년 4월, 6백만 재외동포의 인적자원을 적극 활용하고 정체성을 확립한다는 등의 취지하에 '재외동포 교육 강화 방안'을 발표하였다. 이를 구체화하기 위해 한국정부는 재외한국학교 및 한국교육원의 설립 및 운영 및 지원을 법적으로 규정한 「재외국민의 교육지원 등에 관한 법률」을 2007년 7월부터 시행하였다.

이는 실질적으로는 재외한인이 급증한 중국과 베트남 등 동남아지역

---

6) 김이경·한유경·강경석·한석훈, 『국제교육백서』, 한국교육개발원, 2000, 107쪽.
7) 김봉섭, 「이승만 정부 시기의 재외동포정책」, 한국학중앙연구원 박사학위논문, 2009, 30쪽.

에서의 한국학교 개설로 이어졌지만, 발표 이후 재외동포 교육 관련 정부지원 예산이 확대되고 파견교사 증원 그리고 재외한인 취약계층에 대한 지원책이 강구되게 되어, 재일 한국계 학교와 한글학교 등에 대한 지원도 개선되었다.[8]

따라서 1990년대는 재외한인(한민족공동체로서의 재외동포)의 현지화 정책, 2,000년대는 재외한인 2, 3세의 정체성 확립(동반자, 인적자원으로서의 재외동포)이 주요한 재외한인정책 및 교육정책으로 자리 잡았다.

3) '성숙한 한인사회'와 글로벌인적자원 양성(2010년대)

2008년 2월 입각한 이명박 정부는 재외동포정책의 기본목표를 "모국과 동포사회의 호혜적 발전 통한 선진국가와 성숙한 한인사회 구현"으로 설정하였다. 즉 한국과 동포사회가 동반 상승을 꾀한다는 것이었고, 이를 위한 재외동포 교육정책으로 글로벌 인재양성을 제시하였다. 1990년대부터 영국, 프랑스, 독일 등 유럽 국가들의 재외동포정책이 민족적 자긍심 고취와 경쟁력 있는 교육 및 글로벌 인재확보로 변하고 있다고 인지한 교육과학기술부(이하, 교과부)는 재외한인의 글로벌 인재양성에 정책의 초점을 맞추기 시작하였다.[9] 교과부는 2010년 2월 「글로벌 인적자원 육성을 위한 재외 한국학교 선진화 방안」을 제시하고, 한국학교에 대한 자율성 부여와 우수교사 확보 및 연수확대, 파견교사·교장에 대한 처우개선 및 재정확충 등을 제시하였다. 교사의 질적 향상과 처우개선에 중점을 둔 것이다.[10] 그 결과 2009년도의 30개 재외한국학교에 대한 국고

8) 김경준·김태기, 『미래인재 개발 전략으로서 재외동포 청소년 지원방안 연구 I』, 한국청소년정책연구원, 2015, 70~72쪽.

9) 안병만, 「글로벌 인재 확보 경재 시대에 대응한 재외동포교육 선진화 방안」, 『통상법률』 제93호, 2010, 6쪽.

지원 예산이 약 270억 원이었는데, 2010년도의 예산은 배에 가까운 약 520억 원으로 대폭 강화되었다. 같은 해 2,111개의 한글학교 국고지원 예산도 약 49억 원에서 68억 원으로 증액되었다.[11] 한글학교의 경우 점차 한글학교 강사의 현지 및 국내 연수(온라인 오프라인), 교육기자재 등에 대한 지원이 강화되었다.

박근혜 정부의 재외동포청소년 미래인재 개발 정책은 이명박 정부의 교원에 대한 처우개선 및 질적 강화라는 정책 방향을 그대로 유지하면서, 2014년도부터 재외 교육기관의 교원역량 강화에 초점을 맞추어 정책을 추진하였다.[12] 이 사업은 문재인 정부 출범 이후인 2017년도까지 이어졌다.

2017년에 출범한 문재인 정부의 재외한인 정책도 큰 변화 없이, 재외한인의 정체성 함양과 역량 강화가 주요 정책으로 자리 잡고 있다. 그 구체적인 내용은 해외 현지에서의 한국어, 역사, 문화 등 교육 지원과 모국초청 교육 등을 통한 정체성 함양 지원이다.[13] 문재인 정부는 2018년 7월 문정부 2기 청와대 조직 재편에서 국가안보실 산하에 '재외동포담당관'을 신설하여, 재외한인 문제를 청와대가 직접 챙기는 모양새를 보였다.

10) 교육과학기술부 재외동포교육과, 「글로벌 인적자원 육성을 위한 재외 한국학교 선진화 방안」, 2010, 13~23쪽.
11) 교육과학기술부 재외동포교육과, 「글로벌 인적자원 육성을 위한 재외 한국학교 선진화 방안」, 2010, 4쪽.
12) 교육부, 「글로벌 인재 양성을 위한 재외한국학교 교원 역량 강화」, 2015. 이 사업은 2014년부터 2017년까지 시행되었다.
13) 글로벌 민족 네트워크 활성화는 현지 한인사회의 활성화와 국내에서 개최하는 재외한인 관련 국제행사(세계한상대회 등)를 통해 국내외 한인 간 네트워크를 형성하여 재외한인의 글로벌 역량을 활용한다는 것이다. 소외된 동포에 대한 지원강화는 해외한인입양인, 베트남 귀환 한국국적 자녀, 구러시아 고려인 등에 대한 지원 강화이다.

〈표 35〉 문재인 정부의 재외동포정책 방향

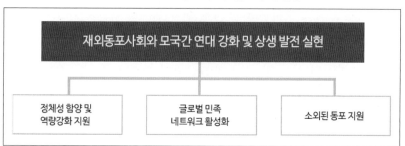

출전: 외교부 홈페이지 https://www.mofa.go.kr/www/wpge/m_21512/contents.do 검색일: 2021.5.4.

한편 2019년 10월 「재외국민의 교육지원 등에 관한 법률」 개정안이 국회에서 통과되어, 2019년 12월 공포(2020년 6월 시행)에 공포되었다. 당시 안민석 의원 등이 나서서 해외 한국학교 교육여건 개선과 교원의 안정적인 확보 등을 위한 재정지원이 부족해 개정안이 마련돼야 한다고 적극 나섰다. 이 개정안의 주요 내용은 '재외국민' 교육지원 예산을 안정적으로 지원하고, 저소득층 학생에게 수업료 및 입학금을 지원하며, 재외교육기관 및 단체에 교과서를 무상으로 공급하는 것 등이다.[14] 따라서 재외한국학교에 대한 안정적인 예산 확보가 가능해졌고, 생활이 어려운 한국적 학생에 대하여 한국정부가 학비를 지원하는 길이 열린 것이다.

---

[14] ①제3조(국가의 책무) 2항 신설: "국가는 제1항에 따라 재외국민 교육지원에 필요한 예산을 안정적으로 확보하여야 한다." ②제31조의 2항(수업료 및 입학금의 지원) 신설: "국가는 학교의 장이 가구 소득 등을 고려하여 필요하다고 인정하는 학생에게 지원하는 수업료 및 입학금의 전부 또는 일부를 (중략) 한국학교에 지원할 수 있다." ③제35조(교과서 등의 제작·보급) 2항 개정: "교과용 도서 등을 재외교육기관 및 재외교육단체 등에 무상으로 공급할 수 있다."

〈표 36〉 재외동포 청소년 관련 주요 부처별 관장 업무(2015)

부처명	주요업무	
재외동포 정책위원회	• 정부의 재외동포에 관한 정책을 종합적으로 심의·조정 · 위원장(국무총리), 관계부처 장관 등 15인 이내	
	• 재외동포정책실무위원회 설치 ·재외동포정책위원회의 심의사항 처리, 동 위원회가 위임하는 사항 처리	
외교부 재외동포영사국 재외동포과	• 재외동포 정책의 수립·시행 및 총괄·조정	
	• 재외동포 관련 법령·제도의 수립 및 총괄·조정	
	• 재외동포 정책 관련 정부부처 실무자 간 협의체 운영 등 동포업무 관계 기관과의 협조	
	• 재외동포재단 지도·감독	
	• 재외국민의 참정권에 관한 사항	
교육부 국제협력단 재외동포교육담당관	• 재외동포 청소년 교육정책 기획	
	• 재외교육기관 관리 및 지원 : 한국학교 실행 예산편성 및 결산, 한국학교 학사관리 지원, 재외교육기관 지도 점검 및 감사, 한국어 보급 및 한국어 교재개발 보급, 재외교육기관 파견공무원 선발·인사관리, 재외한국교육원 운영지원	
	• 국립국제교육원 관리	
	• 국립중앙연수원 관리	
재외동포재단 교육지원부· 차세대사업부	[교육지원부]	• 한글학교 계획 수립
		• 한글학교 운영비 지원
		• 교육자료 및 기자재 지원
		• 한글학교 교사 지원 : 한글학교 교사 현지 연수 지원, 한글학교 교사 초청연수 지원(위탁교육), 한글학교 강사 파견 지원, 한글학교 교사 온라인 연수(위탁교육)
		• 스터디 코리안 운영(전문업체와 협력)
	[차세대사업부]	• 재외동포 청소년 교류사업 : 재외동포 중고등학생 초청 연수(위탁교육), 재외동포 대학생 초청 연수(위탁교육)
		• 재외동포 차세대 IT교육지원-특정 지역 대상
		• 재외동포 장학사업 : 초청 장학사업(어학연수), 초청 장학사업(석·박사 과정), 초청 장학생 보험 및 월생활비 지원, 특정 지역 현지 장학지원

국립국제교육원 글로벌 인재양성부 재외동포팀	• 재외동포 모국수학 교육과정 기획·추진 : (국립공주대학 위탁 교육) - 단기(3개월), 장기(6개월)
	• 재외한국학교 기관장 직무 연수
	• 재외한국학교 교사 초청연수 : 목적 - 교사 전문성 강화, 대상 - 유, 초, 중 교사, 기간 - 10일
	• 교과서·교재 보급 : 한국어(지역별) 교재 개발, 교과용 도서(국 정, 검인정) 공급, 교재(한국어, 한국역사 및 문화) 공급
중앙교육연수원	• 재외한국학교 교사 연수(예정)

출전: 김경준·김태기,『미래인재 개발 전략으로서 재외동포 청소년 지원방안 연구Ⅰ』,
한국청소년정책연구원, 2015, 77쪽.

2. 1990년대 이후 한국계 학교의 현황

1) 동경한국학교 초·중·고등부

(1) 동경한국학교 재학생 추이

제3장에서 서술하였듯이, 한국정부는 동경한국학교에 대한 국고보조
금은 물론 교사파견 그리고 교재 등을 지속적으로 제공하였다. 제4장에
서 보았듯이 1966년 이후 동경한국학교는 공관원과 상사주재원의 자녀
가 입학하면서 한국식 교육을 강화하였다. 1970년대 후반이 되면 공관원
과 상사주재원 자녀의 수가 전체 학생의 과반수를 넘게 되었으나, 올드
커머 자녀들의 입학은 점점 줄어 전체적으로는 학생수가 감소하였다.
1980년대가 되면 상사주재원은 물론 개인사업이나 유학생 등 뉴커머의
인구가 증가하면서 동경한국학교 학생수도 초등학생을 중심으로 급증하
였고, 동경한국학교의 한국식 교육은 더욱 강화되었다.

〈표 37〉 동경한국학교 학생수 추이(1966~2019)

출처: 교육부가 매년 발간하는 『문교통계연보 1965』부터 『문교통계연보 2019』의 통계
　　치로 작성.

　1990년대 이후 동경한국학교의 학생수를 보면, 한국정부의 자금지원
(약 12억 엔)으로 새로운 교사(본관, 별관)가 완공된 1991년경부터 학생
수가 다시 급증하여 1980년대 후반 600~700명 정도의 학생이 1991년에는
843명이 되었고, 1997년에는 890명으로 늘었다. 하지만 한국의 금융위기
의 여파로 1998년에 776명으로 급감하였고 이러한 추세는 2000년까지 이
어지다가 2001년부터 회복되기 시작하였다. 즉 2001년에 808명, 2005년에
889명, 2010년에는 1119명으로 지속적으로 증가하였으며, 2020년 현재
1,397명으로 학생수가 급증하였다.

　동경한국학교의 학생이 급증한 것은 초등학생의 증가로 인한 영향이
크다. 초등학교 학생수가 증가하고 이들 졸업생이 중학교 그리고 고등학
교로 진학하면서 중고등학교의 학생수도 증가하는 현상이 일어났다고
짐작된다.

1980년에 동경한국학교에 재학하던 본국 출신학생과 일본 현지 출신 학생비율은 59.6%(242명)과 40.4%(164명)이었지만, 1992년에는 80.6%(679 명)과 19.4%(164명)으로 변하였다.15) 즉 6:4의 비율에서 8:2의 비율로 올 드커머의 자녀수가 더 줄어든 것이다. 지금은 9:1 정도라고 한다. 즉 동 경한국학교는 올드커머를 위한 학교가 아니라 뉴커머를 위한 학교가 되 어버린 것이다.

〈표 38〉 동경한국학교 학생수(학급수) (4.1 기준)

년 도	초	중	고	합 계
2014	681(18)	302(9)	247(8)	1,230(35)
2015	706(18)	314(9)	269(8)	1,289(35)
2016	715(18)	336(10)	293(9)	1,344(37)
2017	707(18)	352(10)	324(9)	1,383(37)
2018	720(18)	360(9)	343(11)	1,423(38)
2019	715(18)	358(9)	347(9)	1,420(36)
2020	714(18)	356(9)	327(9)	1,397(36)

출처: 교육부 홈페이지, 「재외한국학교 기본 현황」, 2014년부터 2020년 자료로 작성.

(2) 초등부의 현황

동경한국학교 초등부는 1991년까지 중등부에 통합되어 운영되었으나, 1992년부터 완전히 분리되어 운영되기 시작하였다고 한다. 현재 학교 당 국은 "국어교육 강화를 통한 민족정체성 교육, 국제화 사회를 주도할 언 어교육, 창의지성교육으로 미래형 학력 신장교육, 참여와 협력을 통한 새로운 학교문화 창달 교육, 세계인과 더불어 살아가는 세계시민 교육" 에 중점을 두고 있다.16)

---

15) 이남교, 「재일동포의 민단계학교: 민족교육 2」, 『새교육』 제506호, 1996.12, 103쪽.
16) 동경한국학교 초등부, 「2016학년도 학교교육계획」, 2016, 15쪽.

〈표 39〉 동경한국학교(초등부) 학년별 교과별 주당 시간 배당(2019.4)

학 년	1			2			3			4			5			6		
교과(군) 및 창의적 체험활동	배당	실시 한	E	배당	실시 한	E	배당	실시 한	E	배당	실시 한	E	배당	실시 한	E	배당	실시 한	E
국어	6	①(1)4		6	①(1)4		6	(1)5		5	(5)		5	(5)		5	(5)	
도덕	1	통①		1	통①		1	①		1	①		1	①		1	①	
수학 Mathematics	4	2	2	4	2	2	5	①3	1	5	(1)3	1	5	(1)3	(1)	5	(2)2	(1)
사회	3	통1		3	통1		2	2		2	(2)		2	(2)		2	(2)	
과학 Science			2			2	2	4	1	3	4	1	3	4	(1)	3	4	(1)(1)2
실과										1	(1)		1	(1)		1	(1)	
체육 Physical Education	6	체(1)	1	6	체(1)	1	2	(1)	1	2	(2)		2	(2)		2	(2)	
음악 Music		통(1)	1		통(1)		1	(1)	1	1	(1)		1	(1)		1	(1)	
미술 Art			2			2	1	(1)		1	(1)		1	(1)		1	(1)	
안전한 생활	1	☐		1	☐													
영어 Language Arts	3		3	3		3	5		5	7		7	7		7	7		7
창의적 체험활동 — 자율특색활동(HR)	1	☐		1	☐		1	☐		1	(1)		1	(1)		1	(1)	
창의적 체험활동 — 일본어(1~2학년 동아리활동)(3~6학년 진로활동)	4	4		4	4		4	(4)		4	(4)		4	(4)		4	4	
창의적 체험활동 — 동아리활동(CA)										1	1		1	1		1	1	
소 계	18	11		18	11		22	11		23	11		24	11		24	11	
주당수업시수	29			29			33			34			35			35		

( ) : 학급 전체(40명) 수업 시간
○ : 0교시 째 수업 시간(월·화·목·금요일 1~3학년 각 20분간씩, 4~6학년 각 10분간씩)
□ : 행사 활동 및 타 교과 수업 시간 등에 통합하여 지도하는 시간
그 외 보통 숫자 : 소인수(오렌지 그룹, 블루 그룹 또는 수준별 그룹) 분반 수업 시간
출전: 동경한국학교(초등부), 「2019학년도 학교교육계획」, 2019, 13쪽.

동경한국학교 초등부 교육과정의 특징은 한국의 교육과정을 따르면서도 일본어 교육을 가미하고 있지만, 특히 영어수업의 비중이 지극히 높다는 것이다. 이미 1980년대부터 영어수업을 도입하였는데, 2002년 4월

부터는 영어 집중교육(이머전 교육)을 도입하여, 영어수업의 비중이 보다 높아졌고, 이것이 그 이후 학생증가의 하나의 요인으로 작용했다고 보여진다.[17] 영어에 치중하는 초등부 교육과정은 교직원 현황에서도 확인할 수 있다. 2019년 현재 일반교사가 19명인데, 영어로 진행하는 이머전 수업 때문에 영어교사도 18명이나 된다. 일본어는 모든 학년이 매주 4시간의 수업을 받을 수 있도록 배정되어 있다. 일본어 강사는 6명이 있다.

따라서 동경한국학교 초등부에 다니면 3개 언어(한국어, 영어, 일본어)에 능통할 수 있다는 가능성은 국제화와 그리고 입시경쟁의 현대 사회에 있어, 학교선택을 하는데 매력적으로 작용하였다고 할 수 있다. 단지 이러한 교육이 가능하기 위해서는 비용이 드는데, 그 비용의 많은 부분은 학부모가 부담하지 않을 수 없는 것이 현실이다. 그 결과 어느 정도 경제적 능력이 되지 않는 사람은 자녀를 동경한국학교에 보낼 수 없는 문제가 발생한다. 이에 대해서는 제 5장에서 서술한다.

〈표 40〉 동경한국학교(초등부) 교직원 현황(2019.4)

직위 성별	교장	교감	교사	영어 교사	일어 강사	전담 교사	특수 교사	양호 교사	교무 행정	사서	행정 실장	사무 직원	기능 직원	계
남	1	1	7	13		1						2	2	23
여			12	5	6	3	1	1	1	2	1	3		32
계	1	1	19	18	6	4	1	1	1	2	1	5	2	55

출전: 동경한국학교(초등부), 「2019학년도 학교교육계획」, 2019, 6쪽.

전술한 것처럼 초등부는 2000년 초부터 입학생 숫자가 급증하는데, 2000년 4월 현재 364명, 2005년에 441명, 2010년에 628명, 그리고 2019년

---

17) 동경한국학원, 「동경한국학교 연구프로젝트위원회 검토 보고서」, 2015.6, 12쪽.

4월 현재 715명이 되었다. 10년 사이에 학생수가 2배로 증가하였다. 그런
데 이들 대부분은 올드커머의 재일한인 자녀가 아니고, 뉴커머의 자녀
이다.

〈표 41〉 동경한국학교(초등부) 체류자력 및 출생지별 학생 수(2019.4)

학생수 \ 자격	영주		정주	일시체류	이중국적	외국인 (일본 국적 등)	합 계
	특별	일반					
학생수	80	138	250	150	82	15	715

학생수 \ 출생지	본 국	일 본	기 타	합 계
학생수	423	284	8	715

출전: 동경한국학교(초등부)「2019학년도 학교교육계획」, 2019, 6쪽.

전체 715명의 학생 중에서 '일반영주자'와 '정주자' 즉 뉴커머의 자녀라
고 할 수 있는 학생의 숫자가 388명(약 53%)이고, 여기에 일시체류자의
자녀 150명까지 합하면 538명(75%)이 된다. 올드커머라고 할 수 있는 특
별영주자와 이중국적 그리고 외국인(일본국적 등)학생을 모두 합치면
177명(약 25%)이다. 즉 초등학생 증가의 가장 큰 외부요인은 뉴커머가
일본 특히 동경에서 안정적으로 정착했고 그들 중 많은 사람이 자녀들에
게 한국인 교육을 시키고자 한다는데 있다.

(3) 중고등부 현황
중등부의 경우는 1984년경부터, 고등부의 경우는 1981년부터 학생수가
꾸준히 증가하였다. 한국의 금융위기 시절에는 학생수가 조금 줄어들기
는 하였으나, 2000년 중반에는 회복하였고, 2010년 초부터 다시 상승세를
타고 있다. 중등부의 경우 1990년(4월 현재)에 147명에서 2020년에는

356명으로, 20년 동안 학생수가 약 2배 증가하였다. 고등부 학생의 경우
1990년에 233명에서 327명으로 약 1.5배 증가하여 중등부보다는 완만한
상승세를 보였다.

보다 세밀한 조사가 필요하겠지만, 동경한국학교의 경우 1980년 초부
터 초등부 학생의 수가 급증하였는데, 이들 초등부 졸업자라는 꾸준한
공급이 있어, 중등부 학생수도 완만하지만 꾸준히 증가하였고, 또한 고
등부도 중등부 졸업생을 흡수하여 증가 추세를 보이고 있다고 생각한다.

〈표 42〉 동경한국학교(중고등부), 체류자격별 학생수(2016)

체류자격	영주자		정주자	이중적	외국인 (일본 국적 등)	합 계
	특별	일반				
학생수	38	88	454	37	14	631

출전: 동경한국학교(중고등부), 「2016학년도 학교교육계획」, 2016, 10쪽.

한편 2016년 4월의 자료를 통해 중고등부 학생의 구성비를 살펴보면,
당시 중고등부 재학생 631명 중에서 뉴커머라고 할 수 있는 '일반영주자'
및 '정주자'의 비율은 85.8%(542명)를 차지하고, 올드커머는 대략 14.2%
(89명)를 차지하고 있다. 보다 구체적으로 나누면, 중등부의 경우는 올드
커머가 약 20% 그리고 고등부는 올드커머가 약 10%를 차지하고 있는 것
으로 알려져 있다.

동경한국학교 중고등부는 한국식 교육에 중점을 둔 K반과 일본식 교
육에 중점을 둔 J반으로 구성되어 있으며, 각각 한국어와 일본어로 수업
이 진행된다. 하지만 중등부의 경우 언어구사능력(한국어, 영어, 일본어)
이 부족한 학생들을 위해 정규수업 및 과외시간에 보충수업을 실시하여
학생들의 적응을 돕고 있다(기간: 한국어 1학년, 영어 1~3학년, 일본어

1~3학년).[18] 현재 K반의 경우 정원이 80명, J반의 경우 정원이 40명이나, K반으로 진학을 희망하는 학생이 더 많다. 대부분의 학생이 뉴커머 및 일시체류자의 자녀들로 구성되어 있어, 한국대학 입학을 염두에 두고 있기 때문이다.

〈표 43〉 동경한국학교 고등부 편제표

구분	2019학년도 고3 교육과정 K : 본국 대학진학 코스, J : 일본 대학진학 코스												
	1학년			2학년					3학년				
	과목	K	J	과목	K		J		과목	K		J	
					문	이	문	이		문	이	문	이
공통필수	국어(J:한국어)	5	4	문학(J:한국어)					국어(J:한국어)	5	3	2	2
	생활과윤리(J:도덕)	1	1	화법과 작문					논술	2	2	•	•
	사회(J:현대사회)	2	2	논술					NIE(시사)	•	•	3	3
	한국사(J:한국사)	2	2	세계사A					수학I 연습	•	•	2	2
	수학I&II	5	•	미적분I					체육	1	1	1	1
	수학I	•	3	수학II					체육	1	1	1	1
	수학A	•	2	물리기초					Academic English	4	4	4	4
	과학	4	•	체육					Integrated English (core skills)-K	4	4	•	•
	생물기초	•	2	Academic English									
	화학기초	•	2	Integrated English (core skills)					Integrated English (core skills)-J	•	•	4	4
	가정(J:가정)	1	1										
	체육	2	2	일어표현					일본어현대문	•	•	5	5
	음악	1	1	일어종합II									
	미술	1	1		•	•	•	•		•	•	•	•
	Academic English	4	4										
	Communicative English	4	4										
	일어	3	•										
	일어종합I	•	4										
	창의적 체험활동(HR)	1	1	창의적 체험활동	1	1	1	1	창의적 체험활동	1	1	1	1
	소 계	36	36	소 계	25	23	26	26	소 계	17	15	22	22

18) 동경한국학교 중고등부, 「2016학년도 학교 교육계획」, 2016, 19쪽.

			독서와 문법	3	•			동아시아사	2	•	
계열필수	•	•	확률과 통계 (문과)	2	•	•	•	미적분 I 삼화	2	•	•
			미적분Ⅱ	•	3			이과수학(심화)	•	3	
			확률과 통계(이과)	•	2	•	•	기하와 벡터	•	4	
			윤리	•	•	2	•	정치경제	•	•	2
			정치경영	•	•	2		수학Ⅲ	•	•	•
			화학 I	•	2	•		화학Ⅱ	•	2	•
			化學 I	•	•	•	2	문학	3	•	•
			수학B	•	•	•	2		•	•	•
			소계	5	7	4	4	소계	7	9	2
선택	※ 선택과목은 같은 기준에 의해서 평가함. ※ 학기 중 수강과목 변경 금지	•	세계사	3	3	3	3	법과 정치	3	3	3
			경제	3	3	3	3	일본사B	3	3	3
			일본사A	3	3	3	3	일어고전Ⅱ	3	3	3
			물리 I	3	3	3	3	수학 I Ⅱ심화	3	3	3
			Information techology(정보)	3	3	3	3	수학Ⅲ(심화)J 이과필수	3	3	3
			음악	3	3	3	3	고전	3	3	3
			미술	3	3	3	3	상급일본어논술Ⅱ	3	3	3
			체육심화	3	3	3	3	중급일본어논술	3	3	3
			생명과학 I	3	3	3	3	물리Ⅱ	3	3	3
			상급일본어논술 I	3	3	3	3	사회문화	3	3	3
								종합과목(EJU)	3	3	3
								Intensive English	3	3	3
								화학Ⅱ	3	3	3
				•		•	•	음악	3	3	3
								미술	3	3	3
								수학A연습(EJU)	3	3	3
								생명과학Ⅱ	3	3	3
								세계사B	3	3	3
								체육심화	3	3	3
			2과목 선택	6		6		4과목 선택	12	12	12	12
합 계				36		36			36		36

출전: 동경한국학교(중고등부), 「2019학년도 학교 교육계획」, 2019, 22쪽.

K반과 J반으로 나누어 수업하는 동경한국학교의 특성은 고등부에서 두드러진다. 즉 고등부는 K반을 '한국 대학진학코스' 그리고 J반을 '일본 대학진학코스'로 규정하고, K반의 경우는 한국대학 진학을 위한 교과목으로 J반의 경우는 일본대학 진학을 위한 교과목으로 수업을 한다.

그 결과 K반 고등부 1학년의 경우 필수과목으로 '일본어'가 매주 3시간 배정되어 있으나 교사의 '재량'으로 수업내용에 변화를 줄 수 있으며, 2학년의 경우 '일본어표현'이 매주 2시간 배정되어 있으며, 3학년에는 일본어 관련 수업이 없다. 그리고 선택과목으로 일본어 관련 교과목이 있으나, 이들 과목은 J반 학생들을 위한 것으로, K반 학생들이 선택하는 경우는 현실적으로 없다.

한편 J반 고등부의 경우 일본대학 진학을 위한 교과목 외에도 민족교과로서 필수과목으로 한국어(1학년은 매주 4시간, 2학년은 매주 4시간, 3학년은 매주 2시간)와 한국사(1학년만 매주 2시간) 수업만 있고, 선택과목에도 한국관련 수업은 없다.

즉 현재 고등부의 교육은 K반의 경우 한국 대학입시에 치중하여 일본 현지와 관련된 수업의 비중이 낮으며, J반의 경우 일본 대학입시에 치중하여, 민족교과와 관련된 수업의 비중이 낮은 것이 현실이다. 이러한 교육과정과 관련해 고등부는 2003년 9월 졸업생들이 일본국립대학 수험에 필요한 일본센터시험 인증을 받았다. 동경한국학교 고등부의 경우 2015년 졸업생의 국내 대학 진학 비중은 70%를 넘어섰고, 일본대학 진학 비중은 20%를 유지하였다고 한다.

학교 당국의 노력으로 K반과 J반으로 나뉘어 수업이 이루어지고, 한국과 일본의 유명대학에 입학하는 학생이 증가하는 등 일정 성과를 거두어, 동경한국학교로 진학하는 중고등학생이 증가하였다. 하지만 이 또한 초등부처럼 뉴커머의 증가로 인한 외부적 요인이 크며, 학교 교육에 있

어서의 뉴커머와 올드커머의 갈등은 여전히 존재한다. 다수를 점하는 뉴
커머는 보다 한국 입시 위주의 교육을 요구하고 있고, 소수의 올드커머
는 일본 입시 위주의 교육을 요구하고 있다.[19] 그리고 입시 위주의 교육
에 치중한 나머지, 정작 민족 정체성 함양과 관련이 있는 민족교과가 등
한시 되고 있는 것이 현실이다.

2) 백두학원 건국유·소·중·고등학교

(1) 백두학원 재학생 추이

〈표 44〉 백두학원 건국소·중·고등학교 학생수 추이(1966~2019)

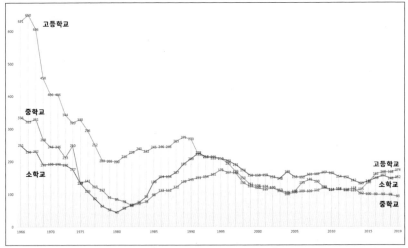

출처: 교육부가 매년 발간하는 『문교통계연보 1966』부터 『문교통계연보 2019』의 통계
치로 작성.

백두학원 건국소학교의 경우 1980년대 그리고 1990년대 초까지 학생

---

19) 김웅기, 「기로에 선 재일동포 민족교육:도쿄 한국학교 분규사태를 중심으로」, 『한민족연
구』 제6호, 2008 참조.

수가 꾸준히 증가하는 추세를 보였고, 중학교는 1990년대 중반까지 증가세가 이어졌다. 고등학교 학생수도 완만하게나마 1990년대 초까지 증가세를 보였다. 하지만 건국소학교는 1990년대 초부터 2014년경까지 감소세를 보였다. 초등학생수는 1990년(4월 현재)에 209명이었으나, 2014년에는 133명까지 감소하였다. 중학교는 1990년대 중반부터 2000년대 중반까지 학생수가 꾸준히 감소하였다. 2000년대 중반에 다시 증가하는가 했는데 2020년 현재까지 감소하는 추세이다. 중학생은 1995년(4월 현재)에 175명이었으나 2020년에는 90명으로 50%가 감소하였다. 고등학생도 1990년대 초부터 감소하기 시작하여 2000년대 중반까지 감소하였고, 2014년경까지 답보상태가 이어졌다. 고등학생은 1990년에 270명이었으나 2000년에 126명 그리고 2014년에는 111명으로 감소하였다.

〈표 45〉 백두학원 건국학교 학생수(학급수) (4.1 기준)

년 도	유	소	중	고	합 계
2014	27(3)	133(6)	102(6)	115(6)	377
2015	30(4)	140(6)	100(6)	136(6)	406
2016	47(4)	149(6)	99(6)	162(6)	457
2017	37(4)	157(7)	99(6)	168(6)	461
2018	33(4)	148(7)	98(6)	168(6)	447
2019	39(4)	152(7)	93(5)	174(7)	458
2020	53(4)	165(7)	90(4)	182(8)	490

출처: 교육부, 「재외한국학교 기본 현황」(2014~2020) 자료로 작성, 교육부 홈페이지.

1990년대 초 이후 백두학원 학생의 전체적인 감소 원인이 학교 자체의 문제(교육환경, 교육내용, 재정 등)인지 뉴커머의 감소 등 외부적인 요인에 의한 것인지는 추가조사가 필요하다. 2015년 3월에 리모델링한 신축 교사가 완공되었는데, 이후 초등학생과 고등학생수는 조금씩 증가하여

2020년 현재 초등학생은 165명이고 고등학생은 182명이다. 한편 중학생의 경우 같은 시기에도 여전히 감소하여 2020년 현재 90명이다.

〈표 46〉 백두학원 건국학교 재학생 수(2019.4)

學校別	學年別	駐日		在日		日本		其他		計
		男	女	男	女	男	女	男	女	
幼稚園	장미	1	1	2	1	0	0	0	0	5
	무궁화	2	0	5	2	1	1	0	0	11
	진달래	2	2	2	6	0	0	0	0	12
	개나리	3	1	5	2	0	1	0	0	12
	小計	8	4	14	11	1	2	0	0	40
	男女計	12	30%	25	62.5%	3	7.5%	0	0	100%
小學校	1	6	2	4	4	4	4	0	0	24
	2	0	2	7	8	3	0	1	1	22
	3	7	7	10	0	0	2	1	0	27
	4	3	4	10	4	0	2	0	0	23
	5	7	4	12	12	3	0	0	0	38
	6	4	1	6	7	0	0	0	0	18
	小計	27	20	49	35	10	8	2	1	152
	男女計	47	30.9%	84	55.3%	18	11.8%	3	2.0%	100%
中學校	1	1	0	3	8	0	16	0	0	28
	2	5	2	7	9	1	12	0	0	36
	3	2	2	7	6	3	10	0	0	30
	小計	8	4	17	23	4	38	0	0	94
	男女計	12	12.8%	40	42.5%	42	44.7%	0	0.0%	100%
高等學校	1	7	8	4	11	8	39	0	0	77
	2	10	3	8	10	1	19	0	1	52
	3	5	5	2	6	6	21	0	0	45
	小計	22	16	14	27	15	79	0	1	174
	男女計	38	21.8%	41	23.6%	94	54.0%	1	0.6%	100%
合計		65	44	94	96	30	127	2	2	460
男女計		109	23.7%	190	41.3%	157	34.1%	4	0.9%	100%

출전: 백두학원 「2019년도 교육계획」, 2019, 14쪽.

건국학교 재학생(유·초·중·고)의 경우 1985년에 재학생 516명 중에 '본국출신'은 97명(18.8%) 그리고 '재일한인'은 429명(81.2%)이었다. 1992년에는 634명의 재학생 중에 본국출신은 178명(28.0%) 그리고 재일한인은 456명(72.0%)으로 나타났다.[20] 즉 본국출신 학생 비율이 10%나 증가한 것이다. 2019년 4월 현재(460명)는 '주일(駐日)' : '재일' : '일본국적'의 비율이 109명(23.7%) : 190명(41.3%) : 157명(34.1%)으로 나타났다. 이 비율만 가지고는 구체적인 내용을 알 수 없으나, '주일'은 단기체류자, '재일'은 특별(올드커머) 및 일반영주권자(뉴커머)[21] 그리고 '일본국적'은 일본국적을 취득한 재일한인[22] 및 순수한 일본국적가 포함되어 있다. 이들 일본국적의 학생이 증가하고 있는 것이 백두학원의 특징이라고 할 수 있다.

백두학원 건국학교는 1조교이지만, 학교 교육목표로 "재일한국인으로서의 자각과 긍지를 함양"하고 "국제사회에서 주체적으로 적응할 수 있는 능력"[23] 육성 등을 설정하고 재일한인교육에도 비중을 두고 있다. 백두학원에는 2019년 현재, 한국정부에서 파견된 교사는 3명(초 1명, 중 2명)이며, 교장을 포함해 63명의 교사와 시간강사(유치원 제외)가 있다.

(2) 건국유치원의 현황

1980년에 개설된 백두학원 건국유치원은 1997년 4월에 일본학교교육법 제1조에 의한 학교법인 인가 취득, 즉 1조교가 되었다. 모든 교육과정이 일본의 유치원과 같은 형태로 운영되지만, 교육 특색의 첫 번째로 "한

20) 이남교, 「재일동포의 민단계학교: 민족교육 2」, 『새교육』 제506호, 1996.12, 103쪽.
21) 이수경 외, 『재일동포 민족교육 실태 심화조사 및 정책방향 제시』, 재외동포재단, 2017, 129쪽.
22) 이수경 외, 『재일동포 민족교육 실태 심화조사 및 정책방향 제시』, 재외동포재단, 2017, 117쪽.
23) 백두학원, 「2019년도 교육계획」, 2019, 5쪽.

국의 말, 노래, 무용 등 놀이를 통해 몸에 붙은 민족교육"을 내세워 한국
계 유치원임을 강조한다. 그리고 건국유치원만의 특별지도 네 가지 (한
국어, 체조, 무용, 영어)도 강조하는데, 역시나 한국어 교육을 첫 번째에
내세우고 있다.[24]

일본에 있는 한국계 학교 중에서 현재 유일하게 운영되고 있는 유치
원으로, 30여 명의 학생이 꾸준히 유지되었는데, 최근 증가하여 2019년
현재 40명의 원생이 있다. 〈표 46〉 백두학원 건국학교 재학생 수(2019.4)를
보면, 원생의 '주일(駐日)' : '재일' : '일본'의 비율이 30%(12명) : 62.5% (25명) :
7.5%(3명)으로 나뉜다.

(3) 건국소학교의 현황

1조교이기 때문에 일본학교교육법에 따른 일본의 교육과정과 시수를
준수해야 하는 현실 속에서, 학교 당국은 재일한인 학생들에게 재일한인
으로서의 자긍심과 정체성을 갖게 하기 위해, "한국의 말, 지리, 역사, 태
권도, 한국무용 학습에 의한 민족성 육성 교육"을 하고 또한 국제적 경쟁
력 함양을 위해 "영어학습에 의한 국제인 육성교육"을 중요한 교육목표
로 내세운다.[25]

이와 관련해 정식으로 배정된 민족교과는 '한국어'와 '한국문화'이다.
한국어의 경우 2016년도에는 매주 5시간이었는데, 이후 한국어 수업이
축소되어 2019년 현재 모든 학년이 매주 4시간씩 배정되어 있다.[26] '한국
문화'의 경우는 5, 6학년만 매주 1시간씩(년 35시간) 배정되어 있다. 영어

---

[24] 건국유치원 건국소학교, 「入園, 入學のご案内」, 9~10쪽.

[25] 건국유치원 건국소학교, 「入園, 入學のご案内」, 5~6쪽.

[26] 2016년도에는 매주 5시간(년간 170시간)으로 구성되었는데, 이후 4시간으로 줄어들었다는
것을 확인할 수 있다.

수업은 과거보다 강화되어 4학년까지는 매주 2시간이나 5, 6학년은 매주 3시간씩 배당하고 있다. 동경한국학교 초등부처럼 영어집중 교육은 아니나, 국제학교의 성격을 강화하려는 의도로 보인다.

〈표 47〉 건국소학교 연간 시간배당표(2019)

教科＼學年		1	2	3	4	5	6
各教科	國語	306	315	245	245	175	175
	社會	-	-	70	90	105	105
	理科	-	-	105	105	105	105
	算數	170	175	175	175	175	175
	生活	102	105	-	-	-	-
	音樂	68	70	70	60	50	50
	図工	68	70	70	60	50	50
	家庭	-	-	-	-	60	60
	體育	102	105	105	120	120	120
	外國語	-	-	-	-	105	105
特別教科인 道德		34	35	35	35	35	35
外國語活動		68	70	70	70	-	-
特別活動		34	35	35	35	35	35
總合教科	韓國語	136	140	140	140	140	140
	韓國文化	-	-	-	-	35	35
總授業時數		1088	1120	1120	1135	1190	1190

주: 초등학생 1학년은 34주, 기타 학년은 35주 수업.
출전: 백두학원, 「2019학년도 교육계획」, 2019, 18쪽.

건국소학교 학생수는 1990년대 초(1991년 228명)부터 2000년경(2000년 158명)까지 감소하였고 이후 150~160명 정도의 학생수를 유지하고 있다고 볼 수 있다. 학교 시설의 노후화 등의 원인으로 2014년에는 133명까지 감소하였으나 리모델링으로 새로운 건물이 완공된 2015년에 이후 다시 증가하여 2020년 4월 현재 165명으로 다시 회복되었다. 전체적인 추세는 조금 더 지켜 볼 필요가 있다.

2019년 4월 현재 초등학생의 '주일' : '재일' : '일본' 출신의 비율을 보면 30.9%(47명) : 55.3%(84명) : 11.8%(18명) 그리고 기타 2.0%(2명)으로 나타났다. 단기체류자 자녀의 비율이 30%인 것은 오사카에 동경한국학교와 같은 '한국학교'가 없기 때문에, 한국인 학부모가 백두학원을 선택했을 가능성이 있다. 그리고 한 가지 특이점은 일본국적을 가진 학생이 11.8%(18명)으로 나타났는데, 이러한 현상은 중, 고등학교에서 보다 두드러진다. 이에 대해서는 후술한다.

(4) 건국중학교의 현황

건국중학교는 2019년 현재 일본의 교육과정 외에 민족교과로서 한국어를 모든 학년에 매주 3시간(년 105시간)을 배정하고 있으며, 한국지리는 2학년 때 매주 1시간(년 35시간) 그리고 한국역사 수업을 2학년과 3학년 때 매주 1시간(년 35시간) 씩 배정하고 있다. 하지만 여기서 주목할 것은 한국어 수업이 2016년도에는 매주 4시간(년간 140시간)이었는데,[27] 한국어 수업의 비중을 축소한 것이다. 앞에서 소개한 것처럼 초등학교 1학년의 한국어수업도 주5시간에서 4시간으로 축소하였는데, 이는 건국학교가 한국어에 대한 교육 비중을 축소하고 있다는 것을 의미한다. 이에 비해 영어수업은 1학년은 매주 5시간(34주), 2학년은 약 4시간 30분(35주), 3학년은 약 5시간 30분(34주)의 시간이 할당되어있다.

민족교과 외에 '도덕' 수업 시간에도 민족관련 교육을 보완한다. 그리고 건국소학교처럼, 음악, 미술, 보건체육 시간 등에도 민족관련 교육이

---

27) 백두학원, 「2016년도 교육계획」, 2016, 17쪽.

일부 이루어지고 있다.

<표 48> 건국중학교 연간 시간배당표(2019.4)

教科	學年	1年	2年	3年
必修	韓國地理	0	35	0
	韓國歷史	0	35	35
	日語	157.5	140	140
	社會	157.5	140	140
	數學	157.5	140	175
	理科	105	140	140
	音樂	52.5	35	35
	美術	52.5	35	35
	保健體育	105	105	105
	技術家庭	70	70	35
	英語	170	152.5	187
	道德	35	35	35
	特別活動	35	35	35
	韓國語	105	105	105
	總合	105	105	105
合計		1312.5	1312.5	1312.5

출전: 백두학원, 「2019년도 교육계획」, 2019, 18쪽.

건국중학교 학생수는 1982년부터 1995년까지 꾸준히 증가하였으나 이후 2004년까지 약 10년 동안 지속적으로 감소하였다. 2005년부터 다시 증가하는 듯 했으나, 2007년부터 지금까지 하향추세에 있다. 1990년에 270명이었던 중학생은 2010년에는 165명으로 2020년 4월 현재 90명이다. 2015년에 학교 리모델링 공사 이후 초등학생과 고등학생은 미미하지만 증가추세에 있는데, 중학생은 여전히 하향추세이다. 현재로서는 그 원인을 알 수 없으며, 구체적인 조사가 필요하다.

〈표 49〉 건국중학교 학생 구성 분포(2019.4)

學校別	學年別	駐日		在日		日本		其他		計
		男	女	男	女	男	女	男	女	
中學校	1	1	0	3	8	0	16	0	0	28
	2	5	2	7	9	1	12	0	0	36
	3	2	2	7	6	3	10	0	0	30
	小計	8	4	17	23	4	38	0	0	94
	男女計	12	12.8%	40	42.5%	42	44.7%	0	0.0%	100%

출전: 백두학원, 「2019년도 교육계획」, 2019, 14쪽 자료로 작성.

특이한 점은 〈표 46〉 백두학원 건국학교 재학생 수(2019.4)를 보면, 2019년 4월 현재 전체 94명의 중학생 중에 남학생이 29명인데 여학생이 65명이나 된다는 것이다. 특히 일본국적 여학생의 비율이 두드러진다. 2003년의 경우 전체 중학생 113명 중에, 남학생이 53명이고 여학생이 60명으로, 여학생이 조금 많은 정도였다.[28] 따라서 여학생 편중 현상이 심해진 것은 최근에 나타난 것이라고 할 수 있다. 왜 여학생으로 편중되어 있는가에 대해 관심을 가지지 않을 수 없는데, 이러한 현상은 건국고등학교에서도 나타난다. 그 원인에 대해서는 후술한다.

또 한 가지 특이한 점은 일본국적 학생의 비율이 높다는 것이다. '주일' : '재일' : '일본'의 비율이 전체 94명의 학생 중에서 12.8%(11명) : 42.5%(40명) : 44.7%(42명)로 나타났다는 것이다. 42명(44.7%)나 되는 학생이 일본국적인데, 이러한 현상은 건국고등학교에서도 동일하게 나타난다. 따라서 그 원인에 대해서는 후술한다.

---

28) 홍효정, 「재일동포 청소년 민족교육에 관한 연구」, 한양대학교대학원 석사학위논문, 2006, 36쪽.

(5) 건국고등학교의 현황

1990년 이후 2004년까지 학생수가 지속적으로 감소하였다. 1990년에 270명이었던 학생수는 2004년에 100명으로 떨어졌다. 이후 조금 증가는 하였으나 110여 명의 학생수를 유지하다가 건물 리모델링이 완공된 2015년부터 학생수가 급증하고 있는 추세로 2020년 4월 현재 182명이다.

주목할 것은 〈표 46〉 백두학원 건국학교 재학생 수(2019.4)를 보면 2019년 4월 현재 174명의 학생 중에서 일본국적의 학생이 54.0%(94명)나 되는데, 이들의 남녀 비율은 15명 : 79명으로 여학생이 남학생보다 약 5배나 많다. '재일'학생의 경우 과거에는 남녀차가 그렇게 심하지 않았으나, 이 또한 여학생이 남학생보다 배로 많다. 즉 건국고등학교 학생수의 증가는 이들 여학생의 증가가 가장 중요한 요인으로 작용했고, 이들 중 많은 학생이 한국의 대학으로 진학하고 있다.

이와 관련해 건국고등학교의 학사자료에 의하면 전체 재학생 가운데 약 10%가 순수 일본인이라고 지적하고 있다. 이들의 입학과 관련해서 학교 당국자는 건국고등학교에 남학생 위주의 다양한 클럽이 없어 남학생이 선호하지 않는 경향이 있고, 또한 한류 붐에 의해 일본 여학생의 한국계 학교에 대한 관심 증가를 원인으로 꼽고 있다. 그리고 일본국적을 가진 한인학생의 증가와 관련해서는, 과거와 같이 일본으로 귀화한 동포에 대하여 손가락질을 하는 경우가 거의 없으며, 민단 등에서도 일본국적자를 적극 포용하는 체질로 바뀌어, 일본 국적자도 한국계 학교에 자신의 출자를 숨기지 않고 입학하게 되었다는 것이다.[29]

즉 최근 백두학원 고등학생의 증가는 일본국적을 취득한 재일한인들의 입학이 증가하였다는 것과 한류붐으로 인해 일본인 여학생의 입학이

---

[29] 이수경 외, 『재일동포 민족교육 실태 심화조사 및 정책방향 제시』, 재외동포재단, 2017, 117~118쪽.

증가하였다는 것이다.

건국고등학교는 재학생의 대학 진학을 위해 '특진반'(특별진학코스)과 '종합반'(종합코스)으로 분반하여 수업을 진행한다. 특진반의 경우는 일본의 대학진학을 위해 특성화된 반이다. 종합반의 경우는 한국 대학진학 및 취업을 위해 특성화된 반인데, 이를 다시 '한국문화 전공코스'와 '영미문화 전공코스'로 나누어 수업이 진행된다. 전자와 후자의 큰 차이점은 전자의 경우는 한국어 능력향상(한국어 능력시험)에 중점을 두면서 일본 국적 학생의 한국대학 진학에 도움을 주고 있고, 후자는 영어교육에 보다 비중을 두고, 재일한인 및 일시체류자의 한국 대학의 특례입학을 적극 지원하고 있다.30) 1조교의 고등학교이기 때문에 일본 문부성이 정한 기본 교과목은 당연히 이수해야 하고, 민족교과목은 추가로 배정되어 있다. 하지만 건국고등학교의 한국어중심의 민족교과목은 일본국적 학생의 한국 대학입시에 중요한 역할을 하고 있다.

건국고등학교의 민족교과목 '한국어Ⅰ'은 전학년, '재일형성사'는 1학년 그리고 '한국사'는 2, 3학년 이수 과목으로 잡혀 있다. 나머지 '한국어Ⅱ'나 '한국어회화', '한국어연습' 그리고 '한국어활용'은 학생들의 진로 방향에 따라 선택할 수 있도록 하고 있다. 예를 들어 종합반('한국문화 전공코스') 2학년 학생은 1주일에 14시간, 3학년 학생은 13시간까지 민족교과목 수업이 가능하다.

이러한 학교 측의 노력에도 힘입어, 건국고등학교의 경우 2015학년도 한국 대학으로의 진학 비중이 70%를 넘었으며, 일본 대학으로의 진학은 20%대를 차지하였다.31) 한국 대학으로의 진학 비중이 높은 것이 건국고

30) 청암대 재일코리안연구소, 『재일동포 민족교육 현황조사』, 재외동포재단, 2013, 66쪽.
31) 이수경 외, 『재일동포 민족교육 실태 심화조사 및 정책방향 제시』, 재외동포재단, 2017, 225쪽.

등학교의 특성이라고 할 수 있고 그러한 특성화가 학생증가 요인으로도 작용하고 있다.

〈표 50〉 건국고등학교 주당 민족교과 시간 배당표(2019)

2019年度	1A 韓文	英米	中文	1D 特進	2A 韓文	英米	2D 特進	3A 韓文	英米	3D 特進
韓國語 I	3	3	3	3	4	4	4	3	3	3
韓國語 II	3				3			3		
韓國語會話				①	2	2	①	3	3	
韓國語演習							②	2	2	① 2
韓國語活用				②	3	3	① 3			
韓國史					2	2	2	2	2	2
在日形成史	2	2	2	2						

주: 2, 3학년 학생은 자신의 진로(국내 대학 및 일본 대학 등)에 따라 상기의 ①과 ②의
    민족 과목은 물론 일본고전이나 수학 등 기타 과목을 선택할 수 있다.
출전: 백두학원, 「2019년도 교육계획」, 2019, 19쪽.

3) 금강학원소·중·고등학교

(1) 금강학원 재학생 추이

금강학원은 1970년대 이후 학생수 급감으로 그리고 학교재정 악화로 인해 일본정부의 재정 지원을 받기 위해 1986년부터 중고등학교도 1조교로 운영하기 시작하였다. 하지만 이후에도 학생수는 감소하여 1990년의 학생수는 167명이었다. 하지만 이후 초등학생 수가 급증하여, 전체적으로는 학생수가 꾸준히 증가하여 2007년에는 370명이 되었다. 오사카 시내에 학교가 위치하고 있어서 뉴커머 중심으로 초등학생 입학자가 많이 늘었던 것이 아닌가 생각된다. 같은 오사카 지역에 있으면서도 중심가에서 떨어져있는 백두학원의 학생수는 반대로 지속적으로 감소하는 추세

를 보였다. 즉 뉴커머 증가 시기에 금강학원은 뉴커머 자녀들을 흡수할 수 있었던 것이다.

〈표 51〉 금강학원소 · 중 · 고등학교 학생수 추이(1966~2019)

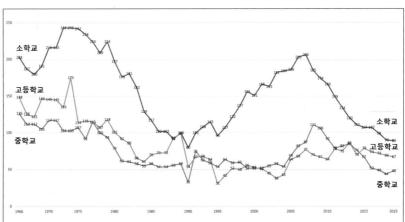

출처: 교육부가 매년 발간하는 『문교통계연보 1966』부터 『문교통계연보 2019』의 통계 치로 작성.

〈표 52〉 금강학원 학생수(학급수) (4.1 기준)

년 도	초	중	고	합 계
2014	111(6)	76(3)	70(3)	257(12)
2015	107(6)	67(3)	79(6)	253(15)
2016	107(6)	52(3)	74(6)	233(15)
2017	99(6)	49(3)	72(6)	220(15)
2018	90(6)	44(3)	69(6)	203(15)
2019	89(6)	48(3)	67(6)	204(15)
2020	95(6)	52(3)	71(6)	218(15)

출처: 교육부 홈페이지, 「재외한국학교 기본 현황」, 2014년부터 2020년 자료로 작성.

하지만 2007년 8월에 오사카 중심가의 니시나리구(西成区)에서 오사카의 완전 외곽에 위치한 스미노에구(住之江区)로 교사를 이전한 이후 학생수는 지속적으로 감소하고 이 추세는 꺾이지 않고 있다. 2020년 4월 현재 학생수는 218명이다. 시내에서 적어도 2번, 많게는 3번 전차를 갈아타고 가서 다시 15분 정도 걸어야 도착할 수 있는 학교의 위치는 결과적으로 최악의 선택이었다. 매월 3,000엔으로 학교 스쿨버스를 이용할 수 있으나, 학교위치가 오사카의 완전 외곽이라 학생들의 불편을 해소하지 못할 것이다. 학교 주변은 여전히 개발이 되지 않아 황량한 벌판에 있는 느낌이 든다.

〈표 53〉 금강학원소·중·고등학교 학생수(2020.4)를 보면 2020년 현재 218명의 학생을 '본국' : '재일동포+이중국적' : '기타(일본국적 등)'으로 분류하면, 9.7%(21명) : 40.8%(89명) : 49.5%(108명)이 된다. '본국'은 단기체류자이고, '재일동포'에는 특별영주권자(올드커머)와 영주권자(뉴커머)가 포함되어 있는 것 같다. 기타(일본국적 등) 학생이 49.5%나 되는데, 일본국적의 재일한인과 순수한 일본인이 포함되어 있는 것 같다. 또한 건국고등학교 학생과 같은 요인(한류 붐 등)에 의해 일본인 학생이 증가한 것인지도 확인할 수 없다. 단지 일본인학생의 비율이 높은 것과 관련해 특정 종교를 가진 부모의 자녀가 많이 재학하고 있다는 지적은 있다.[32] 금강학원의 경우, '본국' 출신학생과 '재일동포' 출신학생의 비율이 1980년(377명)에는 25명(6.5%) : 352명(93.5%) 그리고 1992년(당시 재학생 총 298명)에는 62명(20.7%) : 236명(79.3%)으로 본국 출신 학생의 숫자가 증가하였다.[33] 하지만 2020년 현재 본국출신학생 비율은 9.7%로 본국 학생의 비율이 다시 줄었다는 것을 확인할 수 있다.

---

32) 이수경 외, 『재일동포 민족교육 실태 심화조사 및 정책방향 제시』, 재외동포재단, 2017, 141쪽 참조.
33) 이남교, 「재일동포의 민단계학교: 민족교육 2」, 『새교육』 제506호, 1996.12, 103쪽.

〈표 53〉 금강학원 소·중·고등학교 학생 수(2020.4)

학교별	학급별	국 적				계			작년(2019.4.1)			증감(±)
		본국	재일동포	이중국적	기타	한국인	기타	계	한국인	기타	계	
소학교	1년	2	6	3	8	11	8	19	7	8	15	+4
	2년	4	4	0	8	8	8	16	9	5	14	+2
	3년	1	5	3	7	9	7	16	6	1	7	+9
	4년	2	2	3	1	7	1	8	7	11	18	-10
	5년	1	4	4	10	9	10	19	12	5	17	+2
	6년	1	5	5	6	11	6	17	13	5	18	-1
	계	11	26	18	40	55	40	95	54	35	89	+6
중학교	1년	3	7	3	5	13	5	18	6	12	18	±0
	2년	1	3	4	12	8	12	20	7	6	13	+7
	3년	3	4	1	6	8	6	14	9	8	17	-3
	계	7	14	8	23	29	23	52	22	26	48	+4
고등학교	1년A	1	3	1	14	5	14	19	1	22	23	-4
	1년B	1	5	2	1	8	1	9	3	2	5	+4
	2년A	0	2	1	20	3	20	23	1	13	14	+9
	2년B	0	3	1	8	4	8	12	6	9	15	-2
	3년A	0	3	1	8	4	8	12	6	9	15	-3
	3년B	1	1	2	1	4	1	5	3	2	5	±0
	계	3	15	8	45	26	45	71	18	49	67	+4
합 계		21	55	34	108	110	108	218	94	110	204	+14

출전: 금강학원, 「2020학년도 학교경영 계획서」, 2020, 15~16쪽.

금강학원의 교육목표는 "재일한국인으로서 긍지를 가지게"하고 "국제 사회에 적응할 수 있는 실력을" 배양하고 또한 "다문화 공생사회를 선도할 수 있는 인재를 육성"하는 것 등에 중점을 두고 있다. 금강학원은 2019년 현재 52명의 교사(교원과 강사)와 직원 등으로 구성되어 있으며 민족교과(국어 및 역사) 교육을 위해 4명의 교사가 한국에서 파견 되었다.

(2) 금강학원소학교의 현황

금강학원소학교 학생은 1990년에는 80명이었으나 2007년 206명까지 증가하였다. 하지만 오사카 외곽으로 이사한 이후 학생수는 지속적으로 감소하여 2020년 현재 95명이다. 현재의 인원에서 유지될지 더 감소할 지는 지켜보아야 한다.

〈표 53〉 금강학원소·중·고등학교 학생수(2020.4)를 보면, 2020년 4월 현재 95명의 초등학생을 본국 : 재일동포+이중국적 : 기타(일본국적)의 비율로 나누면 11.6%(11명) : 27.3%(26명) : 42.1%(40명)으로 일본국적의 학생이 한국적이나 이중국적의 학생보다 많다는 것을 알 수 있다. 단지 이들의 출자에 대해서는 확인 할 수 없는 상황이다. 아무튼 확실한 것은 일본국적 학생수가 점하는 비율이 백두학원처럼 높다는 것이다.

금강학원소학교는 1조교로서의 일본의 기본적인 교육과정 외에 민족교과로 '한국어' 수업을 전 학년이 매주 4시간 이수하게 하고 있으며, '한국사회' 수업을 4, 5, 6 학년을 대상으로 매주 1시간씩 실시하고 있다. 또한 특활 시간에 1, 2, 3학년에게 태권도를 매주 1시간 가르치고 있다. 그 외에도 음악, 도덕 수업 등을 통해 민족교육을 보완하고 있다고 볼 수 있다. 나아가 국제인을 양성한다는 의도하에, 영어수업을 매주 3시간씩 배정하고 있다. 영어수업 시간이 과거보다 1시간 증가하였다.

〈표 54〉 금강학원소학교 주당 민족교과 시간 배당표(2020)

교과목	1학년	2학년	3학년	4학년	5학년	6학년
한 국 어	4	4	4	4	4	4
한국사회				1	1	1
특　활	1(태권도)	1(태권도)	1(태권도)			

출처: 금강학원, 「2020학년도 학교경영 계획서」, 2020, 62쪽에서 작성.

(3) 금강학원중학교의 현황

금강학원중학교의 재학생 숫자는 1990년대부터 2000년대 중반까지 50~60명의 학생을 유지하다가 2005년부터 증가세를 보여 2008년에는 111명이 되었다. 이 시기의 중학생수의 증가는 동경한국학교의 사례처럼 급증한 초등학교 졸업생의 일부가 유입되었을 가능성이 크다. 하지만 학교이전이후 초등학생의 급감과 함께 중학생도 지속적으로 감소세를 보여 2020년 4월 현재 48명이다. 학생감소의 요인으로는 초등학생의 감소와 지리적인 요인이 크다고 생각한다.

〈표 53〉금강학원소·중·고등학교 학생수(2020.4.1)를 보면, 2020년 4월 현재 48명의 학생을 '본국' : '재일동포+이중국적' : '기타'(일본국적 등)으로

〈표 55〉금강학원중학교 교육과정(2020)

과목·교과		1학년	2학년	3학년
국어(일본어)		4	4	4
사　회		3	3	3
수　학		4	4	4
이　과		3	4	4
보건체육		3	4	4
음　악		1.5	1	1
미　술		1.5	1	1
영어(외국어)		4	4	4
기술가정		2	2	1
한 국 어		3	3	3
한국문화	종합학습시간			
한국사회		1	1	1
영어회화		2	1	1
L·H·R				
계		34	34	34

출처: 금강학원, 「2020학년도 학교경영 계획서」, 2020, 64쪽 표로 작성

나누면, 13.5%(7명) : 42.3%(22명) : 44.2%(23명)이다. 초등학교처럼 일본국 적이 많다는 것을 확인할 수 있다.

금강학원중학교는 일본 문무과학성이 규정한 교육과목 외에도 민족교 과로서 '한국어'를 매주 3시간 배정하고 있으며, '한국사회'를 매주 1시간 배정하고 있다. 그 외에도 보건체육 시간에 태권도와 한국무용도 가르치 고 있으며,[34] 기타 음악, 미술시간을 활용한 민족교육도 추가로 이루어 지고 있다고 볼 수 있다.

(4) 금강학원고등학교의 현황

금강학원고등학교는 1990년대에도 학생증가의 추세는 없었고, 적을 때는 30명대 많을 때는 60명대의 학생수를 유지하였다. 2000년대 중반부 터 약간 증가하는 추세도 보였으나 학교 이전이후 다시 감소하고, 또다 시 2010년대 초반에 약간 증가하는 추세를 보이다가 2015년부터 다시 감 소하는 추세이다. 2020년 4월 현재 67명이다.

〈표 53〉 금강학원소·중·고등학교 학생수(2020.4)를 보면, 2020년 4월 현재 재학생 71명을, '본국' : '재일동포+이중국적' : '기타'(일본국적)으로 분 류하면, 4.22%(3명) : 32.4%(23명) : 63.4%(45명)이다. 초중학생보다도 '기타 (일본국적)학생'의 비율이 많다는 것을 알 수 있다. 즉 일본국적 학생의 증가가 고등학생수의 유지에 중요한 역할을 하고 있는 것이다.

금강학원고등학교는 대학 합격률을 높이기 위해 2008년부터 '특진코 스'반과 '국제종합코스'반으로 나누어 수업을 시작하였다. 이른바 특진반 은 현역 졸업생의 일본 대학 입학을 목표로 삼고 있으며, 종합반은 전문 학교 진학, 취업 그리고 한국대학 진학 지도에 중점을 두고 있다.

---

[34] 금강학원, 「2016학년도 학교경영 계획서」, 2016, 72쪽.

특진반의 경우는 정규수업 외에도 하루에 6시간 보충수업을 하고 있으며, 종합반의 경우는 한국어, 영어, 한자검정, 소논문 지도 중심으로 수업이 이루어진다.[35] 두 코스의 차이는 '수학' 수업을 보면 명확해진다. 즉 특진반의 경우는 수학 I, II, III, A, B가 학년과 전공(문과, 이과)에 따라 전 학년에 걸쳐 이수하게 되어있으나, 종합반의 경우는 '수학 I'(1학년 필수)과 '수학 A'(3학년 선택)를 가르칠 뿐이다. 한편 민족교과의 경우, 종합반은 '한국어'와 한국어연습'이 매주 각 3시간씩 총 6시간 배정되어 있으나, 특진반은 '한국어'를 1학년은 3시간, 2학년은 2시간, 3학년은 2시간 배정되어 있고, 3학년은 '영어회화' 수업으로 선택할 수 있다. '한국사회'는 '종합탐구시간'에 모든 학년이 매주 1시간씩 수업을 받게 되어 있다.

특진반과 종합반의 구분 그리고 커리큘럼 구성은 다른 한국계 학교도 마찬가지로, 일본은 물론 한국의 유명대학 진학자를 배출해야 학교의 지명도가 높아져 재학생이 늘기 때문이다. 금강학원고등학교의 대학진학은 한국으로의 대학진학보다 일본 대학진학이 조금 많은 것으로 알려져 있다.

〈표 56〉 금강학원고등학교 교육과정(2020)

入學年度			2020학년도											
코스			※※總合 코스				特進:코스〈文系〉				特進:코〈理系〉			
敎科	科目	※※※ ※※	1	2	3	計	1	2 (文系)	3 (理系)	計	1	2 (文系)	3 (理系)	計
國語	國語總合	4	4			4	5			5	5			5
	國語表現	3		○3	○3	2~5			3	3				
	現代文B	4		2	3	5		3	3	6		3	3	6
	古典B	4		○3	○3	2~5		2	3	5		2	3	5
地理 歷史	世界史A	2										2		2
	世界史B	4		3	2	5		3	3	6				

35) 금강학원, 「2016학년도 학교경영 계획서」, 2016, 77쪽.

교과	과목													
	日本史B	4		3	2	5		3	3	6				
	地理A	2				2		2	2					2
公民	現代社會	2	2			2	2			2	2			2
	政治・經濟	2							3	3			3	3
數學	數學Ⅰ	3	3			3	4			4	4			4
	數學Ⅱ	4				5			5	5		5		5
	數學Ⅲ	5											6	6
	數學A	2	○3	0~3	3				3	3				3
	數學B	2				3			3	3		3		3
	(學)數學演習												3	3
理科	物理基礎	2		2		2		2		2		2		2
	化學基礎	2	2			2	2			2	2			2
	生物基礎	2	2			2	2			2	2			2
	地學基礎	2												
	物理	4											□5	0~5
	化學	4										4		5
	生物	4											□5	0~5
	理數化學			3	3			3	3					6
	(學)化學・生物演習												△2	0~2
	(學)化學・物理演習												△2	0~2
保健體育	體育	7~8	3	2	2	7	3	2	2	7	3	2	2	7
	保健	2	1	1		2	1	1		2	1	1		2
藝術	音樂Ⅰ	2	▽1	▽1		0~2	▽1	▽1		0~2	▽1	▽1		0~2
	美術Ⅰ	2	▽1	▽1		0~2	▽1	▽1		0~2	▽1	▽1		0~2
外國語	커뮤니케이션 영어Ⅰ	3	4			4	3			3	3			3
	커뮤니케이션 영어Ⅱ	4		3	3	6		4		4		4		4
	커뮤니케이션 영어Ⅲ	4				0			5	5			4	4
	英語表現Ⅰ	2		2	3	5	2			2	2			2
	英語表現Ⅱ	4						2	3	5		2	2	4
	英會話	2		2	4				★2	0~2			★2	0~2
	(學)韓國語		3	3	3	9	3	2	★2	5~7	3	2	★2	5~7
	(學)韓國語演習		3	3	3	9								
家政	家庭基礎	2	2			2	2			2				2
情報	社會と情報	2	1	1		2	4	2		2	4	2		2
特別動	홈룸 활동		1	1	1	3	1	1	1	3	1	1	1	3
綜合的探求時間(韓國社會)		3~6	1	1	1	3	1	1	1	3	1	1	1	3
	總計		33	33	33	99	37	37	37	111	37	37	37	111

출전: 금강학원, 「2020학년도 학교경영 계획서」, 2020, 60쪽.

4) 교토국제중학고등학교

(1) 교토국제중학고등학교의 재학생 추이

〈표 57〉 교토국제중학고등학교 학생수 추이(1966~2019)

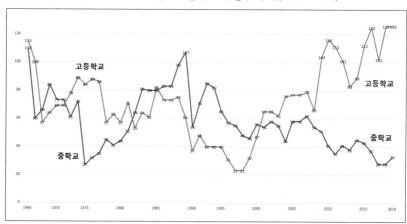

출처: 교육부가 매년 발간하는 『문교통계연보 1966』부터 『문교통계연보 2019』의 통계
치로 작성.

　각종학교로서 독자적인 민족교육을 유지하고 있던 교토한국중고등학
교는 학교발전을 위해 일본사회의 반대 속에서도 1984년에 교토 외곽의
혼다야마(本田山)에 새로운 교사를 완공하였다. 학교 이전 이후 등락이
있기는 하였으나 1985년에 80명이던 중학생은 1999년이 되면 46명으로
감소하였고, 82명이던 고등학생은 32명으로 감소하였다. 전체적으로 50%
이상 수가 감소한 것이다. 학교 측은 학생모집을 위한 방편으로 1999년
에 고등학교 야구부를 창설하였고, 이것이 계기가 되어 이후 약간의 등
락이 있기는 하였으나 고등학생수는 꾸준히 증가하였다. 하지만 중학생
수는 여전히 감소세를 벗어나지 못하고 있다.

한편 학교 측은 경영위기에서 벗어나려고 일본정부의 교육비 지원을 받기 위해 2003년 12월에 일본정부로부터 1조교 인가를 받고, 2004년 4월부터 1조교로 학교운영을 시작하였다. 교명도 '교토국제중[학]고등학교'(학교법인 교토국제학원)로 변경하였다. 학교 측이 힘들게 유지해온 각종학교에서 1조교를 선택하게 된 것은 일본정부의 재정지원을 받기 위한 것도 있지만, 야구부를 중심으로 움직이는 고등학교가 일본인학생도 폭넓게 받아들이기 위해 '한국'에서 '국제'학교로 변모한 것이라고 생각한다. 학교 측의 의도대로 고등학생의 숫자는 증가하여 2020년 4월 현재 136명이 되었다. 하지만 중학생은 그 이후에도 감소하여 2020년 4월 현재 33명이다.

〈표 58〉 교토국제학원 학생수(학급수) (4.1 기준)

년 도	중	고	합 계
2014	45(3)	89(6)	134(9)
2015	43(3)	112(6)	155(9)
2016	37(3)	125(6)	162(9)
2017	28(3)	102(6)	130(9)
2018	28(3)	126(6)	154(9)
2019	33(3)	126(6)	159(9)
2020	24(3)	136(7)	160(9)

출처: 교육부 홈페이지, 「재외한국학교 기본 현황」, 2014년부터 2020년 자료로 작성.

학교당국은 교육목표로 자신의 문화적 가치를 깨닫고 긍지를 갖는 자존인(自尊人), 자신을 연마하기 위해 노력하는 연마인(鍊磨人) 그리고 남을 이해하고 존중하는 공생인(共生人)을 내세우고 있다. 건국학교나 금강학원과는 달리 민족적인 색채를 강하게 나타내지 않고, 한국계 학교로서 한일 양국을 중심으로 활약하는 국제인 육성에 무게를 두고 있다. 교토국제줽햐고등학교는 2020년 현재 교장을 포함하여 교사와 강사는 32명이며, 한국에서 '국어'와 '사회' 교과 담당 교사가 2명 파견되어 있다.

〈표 59〉 교토국제중학고등학교 재학생 현황(2019.5)

	중1	중2	중3	계	고1	고2	고3	계	총계
남	6	3	4	13	20	23	25	68	81
여	6	9	5	20	25	16	17	58	78
계	12	12	9	33	45	39	42	126	159

출전: 교토국제중학고등학교, 「2019학년도 교육계획」, 2019, 58쪽.

(2) 교토국제중학교의 현황

앞서 설명했듯이 교토국제중학교 학생수는 1985년 교사를 교토 외곽으로 이전한 이후 학생수가 잠시 증가한 적도 있으나, 지속적인 감소세를 보이고 있고, 2020년 4월 현재 3학급에 24명의 학생이 있다. 〈표 60〉 교토국제중학교 출생지별 학생수(2019.5)에 의하면 33명의 중학생 중에 본국출생은 5명이고, 재일한인(한국·조선적 및 일본국적의 뉴커머 및 올드커머)은 21명이며, 순수한 일본인도 7명이 있다.

〈표 60〉 교토국제중학교 출생지별 학생수(2019.5)

본국출생	일본출생	귀 화	일본인	합 계
5	13	8	7	33

출처: 교토국제중고등학교, 「2019학년도 교육계획」, 2019, 58쪽 표로 편집.

〈표 59〉 교토국제중학고등학교 재학생 현황(2019.5)을 보면 중학생의 경우 남학생이 13명 여학생이 20명이다. 이 학교의 경우 과거부터 여학생이 많은 경향이 있다는데, 그 이유에 대해 학교 관계자는 재학생이 소

수라 남학생이 선호하는 체육관련 클럽이 없다는 것이 하나의 원인이라고 지적하였다.[36] 이러한 의견은 건국중고등학교 관계자도 지적한 사항이다.[37] 즉 일본에서는 클럽 활동이 활성화되어 있는데, 한국계 학교의 경우 학생수가 적어서 활동할 수 있는 클럽수가 적다는 것이다.

〈표 61〉 교토국제중학교 교육과정표(2019)

구 분		제1학년 (주 시간수)	제2학년 (주 시간수)	제3학년 (주 시간수)
필수교과 수업시수	일본어	4.5	5	4.5
	사회	4	4	4
	수학	4.5	4	5
	이과	3.5	4	4
	음악	1	1	1
	미술	1.5	1	1
	보건체육	2.5	3	3
	기술가정	2	1.5	1
	외국어(영어)	5	5	5.5
도덕 수업시수		1	1	1
특별활동 수업시수		1	1	1
종합학습시간 수업시수 (한국어 · 한국사회)		4.5	4.5	4
총 수업시수		35	35	35

출전: 교토국제중고등학교, 「2019학년도 교육계획」, 2019, 13쪽.

36) 이수경 외, 『재일동포 민족교육 실태 심화조사 및 정책방향 제시』, 재외동포재단, 2017, 165쪽.
37) 한국계 학교의 학생 성별에 따른 재학생 숫자의 차이와 관련해서는, "종래 민단계학교에서의 학생의 남녀별구성에 관해서는, 1960년대는 남자학생수가 많았던 것이 1970년대에 들어가면 전체적으로는 취학률의 저하가 나타나면서, 여학생 수는 늘어난 것으로 되어 있다. 먼저 남학생의 감소경향은 민단계학교의 취학이 대학 등의 진학에 불리하다는 생각이 늘어난 것으로 보여진다. 한편 여학생의 증가현상은 '출가시킬 때를 위해, 하다못해 민족어 정도는 배워두는 것이 좋겠다'는 생각에서 비롯된 것 같다"(이남교, 「재일동포의 민단계학교: 민족교육 2」, 『새교육』 제506호, 1996.12, 103쪽)는 지적도 있다. 하지만 이에 대해서는 보다 치밀한 1차조사가 필요하다. 필자는 특정학교에서 여학생이 증가한 것은 최근의 경향이 아닌가 생각된다.

교토국제중학교의 경우 일본정부가 정한 1조교로서의 교과목 외에 한국어(1, 2학년은 주당 3.5시간. 3학년은 주당 3시간)와 한국사회(주당 1시간)를 전 학년에 이수하게 하고 있다. 한 가지 특이점은 건국중학교나 금강학원중학교와는 달리 영어교육에 많은 비중을 두고 있다는 것이다. 문법과 독해중심의 '영어' 수업뿐 아니라, '영어회화' 수업에도 많은 시간을 할당하고 있다. 국제적인 인재를 양성하겠다는 교육적 의도에 의한 것이지만, 학생모집을 위한 특성화(국제학교)를 의도한 것이 아닌가 생각된다.

(3) 교토국제고등학교의 현황

〈표 62〉 교토국제고등학교 출생지별 학생수(2019.5)

본국출생	일본출생	귀 화	일본인	합 계
6	9	24	87	126

출처: 교토국제중고등학교, 「2019학년도 교육계획」, 2019, 58쪽 표를 편집.

교토국제고등학교는 1999년에 야구부가 만들어지고 이 야구부가 일정한 성적을 유지하면서 학생수가 꾸준히 증가추세에 있다. 1999년 4월 현재 78명이던 고등학생은 2020년에 136명으로 증가하였다.

〈표 62〉 교토국제고등학교 출생지별 학생수(2019.5)를 보면 2019년 5월 현재 126명의 고등학생 중에 순수한 일본인 학생이 87명(약 69%)으로, 이른바 한국계 학생(본국출신, 일본출생, 귀화)보다 훨씬 많다. 일본국적의 재일한인(24명)까지 포함하면, 일본국적 학생은 88.1%(111명)나 된다. 즉 교토국제고등학교는 재학생만 본다면 일본인학교로서의 성격이 강해지고 있다. 〈표 59〉 교토국제중학고등학교 재학생 현황(2019.5)에 나와 있는 남녀학생 비율을 보면, 남학생 68명, 여학생 58명으로 남학생이 10명

많은데, 야구부의 영향이라고 할 수 있다. 2021년 7월 현재 야구부 등록 학생은 54명으로 전체 고등학생(126명)의 42.9%나 된다.[38]

교토국제고등학교의 특징은 무엇보다도 야구부라고 할 수 있다. 1999년에 만들어진 야구부는 마침내 고시엔(甲子園) 고교야구대회로 알려진 '전국고교야구선수권대회' 2021년 춘계대회에 처음 출전하였고, 16강까지 올라갔다. 그리고 2021년 하계대회에도 진출하여 4강까지 올라가는 성적을 보였다. 2021년 하계대회에는 전국에서 3605개 고등학교 야구팀이 지방예선에 참가하였으며, 지역예선에서 선발된 49개 팀만이 고시엔에서 열리는 본선에 진출하였다. 따라서 교토국제고등학교 야구팀의 본선에서의 4강진출은 일본사회에서 큰 화제가 되었다. 그와 함께 한국어 가사로 된 교가가 고시엔에서 불려졌다는 것도 큰 관심을 끌었다.

〈표 63〉 교토국제고등학교 주당 민족교과 시간 배당표(2019)

	신과정	고1종		고1진	고2종		고2진		고3종		고3진	
		일반	스포츠		일반	스포츠	문계	이계	일반	스포츠	문계	이계
학교 설정 과목	한국지리역사	1	1	1								
	한국사				1	1	1	1				
	재일한국인사								1	1	1	1
	한국어 I	3	3	3								
	한국어 II				3	3	3	3	3	3	3	3
	한국어연습	2			2		◎2		2		★2	★2
	일본어검정연습	2										

주: 짙은 색의 과목인 경우 선택과목으로 운영.
출처: 교토국제중학고등학교, 「2019학년도 교육계획」, 2019, 14쪽 자료를 편집.

교토국제고등학교의 경우도 건국고등학교나 금강학원고등학교처럼,

---

[38] 교토국제고등학교 야구부 홈페이지(https://www.kyureki.com/koko/104/1504/2021/member 검색일: 2021.7.6) 참조.

진학반(진학코스)와 종합반(종합코스)으로 나누어 수업을 진행한다. 진학반은 일본의 대학입학이 목적으로, 이른바 한국의 대학수학능력시험과 비슷한 일본의 '대학입학자선발 대학입시센터시험'에서 좋은 성적을 낼 수 있도록, 수학이나 영어교육에 대한 비중이 높다. 종합반의 경우에도 대학진학을 위한 지도를 하나, 야구부의 특성을 살린 '스포츠 진학' 그리고 취업에 목적을 둔 교육을 한다. 종합반의 경우, 취업을 위한 비즈니스능력 검정과 정보처리검정 취득 그리고 사회인으로서의 커뮤니케이션 능력과 비즈니스 매너 등에 중점을 두고 교육을 한다.[39) 따라서 다른 한국계 대학처럼 한국의 대학진학에 대한 지도는 없다고 해야 할 것이다.

일본인 학생이 많지만, 한국계 학교이기 때문에 전체 학생을 대상으로 '한국어' 수업을 매주 3시간 하고 있으며, '한국지리역사'(1학년), '한국사'(2학년) 그리고 '재일한국인사'(3학년) 수업을 매주 1시간씩 배정하고 있다. 나머지 '한국어연습'은 선택과목이다. 앞서 기술하였듯이 2021년 3월 춘계 및 8월의 하계 고시엔 야구대회에 처음 참가한 야구부학생들은 교가를 한국어로 불러, 일본사회에서 화제가 되었다.

5) 코리아국제학원 중·고등부[40)

(1) 코리아국제학원 재학생 추이

2008년 4월 코리아국제학원(KIS)이 오사카에서 개교하였다. 관서지방의 한국계 학교도 총련계 조선학교도 재학생의 정체와 감소로 학생모집

---

39) 청암대 재일코리안연구소, 『재일동포 민족교육 현황조사』, 재외동포재단, 2013, 78쪽.

40) 코리아국제학원은 한국계로 분류되지 않지만, 중립계의 각종학교로서 나름 독자적인 민족교육이 이루어지고 있는 곳이라 함께 소개한다. 코리아국제학원의 최근의 전체적인 상황에 대해서는 金正泰, 「国境を超えた子どもたちが創る多文化社会」, 『立命館産業社会論集』 第57卷第1号, 2021.6 참조.

에 힘들어 하고 있는데, 또 다른 재일한인의 학교가 새롭게 설립된 것이다.

<표 64> 코리아국제학원 중고등부 학생 수(4월 현재)

연도	중등부				고등부			
	1학년	2학년	3학년	합계	1학년	2학년	3학년	합계
2016	11	13	18	42	19	17	10	46
2017	12	11	14	37	32	29	17	78
2018	4	12	9	25	17	24	21	52
2019	2	4	11	17	14	13	22	49
2020	4	5	2	11	15	17	15	47

출처: 코리아국제학원의 2016년도부터 2020년도 「事業報告書」의 표를 보고 작성.

이 학교는 1조교의 민단계 학교나 총련계의 조선학교로는 재일한인의 바람직한 미래를 기대할 수 없다는 생각을 가진 시인 김시종과 당시 동경대 김상중 교수 등이 중심이 되어 설립한 학교이다. 이들은 2005년 3월 재일코리안교육연구회를 발족하였다. 그리고 이 연구회는 각 개인이 민족적 정체성을 가지고 있으면서도, 한 국가라는 경계를 넘어선 국제인으로 재일한인 청소년을 육성해야 한다는 교육이념을 제시하였다. 이에 동참한 사람들이 2006년 3월 코리아국제학원 준비위원회를 발족하였다. 그리고 마침내 오사카와 교토 사이에 위치한 오사카부 이바라키시(茨木市)에 2008년 4월 코리아국제학원 중고등부를 개교하였다. 학교수업은 2008년 8월부터 시작되었는데, 신입생은 중등부 10명과 고등부 16명으로, 교장, 부교장 그리고 5명의 교사가 있었다.[41]

코리아국제학원은 설립 초기 한국정부에 한국학교 승인신청을 하고

---

41) 김상호, 「재일본조선인총연합회의 '민족교육' 연구」, 북한대학원대학 석사학위논문, 2009, 59쪽.

재정지원을 요청하였으나, 학교에 태극기 게양 등을 요구하는 한국 측의
제안을 수용하지 않아 교육지원금을 받을 수 없었다. 태극기를 게양하는
등 외형적으로 한국계 학교가 되면 재정적으로는 도움이 되나, 민단에도
총련에도 치우치지 않는 중립적인 학교를 운영한다는 설립 취지가 무너
지기 때문에 내부에서도 논의가 많았다고 한다. 이후에도 재정적 곤란
속에서 재정 지원을 받기 위해 한국정부에 한국학교 승인을 신청하였으
나 역시나 반려되었다.

코리아국제학원은 2011년 3월 오사카부로부터 각종학교 설치인가를
취득하여, 오사카부로부터 수업료지원 보조금을 받을 수 있게 되었고,
12월에는 일본 문과성이 고교무상화 대상학교로 지정하여, 문과성으로
부터 취학지원금을 지급받을 수 있게 되었다. 이를 통해 학부모의 경제
적인 부담이 줄기는 했으나, 학교 측은 현재 학생수가 적어 여전히 재정
적인 어려움이 크다.

코리아국제학원은 26명의 학생으로 시작하였으나, 고등부 졸업생의
일본 국내외 유명대학 진학률이 좋은 것으로 알려지면서, 한국으로부터
의 유학생도 유입되는 등 학생수가 증가하였다. 고등부의 경우는 2020년
4월 현재까지 꾸준히 40명을 넘기고 있으나, 안정적인 학교 운영을 위해
서는 여전히 부족하다. 게다가 2010년대 초부터 40명대를 유지하던 중등
부는 2018년부터 급격히 줄어 2020년 4월 현재 11명의 학생이 재학하고
있다. 그 원인을 현재로서는 알 수 없으나, 이와 같은 상황은 위기라고
하지 않을 수 없다. 학교 수입의 많은 부분을 학생 납부금에 의지하고
있는 학교 특성상 학생수가 적으면 수업료 수입이 적어져, 당연히 학교
재정에 큰 타격이 된다. 남녀학생 구분이나 학생들의 출신 등에 대해서
는 공개된 자료에는 나타나지 않아 현재로서는 알 수 없다.

학생구성은 2020년도에는 전체 58명의 중고등학생 중에서 '재일'은 29명

(50%), 일본국적은 10명(17.2%), 한국인유학생 16명(27.6%) 그리고 기타지역이 3명(5.2%)이었다. 2021년도에는 전체 69명의 중고등학생 중에 '재일'은 28명(40.6%), 일본국적은 23명(33.3%), 한국유학생 15명(21.7%) 그리고 기타지역이 3명(4.4%)이다.[42] 이 학교의 특징은 적지 않은 수의 한국유학생이 다니고 있다는 것이다.

코리아국제학원은 교육목표와 관련해 "재일한인을 비롯하여 다양한 문화적 배경을 가진 학생들이 본인의 정체성에 대하여 자유롭게 배울 수 있고, 또한 확실한 학력과 풍부한 개성을 가진 창조적 인간으로서 복수의 국가 경계에 걸쳐 활약할 수 있는 이른바 '월경인'의 육성을 지향한다"[43]고 제시하고 있다. 즉 코리아국제학원은 재일한인은 물론 일본 등 기타 국적의 학생도 시야에 넣고 학교를 운영하고 있으며, 국가와 민족주의를 지양하고 세계시민주의적 이념을 가지고 교육을 하고 있다. 교육이념도 '다문화공생', '인권과 평화' 그리고 '자유와 창조'를 내세우고 있다.[44] 개교 이후 14년이 지났지만 여전히 학교 재정은 좋지 않다. 코리아국제학원은 학교재정이 어려워 전임교사가 14명이고 겸임 교원이 10명으로 전임교사의 숫자가 많지 않다.[45]

(2) 코리아국제학원 중고등부 현황

코리아국제학원은 동경한국학교나 기타 1조교의 한국계 학교와는 전혀 다른 교육체계와 교육과정을 갖추고 있다. 이 학교는 중고등학교 과정을 6년간의 일관제 교육체계를 도입하고, 일본어는 물론 한국어와 영

---

[42] 金正泰, 「国境を超えた子どもたちが創る多文化社会」, 『立命館産業社会論集』 第57巻第1号, 2021.6, 47쪽.

[43] 코리아국제학원, 「2016년도 학교교육계획」, 2016, 2쪽.

[44] 코리아국제학원 홈페이지(https://kiskorea.ed.jp/school 검색일: 2020.4.6).

[45] コリア国際学園, 「2020年度事業報告書」, 2020, 3쪽.

어도 능통한 인재양성을 목표로 한국어와 영어수업에 많은 시간을 할애하고 있다.

개교 초기에는 중등부과정에서 한국어 주 7시간, 영어 주 12시간, 그리고 일본어는 주 4시간을 배정하였으나, 2013년에는 한국어 주 6시간, 영어 주 10시간 그리고 일본어 주 4시간으로 조정하였다가, 2020년에는 각각 5시간, 7시간 그리고 4시간으로 조정되었다. 즉 한국어와 영어수업시간이 축소되었는데, 이것은 학생들의 수업부담과 학교 재정 문제가 결부된 것이 아닌가 생각된다.

이 학교의 특징은 이상과 같은 일반 커리큘럼과는 별도로 고등부는 한국과 중국에서 온 학생이 적지 않아, 이들 학생을 대상으로 따로 일본어수업을 강화한 '고등부 유학생 커리큘럼'을 마련하여 수업을 하고 있다. 그리고 고등부는 '국제바카로레아 코스 커리큘럼'도 따로 설정하여 수업을 하고 있다. 코리아국제학원은 외국대학 수험 자격을 갖추기 위해, 2014년에 '국제 바카로레아 디프로마 프로그램'(IBOP) 인가 신청을 하여 2017년 10월 인정을 받았다. 따라서 서구 대학진학을 희망하는 학생을 대상으로 이 커리큘럼을 실시하고 있다.

학교 개교 이후 2020년 3월까지 과거 10년간의 졸업생 중에서 98명은 일본의 대학, 21명은 한국의 대학, 10명은 영어권 대학 그리고 기타 지역에 9명의 학생이 진학하였다.[46] 즉 코리아국제학원은 한국과 일본뿐 아니라, 기타 외국의 대학진학을 전문으로 하는 학교로 특성화하고 있다고 할 수 있다. 하지만 적은 수의 교사가 다양한 대학진학을 지도하는 것은 현실적으로 많은 어려움이 있을 것이라 생각된다.

---

[46] 金正泰,「国境を超えた子どもたちが創る多文化社会」,『立命館産業社会論集』 第57巻第1号, 2021.6, 46쪽.

〈표 65〉 코리아국제학원(KIS) 중고등부 교과과정표(2020)

中1		中2		中3	
코리아語	5	코리아語	5	코리아語	5
日本語(國語)	4	日本語(國語)	4	日本語(國語)	3
英語	7	英語	7	英語	7
社會	3	社會	3	社會	3
數學	4	數學	4	數學	4
理科	3	理科	3	理科	3
音樂	1	音樂	1	音樂	1
美術	1	美術	1	美術	1
保健體育	2	保健體育	2	保健體育	2
技術	1	技術	1	技術	·
家庭	·	家庭	·	家庭	1
코리아史	1	코리아史	1	코리아史	1
中國語Ⅰ	·	中國語Ⅰ	·	中國語Ⅰ	·
中國語Ⅱ	·	中國語Ⅱ	·	中國語Ⅱ	1
特別活動	1	特別活動	1	特別活動	1
合計	33	合計	33	合計	33

高1		高2		高3	
英語	5	英語	5	英語	5
英文法	2	英文法	2	英文法	1
코리아語	5	코리아語	5	코리아語	5
日本語(國語總合)	4	日本語(現代文)	3	日本語(現代文)	3
日本史B	2	日本語(古典)	2	小論文	2
現代社會	2	日本史B	3	數學Ⅱ	2
數學Ⅰ	2	數學Ⅱ	3	數學B	△2
數學A	2	化學基礎	2	生物基礎	3
科學과人間生活	2	體育	2	體育	2
體育	2	音樂Ⅰ	○1	保健	1
音樂Ⅰ	○1	美術Ⅰ	○1	코리아史	1
美術Ⅰ	○1	家庭基礎	1	多文化社會研究	▲2
社會와情報	1	코리아史	1	現代文演習	▲2
在日코리안史	1	多文化共生論		時事討論	△2
H·R	1	H·R	1	自己探究	●2
				漢文演習	●2
				H·R	
合計	32	合計	32	合計	32

출전: コリア国際学園中等部高等部, 「KIS 2020学園案内」, 2020, 5쪽.

한편 학생들의 납부금에 대해 살펴보면 중등부의 경우 입학할 때, 입학금, 교복, 교과서비 등으로 23만 엔이 든다. 그리고 수업료(1년 33만 6천 엔), 보충수업비(10만 엔), 수학여행비(8만 엔), 시설비(4만 엔), 검정료, 락카비 등을 합하면 학부모는 매년 60만 3천 엔을 납부해야 한다. 하지만 오사카부가 '수업료지원 보조금'('수업료'와 '시설비'를 최대 50만

6천 엔까지 보조)을 지급하기 때문에, 실질적으로는 60만 3천 엔에서 매년 수업료와 시설비 37만 6천 엔을 뺀 22만 7천 엔을 학부모가 부담한다.

고등부의 경우 입학할 때, 입학금, 교복, 교과서비 등으로 29만 엔이 든다. 수업료(1년 45만 6천 엔), 보충수업비(12만 엔), 수학여행비(30만 엔), 시설비(5만 엔), 검정료, 락카비 등을 합하면 학부모는 매년 97만 3천 엔을 납부해야 한다. 하지만 오사카부가 수업료지원 보조금을 지급하기 때문에, 실질적으로 학부모가 1년에 납부하는 금액은 97만 3천 엔에서 수업료와 시설비 61만 6천 엔을 뺀 46만 7천 엔이다.[47] 즉 매월 4만 엔 정도를 학부모가 납부하여야 한다.

---

[47] 코리아국제학원 고등부는 일본정부가 취학지원금(최대 39만 6천 엔)을 지급하는 고교무상화 대상이기 때문에, 실질적으로 오사카부는 정부가 지급한 취학지원금을 공제한 금액을 지원한다. 코리아국제학원 홈페이지의 '入学案内'(https://kiskorea.ed.jp/entrance 검색일: 2020.3.1) 참조.

제**6**장

조선학교의 위기와 민족학급의 활성화

제6장
조선학교의 위기와 민족학급의 활성화

1. 조선학교의 변화와 한계

1) 조선학교 교과서 개편과 교육방향

(1) 제5차 교과서 편찬

1989년 총련관계자는 '제4차 교과서 편찬' 이후 실시되고 있는 교육과정과 관련해 "민족교육이 지향하는 이상적인 인간상은 민족적인 자주성이 확립되어 조국과 일본 및 국제사회의 각 분야에서 충분히 활약할 수 있는 창조적인 능력을 겸비한 조선인이다. 민족교육의 현행 커리큘럼은 이러한 이상적인 인간상을 구현하는 것에 있다"[1]고 자평하였다.

총련 측은 조선학교에서 국제사회에서 활약하는 이상적인 인간상을 구현하기 위해 노력하고 있다고 주장하였지만, 총련은 학생 감소 그리고

---

1) 宋基燦, 『「語られないも」としての朝鮮学校』, 岩波書店, 2012, 143쪽.

として

공산권의 붕괴와 국제화 및 정보화라는 큰 변화 속에서 1993년부터 1995년
에 걸쳐 초·중·고급학교의 교과서를 또다시 순차적으로 개정하였다
(제5차 교과서 편찬). 당시 총련 중앙상임위원회 산하의 중앙교육국이
교육 커리큘럼의 작성, 교과서 발간 그리고 교원인사 및 각종 경연대회
기획 등을 총괄하였는데, 교과서 내용은 조선학교 교원으로 구성된 교과
서 집필위원이 북한에 파견되어 북한의 전문위원과 협의하에 결정하였
다고 한다.[2]

　1993년 교과서 개편 시 총련은 교과서 개정 기준으로, 첫째, 학생들에
게 조선인으로서의 자각과 긍지를 배양시킬 것, 둘째, 일본에서 생활하
는 입지조건에 맞춰 필요한 내용을 포함시킬 것, 셋째, 국제화 시대와
조·일국교정상화, 조국통일이 멀지 않은 상황에서 새로운 현실에 적합
한 지식과 기술을 습득할 것 등을 제시하였다.[3] 그에 따라 총련 측은
122점에 이르는 모든 교과서를 "과목의 배열과 내용, 편성에 있어서 민족
적 주체성의 원칙을 견지하면서, 재일조선인자녀의 실정에 맞도록 개편
하였다"[4]고 발표하였다.

　그 결과 "1990년대 이후 조선학교에 다녔던 재일한인 3세, 4세들한테
는 조선학교 교육의 사상교육적 측면이 약해진 반면 국제화를 의식하고
3개 국어 언어교육이 중요시되었다는 말을 듣게 되었다. 특히 '재일'이라
는 현실에 맞게 일본어교육과 국제화를 염두에 둔 영어교육이 강화되었
다고 한다. 이는 1990년대의 조선학교 교육목적에 부응한 것으로 보인
다."[5]

---

[2] 宋基燦, 『「語られないも」としての朝鮮学校』, 岩波書店, 2012, 154~156쪽.
[3] 高贊侑, 『国際化時代の民族教育』, 東方出版, 1996, 46쪽.
[4] 在日本朝鮮人総連合会, 「民族教育たまり」 1993년 9월(宋基燦, 『「語られないも」としての朝鮮
　学校』, 岩波書店, 2012, 143쪽).
[5] 이토히로코, 「재일한인 사회와 조선학교-이바쇼로서의 가능성을 중심으로-」, 경북대학

하지만 조선학교의 수업만으로는 일본의 유명 대학진학에는 한계가
있었다. 조선학교가 이른바 주체사상 교육을 지양하고, 일본 현지에 적
응할 수 있는 수업내용으로 적극 개선되었다고는 하나, 민족교육 관련
수업이 적지 않은 비중을 차지하고 있는 상황에서는 일본의 유명 고등학
교나 대학진학에는 수업시간의 한계가 있어 과외로 수업을 받아야 하는
현실이 있었다.[6]

나아가 1993년의 교과서 개편 역시, 재인한인의 현실을 충분히 반영하
지 않아서, 조선학교 학부모의 불만은 커져만 갔다. 총련 내부에서도 김
일성의 치적에 편중된 교과서인 '혁명조선역사'에서 '혁명'이라는 단어를
삭제하고, 보다 보편적인 '조선역사' 교육을 해야 한다는 주장이 일어나
내부에서 논쟁이 있었다. 하지만 그들은 여전히 '혁명'을 고집하였고, 교
과서 내용의 실질적인 변화는 없었다. 결국 조선학교 학부모는 더 이상
방관할 수 없었다. 그것을 상징하는 사건이 1998년 12월에 발생하였다.

(2) 「민족교육포럼 - 민족교육의 오늘과 내일」

1998년 도쿄에 위치한 도꾜조선중고급학교의 새로운 학교건물 건설을
위해 신교사건설위원회가 구성되었다. 이 위원회의 주재로 180여 명의
학부모와 졸업생 그리고 교사 등이 모여 1998년 12월 5일에 조선학교의
교육내용 개선을 위한 「민족교육포럼 - 민족교육의 오늘과 내일」이라는
토론회를 개최하였다. 즉 위원들은 새로운 교사건설을 위한 재원마련 등
의 대책만이 아니라, 동시에 조선학교의 교육내용에 대해서도 토론한 것
이다.

교대학원 박사학위논문, 2019, 100쪽.
6) 이토히로코, 「재일한인 사회와 조선학교 - 이바쇼로서의 가능성을 중심으로 -」, 경북대학
교대학원 박사학위논문, 2019, 100~102쪽.

그리고 48명의 위원들은 토론에 그치지 않고, 토의 결과를 「요망서 — 민주주의 민족교육사업을 개선 강화할 데 대하여」라는 문서(총34쪽)로 정리하여, 1999년 7월 총련 측에 제출하였다.[7] 조직에 대한 비판이 쉽지 않은 총련의 조직 특성상 이례적인 것으로, 교육개혁에 대한 학부모의 열망을 대변하는 것이었다.

요망서의 내용은 "도꾜중고급학교 중급학교에서는 매년 50명에 달하는 학생들이 일본학교로 전학하고", "자기완결형 동포 사회의 구도는 그 완전한 실현을 보기 전에 유감스럽게도 허물어져 가고 있다"며, 첫째, 모든 동포의 자제가 조선학교에 들어올 수 있게 해야 할 것, 둘째, 북한에 치중하는 교육은 지양하고 남한에 대한 교육을 확대, 셋째, 귀국지향의 '교조적·기계적 주입식' 북한교육에서 시대 변화를 반영한 영주지향 교육을 할 것, 넷째, 일본 대학 지망자에 대한 적극 지원, 다섯째, 교육사업에 대한 민의(民意) 반영을 제도화하고 조직화 할 것 등을 요구하였다.

위원들의 요망서에 의하면, 당시의 조선학교 교육은 여전히 북한의 공민을 육성하겠다는 과거의 틀에서 벗어나지 못하고 있음을 엿볼 수 있다. 위원들은 북한지향의 폐쇄적인 교육의 틀에서 벗어나, 모든 동포(한국적, 조선적, 일본국적)가 선호할 수 있는 학교로 탈바꿈하고, 일본 현지에서 살아가야 하는 현실을 반영한 교육, 특히 일본의 대학으로 학생들이 진학할 수 있게 교육내용이 변해야 한다고 제안한 것이다.

위원들이 요망서를 제출한 1999년에는 이미 조선학교수는 140개교로 줄어들었고, 학생수도 1만 6천 명이 되지 않았다. 총련이 스스로 개혁의 모습을 보인 것은 그로부터 수년이 지난, 2002년 초였다. 총련과 북한 사

---

7) 『한겨례』, 1999년 5월 15일(https://www.hani.co.kr/arti/legacy/legacy_general/L76873.html 검색일: 2020.5.10). 당시 총련에서는 이 문제를 내부적으로 수습하려고 하였으나, 문건은 2000년 1월과 4월에 『통일일보』와 『朝日新聞』에 보도되었다.

이에 어떠한 교감이 있었는지는 알 수 없으나, 서만술 총련 의장은 2002년 2월, 민족교육을 새롭게 발전시킨다는 의지를 표명하고, 총련 내에 '민족교육협의회'를 발족시켰다. 협의회 회장으로는 재일본조선인교직원동맹 중앙본부 채홍열 고문, 상담역으로는 관서대학 박종명 강사와 재일본조선인의학협회 박상현 고문이 그리고 사무국장으로 조선대학교 정치경제학부 박삼석 부회장이 임명되었다.[8] 협의회 출범과 관련해 총련 기관지 『조선신보』(2002년 2월 8일)는 "'민족교육'의 질과 내용, 학생들의 진학과 취직, 학부모들의 경제적 부담 그리고 교원들의 생활상 문제 등 풀어야할 문제는 많다"고 지적한 것처럼, 당시 조선학교의 심각한 상황을 엿볼수 있다.

(3) 김일성·김정일 초상화와 조선학교

한편 2002년 가을부터 김일성 초상화가 조선학교 초급부와 중급부 교실에서 사라졌다.[9] 일본사회에서의 북한에 대한 이미지가 핵개발 그리고 일본인 납치 등의 이유로 나빠지고, 그와 관련해 조선학교의 김일성 초상화는 북한과 조선학교의 관계를 부각시키는 요인으로 작용하였다. 그리고 실질적으로 조선학교 학생에 대한 차별이나 폭행이 빈번히 발생하는 속에서 학부모들은 과거부터 초상화를 내려달라고 총련 측에 요구하였다. 그것이 마침내 이루어진 것이다.

그런데 애당초 북한은 2002년 초 김일성과 김정일 부자의 모든 초상화를 내리라고 지시했는데, 총련관계자가 굳이 초급부와 중급부에서만 내리고, 각 교무실 그리고 고급부와 조선대학에서는 내리지 않았다고 한

---

8) 『조선신보』 2002년 2월 8일.
9) 9월 17일 평양에서 김정일 국방위원장과 고이즈미 준이치로(小泉純一郎) 일본 총리가 '조일평양선언'(朝日平壤宣言)을 발표했던 시기이다.

다. 이러한 총련관계자의 행동은 북한이 총련 측에 송금한 그리고 현재
도 송금하고 있는 교육지원금에 대한 '감사나 의리'의 표시로도 볼 수 있
다. 하지만 총련관계자의 북한에 대한 '충성' 맹세를 자신들의 권력기반
이라고 생각하고 있기 때문이라는 지적10)은 나름 설득력이 있다.

　이에 추가하여 조선학교가 그간 중점을 둔 교육핵심은 김일성 사상이
기 때문에, 김일성에 대한 교육 없이는 조선학교의 정체성을 유지할 수
없다고 그들이 판단하고 있는 것이 아닌가 생각한다. 반(反)제국주의와
반일 공산주의 혁명가로서의 김일성의 주체사상 그리고 그의 실천적 행
동에 대한 교육은 조선학교 교육의 핵심을 이루고 있다. 조선학교가 김
일성 초상화를 내리는 대신, 온화한 이미지의 김일성의 모습이 담긴 유
화를 교실에 걸고 있는 현실11)은 김일성에 대한 집착을 느끼게 한다.

(4) 제6차 교과서 편찬

　2002년 2월 발족한 민족교육협의회의 의견을 토대로 개편된 교과서가
2003년부터 2005년에 걸쳐, 초중급부에서 고급부 순서로 순차적으로 사
용되었다(제6차 교과서 편찬).

　『조선신보』(2003년 1월 24일)에 의하면, 제6차 교과서 편찬은 "민족성
을 갖추고, 21세기 동포사회를 계승·발전시켜 갈 수 있는 인재, 북남조
선과 일본 및 국제사회에서 특색 있게 활약할 수 있는 높은 자질과 능력
을 겸비한 인재 육성을 목표로 교과서를 개편"(밑줄은 필자)하였다고 한
다. 제4차 교과서 편찬(1983~1985년)에서는 "조국과 일본 및 국제사회의
각 분야에서"라고 하였는데, 인재로서의 활동 영역을 남한으로까지 확대
하였다는 것을 확인할 수 있다. 이는 후술하는 바와 같이 한국적 학생들

10)　宋基燦, 『「語られないも」としての朝鮮学校』, 岩波書店, 2012, 159~162쪽.
11)　宋基燦, 『「語られないも」としての朝鮮学校』, 岩波書店, 2012, 160쪽.

이 많이 증가하고 있다는 현실 그리고 남북통일을 시야에 넣은 교육 방
침의 변화라고 할 수 있다. 이와 같은 방침은 제6차 교과서 편찬에서 지
향했다고 하는 다음의 사항을 보면 더욱 명백해진다.

1. 풍부한 민족성과 높은 민족자주의식을 소유하고 재일동포사회에 대한 올
   바른 력사 인식과 주인으로서의 자각, 재일동포사회와 조국, 일본을 비롯
   한 국제사회에서도 활약할 수 있는 자질과 능력을 갖추도록 하였다.
2. 화목하고 유족하며 힘 있는 동포사회건설에 믿음직하게 이바지 할 수 있는
   인재를 육성할 수 있게 하였다.
3. 특히 자라나는 새 세대들에게 민족성을 심어주는 데 중요한 위치를 차지하
   는 초·중급학교를 국적, 사상과 신앙, 단체소속을 불문하고 모든 재일동포
   자녀들이 다닐 수 있는 광폭의 민족교육마당으로 꾸리기 위하여 민족성 육
   성을 전면에 내걸고 초·중급학교 교육내용을 개편하였다(밑줄은 필자).12)

2003년의 교과서 개편으로 총련 측이 주장하는 것은 조선학교는 북한
계 학교임에는 틀림없지만, 남북통일을 염두에 두고 남한에 대한 교육
비중을 늘리고, 남북 어느 측에도 기울지 않는 한민족 교육을 시작했다
는 것이다. 예를 들어 '혁명조선사' 과목도 '현대조선사'로 개정하는 등,
사회주의 및 주체사상 관련 교육의 비중을 줄이고, 재일동포 전체를 아
우를 수 있는 교육을 하게 되었다는 것이 조선학교 관계자의 주장이다.13)
    2003년 교과서 개편과 관련해 총련 측, 즉 조선학교의 또 다른 주장은
학교의 교육목적이 북한 공민육성에서 "민족의 번영과 '재일동포사회'의
발전, 나아가서는 조·일 우호친선에 공헌할 수 있는 유능한 인재를 육

12) 日本朝鮮人総連合会, 「民族教育_2003年度から適用される新しい教科書」
    (http://www.chongryon.com/j/edu/ 검색일: 2015.8.2).
13) 김상호, 「재일본조선인총연합회의 '민족교육' 연구」, 북한대학원대학 석사학위논문, 2009,
    41쪽, 55쪽.

성하는 것"으로 변했다는 것이다.[14]

이와 같이 조선학교의 교육방향의 변화는 조선학교 학생 감소 속에서 한국적 그리고 일본국적 동포를 보다 적극적으로 흡수하려는 의도가 있었다. 하지만 현실적으로 이미 조선학교 학생의 상당수가 한국적 학생이기 때문에 이러한 현실을 무시할 수 없었다고 생각한다. 예를 들어 '도쿄 제1초중급학교'는 2006학년도에 조선적(183명, 50%), 한국적(161명, 44%)은 물론 일본국적(20명, 5%) 및 이중국적(2명) 그리고 미국국적(1명)의 학생이 재적하고 있다.[15] 즉 조선학교는 다양한 국적의 재일한인 자녀를 대상으로 교육을 해야 하는 현실적 과제를 안고 있었던 것이다.

2) 조선학교의 교육과정

도쿄도의 조사에 의하면, 2013년 11월 현재 조선학교의 교육과정은 "초급, 중급, 고급에 있어서 '국어(조선어)'와 '조선 역사' 등 민족과목이 있는 것이나, '체육', '가정' 수업처럼 일본의 학습지도요령에 비해 수업시간이 적다는 것, '도덕', '종합 학습의 시간'이 배정되어 있지 않다는 것을 제외하면, 대체로 일본학교에 준한 교육과정으로 되어있다."[16]

조선학교 초급부 수업의 특징은 조선학교의 교육방향과 함께 수업시간 배정에서도 찾을 수 있다. 건국소학교나 금강학원소학교의 경우 초등학생 1학년부터 6학년까지 영어수업을 주 2~3시간 배정하고 있으며, 1조교라는 이유에서인지 일본어수업도 매주 7~9시간까지 배정되어 있다.

---

14) 大阪朝鮮学園 홈페이지의 「教育の目的」(http://www.osakakhs.com. 검색일: 2019.5.8).

15) 김희정, 「재일조선학교 교육변화에 관한 연구: '도쿄조선제1초중급학교'의 사례를 중심으로」, 이화여자대학교대학원 석사학위논문, 2008, 81쪽.

16) 東京都生活文化局私学部私学行政課調整担当, 「朝鮮学校調査報告書」, 東京都, 2013, 2쪽.

〈표 66〉 조선학교 초급부 교육과정(2013.11)

科目名 \ 學年		1學年	2學年	3學年	4學年	5學年	6學年
		科目別 授業時間數(一週)					
1	國語(朝鮮語)	9	8	7	7	6	6
2	社　　會			1	2	2	2
3	朝 鮮 歷 史						2
4	朝 鮮 地 理					2	
5	算　　數	4	5	5	5	5	5
6	理　　科			3	3	3	3
7	日　本　語	4	4	4	4	4	4
8	保 健 體 育	2	2	2	2	2	2
9	音　　樂	2	2	2	2	2	2
10	図 畵 工 作	2	2	2	2	2	2
	計	23	23	26	27	28	28
	年間 授業週數	34週	35週	35週	35週	35週	35週

출전: 東京都生活文化局私学部私学行政課調整担当, 「朝鮮学校調査報告書」, 東京都, 2013, 3쪽.

〈표 67〉 조선학교 중급부 교육과정(2013.11)

科目名 \ 學年		1學年	2學年	3學年
		科目別 授業時間數(一週)		
1	國語(朝鮮語)	5	5	5
2	社　　會	2	2	2
3	朝鮮語 文法			1
4	朝 鮮 歷 史		2	2
5	朝 鮮 地 理	2		
6	數　　學	4	4	4
7	理　　科	4	4	3
8	日　本　語	4	4	4
9	英　　語	4	4	4
10	保 健 體 育	2	2	2
11	音　　樂	1	1	1
12	美　　術	1	1	1
13	家　　庭	1		
14	情 報 基 礎		1	1
	計	30	30	30
	年間 授業週數	35週	35週	35週

출전: 東京都生活文化局私学部私学行政課調整担当, 「朝鮮学校調査報告書」, 東京都, 2013, 3쪽.

한국어 과목도 당연히 4~5시간 배정되어 있다. 그리고 기타 과목수도 한
국계 학교가 조금 많아, 백두학원 건국학교와 금강학원소학교의 경우 주
당 32시간에서 35시간의 수업이 이루어지고 있다. 그에 비해 조선학교
초급부의 경우 주당 23시간에서 28시간이 배당되어, 주당 7시간 정도의
차이가 난다.

이러한 현상은 최근의 일이 아니고, 과거부터 조선학교 초급부의 수업
시간을 일본의 공립 초등학교와 비슷했으나, 한국계 학교에 비해 15%정
도 수업시간이 적었다.[17] 1조교인 한국계 학교의 수업시간이 많은 것은
일본의 공립초등학교의 수업시간이 25시간에서 28시간 이루어지고 있는
데, 추가로 한국어 등 민족교과 그리고 영어교육까지 정규수업으로 하기
때문이다. 학생의 경쟁력 향상과 민족교육의 유지를 위한 학교 측의 고
민이 반영된 결과이다. 이에 비해 조선학교의 수업시간이 적은 것은 학
생 개개인의 경쟁력 유지보다는 '주체적 사상'에 입각한 지덕체를 겸비한
인재양성이라는 조선학교의 방침에 의한 것이라고 할 수 있다.

이러한 현상은 중급부에서도 마찬가지이다. 건국중학교와 금강학원중
학교의 경우 매주 38시간의 수업이 이루어지나, 조선학교 중급부는 30시
간이 배정되어, 주당 8시간정도의 차이가 난다.

한편 고급부의 경우도 한국계 학교와 비교해 매주 8시간의 차이가 나
나, 한국계 학교의 경우, 진학반과 종합반으로 나누어 수업이 이루어지고
유명대학 진학을 목표로 한 진학반의 경우 추가로 '보충 수업'도 이루어
지고 있어, 실질적인 수업시간이 더 많다. 현실적으로 조선고급학교 학
생들은 졸업 후 3/1 정도가 조선대학 진학, 3/1 정도가 일본대학 및 전문학
교 진학 그리고 나머지 3/1 정도가 총련 및 동포기업에 취업한다고 한다.[18]

---

17) 1987년경의 자료는 卞喜載・全南哲, 『いま朝鮮學校でなぜ民族教育か』, 朝鮮青年社, 1988,
183쪽 참조.

〈표 68〉 조선학교 고급부 교육과정(2013.11)

科目名			1學年	2學年 文系	2學年 理數系	2學年 商業情報系	3學年 (1·2學期) 文系	3學年 (1·2學期) 理數系	3學年 (1·2學期) 商業情報系	3學年 (3學期) 文系	3學年 (3學期) 理數系	3學年 (3學期) 商業情報系
			科目別 授業時間數(一週)									
1	共通	國語(朝鮮語)	5	5	4	4	5	4	4	3	3	3
2		社　會	2	2	2	2	2	2	2	1	1	1
3		朝鮮歷史					3	2	2	2	1	1
4		現代史	2	2	2	2	2	2	2	1	1	1
5		世界歷史		3	2	2						
6		世界地理	2									
7		數　學	5	3		2	3			2		
8		理　科	3	2		1	2			1		
9		日本語	4	4	3	3	4	3	3	3	2	2
10		英　語	5	5	3	3	5	3	3	4	3	3
11		保健體育	2	2	2	2	2	2	2	1	1	1
12		音　樂	1									
13		情　報	1									
14	文系 選擇	音　樂		2			2					
15		美　術										
16		專攻中國語		2			2					
17		專攻國語										
18		專攻日本語		4			4					
19		專攻英語										
20	理數系	數　學			7			7			3	
21		物　理			3			3			1	
22		化　學			2			2			1	
23		生　物			2			2			1	
24	商業 情報系	情報理論				3						
25		情報實技				2			2			
26		情報會計							2			1
27		計　算				2			2			1
28		簿　記				4			4			2
29		商業一般							4			2
計			32	32	32	32	32	32	32	18	18	18
年間 授業週數			36	35			23			4		

출전: 東京都生活文化局私学部私学行政課調整担当, 「朝鮮学校調査報告書」, 東京都, 2013, 4쪽.

물론 교육적인 관점에서 보았을 때 학교의 교육방향이 오로지 대학입시를 위한 경쟁력 향상에 편중되어 있다면 바람직하지 않을 수 있다. 조선학교의 입장에서는 자본주의 경쟁 사회에 매몰되어 민족성을 상실하여 주체성 없이 사는 한인보다는 자신의 확고한 정체성과 자긍심을 가지고 지덕체를 겸비한 한인의 삶이 바람직하다고 주장할 수도 있다. 하지만 조선학교 측의 주장은 민족학교가 존재한다는 전제가 보장되어야 하는데, 지금과 같은 상황은 조선학교가 과연 유지될 수 있느냐 하는 근본적인 문제를 제기하고 있다.

3) 조선학교의 집단활동

(1) 지·덕·체의 민족교육

1980년대에 총련은 조선학교의 교육목적이 "동포자녀들을 조국과 민족의 번영에 이바지하는 지덕체를 갖춘 어엿한 조선사람으로 키우는데 있다"고 하였다.[19] 하지만, 2003년의 교육개편 이후, 조선학교의 교육목표는 "모든 재일동포 자녀들을 주체적인 세계관 위에서 지·덕·체를 겸비한 진정한 조선인으로서 스스로 조국과 민족의 번영과 동포사회의 발전을 위해서 공헌할 수 있는 유능한 인재로 육성하는 것"이라고 규정하고 있다.

전자와 후자의 차이점은 전자는 '조국과 민족'에 이바지하는 조선인을, 후자는 '조국과 민족' 그리고 '동포사회의 발전'에도 공헌하는 조선인을 육성한다는 것이다.

---

18) 山本かほり, 「愛知における朝鮮学校—教育と学校生活、参与観察を踏まえて—」, 『社会福祉研究』 第21巻, 2019, 48쪽.
19) 김덕룡·박삼석, 『재일동포들의 민족교육』, 東京: 학우서방, 1987, 60쪽.

전자와 후자의 공통점은 이른바 '김일성 주체사상'과 '지·덕·체를 겸
비한' 조선인을 육성한다는 것이다. 북한의 교육목표는 북한헌법 제43조
에 "사회와 인민을 위해 투쟁하는 강한 혁명가로서, 지·덕·체를 겸비한
공산주의적 새 인간으로 키운다."라고 규정하고 있다. 즉, 조선학교의 교
육목표는 '공산주의'라는 표현 대신 '주체적인 세계관'이라는 표현을 쓴
것뿐이지, 여전히 북한의 교육목표와 맥을 함께하고 있는 것이다.

'지·덕·체' 교육의 실체에 대해서, 2003년에서 2004년에 걸쳐, 조선초
급학교와 조선중급학교를 대상으로 현지 조사를 실시한 송기찬의 연
구[20]를 중심으로 정리해 본다.

조선학교에서의 '지(智)'라는 것은 '조선어'의 습득과 역사에 대한 인식
이 핵심을 이루고 있다. 초급학교에 들어서는 순간 '조선어' 교육은 본격
적으로 시작되며, 일본어 수업을 제외한 모든 수업과 일상생활에서 '조
선어'를 사용하도록 의무화하고 있다(후술하는 바와 같이 일상생활에서
는 이것이 엄격하게 지켜지고 있는 것은 아니다).

그리고 과거의 역사가 왜곡되고 조선학교 학생에 대한 차별적 행위가
빈번히 발생하는 일본사회에서, 민족의 역사에 대한 교육은 중시되어 왔
으며, 조선학교 학생들의 역사인식은 '전투적·대항적'인 경향을 띠고 있
다. 송기찬은 언급하지 않았지만, 그러한 역사인식의 정점에 롤 모델로
서의 김일성 주체사상과 김일성의 과거의 행적이 있다고 할 수 있다.

(2) 소년단과 조청조고위원회의 활동

조선학교 교육에서의 '덕(德)'이라는 것은 각 개인에게 집단주의를 주
입하여 집단에 봉사하는 개인을 육성하는 것이다. 이를 위해 조선학교는

---

20) 宋基燦, 『「語られないも」としての朝鮮学校』, 岩波書店, 2012, 166~176쪽.

초급부 4학년부터 중급부 3학년까지 6년간, '소년단' 가입을 모든 학생에게 의무화하고 있다. 북한의 소년단과 같은 형태를 취하고 있으며, 소년단 입단식에 보호자와 학교 관계자는 물론, 총련 간부와 PTA회장이 참석하는 등 중요한 행사로 자리매김하고 있다.

소년단은 간부와 각 개인의 역할 분담을 명확히 하여 전체가 구조적으로 기능하도록 짜여 있어, 조선학교의 집단주의를 보여준다. 또한 소년단 간부들에게는 '우리말 100% 생활화 운동'을 자주적으로 하는 등 다른 학생에게 모범을 보이는 자세가 요구되어, 결국 집단을 위해 자기 자신을 희생하는 전체주의적 분위기가 형성된다. 이러한 교육을 통해 조선학교는 조국을 위해, 동포를 위해, 조직을 위해, 희생을 아끼지 않는 개인을 육성하는데 중점을 둔다.

중급부 졸업으로 소년단을 마치게 되고, 고급학교에 입학하게 되면 조청조고위원회에 가입하게 된다. 조청조고위원회가 일반학교의 학생회 역할을 한다. 총련의 '행동대'로 규정하는 조청 규약은 한국 및 일본국적의 학생이 조고에 많이 있는 상황에서, 적어도 고등학생 조청원들에게 그 의미는 현실적으로 퇴색되었다고 할 수 있다. 하지만, 여전히 조청이 총련의 전국적인 조직을 가진 청년단체임에는 틀림이 없고, 조청조고위원회는 외형상 그 하부 단체이다.

조청조고위원회는 고3학생을 중심으로 상임위원회가 구성되어, 위원장, 부위원장, 국제통일부, 선전부, 국어부, 학습부, 청소부, 풍기(風紀)부, 문화체육부 등이 있고, 각 학급에도 하부조직이 만들어져 위원들이 역할을 한다고 한다.[21]

'규슈조선고급학교' 홈페이지에서 2019년 12월 19일 열린 '조청규슈(九

21) 山本かほり, 「愛知における朝鮮学校―教育と学校生活、参与観察を踏まえて―」, 『社会福祉研究』 第21巻, 2019, 48쪽.

州)조고위원회' 제55차정기대회의 모습을 볼 수 있다. 대회는 [1부] 학교나 사회 관련 테마로 개인의 마음가짐을 다지는 개인 발표, 모범 학급과 소조(클럽) 그리고 조청원에 대한 조청 중앙본부로부터의 표창, 학급별 포스터 콘테스트, [2부] 실내 게임, [3부] 음식 파티로 구성되어 있다.[22] 전체적인 분위기를 보면 소년단의 활동처럼 개인의 리더십과 조직원으로서의 단체정신과 희생정신을 함양하고, 국가와 민족에 대한 의식을 고취시키는 활동이라는 인상을 받는다.

마지막으로 '체(體)'는 '운동회'와 '예술공연'을 통한 집단주의의 표현으로, 연중행사에서 가장 중요한 것이 이들 행사이며, 민족 교육의 성과를 확인하는 장소이기도 하다. 일본의 공립학교나 다른 한국계 학교와는 비교할 수 없을 정도로 대외적으로 진행되며, 소외되고 차별받는 자신들을 대외적으로 알리는 기회이기도 하다. 이 행사를 준비하기 위해서는 연습이 필요하며, 이를 위해 소조(클럽) 활동은 조선학교의 교육과정에서 매우 중요한 위치를 차지하고 있다. 따라서 집단주의 육성을 위한 소년단 기간 동안, '체'력을 위해 소조활동도 의무적으로 해야 한다. 또한 무용 등의 예술경연대회는 전국 단위로 이루어지기 때문에 학교 간의 경연장임과 동시에 동포 학생 간의 교류의 장이기도 하다.

한편, 카지 이타루(鍛治致)가 2012년에 오사카조선고급학교를 조사한 바에 의하면, 해당학교에서 클럽(소조)에 가입한 학생은 전체학생의 80~85%(약 300명)라고 한다. 클럽활동은 정규수업이 끝나고 오후 4시 20분경 시작되어 오후 6시 30분경 마치고, 7시경 귀가를 한다. 다양한 종류의 클럽이 있는데, 남녀 혼합 클럽에는 기악부, 육상부, 가라테부, 미술부, 남학생 클럽에는 복싱부, 야구부, 남자 농구부, 축구부, 럭비부가 그리고

22) kyushu-korea.ed.jp/2019/12/09/朝青九州朝高委員会・第55次定期大会/(검색일: 2021.8.5)

여학생 클럽에는 테니스부, 여자 배구부, 여자 농구부, 민족악기부, 성악부, 무용부가 있다.[23] 조고의 많은 학생들이 정규수업을 마친 후에 이들 클럽활동에 적극적으로 참여한다.[24]

2. 일본정부의 제재와 조선학교의 위기

1) 조선학교와 일본 국공립대학 진학

과거(2002년까지) 일본정부는 일본의 학교교육법상 일조교가 아닌 각종학교 즉 동경한국학교나 조선학교 졸업생의 학력을 인정하지 않아, 이들 학교 졸업생은 일본의 국립대학에 지원할 수 없었다. 따라서 이들 졸업생이 국립대학에 지원하기 위해서는 한국의 고등학교 검정고시에 해당하는 '대학입학자격검정'(2005년부터 '고등학교졸업과정 인정시험')을 통과하여야 했는데, 이 자격 검정시험을 치르기 위해서는 일본정부가 인정하는 1조교의 중학교를 졸업해야 했다. 그래서 조선학교의 중급부와 고급부를 졸업한 학생은 그 대상에서 제외되었다. 국립대학 지원을 위한 다른 방법은 1조교의 학력을 인정해주는 통신제 고등학교 과정을 졸업하여 지원자격을 취득하는 것이었다.

---

23) 鍛冶致,「つなげよう民族の心: 大阪朝鮮高級学校」, 志水宏吉・中島智子・鍛冶致編著,『日本の外国人学校: トランスナショナリティをめぐる教育政策の課題』, 明石書店, 2014, 114~118쪽.

24) 山本かほり,「愛知における朝鮮学校―教育と学校生活、参与観察を踏まえて―」,『社会福祉研究』第21巻, 2019, 48쪽.

〈표 69〉 조선고급학교에 수험자격을 인정한 일본 대학수(1997년 현재)

연도	국립대학	공립대학	사립대학
1977	0	8	50
1985	0	10	63
1991	0	10	102
1994	0	10	102
1997	0(95교 중)	30(53교 중)	220(422교 중)

출전: 곽은주, 「재일동포 민족교육에 관한 연구」, 고려대학교대학원 석사학위논문, 2001, 39쪽.

즉 일본정부가 각종학교로 운영되는 외국인학교의 학력을 인정하지 않아 일본의 외국인학교졸업자들은 입시에 있어서 차별을 당하게 된 것이다. 예를 들어 1997년경까지 조고 졸업생에게 입학시험의 기회를 준 국립대학은 한 곳도 없으며, 공립대학은 53개교 중 30개교, 사립대학은 422개교 중 220개교가 허용하고 있으나, 이마저도 1994년 이후에 급격히 증가한 것이다. 따라서 조고 졸업생들은 차별을 받아왔고(동경한국학교 고등부도 마찬가지였지만), 일본의 유명 국립대학에 자녀를 보내고자 하는 재일한인 학부모로서는 조고 입학을 꺼리게 하는 요소로 작용했을 수도 있다.

이러한 당시 문부성의 교육차별정책에 대하여 조선학교 측은 1992년 일본변호사연합회 인권위원회의 도움을 받아 일본정부를 상대로 소송도 하고 개선도 요구하였으며, 국제사회에 호소하기도 하였다.[25] 그 결과 조고 졸업생의 입시를 허용한 사립대학이 큰 폭으로 증가하였으나, 국립대학 입시를 관리하는 문부성은 여전히 입시를 허용하지 않았다. 이러한 입장에 변화가 보인 것은 2003년이다. 즉 문부과학성(이하, 문과성)은

---

25) 오자와 유사쿠 저, 이충호 역, 『재일조선인 교육의 역사』, 혜안, 1999, 520쪽.

2003년에 성령(省令)을 개정하여, 국제적인(영미계) 평가기관 3곳[26]이 인정한 일본국내의 외국인학교에 대해서는 일본의 1조교와 같은 과정을 가진 고등학교로 인정하여 일본의 국립대학 수험자격을 인정하기로 하였다. 이에 따라 동경한국학교의 경우 2003년 8월에 학력을 인정받았다.

하지만 조고와 기타 아시아계 학교 등은 학력을 인정받지 못했다. 그에 대한 대안으로 문과성은 수험생이 진학을 희망하는 국립대학의 개별심사를 통해 입학시험의 기회를 부여하기로 하였다. 조고 졸업생에게도 일본 국립대학 입시의 기회가 부여되었지만, 여전히 대학 측의 '개별 심사'라는 과정이 필요하다.[27]

최근 조고 졸업생은 지망하는 국립대학의 개별심사를 받아 대학에 진학하는 경우가 많고, 재수생의 경우는 출신교와 지망대학 간의 복잡한 서류제출 절차를 꺼려서, 2005년부터 도입된 '고등학교졸업과정 인정시험'을 통과해 대학을 지원하는 경우가 많다고 한다.[28]

2) 북한의 교육원조비 감소와 조선학교의 재정부족

(1) 북한 교육원조비의 급감

조선학교는 북한으로부터 교육원조비를 송금받아 학교를 확장해 갔고, 이후에도 학교운영비로 충당해왔다. 1957년 4월에 시작된 교육원조비의 송금은 지금도 이어지고 있으며, 2021년(167차)에도 2억 1906만 엔

---

26) 본부가 미국에 있는 WASC(Western Association of Schools and Colleges)와 ACSI(Association of Christian Schools International). 본부가 영국에 있는 ECIS(European Council of International Schools)의 3곳.

27) 李月順, 「在日朝鮮人の民族教育と在日朝鮮人教育」, 朴鐘鳴編著, 『在日朝鮮人の歴史と文化』, 明石書店, 2006, 228쪽.

28) 청암대 재일코리안연구소, 『재일동포 민족교육 현황조사』, 재외동포재단, 2013, 100쪽.

이 송금되었다. 그런데 북한 경제의 침체에 의해 북한으로부터 매년 송금되는 교육원조비는 과거와 비교하여 급격히 줄어들었다. 1970부터 1985년까지 매년 평균 20억 엔, 1986년부터 1990년까지는 매년 평균 5억 7천만 엔, 1991년부터 1999년까지는 매년 평균 4억 5천만 엔으로 줄었다. 2,000년부터는 더 줄어 매년 2억 엔을 조금 넘는 원조비가 송금되고 있다. 조선학교의 경우 학교운영비의 많은 부분을 교육원조비로 충당해왔기 때문에 지원금 감소는 당연히 조선학교의 재정적 어려움으로 직결되었다.

〈표 70〉 북한 교육원조비 추이(1957~2021) (단위: 엔)

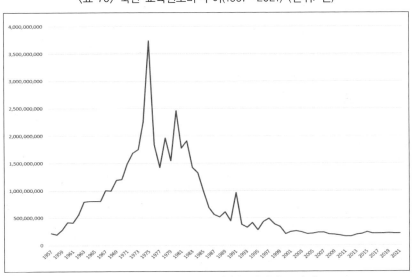

출처: 〈표 20〉 북한 교육원조비의 연도별 송금액을 데이터로 작성.

K조선초급학교는 2003년 현재 오사카의 동북쪽에 위치한 학교이며, 학생은 유치반 26명과 초급부 67명으로 전체학생이 93명으로 구성되어 있다. 이 학교의 2003년도 연간예산을 살펴보면, 북한으로부터의 교육원조비는 20만 엔으로, 전체 순수입(59,463,936엔)의 0.34%(전체 수입의 0.3%)

에 지나지 않는다. 실질적으로 학교 운영에 도움이 되지 않고 있다. 물론 총련 측으로부터 지원이 전혀 없는 것은 아니다. 이사회 찬조금, 일반 기부 그리고 총련지원금으로 약 1천2백만 엔의 수입이 있으며 전체 순수

〈표 71〉 K조선초급학교 연간예산(2003)

기본수입항목	금 액	내 역	금 액(엔)	%
교육원조비	200,000		200,000	0.3
학생납부금	20,166,070	기본운영비	6,048,000	30.0
		유치부운영비	3,360,000	
		입학금	110,000	
		시설비	110,000	
		기타	10,538,070	
수수료수입	0	입학검정료	0	0
		증명서수수료	0	
찬조금수입	12,068,730	찬조금수입	2,000,000	18.0
		일반기부금수입	7,390,730	
		기관지원금수입	2,678,000	
보조금수입	24,643,000	도도부현 보조금	20,243,000	36.7
		시정촌 보조금	4,400,000	
보호자보조비	0		0	0
자산운영수입	287		287	0
자산매각수입	0		0	0
사업수입	80,700	매점	80,700	0.1
		사업수입	0	
제수입	2,305,149	이월금	2,103,422	3.4
		지난년도 수입	23,000	
		잡수입	178,727	
소 계	59,463,936			88.6
부 채	7,661,145	차입금수입	400,000	11.4
		미지불인건비	7,195,100	
		미지불경비	66,045	
합 계	67,125,081			100.0

출전: 宋基燦, 『「語られないも」としての朝鮮学校』, 岩波書店, 2012, 150쪽.

입의 20.2%(전체 수입의 18%)를 차지한다.

북한으로부터의 교육원조비가 실질적으로 없는 상황에서 개인이나 기업의 기부금은 조선학교 운영에 많은 도움이 될 수 있는데, 조선학교 기부금에 대해서는 세제상의 혜택이 없어, 기부금 수입의 장애요인이 되고 있다.

(2) 지정기부금제도와 특정공익증진법제도

일본정부는 2003년부터 '지정기부금제도'와 '특정공익증진법제도'를 도입하였다. 지정기부금제도는 1조교 및 각종학교 교사의 신축 및 증축을 목적으로 한 기부금에 대해서는 재무성의 지정을 받는 경우 면세하는 제도이다. 그런데 재무성의 지정을 받기 위해서는 문과성과 협의하게 되어 있는데, 지금까지 인터내셔널 스쿨은 그 대상이 된 적이 있으나, 조선학교는 인정을 받지 못하고 있다.

특정공익증진법제도는 개인 및 기업이 일본 국내의 외국인학교에 기부한 경우, 소득세 및 법인세에 대해서 우대조치를 하는 제도이다. 하지만 해당이 되는 외국인학교는 '외교', '공용', '가족체제'의 체류자격을 가진 학생이 재학하는 학교(즉 일본과 국교가 있는 국가의 학교)로 국제평가기관 및 바카로레아 사무국의 인정을 받은 학교로 제한하고 있다. 그 결과 사실상 대상이 되는 학교는 인터내셔널 스쿨에 한정되며, 조선학교는 대상에서 제외된다.[29]

이러한 현행의 제도 때문에 조선학교의 신축 및 증축 그리고 학교 운영을 위해 필요한 개인 및 법인의 기부금에 대한 세제 혜택은 없으며, 그 결과 기부금 모금에도 나쁜 영향을 미치고 있는 것이다. 조선학교 학생들

---

[29] 土屋明広, 「日本社会における在日アイデンティティの(被)構築性」, 『岩手大学教育学部研究年報』 第68巻, 2009.2, 16쪽.

의 학습권을 생각한다면 일본정부는 이들 제도의 대상으로 조선학교도 포함시켜야 하는데, 의도적으로 대상에서 제외하고 있다고 볼 수 있다.

(3) 지자체의 학교운영보조금

K조선초급학교의 2003년도 수입 중에서 가장 많은 부분을 차지하고 있는 것이 일본지방자치체(도도부현 및 시정촌)가 자율적으로 지급하는 학교운영 보조금이다. K조선초급학교의 경우 오사카부와 시정촌이 지급하는 보조금이 학교 총수입 59,463,936엔의 41.4%(예산의 36.7%)로 약 2,460만 엔이나 된다. 즉, K조선초급학교의 운영에 있어서 가장 중요한 역할을 하고 있다.

그런데 이 보조금은 일본의 공립학교나 사립학교가 받는 금액에 비교하면 결코 많은 금액이 아니다. 일본 공립학교의 경우 일본정부와 자치체로부터 2007년 현재, 연간 학생 1인당 초등학교 약 89만 엔, 중학교 약 103만 엔, 고등학교 약 115만 엔이 지급되었다. 1조교의 사립학교의 경우(관서지방의 한국계 학교가 해당)에는 사립학교 경상비 보조금의 명목으로 초등학교 약 28만 엔, 중학교 약 29만 엔, 고등학교 약 29만 엔 외에 보호자 부담 경감이나 학교시설 정비 등에 대한 보조제도도 있다. 하지만 각종학교인 외국인학교에 대한 정부지원은 전혀 없고, 각 지자체가 자율적으로 보조금액을 결정하여 지급하고 있는데, 조선학교의 경우 전국 평균으로 1인당 8~9만 엔이 지급되었다(지역별로 금액의 차이가 많다). 일본 공립학교의 10분의 1, 사립학교의 4분의 1수준이었다.[30]

공립학교 및 사립학교와 비교하면 지극히 적은 금액이지만, 2009년도

---

[30] 文部科学省, 『データからみる日本の教育費 2008』, 日経印刷, 2009, 54쪽; 土屋明広, 「日本社会における在日アイデンティティの(被)構築性」, 14쪽; 高賛侑, 『ルポ 在日外国人』, 集英社, 2010, 137~138쪽.

에 전국의 조선학교에 지출된 지자체의 보조금은 27도도부현 148시청촌
에서 약 8억 4천만 엔이었다. 하지만 2010년 이후 보조금을 중지하는 지자
체가 증가하여, 2011년도에 약 5억 4천만 엔, 2014년도에는 3억 엔 그리
고 후술하는 바와 같이 2019년도에는 2억 엔 수준으로 대폭 축소되었다.

3) 고교무상화 정책과 조고의 배제

일본의 많은 지자체가 조선학교에 대한 학교운영 보조금 지급을 중단
하게 된 것은 일본정부가 2010년부터 시행한 고등학교 무상화 정책과 관
련이 있다. 민주당의 일본정부는 2010년 4월, 의무교육기간인 초중학생
뿐 아니라, 고등학생까지 교육의 기회를 확대한다는 의도하에 '고교무상
화 정책'을 시행하기 시작하였다. 이 제도의 실시로 공립 고등학생에 대
해서는 수업료를 징수하지 않고, 기타 사립학교 등 고등학교에 대해서는
공립고등학교 수업료 상당의 취학지원금을 지급하여 학생의 부담을 줄
이겠다는 취지의 법률이었다. 특히 각종학교로 인가를 받은 외국인학교
도 그 대상으로 한다는 점에서 획기적인 것이었다.

그리고 각종학교의 외국인학교 중에서 그 대상이 되는 것은 ① (대사
관 등을 통해) 본국에서의 고등학교와 동등한 정도의 과정을 가지고 있
다고 확인되는 학교, 및 ② 문과성 대신이 지정하는 국제적 평가기관의
인정을 받은 학교 외에, ③ 일본의 고등학교와 같은 정도의 과정을 가진
다고 평가되는 학교에 대하여는 문과성 대신이 개별로 지정함으로써 취
학지원금 등의 대상으로 할 수 있다고 규정하였다.[31]

---

31) 「高等学校等就学支援金の支給に関する法律施行規則」(2010年文部科学省令第13号) 제1조 4항.

조선학교는 일본과 국교가 없어서 ①에 해당되지 않으며, 또한 문과성
이 지정한 국제기관의 인증을 받지 않은 학교이기 때문에 ②에도 해당이
되지 않아서, 결국 문과성이 개별로 지정해야 대상이 되는 ③의 규정의
적용을 받아야 했다.

하지만 그 실시 이전부터 조고에 대한 적용을 반대하는 움직임이 일어
났다. 일본 우익은 2002년에 북한의 일본인 납치문제가 공식화된 후, 악화
된 일본사회의 대북 이미지를 자극하며 북한은 물론 총련과 조선학교 공
격을 전개하였다. 2007년 1월에는 '재일특권을 허락하지 않는 시민의 회'
(이하, 재특회)를 결성하여 조선학교는 물론 재일한인에 대한 혐오 발언
을 서슴지 않았으며, 마치 재일한인이 일본에서 특권을 누리고 있는 것처
럼 엉터리 정보로 일본국민을 선동하였다. 그리고 고교무상화 정책의 시행
이 다가오자 이들 우익은 '조선학교 무상화' 반대 운동을 전개하였다. 물론
우익단체만이 아니라 당시의 야당인 자민당도 이에 동참하였다. 2009년
12월에는 우익단체가 교또조선제1초급학교에 무단으로 들어가 조선학교
를 스파이 양성기관이라며 난동을 부리는 사태까지 발생하였다.

결국 2010년 2월 하토야마 수상은, 내각 내에서도 북한의 일본인 납치
문제 즉 북한의 정치문제와 조선학교의 교육문제를 결부시켜 조고를 배
제하자는 의견이 나오자, 조고에 대한 적용을 보류·추후 결정의 발언을
하였다. 그 결과 일본정부는 4월부터 시행된 고교무상화 제도에서 조고
는 보류하고, 전문가에 의한 심사를 하겠다고 4월 30일 발표하였다. 이후
에도 재특회 및 '북조선 귀국자의 생명과 인권을 지키는 회'(北朝鮮帰国者
の生命と人権を守る会) 등은 반대 운동을 전개하였고, 지자체가 자체적
으로 조선학교에 지급하고 있는 학교운영 보조금 지급도 정지하라고 압
력을 가하였다.

9월에 입각한 간 나오토(菅直人) 수상은 11월 하순 북한의 연평도 포격

사건을 이유로 심사 정지를 발표하였다. 간 수상은 수상 사임 하루 전인
2011년 8월 29일 심사 재개를 지시하였으나, 9월부터 2012년 12월경까지
조선학교 수업 참관 등의 조사를 이유로 제2차 아베(安倍)내각 발족 때
까지 판단을 내리지 않았다.[32] 그러다 제2차 아베 내각 발족 당일인
2012년 12월 26일, 당시 시모무라 하쿠분(下村博文) 문과성 대신은 기자
회견에서 "납치문제에 진전이 없다는 것, 조선총련과 밀접한 관계에 있
으며, 교육 내용, 인사, 재정에 그 영향이 미치고 있다는 것"을 이유로 들
어 조고를 무상화에서 제외한다고 발표하였다.[33]

즉 고교무상화 시행규칙에 의해 ① 일본과 국교가 없고, ② 문과성이
지정하는 국제기관의 인증도 없는 조선학교의 경우, ③ 문과성이 개별적
으로 고교무상화의 대상으로 지정하지 않으면 대상이 될 수 없었는데,
결국 문과성은 조고에 대한 제외 결정을 한 것이다. 그리고 이후 이를
보다 법적으로 강화하기 위해 일본정부는 2013년 2월에, 문과성의 개별
지정으로 고교무상화 대상이 될 수 있는 ③번째 항목을 아예 삭제해 버
렸다.[34]

---

[32] 한편 500여 개에 달하는 단체들은 2012년 3월 "일본 정부는 조선학교에 대한 '고교무상화'
제도를 적용 시행할 것, 일본 지자체는 조선학교에 대한 보조금 중단을 즉각 철회할 것,
일본 정부는 조선학교 학생들에 대한 우익집단들의 폭력적 언행을 처벌할 것"을 촉구하는
성명을 발표했다(『통일뉴스』 2013년 5월 30일 https://www.tongilnews.com/news/articleView.html?
idxno=101964 검색일: 2018.4.5).

[33] 山本かほり, 「排外主義の中の朝鮮学校——ヘイトスピーチを生み出すものを考える」, 『移民政
策研究』 第9号, 2017, 39~40쪽.

[34] 2013년 2월 20일자로 「高等学校等就学支援金の支給に関する法律施行規則」(2010年文部科学
省令第13号)의 일부 개정. 그 과정에 대해서는 田中宏, 「朝鮮学校の戦後史と高校無償化」, 『〈教
育と社会〉研究』 第23号, 2013 참조. 일본정부의 결정에 대하여 유엔 '경제・사회・문화의
권리규약위원회'는 2013년 5월 "본 위원회는 일본정부가 고교무상화제도로부터 조선학교
를 배제하는 것은 차별로서 우려하는 바"라며 "차별에 대한 금지가 포괄적이고 즉각적으
로 교육의 모든 국면에 적용되고, 국제적인 차별 금지의 근거들을 모두 망라한다는 것을
상기하며, 일본정부에 대하여 고교무상화제도를 조선학교에 다니는 학생들에게도 확대
할 것을 보증하도록 촉구한다"는 최종견해를 발표하였다(『통일뉴스』 2013년 5월 22일,
https://www.tongilnews.com/news/articleView.html?idxno=102634 검색일: 2018.4.5).

조고 측은 학생을 원고로 하여 무상화 대상에서 조고를 제외한 문과성의 조치가 위법이라고 5건의 소송을 제기했지만 2021년 2월 현재까지 최고재판소에서 3건이 패소 판결을 받았다.[35] 북한이 일본과 국교를 수교하거나, 조고가 교육 체계를 완전히 바꾸지 않는 한, 고교무상화의 대상이 되는 길이 완전히 막혀 버린 것이다.

4) 일본 지자체의 조선학교 교육운영 보조비 축소

(1) 일본 지자체의 조선학교 교육운영 보조비

조고는 고교무상화에서 제외되었지만, 그 자체는 조고의 재정적인 부담을 가중시킨 것이 아니었다. 그 전에도 일본정부로부터의 보조금은 교부되지 않았기 때문이다. 그런데 문제는 거기에 그치지 않았다.

일본의 우익단체들은 '고교무상화 정책'을 왜곡하여 조선학교배제운동을 전개할 때, 그동안 일본의 지자체가 자율적으로 집행해온 조선학교에 대한 교육운영 보조금도 문제 삼기 시작하였다. 물론 지자체는 조선학교에 대해서만 보조금을 지급한 것은 아니고, 조선학교를 포함한 외국인학교 등 각종학교에 대하여 보조금을 지급하여왔지만, 유독 조선학교에 대해서만 반대 운동을 전개한 것이다. 그 결과 보수정치가가 단체장인 도쿄 등의 지방자치체는 이미 2010년부터 보조금 지급을 재고하기 시작하였다.

앞서 소개한 K조선초등학교가 위치한 오사카부의 경우 1974년부터 조선학교를 포함하여 부내 외국인학교에 대하여 학교운영 보조비를 지급하였다. 하지만 2010년 이후 조선학교 측에 대해 북한과의 관련성에 대해 지적하고, 그 상징적인 존재인 김일성의 초상화를 학교 내에서 완전

---

35) 『産経新聞』 2021年2月8日.

히 없애도록 요구하였다. 그리고 2012년 3월 9일 모든 초상화를 내린
1개교에 대해서만 보조금을 계상하고, 나머지 학교는 초상화를 확인하고
나서 예산집행을 결정하겠다고 언론에 밝혔다.[36] 하지만 그 이후 산케이
(産經)신문이 2012년 1월부터 2월에 걸쳐 북한을 방문한 조선학교 학생
들이 김정일을 찬양하는 연극을 했다는 보도를 하자, 오사카부는 3월 19일,
조선학교에 대한 2012년도분 보조금 지급을 철회한다고 결정하였다. 또
한 오사카시도 3월 22일 동일한 결정을 내린 사실을 밝혔다.[37]

앞에서 소개한 〈표 71〉 K조선초급학교 연간예산(2003) 수입내역을 보
면 오사카부와 시가 지급한 보조금은 약 2,460만 엔으로 전체 '순'수입(약
5,950만 엔)의 41.4%(전체 수입의 36.7%)나 차지하고 있다. 즉 K조선초급
학교의 절대적인 수입원이었던 지자체 보조금이 갑자기 사라진 것이다.

극우 성향의 이시하라 신타로(石原慎太郎) 도쿄 도지사도 2010년부터
조선학교에 대한 교육운영비 보조를 중지하였다. 도쿄도는 1995년부터
사립학교에 대한 교육운영비보조제도를 창설하고 다른 외국인학교와 동
일하게 조선학교에 대해서도 도가 자주적으로 교육운영 보조비를 지급
하였다. 2009년도에는 10개 조선학교에 대한 보조금 2,357만 엔이 지급되
었다. 하지만, 조선고등학교의 고교무상화 반대 세력 등이 이를 문제시
하자, 조선학교의 교육내용이나 총련과의 연관성 등을 이유로 2010년도
부터 보조금 지급 대상에서 제외하였다. 이후 교육운영비보조에 대한 보
다 정확한 판단을 하겠다며, 도쿄도 생활문화국 사학부 사학행정과(東京

36) 『朝日新聞』 2012年3月10日.
37) 宋基燦, 『「語られないも」としての朝鮮学校』, 岩波書店, 2012, 6쪽. 오사카조선학원은 2013년
9월 재일한인에 대한 교육조성비는 일본정부의 재일한인에 대한 도의적이고 법적인 책임
이라며 법원에 제소하였다. 하지만 오사카지방법원은 2017년 1월 26일 원고 소송 기각 결
정을 내렸다. 소송 과정에 대해서는 山本かほり, 「排外主義の中の朝鮮学校——ヘイトスピー
チを生み出すものを考える」 참조.

都生活文化局私学部私学行政課)는 2012년 12월부터 2013년 3월에 걸쳐 도쿄도 내 조선학교 11교(조선대학교 포함)를 조사하고, 2013년 11월에 「조선학교 조사보고서」를 발표하였다.[38]

(2) 도쿄도의 「조선학교 조사보고서」

조사보고서는 총련이 "일본에 거주하는 각계각층의 동포와 단체에 의해 구성된 연합체"이자 북한의 "일본에 있는 재외공관적 조직"이며, "조선학교는 조선총련과 밀접한 관계에 있으며, 교육내용이나 학교운영에 있어 강한 영향을 받고 있는 상황에 있다."고 결론을 내렸다. 그리고 그 근거로 내세운 것이 ① 조선학교는 북한의 해외기관적인 역할을 하는 총련의 지도하에 있고, ② 학교의 교육내용은 북한의 김일성과 김정일을 우상화하고 있으며, ③ 조선학교는 총련의 활동가를 양성하고 있다[39]는 것이었다. 이에 따라 도쿄도는 2013년 11월 1일, 도내 조선학교에 대한 보조금 지급을 하지 않기로 결정하였다.[40]

한편, 비슷한 시기에 조선중급학교 2, 3학년에서 사용하는 『조선역사』 교과서의 내용을 분석한 일본인 교수 기쿠치 카즈타카(菊池一隆)는 우선, 교과서의 전체적인 성향과 관련해, "이 교과서와 한국의 교과서가 인물, 사건 등을 다루는 항목에 공통점이 많다는 것에 놀랐다. 이것은 재일조선학교의 교과서이기에 조선총련도 한국거류민단을 배려하고 있기 때문일 것이다. 예를 들어 이 교과서는 공산주의자뿐만 아니라, 민족주의자의 김구 등 한국광복군을 일정 정도 평가하는 형태로 기술하고 있다. 그

---

38) 東京都生活文化局私学部私学行政課調整担当, 「朝鮮学校調査報告書」, 東京都, 2013.11, 1쪽.
39) 東京都生活文化局私学部私学行政課調整担当, 「朝鮮学校調査報告書」, 東京都, 2013.11, 30쪽.
40) 『통일뉴스』 2013년 11월 2일(http://www.tongilnews.com/news/articleView.html?idxno=104779 검색일: 2020.5.4).

외 종교가 민족주의자도 배려하고 있다"[41]고 평가하였다.

그리고 일본의 우익인 '조선고교에 세금투입에 반대하는 전문가회'(朝鮮高校への税金投入に反対する専門家の会)의 하기와라 료(萩原遼) 등이 주장했던 것처럼, 교과서가 "'김일성 영웅전', '김일성 신화'로서 당연 과잉적인 찬미와 과장은 있다. 또한 '조선인민혁명군'도 존재하지 않았을 가능성이 높다. 단지, 그러한 측면이 있다는 것을 인정한다고 해도, 전면부정은 하지 못할 것이다. 하기와라가 구체적인 예를 들어 주장한 것을 제외하면, 대부분이 역사적 사실이라고 말할 수 있는 것이 아닌가. 즉, 김일성과 그의 부모에 관한 과장된 부분을 삭제하면, 실상(實相)에 가까우며 또한 '조선인민혁명군'이라는 대규모 조직이 존재하지 않았더라도 동북항일연군에 소속하는 김일성 휘하의 조선인분대가 있었고, 또한 국경지대 등에서 유격전을 하여, 나름대로 위력을 발휘한 것은 부정할 수 없는 사실일 것이다"(밑줄은 필자)[42]

즉 학자로서 기쿠치의 판단으로는 일본 우익이 주장하듯이 교과서가 완전히 편향된 것은 아니고, 전체적으로 즉 총련계 한인뿐만 아니라, 한국적 한인들도 배려한 내용으로 역사교과서가 편성되어 있다는 것이다. 둘째는 교과서에 김일성과 관련해 과장된 표현과 내용이 포함되어 있기는 하나, 전체적으로 보았을 때, 사실에 가까운 기술을 하고 있다는 것이다.

즉 어떠한 의도에서 그리고 어떠한 관점에서 조선학교의 교과서를 평가하느냐에 따라 결과는 전혀 다르다고 할 수 있다. 아무튼 도쿄도는 지극히 부정적으로 평가하였으며, 조선학교에 대한 보조비 지급을 중단하였다.

41) 菊池一隆,「在日朝鮮人学校における中等歴史教科書について」,『人間文化 : 愛知学院大学人間文化研究所紀要』, 2012.7, 17쪽.
42) 菊池一隆,「在日朝鮮人学校における中等歴史教科書について」,『人間文化 : 愛知学院大学人間文化研究所紀要』, 2012.7, 27~28쪽.

이러한 추세는 일본정부와 보수정치가 그리고 일본 우익의 주장으로
더욱 확산되었다. 자민당은 2016년 2월 7일 「북조선에 의한 탄도미사일
발사에 대한 긴급 성명」을 발표하고, 당시 있었던 북한의 미사일 발사를
강력히 비판하고 납치문제를 다시 거론하였다.[43] 그리고 문과성에 대해
서는 "조선학교에 보조금을 지출하고 있는 지방공공단체에 대하여, 공익
성의 유무를 엄격히 지적하여 전면 정지를 강력히 지도 · 조언할 것"을
요구하였다.[44]

(3) 문과성의 3·29통지

이에 호응하듯이, 3월 29일 문과성 하세 히로시(馳浩) 문과성 장관은
조선학교를 인가하고 있는 28도도부현에 보조금 관련 통지(이하, 3 · 29
통지)를 보내, 북한과 밀접한 관계에 있는 총련이 조선학교의 교육내용
과 인사, 재정에 영향을 미치고 있다는 점을 지적하고, "(1) 보조금의 공
익성과 교육진흥상의 효과의 검토, (2) 교부목적에 따른 적정하고 투명
성 있는 지출, (3) 교부목적에 관한 주민에 대한 정보 제공"을 요청하였
다. 법개정 시행과 관련된 통지 외에, 장관 명의로 지방자치단체에 통지
를 하는 것은 이례적인데, 문과성 장관은 보조금과 관련하여 지방자치단
체에 직접 통지를 한 것이다. 하세 장관은 3 · 29 통지가 보조금 "교부의
권한은 자치체에 있으며, 감액이나 자숙, 정지를 지시하는 내용이 아니
다"[45]라고 하였으나, 28도도부현 중에서 여전히 보조금을 지급하고 있는
지방자치체(2016년도 전국 127개 자치체가 조선학교 68교에 대해 계상한

---

43) 자민당 홈페이지, 「北朝鮮による弾道ミサイル発射に対する緊急党声明」
 (https://www.jimin.jp/news/statement/131358.html 검색일: 2019.2.5).
44) 「朝鮮学校に対する補助金停止に反対する会長声明(2016.5.13.)」, 福岡県弁護士会 홈페이지
 (https://www.fben.jp/suggest/archives/2016/05/post_328.html 검색일: 2019.2.8).
45) 『産経新聞』 2016年3月29日.

〈표 72〉 조선학교에 대한 자치체 보조금 총액의 추이

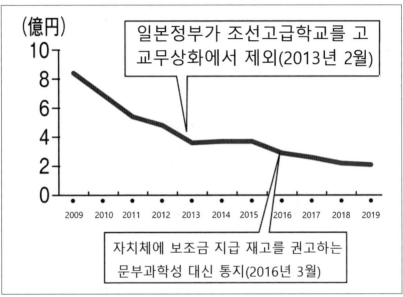

출전: SankeiBiz, 「朝鮮学校、10年で補助金75％減 自治体見直し拡大」(2021.2.8),
https://www.sankeibiz.jp/macro/news/210208/mca2102080631012-n1.htm, 검색일: 2021.3.2.

보조금은 약 3억 엔)에 대한 노골적인 압력이었다.

결국 중앙정부의 압력으로 보조금을 정지하는 자치체가 늘어났는데, 2019년도에 여전히 전국 64개(3개교는 휴교) 조선학교에 대하여 11도부현(都府県 7111만 엔), 92시구정(市区町 1억 3849만 엔)이 2억 960만 엔의 보조금을 지급하였다. 주변의 압력에도 불구하고 보조금을 지급하고 있는 자치체는 학생들의 교육권을 중시하기 때문이다. 그래도 2009년도에 지급된 보조금 약 8억 4천만 엔과 비교하면, 2019년도에는 2009년도의 약 25%에 지나지 않는 보조금이 지급되었다.[46]

학생수 감소로 1990년대 중반 이후 조선학교는 이미 재정난에 빠지기

---

46) 『産経新聞』 2021年2月8日.

시작하였다. 그리고 북한의 교육원조비 축소로 더욱 어려워졌다. 게다가 지자체의 교육보조금까지 축소되어 가고 있는 상황이다. 조선학교는 학교통폐합의 방법으로 생존수단을 찾고 있지만, 이미 한계에 도달하였다.

〈표 73〉 조선학교의 학생수

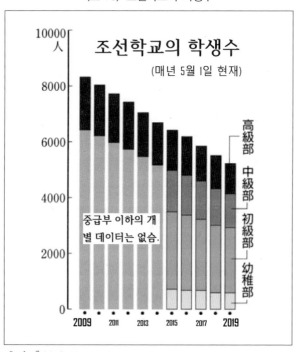

출전:『産経新聞』2019年12月30日.

조선학교(조선대학 제외)는 2009년 현재 76개교에 8,323명이 재학하였다. 2016년에는 66개교(휴교 5개 포함)까지 줄어들었고 학생 수도 6,185명이었다. 2019년 현재 64개교에 학생은 5,223명에 지나지 않는다.[47) 학생

---

47)『産経新聞』2017年7月19日;『연합뉴스』2021년 5월 25일.

수는 적은데 64개교를 운영하자면, 교사 봉급과 시설 유지비 등 학교 운영비는 당연히 부족할 것이고, 그로 인한 교육의 질도 당연히 떨어질 것이다. 학교유지를 위해서는 학부모들의 수업료 부담이 늘어나, 결국 조선학교수는 더욱 줄어들 것이다.

〈표 71〉 K조선초급학교 연간예산(2003)을 가지고 오사카부와 시의 보조금 지급이 중단된, 2012년도의 상황을 상정해본다. 순수입의 가장 큰 부분을 차지했던 오사카부와 시의 보조금이 정지된 상황에서, 학교를 유지하기 위해서는 총련이 긴급 지원을 해야 하지만, 전국적으로 조선학교가 어려운 상황에서 K조선초급학교에 대해서만 추가로 지원하는 것은 어려울 것이며, 결국 K조선초급학교가 재정적인 문제를 해결하기 위해서는 학생납부금에 의존할 수밖에 없다. 〈표 71〉 K조선초급학교 연간예산(2003)에서 학생납부금은 약 2천만 엔이었는데, 갑자기 정지된 지자체 보조금 약 2,500만 엔을 보충하기 위해서는 추가로 납부금을 2,500만 엔 더 인상해야 한다. K초급학교는 당시 유치반 26명과 초급부 67명으로 전체학생이 93명이었다. 단순 계산해서, 2003년 당시 이들 학생은 1인당 매월 2만 엔이 조금 안되는 수업료를 납부하였는데, 2,500만 엔을 추가로 납부하게 되면 1인당 매월 4만 엔이 넘는 수업료를 납부하여야한다. 결국 지금 유지되고 있는 대부분의 조선학교는 학부모의 과도한 부담으로 유지되어 왔으며, 형편이 어려운 재일한인은 조선학교에 다니는 것이 어렵게 되어 버린 것이다. 즉 조선학교 학생수는 줄지 않을 수 없고 그로 인한 학부모의 부담은 늘어나는 악순환이 계속되고 있다.

3. 민족학급의 활성화와 그 현황

1) 민족학급의 증가

제3장에서 서술하였듯이 5·5각서에 의해 민족교육을 지키기 위한 하나의 방편으로 특별학급이 개설되었고, 1952년 4월 현재 68개 초등학교 그리고 10개 중학교에 특별학급이 있었다. 하지만 특별학급은 대일평화조약 이후 자주학교 개설 그리고 총련 결성 이후 조선학교가 개설됨에 따라 일본공립학교에서 이들 학교로의 한인학생 유출 그리고 공립학교 내 차별로 특별학급 교사가 사퇴하는 등의 이유로 자동 소멸되어 갔다. 그리고 한일정상화 이후 30개교로 축소되었고, 1970년대 초가 되면 일본 전국에 20개교가 되지 않았다.

1970년대 초 오사카의 경우 10개교에 11개의 특별학급(11명의 비상근 강사)이 남아있었다.[48] 그 외의 지역에는 교토시에 3개교, 아이치현 오카자키시(岡崎市), 후쿠오카현 기타큐슈(北九州)시에 특별학급이 남아있었다.[49] 이들 대부분의 학급은 교토시에서 실시하는 정규시간의 '분출'형식을 제외하면, 방과 후 수업의 민족학급 형식으로 이루어졌고, 이후에 만들어진 특별학급도 모두 민족학급 형식으로 수업이 진행되었기 때문에, 민족학급이라는 단어가 일반화되었다. 따라서 1970년대 이후의 특별학급은 이 책에서도 '민족학급'이라고 부르기로 한다.[50]

---

[48] 金光敏, 「多文化共生のための教育はどこから学ぶべきか:公教育における在日朝鮮人教育の起源」, 『抗路』第2号, 2016, 97~99쪽. 오사카의 경우 1952년 4월 현재 5개교(초 4, 중 1)가 있었으나, 1960년대에 추가로 5개교에 개설되었다.

[49] 金泰虎, 「在日コリアン学生を対象とする「民族学級」－民族意味合いと在日コリアンの教育の変遷及び特徴－」, 『韓国文化研究』別冊第1号, 2018.3, 9~11쪽.

[50] 단지, 후술하는 바와 같이 1998년경부터 고학년의 교과목에 '종합적인 학습시간'이 생기기 시작하면서, 고학년의 민족학급은 이 시간에 이루어진다.

시들어가던 민족학급이 다시 활성화되기 시작한 것은 1970년대 초 이후 일본 공립학교의 일본인교사들이 학교 내 민족차별문제를 심각하게 받아들이면서부터이다. 1970년대 이후 개설된 민족학급에 대한 이해를 돕기 위해, 양양일(梁陽日)의 연구[51]를 참고하여 시대별 민족학급의 성격을 다음과 같이 정리해 본다.

① 1949~50년대 초: 5·5각서에 의해 개설되어 현재 남아있는 민족학급(각서민족학급)

② 1970년대: 일본교사가 중심이 되어 개설된 민족학급(자주민족학급)

③ 1980년대~현재: 재일한인이 주체가 되어 개설된 민족학급(신형민족학급)

(1) 1970년대 이후의 자주민족학급

침체기에 빠졌던 민족학급이 다시 활기를 찾기 시작한 계기는 1972년 나가하시(長橋)소학교에 민족학급이 개설되면서부터이다. 오사카 시립 나가하시소학교는 피차별 부락민에 대한 일본정부의 차별시정 정책에 따라, 1969년부터 부락민 학생을 대상으로 학습권 보장의 차원에서 보충학급을 따로 설치하여 운영하였다. 그런데 1971년에 나가하시소학교의 임원선거에 입후보한 5학년 재일한인학생이 일본사회에는 부락민만이 아니라 '조선인'에 대한 차별도 있다며, 이를 없애기 위해 노력하겠다고 소견을 발표하였다.

이에 자극을 받은 일본인 교사들이 나서서 한인 학부모와 상의하고 또한 '재일조선인보호자간담회'라는 단체가 만들어져 1972년 8월 이후 오사카시 교육위원회와 협의를 거듭하였다. 그 결과 오사카시는 11월부터

51) 梁陽日, 「大阪市公立学校における在日韓国・朝鮮人教育課題の展望一民族学校の教育運動を手がかりに一」, 『Core Ehtics』 第9号, 2013.

나가하시소학교에 민족학급을 설치하였다. 민족학급 참가자는 246명의 한인 학생 중 151명이었다.[52) 나가하시소학교의 민족강사는 총련계에서 맡게 되고 이후 총련계 강사가 중심이 되어 이른바 '나가하시 강사단'이 만들어졌다. 이후 다른 학교에도 민족학급이 생겨났다.[53)

1970년대에 만들어진 이들 민족학급을 '자주민족학급'이라고 부르는데 그 이유는, 과거의 민족학급은 '5·5각서'에 의해 만들어진 상의하달식의 민족학급인데 비해, 후자는 공립학교 일본인 교사가 자주적인 활동을 통해서 한인 학부모와 협력하여 각 학교에 민족학급을 개설하였기 때문이다.[54)

1970년대에 오사카 지역에 이른바 자주민족학급이 15개교에 개설되었다. 아이치현의 경우에도 오카자키시립(岡崎市立) 소학교 2개교에 1975년경 '히카리(光)학급'이라는 이름으로 민족학급이 개설되었다. 하지만 그 이유는 알 수 없으나, 후술하는 바와 같이 민족학급 개설의 분위기는 오사카 지역에서만 뜨거워졌다.

'자주민족학급'의 탄생은 일본 공립학교에 재학하는 한인학생에 대한 혁신계 일본인교사의 '노선전환'을 의미하는 것이기도 하였다. 제3장에서 언급하였듯이, 1960년대 말까지 일본 공립학교 일본인교사는 한인학생이 가급적 조선학교 등 민족학교에서 교육을 받아야 한다는 원칙을 가지고

---

52) 金兌恩,「公立学校における在日韓国・朝鮮人教育の位置に関する社会学的考察: 大阪と京都における『民族学級』の事例から」,『京都社会学年報』第14号, 2006, 30~31쪽; 이수경 외,『재일동포 민족교육 실태 심화조사 및 정책방향 제시』, 재외동포재단, 2017, 285~289쪽.
53) 민족학급 강사를 총련계 한인이 맡게 되자 민단 측이 항의하여 다툼이 생기기도 하였으나, 민단 측은 정작 민족강사를 조달할 수 있는 능력이 없었다고 한다(이수경 외,『재일동포 민족교육 실태 심화조사 및 정책방향 제시』, 재외동포재단, 2017, 289~291쪽).
54) 한편 '자주민족학급'을 '72년형민족학급'으로 부르기도 한다. 1974년 7·4남북공동성명이 발표되어, 한반도의 통일 분위기가 조성되던 당시, 일본의 혁신 교육자들과 한인학부모의 요구에 의해 민족학급이 오사카지역을 넘어 기타 지역으로 확산되는데 이를 '72년형민족학급'으로 부른다고 한다(黃淑鉉,「日本の公立学校における民族学級の意味－S小学校の事例を手がかりに－」,『일어일문학』, 2017.2, 205쪽).

있었다. 하지만 일본인교사가 자주민족학급 개설에 나선 것은 일본 공립
학교 내에도 한인학생이 민족교육을 받을 수 있는 환경을 마련해야 한다
는 새로운 방향이 설정되었기 때문이다. 이러한 노선전환의 중심적 역할
을 한 것이 오사카에서 1971년 7월에 결성된 '일본학교에 재적하는 조선
인 아동·학생의 교육을 생각하는 회'(日本の学校に在籍する朝鮮人児童·
生徒の教育を考える会. 이하, 생각하는회)이다.

1971년 오사카중학교장회에서 배포된 「외국인자제의 실태와 문제점」
이라는 문서에 한인학생에 대한 편견과 차별적 내용이 포함되어 있다는
사실이 알려졌다. 그리고 이 문서의 기본자료가 '오사카시 외국인자제(子
弟)교육문제연구협의회'(이하, 시외연) 소속교사에 의해서 작성된 사실이
확인되자, 이에 문제의식을 느낀 일본인 교사들이 모여 생각하는회를 결
성한 것이다.[55] 생각하는회 결성의 의의는 일본인학교에서는 일반적으
로 '마이너리티인 한인학생'이 학교에서 문제를 일으킨 경우, 한인학생을
'문제학생'으로 취급해버렸지만, 생각하는회는 학교의 '머저리티를 구성
하는 일본인 교사와 교육 그리고 일본인 학생'의 문제라는 관점을 적극
주장하기 시작하였다는 것이다.

따라서 이들 교사들은 일본인학생들에게는 다문화공생의 사고를 심어
주고, 한인학생들에게는 일본인학교 내에서 한인으로서의 자긍심을 심
어주는 교육의 필요성을 느끼게 되었다. 이를 실천에 옮기기 위한 첫 단
추가 한인학생들에게 '본명 선언'을 하게 하는 것이었다. 즉 외모상 그리
고 언어상 일본인과 구별이 되지 않으며, 나아가 80~90%의 한인학생이
일본인 이름(통명)을 사용하는 현실 속에서, 일본인 학생에게는 다른 민

---

55) 이수경 외, 『재일동포 민족교육 실태 심화조사 및 정책방향제시』, 재외동포재단, 2017, 130쪽.
  시외연은 이 사건을 계기로 반성한다는 의미에서, 「오사카시 외국인교육협의회」로 개칭하
  였다. 大阪市外国人教育協義会, 『市外教30年のあゆみ』, 大阪市外国人教育協義会, 2002, 14쪽.

족의 존재를 인식하게 하고, 한인 학생에게는 민족적 자각을 일깨우기
위한 것이 '본명 선언'이었다.[56]

생각하는회의 결성 이후, 이들 교사들이 중심이 되어 일본 공립학교
내에서의 한인학생에 대한 교육 방향에 대하여 보다 진지하게 생각하고
민족학급의 개설에 일본인교사가 적극 나섰지만, 이러한 현상은 일반적
인 것은 아니었다. 이들 교사들의 인식이 1970년대 후반에 일반 교사들
에게 확산되고 1980년대가 되면 교육행정에도 조금씩 반영되기 시작한
다.[57]

특히 지자체가 재일한인을 공립학교 교원으로 채용하기 시작한 것은
큰 변화라고 할 수 있다. 일본국적으로 제한하는 국적조항 때문에 재일
한인은 물론 외국인은 공립학교 교원채용에 응시할 수 없었다. 오사카부
는 독자적으로 1975년부터 교원채용에 있어 국적조항을 철폐하여 한국 ·
조선적의 한인도 오사카의 공립학교 교원이 될 수 있었다.[58] 이러한 흐
름은 1981년 4월에 도쿄와 시가현 그리고 7월에는 13개현으로 확대되었
다. 1982년 5월에는 아이치현과 나고야시도 이에 동참하였다. 즉 일본의

---

56) 본명 선언에 대해서는 여러 관점이 존재하는데, 倉石一郎, 「日本型「多文化共生教育」の古層
   ―マイノリティによる立場宣言実践によせて―」, 『異文化間教育』 第44号, 2016, 65~81쪽 참조.
57) 생각하는회는 결성 이후 전국 조직으로 확대되어, 1983년 4월 '전국재일조선인교육연구협
   의회'(이하, 전조교)를 결성하고 재일한인 학생들의 본명 선언 등 7가지 지침을 세우고 결
   성하였다. 그리고 공립학교에서의 한인학생의 교육에 관한 지방정부의 지침 마련, 학교와
   교육당국의 교육제도 및 조직에까지 영향력을 미치게 되었다. 전조교는 1990년대 이후 일
   본인학교에 한인 외 기타 국적의 학생이 증가하자, 2002부터 '전국재일외국인교육연구
   협회'(이하, 전외교)로 개칭하여 활동을 전개하였다(小澤有作, 「在日朝鮮人教育實踐・序説」,
   『人文学報』 第16号, 1981, 190~198쪽; 岸田由美, 「在日韓国・朝鮮人教育にみる「公」の境界と
   その移動」, 『教育学研究』 第70号, 2003, 353~355쪽). 전조교 발족회의 주제는 "4.24한신교육
   사건으로부터 35년―재일조선인교육의 금일적 과제를 찾는다"였으며 전국에서 500명이
   참가하였다. 1991년에 열린 전국집회에서는 2000명이 참가하였다(全国在日外国人教育研究
   協議会 홈페이지, http://www.zengaikyo.org/?page_id=21. 검색일: 2021.6.4).
58) 2006년 4월 현재, 오사카부 내의 공립 초중고등학교에 근무하는 외국인 국적의 교원은 105명
   으로 이 중에서 90%은 한국국적이다(민단홈페이지, https://www.mindan.org/old/front/
   newsDetail7e62.html. 검색일: 2021.6.20).

공립학교도 과거와 달리 재일한인에 대하여 포용적인 자세를 취하기 시작한 것이다.

문부성은 애당초 이에 대해 부정적인 입장이었지만, 이러한 추세와 그리고 후술하는 바와 같이 1991년 재일한인 3세의 법적지위 체결 당시 한일 양국 정부의 각서 체결을 이행하기 위하여, 1991년에 지자체에 대한 문부성 통달로 일본국적이 아닌 교원 채용을 공립학교로 확대하였다. 단지 신분은 '교사(教師)'가 아니라 임용기간을 정하지 않는 '상근강사'로 채용할 것을 지시를 하였다. 외국국적 교원의 학교 운영 참여를 제한하기 위한 것이었다.59)

(2) 1980년대 이후의 신형민족학급

1970년대의 자주민족학급 개설 분위기는 일본인 교사의 노선 전환에 의한 영향이 컸다고 한다면, 80년대부터는 재일한인의 의식변화에 의해 민족학급이 확산되었다. 1970년대 중반 이후 재일한인은 일본기업의 취업차별을 둘러싼 '투쟁'을 시작하는 등, 재일한인사회에 큰 변화가 생기기 시작하였다. 1세들은 일본인의 차별을 당연시하는 경향이 있었고 민족적인 입장에서 일본인회사에서 일하기를 거부하는 경우도 있었다. 하지만 일본인처럼 살아왔던 젊은 한인들이 자신의 출자를 밝히고 민족차별에 대하여 문제를 제기하며, 일본사회 속에서 일본인과의 공존을 어필하는 분위기가 형성되기 시작하였다. 지문날인을 비롯한 민족차별 철폐운동과 민족정체성에 대한 한인사회의 자각으로, 1980년대에는 '신형민족학급'이 오사카 지역에 새롭게 21개교가 개설되어, 민족학급 개설교는 총 40개교로 증가하였다.

59) 교원채용과 국적에 대해서는 佐野通夫, 「学校と国籍」, 『東京大学教育行政研究室紀要』 第3号, 1982 참조.

이러한 상황에서 1980년대 중반에 정년을 앞둔 '각서민족학급' 강사의 충원문제가 관심을 모으게 되었다. 당시 오사카부 교육 당국은 민족강사를 충원하지 않으려고 하였으나, 재일한인 측과 일본인교사 등이 협력하여 오사카부 교육위원회와 협의를 하였다. 그 결과 오사카부 교육위원회는 1986년 3월 '비상근 강사(비상근 특별촉탁원)'의 지위로 민족강사를 계속 채용하여, 각서민족학급을 유지하겠다고 재일한인 측에 답변하였다. 그 결과 11곳의 각서민족학급은 그대로 유지되게 되었다.[60]

각서민족학급 문제로 함께 협력한 단체들은 1986년 4월 '민족교육촉진협의회'(이하, 민촉협)를 결성하여 이후 민족교육운동을 주도하였다.[61] 민촉협은 민족학급의 확대는 물론 민족강사의 처우개선을 위해 노력하였다.

각서민족학급을 제외한 자주 및 신형민족학급은 1972년부터 1991년까지 19년 동안, 민족학급 강사의 급료 및 운영비 등에 대한 일본정부는 물론 지방정부의 지원 없이 민족학급 관계자와 학부모 등이 자체적으로 재원을 마련하여 운영되었다.[62] 이러한 상황에 큰 변화가 생긴 것은 1991년 이후이다.

(3) 1990년대 이후 민족학급의 활성화

민족학급에 대한 관심과 활동이 증가하던 1991년 1월 한일 양국 외무장관은 「재일한국인 3세 이하 자손의 법적지위에 관한 한·일 외무장관

60) 梁陽日, 「大阪市公立学校における在日韓国・朝鮮人教育課題の展望—民族学の教育運動を手がかりに—」, 『Core Ehtics』第9号, 2013, 249~250쪽.
61) 民族教育促進協議会, 『民促協10周年史』, 1995.5, 22~26쪽; 이수경 외, 『재일동포 민족교육 실태 심화조사 및 정책방향 제시』, 재외동포재단, 2017, 295쪽. 민촉협의 활동에 대해서는 『民促協ニュース』縮刷版(2003.7) 참조.
62) 梁陽日, 「大阪市公立学校における在日韓国・朝鮮人教育課題の展望—民族学の教育運動を手がかりに—」, 『Core Ehtics』第9号, 2013, 249쪽.

간 합의각서」에 서명하였다. 이 각서는 1965년 한일협정 때에 한일 양측
이 합의에 이르지 못한 '재일한국인 3세'의 법적 지위에 관해 합의한 것
인데, 이 각서는 법적지위뿐 아니라 민족교육과 관련하여 다음과 같은
내용이 포함되었다.

첫째, 현재 지방자치체의 판단에 의해 학교의 과외(課外)로서 행하여
지고 있는 한국어 및 한국 문화 등의 학습이 금후에도 지장 없이 실시
되도록 일본국정부로서 배려한다(3조 (1)). 둘째, 재일한국인 보호자에
대하여도 취학 안내를 발급한다(3조 (2)). 셋째, 재일한인에게도 공립학
교 채용의 길을 열어, 교원채용임용시험을 받을 수 있도록 도도부현을
지도한다(4조).[63]

이 1991년 각서에 따라 문부성(초등중등교육국장)은 1991년 1월 30일,
도도부현 교육위원회 교육장 앞으로 1991년 각서에 따른 「재일한인 교육
관계 사항의 실시에 관해」,[64] 통지를 하였다. 그 내용의 핵심은 1965년
12월에 문부성이 지방자치체에 지시한 12·28통달-2는 특별학급(민족학
급)을 제약하지 말라는 내용이 아니었다는 것을 확인하는 것이었다.

즉 문부성은 이 통지에서, 1965년의 12·28통달-2의 4항에서 지시한
"조선인의 교육에 대해서는 일본인 자녀와 동등하게 취급하며, 교육 과
정의 편성·실시에 대하여 특별한 취급을 하면 안될 것"이라는 것은 "정
규 교육과정에 관한 것이며, 학교에 재적하는 재일한국인에 대하여 과외
로 한국어나 한국문화 등의 학습 기회를 제공하는 것을 제약하는 것이
아니라는 것"을 밝혔다. 즉 문부성은 일본의 공립학교에서 재일한인을
대상으로 민족학급 등을 개설해도 무관하다는 입장을 밝힌 것이다. 이러

63) 「재일한국인 3세 이하 자손의 법적지위에 관한 한·일 외무장관 간 합의각서」(1991.1.10).
64) 「日本国に居住する大韓民国国民の法的地位及び待遇に関する協議における教育関係事項の実
施について」(文初高第69号, 1991年1月30日), 都道府県教育委員会教育長あて文部省初等中等教
育局長通知.

한 1991년 각서가 만들어질 수 있었던 것은 재일한인들과 일본의 양심적인 세력이 함께 노력한 결과라고 할 수 있다.[65]

1991년 각서에 따라, 오사카부의 경우는 1972년 이후 만들어진 민족학급의 강사료를 지원하는 사업을 1992년부터 시작하였으며,[66] 그 지원 대

〈표 74〉 오사카시립 소중학교의 민족학급 개설학교수의 추이

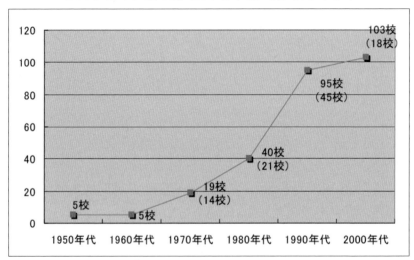

출처: 大阪市民族講師会編, 「第1回大阪市民族講師会研究フォーラム」, 2007, 58쪽 자료에 의함. ( )안의 숫자는 민족학급이 신설된 학교수. 현재 민족학급이 존재하는 103개교를 기준으로 하고 있으며, 도중에 폐쇄된 민족학교는 포함되어 있지 않음.
출전: 金兌恩, 「多民族·多文化教育と新たな共同性の構築－大阪市立小中学校の「民族学級」を事例に－」, 『ソシオロジ』 第53巻, 2009, 93쪽.

---

[65] 이수경 외, 『재일동포 민족교육 실태 심화조사 및 정책방향 제시』, 재외동포재단, 2017, 297~298쪽; 民族教育促進協議会, 『民促協10周年史』, 34~39쪽.
[66] 1992년 오사카시는 '오사카 시립학교 민족클럽 기술지도자 초빙사업(大阪市立学校民族クラブ技術指導者招聘事業)'을 설치하여, 각서민족학급 외에, 1970년대 이후 개설된 자주민족학급에 대해서도 예산조치를 취하기 시작하였다. 오사카부는 2007년에 이 사업을 해소하고 뉴커머 외국인 지원사업과 통합하여 '국제이해교육추진사업'으로 예산집행을 하였다(梁陽日, 「大阪市公立学校における在日韓国·朝鮮人教育課題の展望一民族学の教育運動を手がかりに一」, 『Core Ehtics』 第9号, 2013, 246쪽). 2017년에는 다양한 문화에 대한 이해와 화합이라는 의도하에 '민족학급·민족클럽·국제이해클럽'이라는 명칭이 '국제클럽'으로 통합되어, 민족강사도 공적으로는 '국제클럽지도원'이라고 한다(山本晃輔, 「インクルーシブな教育と

상이 된 민족학급을 각서민족학급과 구분하여 '민족클럽'(2017년부터 오사카부의 공식명칭은 '국제클럽')이라고 지칭하였다. 1990년대의 새로운 분위기 속에서 오사카에는 1990년대에 45개교, 2,000년대에 18개교에 민족학급이 새롭게 개설되었으며, 2006년 7월 현재 오사카 지역에 민족학급민족클럽)이 개설된 학교는 총 103개교로 증가하였다.[67]

(4) 민족학급에 대한 한국정부의 지원

한편 민족학급 운동을 주도한 민촉협은 운동방식의 의견 차이로 2003년 7월에 해체하고, 이후 오사카시는 '코리아 NGO센터'가, 히가시(東)오사카시는 '민족교육을 촉진하는 연락회'가 또한 기타 지역도 각각의 단체가 중심이 되어 민족학급을 이끌어가고 있다. 그리고 코리아 NGO센터의 김광민 사무국장 등의 노력으로 한국 국회에서도 민족학급에 대해 관심을 가지게 되었고, 그 결과 한국정부는 2011년부터 '물품지원' 등의 명목으로, 이른바 '민족교육지원금'을 민족학급 활동에 지급하기 시작하였다. 민족학급이 일본의 공교육 내에서 이루어진다는 한계는 있으나, 민족교육지원금은 년간 1억 엔이 배정되어, 강사의 국내외연수, 다양한 행사 그리고 교육물품구입 등에 활용되고 있다. 재정적인 지원의 증가로 민족학급은 더욱 활성화되고, 그 숫자도 증가해갔다.[68] 한국정부의 지원은 민족학급의 유지에 큰 도움이 되고 있다.

葛藤―大阪の民族学級の事例から―」,『未来共創』第7号, 2020, 139쪽).

[67] 金兌恩,「公立学校における在日韓国・朝鮮人教育の位置に関する社会学的考察 : 大阪と京都における『民族学級』の事例から」,『京都社会学年報』第14号, 2006, 31쪽; 金兌恩,「多民族・多文化教育と新たな共同性の構築―大阪市立小中学校の『民族学級』を事例に―」,『ソシオロジ』第53巻3号, 2009, 93쪽.

[68] 이수경 외,『재일동포 민족교육 실태 심화조사 및 정책방향 제시』, 재외동포재단, 2017, 306~309쪽.

〈표 75〉 오사카의 민족학급 및 민족클럽(2017.4.1)

學校 區分	小學校(A)			中學校(B)			合計(A+B)			講師(形態)		
	學校數	學級數	學生數	學校數	學級數	學生數	學校數	學級數	學生數	常勤	非常勤	合計
民族學級	11	63	689	0	0	0	11	63	689	11	0	11
民族클럽	103	163	1702	68	68	796	171	231	2498	0	44	44
合計	114	226	2391	68	68	796	182	294	3187	11	44	55

출전: 朴永昊・竹中優子,「在日同胞の民族教育の変遷と現状─大阪府公立小学校における民族学級を中心に─」,『大阪経済法科大学論集』第114号, 2019.3, 10쪽.

〈표 75〉 오사카의 민족학급 및 민족클럽(2017.4.1)을 보면 2017년 4월 현재 오사카부에는 182개 시립소중학교(오사카시에 106개 학교, 그 외의 오사카 지역 80개 학교)에 민족학급이 설치되어 3,187명의 학생이 참가하고 있다.[69] 오사카부의 경우 55명의 민족강사 중에, 각서 '민족학급' 강사 11명은 상근강사의 직위를 유지하고 있으며, 나머지 '민족(국제)클럽' 강사 중에서 17명은 2007년에 '국제이해교육추진 비상근 촉탁직원'으로 정식 채용되었으며, 나머지 27명은 비상근 강사로 아르바이트 형식이다.[70] 그리고 55명의 강사가 294개의 학급을 담당한다는 것은 결국 1명의 강사가 5학급 정도를 담당하고 있다는 것을 의미한다.

그 외의 지역에는 교토부의 교토시립 3개 소학교와[71] 사카이시립(堺市立) 2개 소학교에 민족학급이 있다는 것이 확인된다. 아이치현에는 오카자키시립(岡崎市立) 소학교 2개교에 민족학급이 운영되고 있으며, 후쿠

---

[69] 朴永昊・竹中優子,「在日同胞の民族教育の変遷と現状─大阪府公立小学校における民族学級を中心に─」,『大阪経済法科大学論集』第114号, 2019.3, 9쪽.

[70] 朴永昊・竹中優子,「在日同胞の民族教育の変遷と現状─大阪府公立小学校における民族学級を中心に─」,『大阪経済法科大学論集』第114号, 2019.3, 3쪽 주2) 참조.

[71] 金兌恩,「在日韓国・朝鮮人児童のアイデンティティとポジショナリティ: 京都市立小学校における「民族学級」を事例に」,『京都社会学年報』第16号, 2008, 7쪽.

오카현의 경우는 기타(北)큐슈지역에 역사가 깊은 각서민족학급 3개소가
여전히 남아있다.[72]

2) 민족학급의 수업내용

(1) 오사카시의 경우

〈표 76〉 히라오카소학교 민족학급의 학년별 교육목표와 교육내용

학년	교육목표	교육내용
1학년	· 자신과 친구의 본명을 알고, 한사람 한사람의 이름이 가지고 있는 소중함을 느끼도록 한다. · 민족의 언어, 노래, 놀이 등을 통해서 '우리나라'와 친해진다.	인사 가족 호칭법 제기차기 칠석(七夕) 노래 · 민화
2학년	· 자신과 친구의 본명을 알고, 한사람 한사람의 이름이 가지고 있는 소중함을 느끼도록 한다. · 민족의 언어, 노래, 놀이 등을 통해서 '우리나라'와 친해진다.	인사 동물이름 팽이치기 돌잔치 노래 · 민화
3학년	· 본명을 부르는 이름으로 하여, 본명의 소중함을 안다. · 민족의 언어, 노래, 풍습 등을 통하여 자신과 '우리나라'의 연결점을 깨닫는다.	수학 음식물이름 윷놀이 설날 노래 · 민화
4학년	· 본명을 부르는 이름으로 하여, 본명의 소중함을 안다. · 민족의 언어, 노래, 풍습 등을 통하여 자신과 '우리나라'의 연결점을 깨닫는다.	한글의 모음 · 자음 우리나라의 위치 조선통신사 단오(端午) 노래 · 민화

[72] 후쿠오카현의 민족학급에 대해서는 朴康秀, 「福岡県の公立学校における民族学級の歴史と
現状」, 『部落解放史ふくおか』第118号, 2005.6 참조. 후쿠오카현에서는 1949년 10월에 모든
조선인학교가 폐쇄되고, 10개 초등학교와 2개 중학교에 특별학급이 만들어졌다. 하지만
1952년 4월경에는 초등학교 4개교와 중학교 2개교에만 남아있었고, 현재는 후쿠오카현의
기타규슈시(北九州市)에 아다치(足立)소학교, 와카마츠츄오소학교(若松中央小学校. 1949년
에는 若松小学校였으나 학교 통폐합으로 개명), 도바타츄오소학교(戸畑中央小学校. 1949년
에는 戸畑小学校였으나 학교 통폐합으로 개명)가 남아있다(学校法人福岡朝鮮学園から福岡
県弁護士会人権擁護委員会あて, 「人権救済申立書」, 2003年6月9日). 단지 이들 학교의 민족
학급은 중간에 중단되었다가 다시 개설되었었는지는 확인을 해야 한다.

5학년	· 본명을 부르는 이름으로 하여, 본명의 소중함을 안다. · 민족의 언어나 역사를 통하여 '우리나라'의 훌륭함을 느 낀다. · 조선인으로서 살아가는 것의 소중함과 일본 친구들과 의 관계에 대하여 생각한다.	한글의 받침 우리나라의 道(행정구역) 민족학급의 역사 추석(秋夕) 노래 · 민화
6학년	· 본명을 부르는 이름으로 하여, 본명의 소중함을 안다. · 민족의 언어나 역사를 통하여 '우리나라'의 훌륭함을 느 낀다. · 조선인으로서 살아가는 것의 소중함과 일본 친구들과 의 관계에 대하여 생각한다.	우리말 회화 조선인이 일본에 사는 이유 노래 · 민화

출전: 송기찬, 「민족교육과 재일동포 젊은 세대의 아이덴티티: 일본 오사카의 공립초등
   학교 민족학급의 사례를 중심으로」, 한양대학교대학원 석사학위논문, 1999, 86~
   87쪽.

실질적으로 민족학급의 수업이 어떠한 식으로 이루어지는지 송기찬이
조사한 오사카시 이쿠노꾸(生野区)에 위치한 히라오카(가명)소학교의 민
족학급을 사례로 살펴본다.[73]

1998년 6월 당시 히라오카소학교 전교생은 489명이었으며 한국 · 조선
적 학생은 187명으로 38.2%를 차지하고 있었다. 이 지역은 재일한인이
집단으로 거주하는 지역으로 한인학생이 비교적으로 많다. 히라오카소
학교는 한인학생의 민족학급 참여를 의무규정으로 하였으나 소수의 학
생(5명)은 부모의 반대로 참여하지 않았다. 그리고 일본국적의 한인학생
은 본인이 희망한 경우 참여하여, 한국 · 조선적 학생이 187명, 일본국적
학생 25명으로 총 207명이 민족학급에 참여하였다.

수업시간은 일주일에 한번씩 45분간 이루어진다. 기본적으로 1~4학년

---

[73] 송기찬, 「민족교육과 재일동포 젊은 세대의 아이덴티티: 일본 오사카의 공립초등학교 민
   족학급의 사례를 중심으로」, 한양대학교대학원 석사학위논문, 1999. 이 연구는 1999년에
   완성된 논문이지만, 민족학급의 구성원과 시간적 한계 그리고 민족학급의 교육방향 등을
   고려할 때 현재의 실태와 큰 변화가 없다고 생각한다. 2006년 현재의 오사카시 민족학급
   에 대한 연구로는 金兌恩, 「多民族 · 多文化教育と新たな共同性の構築－大阪市立小中学校の
   『民族学級』を事例に－」, 『ソシオロジ』第53巻3号, 2009 참조.

은 정규수업을 마친 뒤에 방과 후 이루어지고, 5, 6학년의 경우 '종합적인 학습 시간'(국제이해 수업 등)[74]이라는 정규시간에 따로 모여 민족학급이 이루어진다.

일주일에 한번 그것도 45분간만 이루어지는 수업이지만,[75] 학교 측은 민족학급의 목적을 "모국의 문자나 언어, 역사, 문화 등의 학습을 통하여 조선인으로서의 자각과 긍지를 기른다"로 설정하고 있다. 하지만 실질적으로 민족학급의 수업은 학생들이 본명의 소중함을 깨닫게 하고 일상 생활에서 본명을 사용하게 하는 것에 집중되어 있다.[76] 동시에 초보적인 한국어공부와 민족문화와 역사에 대한 기초지식을 쌓는데 있다. 민족학급의 수업을 통해 학생 개개인이 자신이 '한인'임에 대해 자각(의식)하게 되고, 나아가 한인으로서의 자긍심을 갖게 하자는데 초점이 모아져 있다.[77] 이러한 의도에도 불구하고 한인학생의 본명 사용은 전체의 35.3%에 지나지 않으며, 이들마저도 대부분 한국(한자)이름의 일본식 발음이며, 한글 발음으로 자신의 이름을 말하는 학생은 15.5%에 불과하다.

---

[74] '종합적인 학습 시간'은 당시 문부성이 1998년에 '학습지도요령' 개정 당시 도입을 결정하고 2002년(초등학교 3년~중학교. 고등학교는 2003년)부터 교육현장에서 시행된 것으로, 국제이해, 정보, 환경, 복지, 건강 등에 대한 횡단적이고 종합적이며 탐구적인 학습을 통해, 문제해결 능력을 키워주기 위해 만든 교과목이다. 주 2시간 정도(2010년까지는 주 3시간 정도) 배당되어 있는 '「종합적인 학습 시간」의 구체적인 명칭은 각 학교가 수업 목적에 따라 독자적으로 정한다. 단지 교토부의 경우는 비슷한 취지의 수업을 이전부터 하고 있었고, 오사카시의 경우도 1998년에 이미 학교 수업에 도입이 된 것 같다.

[75] 2006년 현재도 연간 30시간으로 1주일에 1시간 정도의 민족학급 수업이 이루어지고 있다.

[76] 재일한인은 물론 외국인 학생에게 본명을 적극적으로 사용하게 하는 것이 오사카부 교육위원회의 기본 방침이다. 大阪府教育委員会, 「(在日外国人教育基本資料)互いに違いを認めあい、共に学ぶ学校を築いていくために－本名指導の手引(資料編)－」, 大阪府, 2006年3月策定・2013年4月一部修正(https://www.pref.osaka.lg.jp/attach/6360/00000000/honmyoushidou.pdf. 검색일: 2021.5.2).

[77] 오사카시립K소학교의 사례(2012년)를 보아도 민족학급의 수업은 학생들이 본명에 대해서 인식하고 당당하게 본명을 가지고 살아가도록 지도하는데 초점이 맞추어져 있다. 黃淞鉉, 「日本の公立学校における民族学級の意味－S小学校の事例を手がかりに－」, 『일어일문학』 73권 73호, 2017.2, 209~215쪽 참조.

(2) 교토시의 경우

교토시의 경우 1954년에 추출형 특별학급이 개설된 이후, 그 전통이 그대로 이어져, 방과 후 수업 형태가 아니라, 정규 수업시간에 '추출'형식으로 한국어와 역사, 지리, 문화 등의 수업을 진행해 왔다. 하지만 1970년대까지만 해도 학교 측은 민족학급을 배제하며 관심을 가지지 않았다. 그 결과 민족학급은 학교 내에서 그림자 같은 존재로 취급 받고, 정규 주요과목과 민족과목 시간이 겹쳐 참가학생 숫자가 줄어 침체하였다. 그러나 1980년대 이후 일본교사들의 의식 변화와 민족강사의 노력 등으로 이들 민족학급에 대해 학교 측이 협조적인 자세를 취하기 시작하였고 이러한 분위기는 그 이후에도 이어졌다.

교토시의 경우 2005년 7월 현재 시립 소학교 3개소에 추출형 민족학급이 개설되어 있다. 1, 2학년은 민족학급의 대상이 아니고, 3학년 이상 학생 39명이 5명의 민족강사한테 수업을 받고 있다. 참가자는 한국·조선적이 64.1%, 한인계 일본국적 및 이중국적 학생이 35.9%이다. 교토시 시립소학교에 다니고 있는 한국·조선적 학생의 3%가 참가하고 있다. 수업시간은 년간 55시간(주 2시간)으로 오사카의 경우보다 25시간이 많다. 수업과목은 '모국어', '사회', '음악' 등이다.[78]

수업 내용은 오사카의 경우처럼, 초급 한국어 수준이며 정체성과 관련해서는 본명 부르기가 수업의 중심에 놓여 있다는 것을 알 수 있다. 역사는 한국사를 전체적으로 아우르고 있으나, 실질적인 성과에 대해서는 살펴볼 필요가 있다.

---

[78] 金兌恩, 「公立学校における在日韓国·朝鮮人教育の位置に関する社会学的考察: 大阪と京都における『民族学級』」, 『京都社会学年報』 第14号, 2006, 36~39쪽.

〈표 77〉 교토시립 소학교 민족학급 월간 커리큘럼(A소학교, 2005.5)

회	3학년	4학년	5학년	6학년
1	인사, 이름 (본명에 대하여)	국어, 회화 (이름은 무엇입니까)	국어	국어, 회화 (이름은 무엇입니까)
2	민족학급에 대하여	국어, 회화(인사)	국어	국어, 회화, 인사, 습자
3	국어, 이름 (읽는법, 쓰는법)	국어, 회화(인사)	언어	국어, 가족 부르기, 습자
4	회화, 본명으로 자기소개	국어, (가족 부르기)	우리나라의 놀이, 공작	국어, 작문, 습자
5	옛날이야기, 읽고 듣기	국어, (가족 부르기)	우리나라의 놀이, 공작	국어, 작문, 습자
6	음악 「안녕하세요」 (노래)	국어, 작문(자기소개)	사회(조선과 일본의 관계)	음악(「아리랑」)
7	음악(장구)	국어, 작문(자기소개)	사회(조선과 일본의 관계)	음악(장구)
8		음악 「도라지」	음악 「반달」(노래)	
9		음악(장구)	음악(장구)	

출전: 金兌恩,「在日韓国・朝鮮人児童のアイデンティティとポジショナリティ: 京都市立 小学校における『民族学級』を事例に」,『京都社会学年報』第16号, 2008, 8쪽.

〈표 78〉「역사」및「풍습」교재의 주요 내용

초급	역사 : 나라의 시작(건국신화), 눈부신 문화(한글, 고려청자, 금속활자, 가야금, 거북선), 우리나라(한국・조선)의 명장(을지문덕, 강감찬, 이순신) 풍습 : 전통적인 놀이, 복장, 음식
중급	역사 : 삼국시대, 고려왕조와 조선왕조 풍습 : 정월, 제사, 축하 풍습, 전통적인 놀이
상급	역사 : 문명의 시작, 초기의 조일관계, 3국시대와 조일관계(일본에 건너간 대륙문화), 고려왕조와 조선왕조(임진왜란과 이순신, 조선통신사), 강화도사건과 식민지(강화도사건, 을사조약과 한일합방, 식민지와 해방, 재일조선인운동)

주 :『ウリ우리』(2004)의 본문 중에서 제목 중심으로 작성
출전: 金兌恩,「在日韓国・朝鮮人児童のアイデンティティとポジショナリティ: 京都市立 小学校における『民族学級』を事例に」,『京都社会学年報』第16号, 2008, 9쪽.

이상과 같은 본명 부르기를 중심으로 한 민족학급의 정체성 함양 교육에 대해서는 비판적인 의견도 있다. 우선 학생이나 부모가 통명으로 살기 원하는 경우, 굳이 본명 부르기를 고집해야 하는지 하는 것이다. 또하나는 본명 부르기를 권해도 현실적으로 통명을 그대로 사용하는 경우가 많다는 것이다. 그리고 민족학급에서의 수업이 '자기 민족'에 대한 긍정적인 인식 확립에 도움을 주느냐 하는 것이다.[79] 이러한 현상만을 본다면 민족학급 무용론이 나올 법도 하지만, 당장의 눈에 보이는 효과만으로 그 의미를 평가할 수 없는 것이 민족학급이다. 왜냐하면 민족학급은 한 인간이 성장해가는 데 있어 짧은 '과정'을 형성하는 것이고 그 과정으로 인한 영향은 서서히 나타나기 때문이다. 그 의미에 대해서는 제7장 1절에서 언급한다.

---

[79] 吳惠卿, 「民族学級における『民族』, その限界と可能性 教育研究」, 『教育研究』第61号, 2019.3 참조.

제 **7** 장

재일한인 사회의 변화와 민족학교의 과제

제7장
재일한인 사회의 변화와 민족학교의 과제

1. 다양한 재일한인과 민족학교의 중요성

1) 재일한인사회의 다양화와 다양한 삶의 방식

(1) 재일한인사회의 변화

1990년대에 국제사회는 물론 한반도와 일본도 큰 변화를 맞이하였다. 그리고 이러한 변화는 재일한인사회에 큰 영향을 끼쳤다. 또한 재일한인 사회 자체도 과거와는 다른 집단으로 변하였으며 지금도 변화는 진행 중이다.

우선 국제적으로, 소련을 비롯한 동구권 공산국가의 붕괴로 공산주의 유토피아는 무너졌다. 이는 북한체제의 정당성도 위협하게 되고, 조선학교의 교육 내용에도 영향을 미쳤다. 동구권 국가는 물론 중국 또한 자본주의적 경제체제를 도입함에 따라, 국제사회는 자유, 자본주의 체제가 확산되었고, 기업활동과 인간 이동의 국제화로 인해 국제사회의 상호의존이 심화되었다. 이러한 국제화의 영향으로 재일한인들 중에는 '조선'이나 '일본'인이라는 정체성을 벗어나 코스모폴리탄(세계시민)으로서 자신을 자리매김하는 사람이 늘어났다.

둘째, 한반도도 큰 변화를 맞이하였다. 남한은 88올림픽 이후, 국제 사회에서의 경제적 위상이 더욱 높아지고, 1987년의 민주화를 시작으로 점차 민주적인 체제가 자리 잡아 갔다. 기업활동의 증가와 여행자유화의 영향으로 여행이나 유학은 물론, 해외 주재원 그리고 국외이주자도 더욱 증가하였다. 재일한인 사회의 뉴커머도 1980년대 중반 이후 도일한 사람들이 중심이다.

한편 북한의 경우, 국제사회의 변화에도 불구하고 폐쇄적이고 세습적인 정치체제 속에서 억압에 의한 정권유지는 지속되었고, 경제침체에서 벗어나지 못하고, 국제사회의 식량지원을 받아야 하는 국가로 추락하였다. 그러한 속에서도 핵무기 개발과 일본인 납치사건 그리고 천안함 사건 등으로 국제사회에서 점점 고립되어갔다. 이와 같은 남북의 변화 속에서 '조선'적에서 한국국적을 취득하는 재일한인이 급증하였고, 북한식 교육을 고집하는 조선학교의 재학생은 급격히 감소하였다.

셋째, 일본의 경우 1980년대에 확산된 외국인에 대한 행정적, 사회적 차별 철폐운동의 영향으로, 1990년대에는 국적에 따른 취업차별이 적어지고, 지자체 공무원 채용 시 국적조항을 원칙적으로 철폐하는 지자체가 증가하였다. 재일한인에 대한 일본인들의 차별의식도 많이 개선되었다. 하지만 1990년대부터 거세진 우경화의 바람은 정계뿐 아니라 사회 전반으로 확산되어 노골적인 혐한운동이 시작되었다. 나아가, 북한의 미사일 발사와 일본인 납치문제 등을 빌미 삼아 일본의 우익은 총련에 대한 비판은 물론 조선학교에 대한 도를 넘는 공격을 가하였다.

그리고 물리적인 변화로는 첫째, 재일한인 1세대에서 2세대로 완전히 세대교체가 이루어지고, 젊은층은 3세, 4세로까지 확산되었다. 이러한 세대변화는 조국과 민족에 대한 의식 변화도 함께 동반하였다. 일본인과의 국제결혼 그리고 일본국적 취득자도 꾸준히 증가하였다.

〈표 79〉 일본국적 취득 재일한인수

연도	귀화수	연도	귀화수	연도	귀화수	연도	귀화수	연도	귀화수
1952	232	1965	3,438	1978	5,362	1991	5,665	2004	11,031
1953	1,326	1966	3,816	1979	4,701	1992	7,244	2005	9,689
1954	2,435	1967	3,391	1980	5,987	1993	7,697	2006	8,531
1955	2,434	1968	3,194	1981	6,829	1994	8,244	2007	8,546
1956	2,290	1969	1,889	1982	6,521	1995	10,327	2008	7,412
1957	2,737	1970	4,646	1983	5,532	1996	9,898	2009	7,637
1958	2,246	1971	2,874	1984	4,608	1997	9,678	2010	6,668
1959	2,737	1972	4,983	1985	5,040	1998	9,561	2011	5,656
1960	3,763	1973	5,769	1986	5,110	1999	10,059	2012	5,581
1961	2,710	1974	3,973	1987	4,882	2000	9,842	2013	4,331
1962	3,222	1975	6,323	1988	4,595	2001	10,295	2014	4,744
1963	3,558	1976	3,951	1989	4,759	2002	9,188	2015	5,247
1964	4,632	1977	4,261	1990	5,216	2003	11,778	2016	5,434
								합 계	365,955

출전: 재일본대한민국민단 홈페이지(https://www.mindan.org/syakai.php 검색일: 2021.4.5).

1955년에는 재일한인끼리의 결혼은 66.7%를 유지하였으나, 20년이 지난 1975년에는 49.9%로 약 20%나 감소하였다. 1985년에는 28.0% 그리고 1990년에는 15.8%로 줄어들었다, 2013년에는 동포끼리의 결혼은 8.9%까지 떨어지고, 일본인과의 결혼은 87.7%에 달했다.[1]

2000년대에 이르러 약 90%의 재일한인이 일본인과 결혼하게 되었는

[1] 기타 외국인은 3.4%. 재일본대한민국민단 홈페이지(https://www.mindan.org/syakai.php 검색일: 2021.4.5).

데, 일본정부는 1985년부터 부모의 한쪽이 일본국적인 경우, 그 자녀도 일본국적을 인정하는 부모양계혈통주의를 채택하고, 22세가 될 때까지 부모의 국적 중에서 하나를 선택하게 하였다. 이른바 부모의 한쪽이 일본국적인 경우, 그 자녀는 22세가 되기 전까지는 2중국적자가 되는데, 그 대부분은 일본국적을 선택하는 것이 현실이다.[2]

일본국적 취득자도 꾸준히 증가하여 한국·조선적의 올드커머보다 더 많은 것이 현실이다. 대일평화조약이 발효되어 재일한인이 외국인의 신분이 된 1952년부터 시작하여 2016년까지 이미 365,955명이 일본국적을 취득하였다. 매년 5천 명 정도가 일본국적을 취득하고 있는 추세를 감안하면, 2020년 현재, 약 40만 명 정도의 한인이 일본국적을 취득하였다고 짐작할 수 있다.

한국·조선적의 재일한인은 계속 감소하였지만, 중국 및 베트남 국적의 외국인은 급증하였다. 일본정부는 노동력 부족 해소를 위해 1990년에 출입국관리법을 개정하여 브라질, 페루 등의 일본계 이민자를 받아들이기 시작하였다. 또한 뉴커머로서의 중국인, 베트남 그리고 필리핀인도 급증하였다. 그 결과 2019년 말 현재의 외국인등록상의 수치만을 본다면, 중국과 베트남 국적의 외국인등록자수가 한

〈표 80〉 일본의 외국인 등록자 수(2020.12)

국 가	등록자 수	%
중 국	778,112	27.0
베트남	448,053	15.5
한 국	426,908	14.8
필리핀	279,660	9.7
브라질	208,538	7.2
네팔	95,982	3.3
인도네시아	66,832	2.3
대 만	55,872	1.9
미 국	55,761	1.9
태 국	53,379	1.8
기 타	418,019	14.6
합 계	2,887,116	100.0

출처: 出入国在留管理庁 홈페이지 (http://www.moj.go.jp/isa/publications/press/13_00014.html 검색일: 2021.5.4).

---

[2] 金敬得, 「地方參政權と在日同胞の役割」, 『在日コリアンのアイデンティテと法的地位』, 明石書店, 2005, 103쪽.

국국적을 넘어섰다. 외국인등록을 한 한국·조선적의 숫자는 1991년 말
현재 693,050명으로 정점을 찍은 뒤 계속 감소하여, 2020년 6월 현재 '한
국'적은 435,459명, '조선'적은 27,695명(한국적과 조선적의 비율은 93.6 :
6.4)으로 감소하였다.[3] 즉 2020년 6월 현재 한국·조선적 재일한인의 숫
자는 463,154명이다.

2020년 말 현재 한국·조선적의 올드커머(특별영주자)는 304,430명으
로, 올드커머와 뉴커머의 비율은 6.7 : 3.3 정도가 된다. 2008년 현재, 오사
카 지역에서 외국인등록을 한 재일한인 136,310명 중에서 올드커머는 약
83%(112,753명)이고 뉴커머는 약 17%(23,557명)로 올드커머가 훨씬 많았지
만, 동경의 경우 전체 등록자 112,310명 중에서 올드커머는 약 45%(50,064명)
로 뉴커머 약 55%(62,246명)보다 적었다.[4] 그리고 지역에 따라서 민단의
임원이나 사무원으로 한국어에 능통한 뉴커머가 근무하는 곳도 생겨나
고 있다.[5]

기술하였듯이, 한반도에서의 남북의 정치경제 상황도 재일한인 사회
에 큰 영향을 끼쳤다. 1968년 당시 한국적은 48.4%(309,637명)이고 조선
적은 51.6%(308,525명)이었다. 하지만 1969년부터 한국적이 많아지기 시
작하여 1990년대 초에는 한국적과 조선적의 비율이 8:2까지 확대된 것으
로 알려졌다. 앞서 보았듯이 2020년 6월 현재 한국적과 조선적의 비율은
93.6 : 6.4로 조선적의 비율은 10%도 되지 않는다. 2016년 말 현재 오사카
부 거주 한국적 재일한인은 104,102명, 조선적 재일한인은 5,220명이었

---

3) e-State 홈페이지(www.e-stat.go.jp), 「国籍·地域別 在留資格(在留目的)別 在留外国人」, 2020年
6月現在. 일본 법무성은 1952년부터 2011년 말까지는 외국인등록증명서의 국적란에 '한국'
이나 '조선적'을 표기하는 경우 '한국·조선'적으로 분류하여 외국인등록 통계를 함께 계산
하였다. 하지만 2012년 말부터는 한국적과 조선적을 따로 구분하여 통계를 내고 있다.
4) 외국인등록자 속에는 비영주자나 정주자도 포함되어 있다. 『統一日報』 2008년 5월 1일.
5) 『統一日報』 2008년 1월 30일.

다. 즉 조선적은 전체 오사카 지역 한인의 5%도 되지 않는다.[6]

한국적 선택자가 증가했다는 것은 실질적으로 총련에서 이탈하는 사람이 늘었다는 것이고, 이는 후술하는 바와 같이 조선학교 재학생의 감소에도 영향을 미쳤을 것이라고 짐작할 수 있다. 다른 한편으로는 조선적의 감소로 인해 한국적의 학생이 조선학교에 재학하는 현상이 일반화되고 있다. 나아가 일본국적을 취득한 한인 자녀도 조선학교에 다니고 있다.

(2) 재일한인의 삶의 방식

어떤 삶의 방식을 취할 것인가 하는 것은 개인의 권리이다. 재일한인이 일본국적을 취득하여 일본인처럼 사는 것도 개인의 권리이며, '한국인'처럼, '조선인'처럼, 그리고 세계시민으로 살겠다는 것 또한 개인의 권리이다. 일본국적을 취득했으나 한민족으로서 또는 '재일'한인으로서의 정체성을 가지고 살겠다거나, 한일 양국의 정체성을 가지고 살겠다는 사람도 있다.

'국가'과 '민족'의 입장에서 이들의 삶의 방식을 비판할 수는 있으나, 일본 이주의 역사가 100년이 넘은 현시점에서, 현실적인 관심과 지원이 결여된 무책임한 비판은 일본사회 속의 소수자이고 약한 개인인 그들을 힘들게 할 뿐이다.

국가와 민족을 둘러싼 재일한인의 삶의 방식에 대해서는 이미 1970년대 중반부터 많은 논의가 이루어지기 시작하였다. 재일한국인, 재일조선인, 재일한국조선인, 재일조선한국인, 재일한국·조선인, 재일코리안 그

---

[6] 재일본대한민국민단 홈페이지(https://www.mindan.org/syakai.php 검색일: 2021.3.8); 오사카부 홈페이지(https://www.pref.osaka.lg.jp/attach/33027/00000000/28_kokuseki_betsu.pdf 검색일: 2021.3.8).

리고 '재일'이라는 다양한 용어가 나오게 된 것은 그야말로 재일한인의 삶의 방식을 반영한 것이다. 여전히 조국지향의 삶을 주장하는 사람도 있지만, 보다 자유로운 정체성을 주장하는 사람도 많고, 한국계 일본인 이지만 한인으로서의 정체성을 명확히 하는 사람도 있다. 따라서 이미 재일한인의 삶의 방식에 대해 남이냐 북이냐, 한국이냐 일본이냐는 이분 법적인 논리나 정형화된 스타일을 주장하는 분위기는 약화되었다. 그보 다는 글로벌 사회 속에서 다양한 성향의 재일한인 개인들이 안정적인 삶 을 위한 각자의 정체성을 찾아가고 있다는 것이 현실인 것 같다. 따라서 다양화된 재일한인 그리고 다양한 삶을 추구하는 재일한인 자녀에 대하 여 어떠한 학교 교육이 제공되어야 하는 것이 바람직한 지 고민하는 것 이 재일한인사회의 과제가 된 것이다.

2) 민족학교 및 민족학급의 역할

2019년 6월 현재 '한국'적 초중고등학교 학생수는 약 32,700명이며, '조 선'적 학생수는 2,235명이다. 일본국적의 한인계 학생수는 약 28,000명으 로 추정된다.[7) 이들 숫자를 합하면 재일한인 학생수는 약 63,000명이 된 다. 한국·조선적 한인학생과 일본국적의 한인학생의 비율은 약 5.6 : 4.4

---

7) 2015년 12월 말 현재 18세 이하 '조선'적 학생수는 3,120명이었다. 2018년 12월 말에는 2,343명, 2019년 6월에는 2,235명이다(『産経新聞』 2019年12月30日, https://www.sankei.com/article/ 20191230-RY2FN3K3BNIRTBJ4JGIWSDMN3Q/ 검색일: 2020.8.16). 2019년 6월 현재 한국적 (451,543명)과 조선적(28,975명)의 비율이 93.6:6.4이니까, 이 비율을 단순 적용하면 2019년 6 월 현재 한국적 학생은 32,687명으로 추정이 가능하다. 즉 2019년 6월 현재 한국 및 조선 적의 초중고등학생수는 약 3만 5천 명이다. 한편 2016년까지 일본 국적을 취득한 재일한 인은 365,955명이며, 매년 5천 명 이상이 일본국적을 취득하고 있는 것을 감안하면 2019년 6월 현재 일본국적 취득자는 약 38만 명으로 추정할 수 있다. 2019년 6월 현재 한국·조선 적 재일한인: 초중고등 학생수의 비율을 일본국적 취득자에 적용하면, 일본국적의 한인학 생수는 약 2만 8천 명이라는 추정이 가능하다.

에 이르렀다. 이들 학생이 현재 한국계 학교와 조선학교 그리고 일본인 학교에 다니고 있는 것이다.

한국적 학생수가 급증하였음에도 불구하고 과거보다 학생수가 증가한 동경한국학교를 제외하면, 관서지방의 한국계 학교는 학교운영의 전제 조건인 재학생 유지에 전전긍긍하고 있다. 관서지방의 한국계 학교는 '민족'학교로서 별로 지명도가 높지 않으며, '입시전문'학교로서도 별로 지명도가 높지 않다. 하지만 각종학교의 사립학교이기 때문에, 일본의 공립학교보다 학부모의 부담이 많다. 즉 한국계 학교에 대한 대외적 이미지가 결코 좋지 않다는 것이 현실이다. 민단 간부들이 자식들을 한국계 학교에 보내지 않고 일본의 입시전문학교로 보낸다는 이야기는 공공연히 회자되어 왔다.

일본 현지에서 살아가야 하는 재일한인들이 일본 사회에서 성공해야 하는 자식들의 미래를 위해 일본학교에 자녀를 보내는 것에 대해 '반민족'적이라고 비판할 수 없는 시대이다. 재일한인 청소년들에게 좋은 환경에서 '민족'을 공부하고 국내외의 유명대학에 진학할 수 있는 교육여건을 마련해주지 않은 채, '민족'이라는 부담을 재일한인 개인에게 전가하는 것은 전혀 현실적이지 않다.

조선학교의 경우도 마찬가지이다. 한 때 4만 명을 넘었던 조선학교 재학생은 현재 약 5,000명을 조금 넘기고 있다. 국적 비율을 보면 알 수 있듯이 2019년 6월 현재 조선적 학생수가 2,235명에 지나지 않는다는 것은 결국 현재 조선학교의 50% 이상은 한국적과 일본국적 학생이라는 것을 알 수 있다. 급격한 외부의 변화에도 불구하고 북한식 교육을 고집하면서 현재의 학교를 유지하려고 하는 것은 조직의 특성상 총련이나 학교 관계자의 입장에서는 어쩔 수 없는 측면이 있을지 모르나, 일본에서 살아가야 하는 학부모의 입장에서는 자녀를 조선학교에 보내는데 거부감이 생길 것이다.

물론 총련 조직원과 조선학교 교사를 양성하는 것이 조선학교의 목적
이라고 한다면, 현재의 교육체제나 교육내용에 대해 '외부자'가 지적할
사항이 아니다. 하지만 조선학교는 60, 70년대에는 그러한 성격이 강했
으나, 80년대 이후 '일본 현지형'교육으로 조금씩 변모하고 있는 것은 부
정할 수 없을 것이다. 그러나 소극적인 변화에 결국 학부모들은 등을 돌
렸다.

이상과 같이 재일한인 민족학교는 오랜 역사를 가지고 있고, 학교 관
계자의 노력에도 불구하고 다양한 문제점을 안고 있다. 다양한 성향을
가지고 있는 재일한인에 대하여 다양한 형태의 '민족'교육의 기회를 제공
해야 하는 것이 재일한인사회 지도층의 과제인데, 현실은 그렇지 않다.
이러한 상황임에도 불구하고, 재일한인 자녀를 위한 민족학교(와 민족학
급)는 당연히 유지되어야 한다. 민족학교와 민족학급을 강조하는 것은
단순히 교육적 의미를 넘어서 그 자체가 가지고 있는 '공간적 역할'이 재
일한인사회의 유지와 발전에 지극히 중요하기 때문이다.

(1) 집단유지를 위한 공간 제공

재일한인은 해방 초기만 해도 집단거주지에 모여 사는 경우가 많았다.
따라서 자연스럽게 집단이 형성되고 유지되었다. 하지만 일본의 산업화
와 도시화로 인해, 그리고 차별받는 집단에서 벗어나기 위해 집단거주지
를 떠나는 한인들이 증가하였고, 그 결과 오사카 이쿠노구(生野区)와 야
오시(八尾市), 고베 나가타구(長田区), 도쿄의 아라카와구(荒川区) 그리고
새롭게 한인타운이 형성된 신오쿠보(新大久保) 등 일부 지역을 제외하고
는 재일한인의 집단거주지는 대부분 해체되었다고 해도 과언이 아니다.

이와 같은 상황에서 재일한인이 '집단'으로서의 성격을 유지하기 위해

서는 함께 접촉할 수 있는 공간이 제공되어야 한다. 물론 인터넷의 발전
으로 웹사이트를 통한 동일집단간의 접촉도 가능하겠지만, 학교라는 공
간을 통한 직접 대면은 그 효과가 온라인과는 비교되지 않는다. 즉 사회
에서는 서로 격리되어 살던 한인 아동들은 학교라는 공간을 통해 함께할
수 있고, 일본인이라는 다수(지배)집단과 재일한인이라는 소수(피지배)
집단에 대해서 보다 실질적으로 의식하게 되는 것이다. 민족학교는 민족
교육을 통해 학업뿐만 아니라 '작은 동포사회'를 접할 수 있는 기회를 줌
으로써 학생들이 자연스럽게 민족, 동포사회에 대해 생각하는 계기를 제
공한다.

　이러한 현상은 학교만이 아니라 민족학급에서도 마찬가지이다. 민족
학급은 일본 학교 내에 재일한인 학생만을 위한 공간을 제공한다. 한인
학생들은 민족학급에 참여하는 것을 어색해하고, 싫어하거나 혹은 가벼
운 마음으로 참여하기도 하지만, 일단 민족학급에 참여하는 것을 통해
일본인과 다른 '집단'으로서의 자신에 대해서 생각하는 계기를 갖게 된
다. 그리고 '다름'에 대한 인식은 민족정체성을 형성하는데 필요한 기초
여건을 마련한다.[8]

(2) 집단형성을 위한 다양한 네트워크 제공

　민족학교에서는 교육만 이루어지는 것이 아니다. 같은 공간에서 공부
한 학생들은 '동창'이라는 관계를 통해 평생 연결고리를 갖게 된다. 또한
학교를 졸업하더라도 '동문'이라는 관계를 통해 선후배간의 연결고리를
갖게 된다. 이러한 연결고리는 학생뿐만 아니라 학부모 관계로까지 확장
된다. 즉 같은 동포지만 함께 소통할 기회가 없던 사람들도 정기적인 PTA

---

[8] 송기찬, 「민족교육과 재일동포 젊은 세대의 아이덴티티」, 한양대학교대학원 석사학위논
　文, 1999, 97~98쪽.

모임이나 운동회 등을 통해서 서로 알게 되고 인맥을 형성하게 된다.[9) 물론 민단이나 총련과 같은 동포기관에 참여함으로써 동포간의 연대를 모색할 수 있지만, 여러 가지 이유에서 '조직'에 직접 관계하는 한인들은 많지 않다. 하지만 학교라는 공간은 동포간의 다양한 관계를 자연스럽게 연결시켜 준다.

민족학급 또한 "보호자회를 통해서 지역 재일동포 부모들의 네트워크를 형성하는 구심점이 된다. (중략) 지역사회의 활동에서 소외되기 쉬운 재일동포들에게 민족학급을 통한 네트워크는 지역사회에 참여하는 장을 마련해 주며, 동포들 간의 친목을 다지는 기회를 제공한다."[10)

(3) 상징적 효과로서의 민족학교

민족학교는 그 지역사회에 다른 민족집단이 일본인과 함께 공존하고 있음을 그 지역주민들에게 인식하게 한다. 즉 '학교'라는 건축물이 아니고 '집단'에 대한 인식을 그 지역주민들에게 항상 갖게 하는 것이다. 민단이나 총련이라는 조직을 통해서 재일한인이라는 집단의 존재를 대외적으로 각인시키기도 하지만, 지역사회와 함께하는 학교는 그 지역 주민들이 일상생활 속에서 재일한인이라는 집단의 존재를 의식하게 한다고 할 수 있다. 그리고 민족학교와 지역사회 간의 다양한 교류행사는 상호이해를 갖게 하여 공존의 기초를 만든다고 할 수 있다.

---

9) 재일한인간의 관계 형성이 있어서, 조선학교의 역할에 관해서는 曺慶鎬, 「在日朝鮮人コミュニティにおける朝鮮学校の役割についての考察－朝鮮学校在学生を対象としたインタビュー調査を通じて」, 『移民政策研究』 第4号, 2012, 120~123쪽 참조.
10) 송기찬, 「민족교육과 재일동포 젊은 세대의 아이덴티티」, 한양대학교대학원 석사학위논문, 1999, 99쪽.

(4) 보호막으로서의 민족학교

민족학교는 재일한인학생을 보호하는 울타리의 역할을 한다. 학교 내에서 차별 없는 교육을 받는 한편, 외부에서 학생에 대한 차별이나 폭행이 발생했을 때 학교 차원에서 적극 대응하여 학생을 보호한다. 또한 지역에 민족학교가 있다는 것만으로도 차별적인 언행을 방지하는데 효과가 있을 것이다.

일본의 공립학교에 설치된 민족학급이라는 존재도 학교와 비슷한 상징성이 있다. 즉 민족학급이 존재하는 것만으로 일본인 교사들의 차별행위나 발언을 저지하는 효과가 있다. 민족학급이 존재하는 것은 민족차별을 용인하지 않겠다는 징표와도 같은 것으로, 존재 자체에 그 의미가 있다.[11] 즉 민족학급은 학교 내에서 한인 학생을 보호하는 역할과 차별 방지를 위한 '내부감시자'의 기능을 하고 있다.[12]

(5) 정체성의 확립과 동포사회의 인재 배출

일본인 학교에 다니는 많은 학생들은 가족이나 친척 외에는 '재일한인'과 관계가 적은 환경에서 자라게 된다. 일본인학교에서 일본인학생과 관계를 갖는데 있어, 자신이 한인이라는 것에 심리적 부담으로 느낀다. 그들 중에는 재일한인인 자신을 부정하고 일본인처럼 행동하는 학생도 있을 것이다. 그리고 일본인과 다름없는 자신을 부정하고 민족학급 등에 참가하면서 자신의 정체성을 가지려고 노력도 하지만, 학교 안에서 소수자로서 긍정적인 정체성을 갖기가 쉽지 않은 학생도 있을 것이다. 일본인 학교도 과거와 달리 차별이 많이 없어졌다고 하지만, 철없는 학생들

---

[11] 민족강사 나성민과의 인터뷰(이수경 외,『재일동포 민족교육 실태 심화조사 및 정책방향 제시』, 재외동포재단, 2017, 330쪽).

[12] 송기찬,「민족교육과 재일동포 젊은 세대의 아이덴티티」, 한양대학교대학원 석사학위논문, 1999, 100쪽.

의 가벼운 말 한마디가 재일한인 학생들에게는 깊은 상처를 남긴다.

한편 한국계 학교나 조선학교 학생들은 가족이나 친척 외에도 재일한인과 많은 관계 속에서 자라게 된다. 자신의 정체성에 대해서도 고민할 필요가 없이, 자신이 재일한인이라는 것을 당연히 받아들인다. 일본인학교에 다니면 걱정되는 많은 것을 경험하지 않으면서 학교에 다닐 수 있다.13) 민족학교와 정체성의 확립과의 관계에 대해서는 재론의 여지가 없을 것이다.

나아가 동포사회의 인재배출에도 민족학교의 역할이 크다. 조선학교의 경우, 총련 조직원과 조선학교 교사를 과거부터 배출해 왔다. 민족학교는 단순히 개인에게 정체성을 갖게 할 뿐 아니라, 재일한인 관련 단체를 이끌어갈 인재를 배출하는 역할을 하고 있다.

(6) 역사적 공간

일본사회의 탄압과 차별 정책에도 꿋꿋이 지켜온 학교는 1세들에게는 '해방의 상징'이자 '투쟁의 기억'의 공간이 되었다. 이들에게는 '우리민족의 긍지'이며 계속 지켜가야 하는 '민족의 재산'이 되었다. "재일한인사(史)의 시작이자 중심이었던 1세가 고난의 역사 속에서 설립하여 지금까지 존속해 온 학교는 단순한 교육기관이 아니라 민족성을 지켜온 중요한 역사적 공간이라는 것이다."14)

---

13) 일본인학교와 조선학교 재학생을 대상으로 한 학교생활과 정체성의 문제에 대해서는 曺慶鎬,「在日朝鮮人のエスニック・アイデンティティの多様性に関する調査研究－日本学校在学生と朝鮮学校在学生の比較を中心に－」,『多言語多文化-実践と研究』, Vol.5, 2013 참조.
14) 이토히로코,「재일한인 사회와 조선학교－이바쇼로서의 가능성을 중심으로－」, 경북대학교대학원 박사학위논문, 2019, 190쪽, 191~192쪽.

3) 바람직한 민족교육이란

(1) 민족학교의 변화

해방 후부터 현재에 이르기까지 재일한인들은 다양한 민족 교육을 전개해왔다. 시대 상황적 요인, 민족교육 주체들의 인식, 학교의 재정상황 그리고 개인들의 삶의 방식 선택 등에 영향을 받으면서 민족학교는 변해왔다.

해방초기 조선인학교의 교육목표는 우리말과 역사를 모르는 세대에게 민족성을 회복시키는 것이었다. 물론 조련에 의해서 운영되는 많은 학교에서는 사회주의 성향의 교육이 이루어지고 있었지만, 교육의 초점은 귀국을 전제로 한 한글 익히기에 있었다. 하지만 GHQ와 일본정부에 의해 학교가 폐쇄됨으로 인해, 민족적 권리로서의 민족교육은 방해를 받지 않을 수 없었다.

1955년에 총련이 결성된 이후 북한의 교육지원비로 다시 활성화되기 시작된 조선학교는 설립초기부터 북한공민 만들기에 주력하였다. 그리고 1959년에 북한으로의 집단귀국이 시작되자 본격적으로 귀국지향의 북한 일꾼 만들기 교육이 전개되었다. 1970년대 중반에 실질적으로 집단귀국이 종료되었음에도 불구하고 여전히 조선학교의 교육은 북한 현지의 교육체제와 교육내용에서 벗어나지 못하였다. 1980년대 이후 일본현지에서 생활을 염두에 둔 수업을 시작하였다고 하나, 조선학교에서의 교육은 총련 조직원과 조선학교 교사 양성에 중점이 놓여있었다. 남북 대립이 지속되는 상황에서 그리고 일본사회의 차별이 지속되는 속에서 총련은 개인의 현지 생활보다는 조직강화에 역점을 둔 교육을 전개한 것이다.

총련은 2003년부터 교과서 내용을 대대적으로 수정하였으나, 여전히 일본현지에서 경쟁력 있는(일본의 유명대학에 진학할 수 있는) 인재양성보다는 주체사상과 민족적 자긍심을 갖춘 인재양성에 역점을 두고 있다. 하지만 조선학교 내의 한국적 학생의 비율이 증가하고, 입시경쟁력 강화를 요구하는 학부모의 목소리가 커지는 속에서, 그리고 일본정부의 압력이 거세지는 속에서, 조선학교는 학교 유지를 위해서라도 교육내용과 체제를 변경하지 않을 수 없는 상황에 몰려있다.[15]

한편 민단계 학교는 해방 이후 한국정부의 지원이 미비한 속에서 자력으로 민족학교를 유지하지 않으면 안되었다. 그리고 민단계 학교는 일본정부의 교육탄압과 재정위기에 직면하여 현실 타협적인 선택을 하였다.[16] 중립을 표방하는 백두학원은 설립 초기부터 학교설립 취지에 따라 1조교의 길을 걷기 시작하였고, 금강학원소학교도 1950년에 1조교 인가를 받았다. 이후 만들어진 금강학원중고등학교와 교토국제중학고등학교만이 한국정부의 일부 지원으로 각종학교로써 민족 교육에 중점을 두었다. 하지만 이마저 일본정부의 지원을 받고 또한 보다 많은 학생 유치를 위해 1986년과 2004년에 1조교로 운영을 시작하였다.

결국 관서지방의 한국계 학교는 모두 일본의 학교교육법에 따라 '일본인' 교육을 하면서 제한적으로 민족교육을 하는 형태를 취하게 되었다. 민단계 학교 중에는 동경한국학교만이 설립초기부터 지금까지, 한국정부와 민단 측의 지원하에 각종학교의 형태로 독자적인 민족교육을 지속해왔다. 이들 조선학교나 한국계 학교의 운영방침과는 다른 생각을 가진 한인들이 모여 설립된 것이 2008년에 개교한 코리아국제학원이다. 이 학

15) 현재까지 총련은 재정난과 학생감소로 인해 조선학교의 통폐합을 전개해왔다. 재정난이 가중된다면 총련으로서는 학교'개혁'을 통한 위기 해결보다는 현재의 교육방식을 고집하면서 총련이 자체적으로 운영이 가능한 일부 학교만 유지하는 극단적인 선택도 할 수 있다. 학교의 교육 내용이 완전히 바뀐다면 총련 조직원 양성에 어려움이 생기기 때문이다.
16) 민단 관계자들의 민족교육에 대한 의욕이 총련 관계자보다 상대적으로 적고, 민단 관계자들은 일찍이 일본 현지지향의 삶을 선택했다는 평가를 받고 있다. 총련과 민단 관계자의 이러한 인식의 차이가 어떠한 요인에 의한 것인지 분석할 필요가 있다.

교는 국적과 민족의 벽을 넘어선 '경계인'으로서의 글로벌한 인재양성을
목표로 삼고, 독자적인 교육을 위해 각종학교로 힘겹게 운영하고 있다.

한편 통학거리가 멀고 학비가 비싸거나 조선학교와 한국계 학교의 교
육내용을 꺼려서, 그리고 일본 현지에서의 삶을 중시하거나 일본사회의
차별을 피해 스스로 동화하기를 선택한 학부모들은 자녀를 일본인학교
로 보냈다. 게다가 오사카를 중심으로 한 일본의 공립학교에는 민족학급
이 개설되어, 학부모와 학생이 원하는 경우 부수적으로나마 민족교육을
받을 수 있게 되었다. 민족학급이 없는 지역, 특히 도쿄에는 토요학교가
개설되어 많은 한인 학생들이 토요학교에서 한글 교육을 받고 있다.

(2) 다양한 형태의 민족교육

이상과 같이 민족학교는 여러 가지 원인에 의해 변해왔고, 재일한인들
의 선택 또한 변해왔다. 현실적으로 재일한인의 바람직한 민족교육의 형
태를 설정하는 것은 불가능하다. 1970년대 중반 이후 재일한인의 삶의
방식을 두고, 민족지향, 일본지향 그리고 '재일'지향 사이에 많은 논쟁이
있었다. 그리고 민족학교도 큰 틀에서 보면 민족지향=동경한국학교와
조선학교, '재일'지향=1조교의 한국계 학교, 국제지향=코리아국제학원 그
리고 일본지향=일본인학교 등으로 분류할 수 있을 것이다.

하지만 재일한인사회는 국제사회와 일본사회의 변화 그리고 재일한인
자체의 변화로 인해, 다양한 정체성을 가진 재일한인이 존재하고 있으
며,[17] 재일한인의 다양한 정체성을 임의로 분류하는 것 자체가 오히려
재일한인사회의 발전 가능성을 저해할 수도 있다.

일본국적을 취득하는 사람들이 한 때는 매국노 취급을 받고 동포사회

---

[17] 김태기, 「재일한인의 정체성과 국가와 민족, 그리고 이데올로기」, 국사편찬위원회편, 『일
본 한인의 역사(하)』, 국사편찬위원회, 2010), 270~298쪽.

로부터 배제를 당하는 시기도 있었으나, 일본국적 취득자는 꾸준히 증가하여 약 30만 명의 한국·조선적 올드커머보다 오히려 그 숫자가 더 많다. 물론 많은 귀화자들이 자신의 출자를 숨기고 일본인처럼 살아가고 있지만, 백두학원과 금강학원의 사례에서 보듯이 일본국적학생이 한국적 학생보다 더 많은 현실은 재일한인사회의 큰 변화를 예고하고 있는 것이다.

지금까지 재일한인은 '국적'과 '민족' 그리고 '재일'의 틈바구니 속에서 스스로 변화를 주도하기보다는 자신들을 둘러싼 변화에 대응하는 방법으로 정체성을 추구해왔다. 다양한 정체성이 존재하는 속에서, 국가와 민족 근본주의를 주장하며 이를 넘어선 정체성에 대해 반(反)국가적, 반(反)민족적이라고 비난하는 것은 '현실'을 무시하는 것이다. 반면, 국가와 민족 근본주의자에 대해 비(非)현실적이라고 비난하는 것은 엄연히 국가와 민족이 존재하는 또 하나의 '현실'을 무시하는 것이다.

결국 국가와 민족의 '경계'에서 살아가는 재일한인사회에는 운명적으로 다양한 정체성이 존재하지 않을 수 없다. 따라서 재일한인은 이러한 현실을 받아들여, '재일한인'이라는 역사적 기원은 같으나, 현실 속에서의 서로 다른 삶의 방식에 대해서는 서로 존중하면서 공존해가는 집단으로 스스로 자리매김하는 것이 바람직할 것이다.

따라서 학교교육도 재일한인 삶의 방식에 맞추어 다양한 형태의 교육이 이루어지는 것이 재일한인 사회의 발전에 좋을 수도 있다. 동경한국학교나 조선학교처럼 각종학교의 형태나, 건국학교나 금강학원처럼 1조교의 학교이지만 나름 민족교육을 챙기고 있는 학교 그리고 교토국제중학고등학교처럼 1조교의 민족학교이면서도 재일한인보다 일본인학생이 많은 학교 등, 재일한인 청소년이 마음 놓고 다닐 수 있는 학교라고 한다면, 민족학교라는 존재는 '재일한인이라는 집단'에게 마이너스 요인보다 플러스 요인이 많을 것이다.

하지만 현재 민족학교는 다양한 교육 내용이나 학교는 고사하고 학교의 유지조차 어려운 위기 상황에 놓여있다. 결국 민족학교의 과제는 전술한 것처럼, 학교라는 '공간' 자체가 지극히 큰 의미를 가지고 있기 때문에, 조선학교는 물론 한국계 학교의 문제점을 분석하고, 장단기적 계획을 세워, 학교의 유지 및 발전을 위해 노력해야 할 것이다.

2. 민족학교 및 민족학급의 문제점

1) 한국계 학교의 문제점

제4장 3절에서 소개했듯이, 1987년 교육개혁심의회의 '초,중등교육분과 위원회'는 재일 한국학교의 문제점을 지적하였다. 당시에 지적된 문제점을 현재의 시점에서 다시 살펴보고자 한다.

첫째는 학교 이사회나 민단 지원이 저조하여 재정자립도가 낮고, 정부 의존도가 과도하게 높다.→ 이러한 현상은 지금도 이어지고 있고 관서지방의 한국학교는 특히, 정부 지원이 없으면 학교 운영이 힘든 상황이다.

둘째, '교포'학생 수는 지속적으로 감소하고 있고, 단기 체류자의 본교 연계 교육문제가 대두 되고 있다.→ 동경한국학교는 학생수가 증가하고 있고, 관서지방의 한국학교는 답보상태이거나 줄어들고 있다. 동경한국학교의 본교 연계 교육은 문제가 되지 않고 있으나, 오히려 올드커머를 위한 교육이 부족한 상황이다. 관서지방의 한국학교는 모두 1조교로 본국 연계 교육은 미약하나, 이것을 현시점에서는 문제라고 할 수 없을 것 같다. 단지 여전히 재일한인이 많이 거주하는 관서지방에 동경한국학교

와 같은 민족학교가 없다는 것은 적극적인 민족교육을 희망하는 한국적
의 단기체류자나 재일한인 자녀에게 교육권을 부여하지 않는 것과 같다.

셋째, 시설이 낙후되고 우수교원 확보가 어려우며, 모든 교육환경이
현지 표준에 미달됨으로써 교육의 질적 보장이 어렵다.→ 학교시설은 전
체적으로 많이 개선되었으나, 동경한국학교는 학생 과밀 상태이다. 관서
지방의 한국학교는 외곽에 치우쳐있어 학생들의 등하교에 많은 불편이
따르고, 결국 학생모집에 방해요소가 된다. 한국계 학교의 교사 급료는
일본인학교의 급료보다 약 20% 정도 낮아 우수한 교원들이 일본인학교
에서 근무하는 경향이 있다.

넷째, 1조교인 금강학교와 건국학교는 일본의 교육 과정을 따라야 하
고, 현지 적응 교육이 필요해, 모든 면에서 "한국 학교라는 명분을 찾기
가 어렵다".→ 국가와 민족이라는 입장에서는 그런 지적도 가능하나, 다
양화된 재일한인사회에서는 1조교를 한인학교의 하나의 형태로서 받아
들이고 있는 모양새이고, 이미 정착이 되었다. 문제는 1조교의 상태에서
어떠한 형태의 '민족교육'을 하고 있느냐이다.

다섯째, 나머지 2개교(동경한국학교, 교토한국학교)도 학생유치와 학
교 발전을 위해 1조교 인가 취득을 당면과제로 하고 있어 "한국학교라는
명분을 상실하게 될 우려가 있다."→ 동경한국학교는 학생수의 지속적인
증가로 각종학교를 유지하고 있다. 교토한국중고등학교는 결국 2004년
부터 1조교로 학교운영을 시작하였다.

여섯째, 이들 한국계 학교는 한국인으로서의 자각과 긍지를 교육목표
로 하고 있지만, 일본교육과정을 기본으로 하기 때문에 소기의 목표를
달성하기 어렵다.→ 동경한국학교나 조선학교의 학생들과 같은 의식을
같게 하기에는 현실적인 어려움이 당연히 있다.

일곱째, 대다수의 동포자녀가 일본인학교에 재학하여, 한국계 학교의

비중이 미약하다.→ 지금도 상황에는 변함이 없다. 단지 오사카의 경우 많은 일본인학교에 민족학급이 개설되었다는 것은 큰 변화이다.

여덟째, 한국계학교에 대한 "2,3세 교포들의 교육적 신뢰도가 낮고 따라서 한국학교 학생 수 증가와 재정적 자립을 더 이상 기대하기 곤란한 실정이다."→ 동경한국학교는 학생수가 증가하고 있고, 재정자립도도 가능한 상황에 이르렀다고 할 수 있으나, 관서지방의 한국학교는 여전히 학생 유지에 어려움이 있고 재정자립도도 낮다.

마지막, 민단은 창단 이래 명분상 민족교육을 활동방침에 포함시키면서도 실천을 하지 않았고, "조직 간부를 비롯한 지도급 인사들의 자녀들은 일본학교에 재학하고" 민단계 학교에 다니지 않는 실정이므로 "민족교육의 진흥이 구호에 불과하게 되고 말"았다.→ 이러한 현상은 지금도 이어지고 있는 것 같다.

(1) 동경한국학교의 문제점

동경한국학교의 경우 1980년대 이후 학생 수가 지속적으로 증가하였다. 특히 초등학교의 경우 영어 이머전교육의 효과가 커서, 많은 대기자가 있을 정도로 인기가 높다. 중고등학생도 서서히 증가하고 있다. 전체 학생의 약 90%는 일시체류자와 뉴커머의 자녀이다. 한국과의 연결고리가 유지되고 있고, 한국 대학으로의 진학 가능성이 높다. 따라서 한국계 각종학교로서 안정적인 위치를 확보하였다고 할 수 있다. 단지 올드커머의 자녀는 10여%에 지나지 않는다. 동경한국학교의 문제점은 크게 세 가지를 들 수 있다.

첫째는 학교수업이 뉴커머 자녀 중심으로 운영되어(즉 한국대학입시), 일본 대학입시 강화를 요구하는 올드커머와의 갈등이 해소되지 않고 있다는 것이다.[18] 중고등학생의 경우 K반과 J반으로 나누어 수업이 이루어지고 있으나, 민단 측에서는 올드커머만의 독자적인 학교설립과 운영을 요구하고 있다. 관서지방에서 이루어지고 있는 1조교 형식의 민족학교 설립을 희망하고 있는 것이다.

둘째는 입시 위주의 교육으로 인해, 연간 수업료 약 50만 엔 외에도, 과외비로 월평균 초등학생 6만 엔, 중학생 10만 엔, 고등학생은 13만 엔을 학부모가 부담해야 한다고 한다.[19] 2010년부터 시작된 고교무상화로 고등학생의 경우 일본정부의 취학지원금을 받을 수 있게 되었고 또한 많지는 않으나 도쿄도와 구(区)에서 학교운영비 및 수업료 보조가 일부 있기는 하나, 여전히 (과외)수업료는 부담이 된다. 동경한국학교에 자녀를 보내고 싶어도 경제적 능력이 되지 않는 학부모들은 일본인학교에 자녀를 보낼 수밖에 없다. 즉 경제적 이유로 인해 한국적 학생들이 한국인으로서의 학습권을 박탈당하고 있는 것이다.

셋째는 동경한국학교에 다니고자 하는 학생이 늘었는데도, 공간이 협소하여 학생을 받아들일 수 없다는 것이다. 70년대까지만 하여도 학생수가 감소하여 걱정하던 학교 당국자는 이제, 학생수가 증가하여 그 대책을 세워야 하는 상황에 이른 것이다. 과거 한국정부와 민단 그리고 도쿄도가 새로운 학교 건설을 위해 긍정적인 협의를 하기도 하였으나, 현직의 고이케 유리코(小池百合子) 도지사가 2016년에 취임한 이후 무산되었다. 여전히 동경한국학교 학생들은 협소한 공간에서 수업을 받고 있으며, 한일관계의 악화 속에서 새로운 교사 확보는 어려운 상황이다.

---

18) 김웅기, 「기로에 선 재일동포 민족교육: 도쿄 한국학교 분규사태 중점으로」, 『한민족학회』 제6호, 2008 참조.
19) 이수경 외, 『재일동포 민족교육 실태 심화조사 및 정책방향 제시』, 재외동포재단, 2017, 220쪽.

〈표 81〉 한국계 학교 학생수(2020.4.1)

법 인 명	부별 학교명	학급수	학생수	학교유형
동경한국학원	동경한국학교 초등부	18	714	각종학교
	동경한국학교 중등부	9	356	
	동경한국학교 고등부	9	327	
	합 계	36	1,399	
오사카금강학원	금강학원 소학교	6	95	1조교
	금강학원 중학교	3	52	
	금강학원 고등학교	6	71	
	합 계	15	218	
백두학원	건국유치원	4	53	1조교
	건국소학교	6	165	
	건국중학교	3	90	
	건국고등학교	7	182	
	합 계	20	490	
교토국제학원	교토국제중학교	3	24	1조교
	교토국제고등학교	7	136	
	합 계	10	160	
총 합 계		**122**	**2,265**	

출처: 교육부, 「재외한국학교 기본현황 2020」(2020) 통계로 작성, 교육부 홈페이지 (https://www.moe.go.kr/boardCnts/view.do?boardID=350&boardSeq=82157&lev=0&m=0309 검색일: 2021.4.8).

〈표 82〉 한국계 학교 전임교원수(2020.4.1)

학교명	대한민국 정부 인가일	전임 교원 수							파견 ('20.8.1 기준)	
		유	초	중	고	교장	교감	계	교장 (행정실장)	교사
동경한국학교	'62.03.16		38	14	12	1	2	67	1	
교토국제학교	'61.05.11			8	16	1	2	27		2
오사카금강학교	'61.02.24		14	8	12	1	2	37	1	3
건국한국학교	'76.10.01	8	11	13	19	1	0	52		1
소계(4개교)		**8**	**63**	**43**	**59**	**4**	**6**	**183**	**2**	**6**

출처: 교육부, 「재외한국학교 기본현황 2020」(2020), 교육부 홈페이지 (https://www.moe.go.kr/boardCnts/view.do?boardID=350&boardSeq=82157&lev=0&m=0309 검색일: 2021.4.8).

(2) 관서지방 한국계 학교의 문제점

관서지방의 민단계 학교가 안고 있는 가장 큰 문제점은 학생 감소이다. 그 원인은 다양하지만 일반적으로, 첫째, 이들 학교가 1조교이기는 하나, '진학교'라고 평가될 만큼 이름이 알려진 학교가 아니라는 것이다. 둘째는 한국계 학교이기는 하나, 이 학교를 졸업한다고 하여도 조선학교 학생들처럼 한국어를 유창하게 할 수 있는 것도 아니다. 셋째, 이들 학교는 사립학교이기 때문에 일본의 공립학교에 비해 일반적으로 수업료도 비싸며, 넷째, 이들 학교는 대체로 외곽지역에 위치하고 있어 통학하는데 많은 불편이 따른다.

백두학원 건국학교의 경우 2015년에 학교 건물을 리모델링한 이후 학생이 조금 증가하였다고는 하나, 동포학생의 증가보다는 한류붐을 타고 순수한 일본국적의 학생이 증가하는 예상외의 결과로 이어지고 있다. 또한 1조교이면서도 한국의 대학에 특례전형으로 입학하는 학생이 전체의 70%나 되는 등, 한국 대학 '진학교'로서 이미지 부각을 위해 노력하고 있으나, 정작 일본 국내 대학진학에 있어서는 좋은 성적을 내지 못하고 있다. 또한 학교 리모델링 이후 초등학교와 고등학교는 학생수가 증가했는데, 중학교 학생수의 오히려 감소세에 있다. 그리고 무엇보다도 큰 문제는 2000년대 이후 전체적으로 학교가 발전하지 못하고 답보상태에 있다는 것이다. 물론 소규모로 내실 있는 학교운영을 하는 것이 백두학원의 장점이 될 수도 있지만, 최근 여학생에 편중되는 학생구성을 보았을 때, 백두학원이 안정적인 궤도에 있다고는 보기 힘들다.

금강학원은 건국학교보다 상황이 좋지 않다. 2007년 8월에 오사카 외곽으로 이사한 이후 금강학원 학생수는 감세추세에 있으며, 여전히 반등의 흐름은 보이지 않는다. 황량한 학교 주변이 변하려면 주변이 개발되어야 하는데, 그런 기미는 당분간 보이지 않는다.

〈표 83〉 건국학교 연도별 졸업생 수

졸업년도	소학교	중학교	고등학교	졸업년도	소학교	중학교	고등학교	졸업년도	소학교	중학교	고등학교
1947		16		1971	34	81	100	1995	36	56	66
1948		148		1972	40	73	108	1996	32	54	63
1949	68	222		1973	33	56	110	1997	33	57	62
1950	64	154	18	1974	41	49	99	1998	31	53	46
1951	72	100	40	1975	31	44	88	1999	20	44	46
1952	61	83	49	1976	34	45	95	2000	31	35	35
1953	41	51	47	1977	19	47	75	2001	25	50	46
1954	38	53	41	1978	17	34	65	2002	19	29	40
1955	27	57	51	1979	9	33	62	2003	29	40	31
1956	30	50	48	1980	5	28	64	2004	28	45	32
1957	21	48	46	1981	11	25	62	2005	27	31	36
1958	32	46	82	1982	14	24	67	2006	30	30	33
1959	21	52	75	1983	19	20	74	2007	31	48	35
1960	32	49	77	1984	19	37	78	2008	30	52	29
1961	29	66	72	1985	23	27	61	2009	28	50	37
1962	30	65	80	1986	29	43	76	2010	22	41	45
1963	46	53	87	1987	24	43	79	2011	28	38	35
1964	39	106	119	1988	25	35	70	2012	32	35	31
1965	41	102	162	1989	28	52	92	2013	22	43	39
1966	52	112	151	1990	32	49	83	2014	25	44	32
1967	49	114	190	1991	33	44	76	2015	21	37	29
1968	41	102	183	1992	30	44	71	2016	22	32	49
1969	33	105	177	1993	37	45	76	2017	27	36	53
1970	39	82	133	1994	33	58	62	2018	27	38	62
								누계	2,313	4,959	5,451

출전: 백두학원, 「2019년도 교육계획」, 2019, 12쪽.

교토국제중학고등학교의 경우 고등학교는 야구부를 특성화하여 '학교'로서 발전의 가능성의 기회를 잡았다고 볼 수 있다. 하지만 전체 학생의 약 70%가 일본인 학생이고, 68명의 남학생 중에 야구부 등록학생이 54명

(2019.5)이라는 편중된 학생구성비는 교토국제고등학교가 한국학교로서 존재하기 위해서는 또 다른 문제점을 안고 있다고 하겠다.

〈표 84〉 교토국제중학고등학교 연도별 졸업생 수

졸업년도	중학교	고등학교	졸업년도	중학교	고등학교	졸업년도	중학교	고등학교	졸업년도	중학교	고등학교
1948	10		1966	41	29	1984	31	14	2002	24	22
1949	42		1967	15	16	1985	27	30	2003	15	20
1950	20		1968	18	15	1986	29	18	2004	15	15
1951	36		1969	27	22	1987	22	23	2005	16	24
1952	18		1970	25	14	1988	35	19	2006	17	22
1953	20		1971	25	25	1989	38	25	2007	26	28
1954	19		1972	29	22	1990	30	11	2008	16	20
1955	26		1973	26	15	1991	23	17	2009	20	24
1956	40		1974	6	25	1992	22	19	2010	15	34
1957	31		1975	13	17	1993	26	9	2011	17	36
1958	30		1976	10	28	1994	23	14	2012	11	41
1959	27		1977	13	20	1995	32	12	2013	8	27
1960	39		1978	16	14	1996	20	10	2014	20	20
1961	44		1979	16	15	1997	15	10	2015	13	25
1962	83		1980	10	23	1998	22	6	2016	16	34
1963	57		1981	18	8	1999	18	6	2017	12	43
1964	65		1982	22	26	2000	17	9	2018	8	41
1965	52	50	1983	24	13	2001	19	17	누계	1,731	1,148

출전: 교토국제중고등학교, 「2019학년도 교육계획」, 2019, 56~57쪽.

한편 교토국제중학교의 경우 학생 감소세가 멈추지 않고 있다. 학교 당국자에 의하면 중학교의 경우 학생모집을 위해 수업료를 전액 무료로 하고 있으나, 재학생은 더 감소할 것으로 보고 있다. 왜냐하면, 교토부가 2011년부터 초중학교 일관교육을 결정하여, 교토시의 65개의 중학교 학 군에서 초등학교와 중학교의 통합이 시작되었기 때문이다. 그 결과 2021년

1월 현재 42개 학군에 초중학교 일관제 학교가 설치되었으며, 나머지 23개 학군도 통합이 진행중이다.[20] 교토국제중학교가 위치한 미나미구(南区)에서도 초등학교 3곳과 중학교 1곳이 통합하여 2012년부터 '료후(凌風)소 중학교'가 개설되었다. 물론 중학교가 없는 미나미구의 학군에서는 여전히 초등학교가 유지되고 있어 입학 자원이 전혀 없는 것은 아니나, 초등학교가 없는 교토국제중학교의 입장에서는 학생모집이 더욱 어렵게 된 것이다.[21] 이로 인해 교토국제중학교 입학생은 이미 줄고 있으나, 앞으로 더욱 감소할 가능성이 있다. 그렇게 되면 결국 이 학교는 중학교를 폐쇄하고 고등학교만으로 존립해야 하는 상황이 올 것이다.

이상과 같이 관서지방의 민단계 학교는 학교 당국의 노력으로 일정 수준의 학생수를 유지하고는 있으나 여전히 학생수의 감소라는 위험을 안고 있다. 또 하나의 문제는 일본국적 학생의 증가 등에 대한 학교 측의 교육적인 대책이 요구된다는 것이다.

2) 조선학교의 문제점

제4장에서 조선학교의 변화에 대해서 서술하였듯이, 조선학교는 교육 내용의 개선을 요구하는 학부모 등의 의견을 반영하고 또한 국제사회의 정치경제적 변화에 대응하겠다는 의도에서 2003년에 전체적으로 교과서 내용을 변경하였다. 하지만 여전히 북한의 집단주의적 교육체제와 사회주의를 지향하는 교육 내용에서 벗어나지 못하고 있다는 것을 지적하였

---

[20] 京都市教育委員会 홈페이지의 [学校教育]-[小中一貫制教育] 참조(https://www.city.kyoto.lg.jp/kyoiku/page/0000148269.html 검색일: 2021.2.20). 중학교가 없고 초등학교만 있는 경우는 현재 그대로 유지되고 있다.
[21] 이수경 외, 『재일동포 민족교육 실태 심화조사 및 정책방향 제시』, 재외동포재단, 2017, 163쪽.

다. 물론 앞서 지적하였듯이 총련 자체가 조선학교의 의미를 북한 공민, 총련 인재 그리고 조선학교 교원 양성에 둔다고 한다면 전혀 문제가 없다. 하지만 일본 현지에서 살아가야 하는 재일한인 학부모와 학생의 현실적 요구는 그렇지 않은 것 같다.

조선학교의 교육에 대하여 부정적인 평가만 있는 것은 아니다. 조선학교 관계자는 물론이고, 조선학교 중급부에 대해 실태조사를 한 송기찬은 조선학교 관계자와는 다른 관점에서 조선학교의 교육에 대하여 긍정적인 평가를 하였다. 송은 조선학교의 급진적 분리주의는 일본사회 속에서 일본인과 조선인 사이를 학교라는 공간을 통해 물리적으로 분리하고, 조선어 사용을 의무화하고, 학교교육은 철저히 집단주의적이며, 그 결과 학교에서 개인이 억압받는 성향을 가지고 있다고 지적한다. 또한 학교에서 북한의 편향된 이념교육이 이루어지고 있다는 것에 대해서도 송은 언급한다.

이러한 현실 상황에 대한 판단이 있음에도 불구하고 송은 다른 부분에 관심을 가진다. 즉 조선학교의 이러한 교육에 영향을 받는 학생은 '소수의 열성자(熱誠者)'에 지나지 않으며, '대부분의 학생'은 학교 내에서 사적인 대화는 일본어로 하고, 또한 조선학교라는 공간을 나서 일본사회로 들어가는 순간 일본어를 사용하고 통명을 사용한다. 게다가 그들은 '조선인'임을 숨기기 위해서 그런 것이 아니라 '조선인'으로서의 정체감을 가지고, 일본사회에서 선택적으로 일본어를 사용하고 통명을 사용하는 등, 학교가 요구하는 민족적 본질주의와 탈민족주의 사이에서, 책임성이 있는 주체로서 정체성을 관리하는 능력을 보여주고 있다고 긍정적으로 판단한다.[22]

송의 평가대로라면, 현재의 조선인학교 교육은 큰 문제가 없어 보이

---

22) 宋基燦, 『「語られないも」としての朝鮮学校』, 岩波書店, 2012, 199~228쪽.

344 재일한인 민족교육의 역사와 현재

고, 민족교육의 새로운 가능성마저 보인다. 민족주의라는 이상과 일본사회라는 현실 사이에서, 대부분의 조선학교 학생들은 자신들의 주체적인 정체성을 가지고 '지혜롭게' 살아가고 있는 것이다. 그런데 왜 조선학교 학부모들은 학교 교육에 대해 문제를 제기하고, 조선학교 학생수는 급감했을까. 송은 이에 대해 해답은 제시하지 않는다.

조선학교 교육은 1970년대 중반까지 노골적으로 북한으로의 귀환을 전제로 한 북한공민교육을 하였고 또한 총련 및 조선학교 교사 배출에 중점을 두었다. 1980년대 이후 일본 현지를 지향한 교육을 하였다고 하나, 교육내용에는 큰 변화가 없고, 여전히 총련 간부와 조선학교 교사 양성에 중점을 두었다. 반복해서 강조하지만, 2003년 이후의 교과서 개편과 수업내용 그리고 교육체계도 결코 일본의 유명대학 진학에 중점을 두고 있지 않다. 한국적 학생이 오히려 조선적 학생보다 많아졌음에도 불구하고, 조선학교는 '현실' 그리고 '현지' 지향이라기보다는 여전히 '이념' 그리고 '북한'지향의 교육을 지속하고 있는 것이다.

실질적으로 조선학교 졸업자를 상대로 2012년에 행해진 설문조사에 의하면, 학교 통학과 교육시설의 노후와 함께 교육내용이 부실했다는 것을 학교생활하면서 어려웠던 점으로 가장 많이 지적하였다.[23] 즉 '현실적으로' 조선학교 학생들에게는 '조선어'와 일본어 그리고 본명과 통명을 상황에 따라 적절히 가려서 사용할 줄 아는 능력보다, 정체성 함양과 일본 현지에서의 경쟁력 확보라는 두 마리 토끼 잡을 수 있는 능력이 요구된다.

학부모의 바람을 반영하지 않은 교육으로 인해, 조선학교 학생수는 감소하기 시작하였다. 학생수 감소로 인한 학교재정 부족으로 인해 재학생 학부모의 부담은 커져갔다. 조선대학교 졸업자의 인터뷰에 의하면, 1990년

---

[23] 청암대 재일코리안연구소, 『재일동포 민족교육 현황조사』, 재외동포재단, 2013, 179~180쪽.

대에 이미 초급부와 중급부에서는 1개월에 약 9만 엔 정도, 고급부는 약 13만 엔 정도 그리고 조선대학교는 약 15만 엔의 수업료를 냈다고 한다.[24] 이것이 사실이라면, 조선학교는 보통사람들이 부담하기 힘든 수업료를 받고 있었으며, 결국 보통사람은 자녀를 조선학교에 보낼 수 없는 상황에 이른 것이다. 그리고 인터뷰 내용에 약간의 과장이 있었다 하더라도, 북한의 교육원조비 축소, 일본 지자체의 보조금 정지 등으로 조선학교 재정은 보다 힘들게 되었고, 그로 인해 학부모의 부담이 가중되었다고 추측하는 것은 어렵지 않다.

결국 총련은 재정적인 문제를 해결하기 위해 어쩔 수 없이 학교 통폐합을 지속적으로 전개해 왔으며, 앞으로 더 많은 학교가 정리될 것으로 예상된다.

3) 민족학급의 문제점

대부분의 민족학급은 수업에 참가하는 한인학생에게 본명을 사용하게 하여 자신이 일본인이 아니고 한인임을 우선 자각하게 만들고, 동시에 한국어와 한반도의 지리, 역사 그리고 문화 등을 가르쳐, 한인으로서의 자긍심을 갖게 하는데 목표를 두고 있다.

송기찬은 이러한 목표를 지향하는 민족학급의 한계를 지적한다. 즉 수업과정에 '국가와 민족'을 지양하고 한인학생들이 일본에서 민족적 자존심을 갖게 하는 수업을 지향하고 있다고는 하나 여전히 '국가와 민족'의 틀을 벗어나지 못하고 있다고 한다. 그 결과 일본학교에서 수업을 받아 일본을 정점으로 한 위계질서가 내면화되어 있는 아이들에게, '국가와

24) 송기찬, 「민족교육과 재일동포 젊은 세대의 아이덴티티」, 한양대학교대학원 석사학위논문, 1999, 51쪽.

민족'은 일본보다 열등한 존재로 자리매김되어, 학생들이 민족적 자존감을 갖기에는 문제가 있다는 것이다.[25]

이러한 지적은 당연할지도 모른다. 일주일에 1시간 혹은 2시간이 되지 않는 민족학급의 수업을 통해, 학생들에게 민족적 자긍심까지 갖게 하는 것은 현실적으로 무리한 목표이다. 송은 수업내용이 '국가와 민족'의 틀을 벗어나지 못하고 있다고 지적하나, 짧은 수업시간에 초보적인 한글도 학습시키기 어려운 상황에서, '국가와 민족'에 대해서조차 이해시키기 쉽지 않다. 현실적으로 민족학급은 한반도의 언어와 문화 등에 평상시 접촉할 수 없는 한인학생들에게, '조국'과의 만남의 시간을 지속적으로 갖게 함으로써, 양자의 관계를 학생들이 의식하게 하는데 중요한 역할을 하고 있다.

따라서 민족학급은 민족의식을 갖게 하기 위한 마지막 단계가 아니라, 민족자긍심을 갖게 하는데 필요한 가장 기초적인 단계라고 할 수 있다. 따라서 민족학급에서의 경험과 수업은 언젠가 적극적인 민족적 자긍심을 갖게 하는 자양분으로서의 의미를 가지고 있다고 할 수 있다.[26]

물론 민족학급에서의 수업을 통해 모든 학생이 긍정적인 민족의식을 갖게 되는 것은 아니다. 오히려 적응을 못하고 민족을 멀리하게 되는 경우도 있다. 하지만 1시간도 되지 않는 민족학급 수업조차 제공되지 않는다면, 일본인학교에 다니는 한인학생들은 자신의 정체성에 대해 민족학급이라는 울타리 안에서 함께 고민하는 기회조차도 갖지 못하고, 자신의 모습을 의도적으로 감춘 채 일본사회로 흡수되어 갈 것이다.

---

25) 송기찬, 「민족교육과 재일동포 젊은 세대의 아이덴티티」, 한양대학교대학원 석사학위논문, 1999, 110~116쪽.

26) 민족학급에 다닌 것이 계기가 되어 한국유학을 결심하는 일본국적의 동포학생 등 많은 사례를 찾을 수 있다. 청암대 재일코리아연구소,『재일동포 민족교육 현황조사』, 재외동포재단, 2013, 118쪽 참조.

이러한 의미에서 보았을 때, 한인들이 많이 거주하는 도쿄를 중심으로 한 간또(関東)지방의 일본인 초중학교에 민족학급이 없다는 것은 문제가 아닌가 생각된다. 민족학급이라는 형태와 다른 '토요학교'의 형태로 매주 토요일에 민단이나 한국교육원 그리고 한국교회 등이 운영하는 한글학교에 다니는 학생도 많이 있다. 하지만 일본의 공립학교 내의 민족학급과는 그 의미와 효과가 다르다.

민족학급의 경우는 일본인학생과 함께 다니는 공립학교 내에서, 일본인학생들에게도 자신의 출자를 공공연히 하면서, 민족성을 형성해 가는 것이다. 하지만 토요학교는 일본사회에 흩어져 사는 한인학생들이 개별적으로 토요학교에 참석한다. 토요학교도 민족정체성 형성에 중요한 역할을 하고 있지만, 보다 적극적인 의미에서의 민족성 형성의 효과는 민족학급이 크다고 할 수 있다.

현재 민족학급은 일본정부가 민족강사의 급료를 일정 부분 지원하고 있고, 한국정부가 민족강사의 연수와 회의 그리고 민족학급 물품대 등의 명목으로 지원을 하고 있어 과거보다 민족학급의 환경이 한결 나아졌다. 하지만 여전히 많은 민족강사들은 적은 보수로 1인당 5개 정도의 학급을 담당하고 있다.

3. 민족학교 및 민족학급의 과제

1) 한국계 학교의 과제

(1) 동경한국학교의 과제
학생숫자가 증가하고 있는 동경한국학교의 경우, 크게 3가지의 과제가 있다고 할 수 있다. 첫째는 협소한 학교공간문제를 해결하고 보다 많은 학생을 받아들일 수 있는 교사의 확충이다. 현재의 위치에서는 더 이상 대지를 확보할 수 없다. 따라서 꾸준히 도쿄도 측과 협의를 하여 새로운 대지 확보를 위해 노력해야 한다. 보수우경화의 일본사회 그리고 한일관계가 최악의 상황인 현재로서는 돌파구를 찾기 쉽지 않으나, 관계 호전을 기다리며 착실히 준비해야 할 것이다.

둘째는 현재 K반과 J반으로 나누어 진행되고 있는 한국식교육과 일본 현지식교육의 완전 분리이다. 교육개혁심의회도 1987년에 한국의 학교 교육체제를 따르는 학교와 '1조교 학교'로 한국계 학교를 분리할 것을 제안하였다. 일본 현지 대학진학을 바라는 학부모들은 동경한국학교의 교육내용에 불만을 가지고 있다. 애당초 동경한국학교는 올드커머를 위해 만들어진 학교이다. 따라서 한국 대학진학을 희망하는 일시체류자 및 뉴커머의 자녀들을 위한 학교와 일본 대학진학을 희망하는 올드커머 자녀를 위한 학교를 분리하는 방안을 새로운 교사 확충 시 진지하게 논의해야 할 것이다. 물론 학교를 분리하는 방법에 있어서는 현재 인기가 높은 초등학교는 현재의 형태로 운영하되, 중고등학교만 분리한다든가, 정체성 교육과 일본의 입시를 위한 교육효과를 고려하여 결정하여야 할 것이다.

셋째는 입학금 및 수업료의 감면조치이다. 현재의 수업료와 과외비는 보통의 학부모에게 큰 부담이 되어, 한국학교에 자녀를 보내고 싶어도 보낼 수 없다. 외국 거주 자국민 자녀의 학습권을 보장해주기 위해, 초중 혹은 고등학생까지 저렴한 수업료로 자국의 학교에 다닐 수 있게 하고 있는 외국의 사례는 흔하다. 입학금 및 수업료와 관련해 한국정부는 「재외국민의 교육지원 등에 관한 법률」을 개정하여, 2020년 6월부터는 저소득층 '한국'적 학생에게 수업료 및 입학금을 지원하도록 하였다. 하지만

소득층에 관계없이, 보다 많은 '한국'적 학생들이 입학금 및 수업료의 감
면 혹은 면제의 혜택을 받을 수 있도록 한국정부는 지원하여야 한다.

(2) 관서지방 한국계 학교의 과제

관서지방 한국계 학교의 가장 큰 문제점은 학생 수를 유지하는데 어
려움이 있다는 것이다. 민단 측 관계자는 말로만 민족교육을 강조하고
정작 자신들의 자녀는 일본인학교에 보낸다는 지적은 지금도 회자되고
있다. 그것이 사실이라면 이에 대해 민단 측도 심각하게 고민해야 한다.
민단은 재일한인사회를 이끌어 가는 단체이기 때문에, 민단 관계자는 민
족학교의 운영을 지원하고 이를 발전시켜 나가야 하는 '공급자로서의 의
무'가 있다. 따라서 민단 관계자가 민족학교에 자녀를 보내지 않는다면
그것은 자신의 책임을 회피하는 것이다.

하지만 수요자인 재일한인 학부모가 자녀를 한국계 학교에 보내지 않
는다면 그것은 차원이 다르다. 많은 재일한인들은 의식이 없어서 한국계
학교에 자녀를 보내지 않는 것이 아니다. 한인 학부모들이 자녀를 한국
계 학교에 보내기에는 학교의 위치, 환경이나 교육 내용 그리고 비싼 수
업료 등 어려운 요인들이 너무 많다.

한국계 학교가 발전하기 위해서는 공급자인 민단과 학교 관계자가 스
스로 변모를 꾀할 수밖에 없다. 90% 이상이 '한국'적인 재일한인의 자녀
들 그리고 조선학교에서 이탈한 보다 많은 한인들이 한국계 학교로 올
수 있는 환경을 조성해야 한다.

주지하다시피, 한국계 학교의 경쟁력 강화를 위해서는 우선 교사의 질
이 담보되어야 한다. 그런데 일본의 공립이나 사립학교에 비해 한국계
학교 교사의 봉급은 70%~80% 정도 수준을 유지하고 있다. 우수한 한인
이나 일본인 교사를 채용하고 싶어도, 능력 있는 교사는 이들 학교에서

근무하려고 하지 않는다.[27] 우수한 교원에게 개인희생을 감내하며 한국
계 학교에 근무하라고 하는 것은 현실적으로 무리이다. 민단 측은 중장
기 계획을 세워 재원을 마련하여 한국계 학교가 어느 정도 수준에 이를
때까지 지원을 하여야 할 것이다.[28]

둘째 과제는 수업료의 문제이다. 관서지방의 민단계 학교의 경우 수업
료 등의 연간 학비는 50~60만 엔 내외이다. 동경한국학교의 2분의 1수준
이다.[29] 그리고 코리아국제학원의 사례를 참고할 때, 지자체가 지원하는
보조금을 제하고 나면 실질적으로 중학생의 경우 매월 최소 약 2만 엔(보
충 수업, 수학여행비 등 포함) 그리고 고등학생의 경우 최소 약 4만 엔의
비용이 든다. 즉 민단계 학교에 자녀를 보내는 학부모들은 교육외적 효
과를 배제한다면, 하루 1~2시간의 한국어나 역사 등의 교육을 시키기 위
해, 일본 공립학교에 다니는 것보다 많은 경제적 부담을 져야 한다는 것
이다. 기술하였듯이 2020년 6월부터 한국정부는 저소득층 '한국'적 학생
에게 수업료 및 입학금을 지원할 수 있게 법을 개정하였으나, 적어도 한
국적 학생들이 입학금 및 수업료 감면 및 면제의 혜택을 받을 수 있도록
노력하여야 할 것이다.

셋째 과제는 통학 거리이다. 금강학원의 경우 너무 외곽에 치우쳐져
있어 중고등학생은 물론 초등학생이 다니기에는 너무 큰 부담이 있다.

---

27) 이수경 외, 『재일동포 민족교육 실태 심화조사 및 정책방향 제시』, 재외동포재단, 2017,
214~215쪽.

28) 예를 들어 교토국제중학교등학교의 경우 2016년 현재 전체 예산은 2억 5천만 엔으로, 일
본정부 보조금 1억 2천만 엔, 한국정부보조금 8천만 엔 그리고 이사회 기부금(1천만 엔),
수업료(4천만 엔)로 충당한다(이수경 외, 『재일동포 민족교육 실태 심화조사 및 정책방향
제시』, 재외동포재단, 2017, 227쪽). 전체 지출 경비의 65%가 인건비로 대략 1억 6천만 엔
이다. 만약 교사 임금을 20% 정도 올린다면, 1년에 약 3,200만 엔(약 3억 5천만 원)이 추가
로 필요하다.

29) 교토국제중학교는 수업료를 무료로 하여도 학생모집이 어려운 상황이다. 교토부의 초중
학교 일관제로 인해 영향을 받고 있으나, 보다 근본적인 원인 분석이 필요하다.

그리고 학생수의 감소와 관련해, 근본적인 대책이 요구되는 상황에서 백두학원과 금강학원 통합을 현지 총영사가 요구하기도 하였다고 한다.[30] 서로의 이해관계가 얽혀서 통폐합 문제가 쉽지 않은 모양이나, 통폐합은 아니더라도, 학교의 위치를 심각하게 고려해야 하지 않을까 생각된다. 결국 민단이 적극적으로 나서야 한다.

넷째는 학교 교육내용의 질적 개선이다. 물론 그동안 학교 측도 영어수업의 적극적인 도입 등 교육 내용 개선을 위하여 많이 노력을 하였다. 하지만 영어수업을 조금 더 하고, 민족과목을 몇 시간 더 공부할 수 있는 것만으로는 학교 발전의 계기를 마련하기가 어려운 것이 현실이다. 예를 들어 교토국제고등학교는 일본학생의 인기 스포츠 종목인 야구부 창설을 통해 학생모집의 출구를 찾았다. 동경한국학교는 영어 이머전 교육을 과감히 도입하였다. 학부모의 수업료 부담이 늘기는 하였으나 학부모의 교육열에 부응한 것이었다. 그로 인해 동경한국학교 초등학생은 급증하였고, 초등학교 졸업생이 중학교로 진학하여 중학생도 그리고 고등학생도 증가하는 추세를 만들었다. 한국계 학교는 특성화를 위한 교육 내용의 변화를 추구해야 할 것이다.

다섯째는 관서지방에도 동경한국학교와 같은 한국학교가 필요하다고 생각한다. 물론 과거 금강학원중고등학교의 전신인 오사카한국중고등학교와 교토국제중학고등학교의 전신인 교토한국중고등학교의 경우 각종학교로 운영하였으나 재정적인 문제 그리고 학생모집 등의 이유로 1조교로 바뀐 경험이 있어, 민족학교를 개설하는 것에 대하여 부정적일 수도 있다. 하지만 오사카를 중심으로 한 관서지방에 '한국'적 동포를 위해 자율적인 민족교육이 가능한 '한국학교'를 개설해야 하는 것은 한국정부

30) 이수경 외, 『재일동포 민족교육 실태 심화조사 및 정책방향 제시』, 재외동포재단, 2017, 237쪽.

의 책임이라고 생각한다. 그런데 절차상으로 재외 한국학교를 건립하려
면, 현지 동포가 학교 건립을 위해 50%의 재원을 마련하여 한국정부에
신청을 해야 한다. 돌이켜 보면 관서지방에 체계적인 한국계 초등학교가
개설된 적은 없다. 재일한인이 많이 사는 지역에 오사카한국초등학교를
설립하는 것은 재일한인사회에 새로운 활력소가 되지 않을까 생각한다.
그것이 계기가 되어 다른 한국계 학교도 발전할 수 있다.

여섯째, 한국계 학교의 민단에 의한 자립체제 확립이다. 민단계 학교
가 개설된 지 이미 60년이 넘었다. 하지만 여전히 한국계 학교의 재정자
립도는 높지 않다. 한국정부와 일본정부의 재정적 지원이 학교 수입원의
많은 부분을 차지한다. 학생모집이 어렵다는 현실적인 문제가 있지만,
'재일한인' 학교는 한국정부의 지원보다는 민단의 지원으로 유지되는 것
이 바람직하다. 민단 측이 보다 민족학교에 대해 적극적인 자세로 임하
게 되면, 한국계 학교도 더욱 발전하지 않을까 생각된다.

2) 조선학교의 과제

북한으로부터 거액의 교육지원금이 송금될 때, 총련은 조선학교를 일
본현지에서 경쟁력 있는 학교로 성장시킬 수 있는 여력이 있었다. 그러
나 총련은 북한과의 관계를 중시하여 북한공민 만들기 그리고 총련조직
강화를 위해 조직원 양성에 역점을 두었다. '재일'이라는 현실과 거리 있
는 교육이었지만, 전국에 설립된 조선학교에 의해 한국어를 말할 수 있
는 재일한인이 많이 있고 재일한인사회가 여전히 그 색채를 강하게 유지
하고 있는 측면도 있다. 또한 정치적 성향과는 관계없이 민족 정체성을
중시하고 차별 없이 안심하고 다닐 수 있는 학교로서 조선학교를 선택하
는 이들이 여전히 많다.[31]

하지만 조선학교는 현재 학교 교육내용과 재정문제로 인해 위기를 맞고 있다. 현재 상황에서 총련이 위기를 벗어날 수 있는 방법은 세 가지이다.

첫째는 서서히 진행해오던 학교의 통폐합을 과감히 추진하여, 총련이 고집해온 북한식 교육을 전문으로 하는 소수의 학교만 운영하는 것이다. 즉 북한과 총련의 지원금을 소수학교에만 집중하여 학교를 운영하는 것이다.

둘째는 현재 일본정부는 조선학교와 북한과의 연계를 빌미로 교육보조금을 삭감 혹은 동결하고 있으므로, 조선학교는 총련과 별개의 조직으로 분리하여 조선학교 이사회의 독자적인 운영형태로 바꾸는 한편, 많은 학부모들이 요구하는 일본의 대학입시에도 역점을 두는 학교로 개선하는 것이다.

셋째는 현실적인 가능성이 지극히 낮으나, 현재 한국적의 학생도 적지 않으므로 지역적으로 민단 측과 협력하여 학교 생존의 길을 모색하는 것이다. 총련의 상의하달식 조직 특성상 현실적인 가능성이 없지만, 학교의 폐교의 위기 상황이 닥치게 되면, 차선책으로 고려해 볼만한 선택이다.

결국 총련으로서는 현재의 상황을 과감히 자기 개혁을 통해 해결하지 않으면, 폐교하는 조선학교는 증가할 것이고 회생의 기회조차 놓치고 말 것이다.

3) 민족학급의 과제

민족학급의 첫 번째 과제는 오사카뿐 아니라 관동지방 등 기타 지역

---

31) 조선학교에 자녀를 입학시키는 부모의 마음은 中島智子,「朝鮮学校保護者の学校選択理由―「安心できる居場所」「当たり前」をもとめて―」,『プール学院大学研究紀要』第51号, 2011, 189~202쪽 참조.

에도 민족학급을 개설하는 것이다. 민족학급은 일본의 공립 초중학교에
개설되어 있는데, 오사카를 중심으로 한 관서지방에 집중되어 있고 도쿄
를 중심으로 한 관동지방의 일본인초중학교에 개설된 사례는 아직 찾을
수 없다. 결국 도쿄의 경우는 일부 고등학교에서의 클럽활동이나 토요학
교에서 한국어와 전통문화를 배우는 한인학생들이 많다. 하지만 학교 내
에서 정규시간 혹은 과외시간에 매주 운영되는 민족학급의 의미와 효과
를 토요학교로는 기대하기 어렵다. 따라서 관동지방에서도 민족학급 개
설에 대한 고민이 필요하다.

　민족학급의 두 번째 과제는 일주일에 1시간 내외라는 시간적 제약의
해소이다. 물론 일주일에 2시간 내외로 늘렸을 경우의 학부모나 학생의
반응 그리고 그로 인한 강사의 처우 등 고려해야 할 사항이 많지만, 현
재의 배정된 시간으로 충분한 교육결과를 만들어낼 수 있는지 검토해야
할 것이다.

　세 번째 과제는 교육내용의 개선이다. 민족학급의 경우 1시간이라는
제한된 시간 내에 이루어지기 때문에, 민족적 자각과 자긍심을 심어주기
위해서는 많은 고민과 유능한 강사가 필요하다. 하지만 현재의 교육은
관서지방의 몇몇 강사 그룹의 경험을 토대로 그리고 그 그룹을 통해 강
사가 공급되고 있는 경향이 있다.[32] 그 결과 강사에 따라 수업내용이 다
르고 교육목표도 다르게 설정될 수도 있다. 물론 민족학급은 교사에 의
해서 자율적으로 이루어져야 하나, 민족학급이 지향해야 할 기본적인 교
육 방향과 효과적인 교육방법 등에 대해 민족강사 협의체는 보다 고민해
야 할 내용이 많다고 생각한다.

　네 번째는 민족강사에 대한 처우가 개선되어야 한다. 물론 한국정부는

---

[32] 이수경 외, 『재일동포 민족교육 실태 심화조사 및 정책방향 제시』, 재외동포재단, 2017,
　　303쪽.

2011년부터 민족학급의 운영과 관련된 지원을 시작하였고, 민족학급의 활성화에 많은 도움을 주고 있다.[33] 하지만 지극히 중요한 역할을 하고 있는 민족강사의 질적 수준을 높이고 민족강사의 안정적인 공급을 위해서는 민족강사에 대한 처우개선이 필요하다.

---

33) 이수경 외, 『재일동포 민족교육 실태 심화조사 및 정책방향 제시』, 재외동포재단, 2017, 306~328쪽.

맺음말

　재일한인은 해방되자마자 조국으로의 귀환에 마음 설레며, 일본의 동화정책에 의해 상실한 자녀들의 민족성을 회복하기 위해 민족교육을 시작하였다. 하지만 GHQ와 일본정부의 재일한인 귀환에 대한 초기 대응 미숙, GHQ의 귀환지참금 제한 그리고 한반도의 불안한 정세로 인해 많은 재일한인은 일본 현지에 남게 되었다.

　임시방편적인 민족교육은 일본에서의 생활이 장기화하는 상황 속에서 체계적인 학교로 발전하였다. 학교 규모는 작으나 500개교가 넘었다. 이를 못마땅히 여긴 GHQ와 일본정부의 억압이 있었고, 조련계 한인들은 저항하였다. 민단계의 경우도 학교가 있었으나, 몇 개에 지나지 않았다.

　한편 총련은 북한의 교육원조비 도움으로 GHQ와 일본정부에 의해 무너진 민족학교를 다시 재건하여, 조선학교는 한때 160여 개나 되었다. 하지만 총련은 1970년대 말까지 오로지 북한으로의 귀국을 전제로 한 북한 공민 만들기 교육에 치중하였다. 물론 1980년대에 일본현지 지향의 교육을 가미하기 시작하고 2000년대에는 '북한'에서 벗어나 '조선' 전체를 시야에 둔 교육을 시작하였다. 그러나 여전히 조선학교의 교육은 북한에 치중된 교육과 집단활동 중심의 교육에서 벗어나지 못하고, 일본 현지에서의 대학입시 등에 대한 교육은 등한시하였다.

총련계 동포들은 일본사회의 차별에 맞서 살아가는 '민족'으로서의 저항심을 가지고, 조선학교로 자녀를 보냈다. 또한 1970년대까지의 냉전의 국제정세는 국가와 민족이 개인에게 중요한 의미를 갖게 하였다. 하지만 1980년대 이후의 국제사회는 화해 분위기가 확산되고 일본사회의 행정적 차별도 많이 완화되어 갔다. 북한의 경제적 침체와 폐쇄적 독재정치 그리고 조선학교에 더이상 자녀의 미래를 맡길 수 없다고 판단한 총련계 학부모들은 한국적을 선택하고 또한 일본인학교에 자녀를 보냈다. 즉 일본에서의 생활이 기정사실화되어있는 현실 속에서, 재일한인 개인들은 일본에서의 생계유지를 위해 이미 1980년대부터 조선학교에 등을 돌리기 시작하였다. 결과적으로 현실을 무시한 조선학교의 고집스러운 북한식 교육에 대한 집착이 지금과 같은 사태를 야기한 가장 큰 원인이다.

이러한 상황에서 북한의 교육지원금 삭감 그리고 학교 보조금 지급을 중지하는 일본 지자체의 증가는 조선학교를 마침내 위기 상황으로 내몰고 있다. 조고를 고교무상화에서 제외하고, 지자체가 조선학교에 대한 지원을 중지하는 모습은 마치 제1차 조선인학교 폐쇄조치, 제2차 조선인학교 폐쇄조치 그리고 1960년대 중반 이후 외국인학교법안을 통해 조선학교를 폐교시키려했던 일본정부의 과거를 떠오르게 한다.

제1차 조선인학교 폐쇄는 조선인학교가 일본법을 준수하지 않는다는 이유였고, 제2차 조선인학교 폐쇄조치는 조선인학교에서 공산주의 교육을 하고 있다는 것이었다. 그리고 외국인학교법안의 가장 핵심적인 내용은 외국인학교가 "일본의 이익과 안전을 해치는 것이어서는 안 된다."는 것이었다.

일본정부가 조고를 고교무상화에서 제외한 것이나, 지자체가 조선학교에 대한 보조금 지급을 중단하는 표면적인 이유 또한 조선학교가 일본이라는 사회의 공익에 부합하지 않는다는 것이다. 다양한 이유로 민족학교를 탄압하였지만, 모두가 정치적인 이유였다. 조선학교는 학교 개방을 통해 조선학교 교육의 실상을 이해받으려고 하였지만, 일본정부는 조선학교와 총련을 통해 북한과 연결되어 있다는 이유 아닌 이유로, 학생의 학습권을 무시한 채 경제적인 어려움이 있는 조선학교를 '돈'으로 억압하고 있다. 일본이 패망한 지 75년이 넘었지만, 조선인학교와 조선학교에 대한 일본정부의 입장은 변함이 없는 것이다.

물론 조선학교를 총련이라는 조직 안에 가두어두려는 총련 관계자의 의도도 이해하기 힘들다. 조선학교는 총련이라는 조직을 위한 학교가 아니라, 재일한인 개인을 위한 학교여야 하는데, 총련 관계자는 여전히 조직을 위한 개인의 희생을 원하고 있는 것이 아닌가 생각된다.

한국계 학교의 경우 우선 뉴커머가 많은 도쿄의 동경한국학교는 학생 모집이라는 어려움에서 벗어나 도약의 단계에 들어섰다고 할 수 있다. 동경한국학교도 여러 가지 과제가 있지만, 학교 자체가 어느 정도 궤도에 올라있어, 새로운 과제에 대응할 수 있는 여유가 생겼다.

하지만 올드커머를 중심으로 한 관서지방의 한국계 학교는 학생 유지도 어려운 상황이다. 앞서 여러 가지 과제를 제시하였지만, 관서지방의 한국계 학교는 한국정부와 민단 그리고 학교 관계자가 함께, 한국계 학교의 미래에 대해서 심도 있게 논의할 필요가 있다고 생각한다. 한국계 학교가 발전을 하기에는 학교가 개별적으로 해결해야 할 과제도 있지만, 학교 관계자만의 능력으로는 해결할 수 없는 과제도 많다. 지금과 같은 상황이 이어지면 결코 한국계 학교의 미래는 밝지 않다.

지금 관서지방의 한국계 학교문제는 민족교육의 문제가 아니다. 첫째

는 한국계 학교의 문제는 재일한인 사회의 발전과 결부되어 있다. 즉 재
일한인사회가 보다 발전된 공동체로서 일본사회에서 일본인과 공존하기
위해서는, 제7장 1절에서 '민족학교의 역할'에 대하여 서술하였듯이, 민
족학교가 발전해야 한다. 그리고 그 민족학교는 '민족'에 고집하는 학교
가 아니고, 다양한 모습의 학교인 것이다. 둘째는 재일한인 사회가 다양
화되었고 그에 걸맞는 교육이 제공되어야 하기 때문이다. 재일한인사회
는 많이 변하여 일본인과는 다른 다양한 모습의 재일한인이 있다. 이러
한 변화에 따른 다양한 교육 환경을 부여해야 하는 것은 한국정부도 일
본정부도 아닌 재일한인 스스로이며, 구체적으로는 민단이기도 하다. 즉
민단은 다양한 형태의 한국계 학교가 유지될 수 있도록 적극 나서야 한
다.

   그동안 민단은 재일한인의 교육문제에 대하여 적극적이지 않았다는
평가를 받아왔다. 지금 민단은 90%가 넘는 재일한인사회를 대표하는 단
체이다. 재일한인사회가 새로운 도약을 하고 민단이라는 단체가 보다 활
성화되기 위해서는 재일한인의 교육문제에 적극 관심을 가져야 할 때이
다. 민족학교는 동포사회는 물론, 민단이라는 조직의 뿌리이다. 뿌리가
약한 나무는 튼튼하게 자랄 수 없다. 위기는 기회이다. 지금의 위기를
기회로 만드는 민단의 적극적인 모습을 기대해 본다.

1. 한국어문헌

강덕상 외, 『근·현대 한일관계와 재일동포』, 서울대학교출판부, 1999.

곽은주, 「재일동포 민족교육에 관한 연구」, 고려대학교교육대학원 석사학위논문, 2001.

교육개혁심의회, 「해외교포교육 발전방안 (정책연구 ii-7)」, 문교부, 1987.

교육과학기술부, 「글로벌 인적자원 육성을 위한 재외 한국학교 선진화 방안」, 2010.

교토국제중고등학교, 「2019학년도 교육계획」, 2019.

국사편찬위원회 편, 『일본 한인의 역사(상)』, 2009.

국사편찬위원회 편, 『일본 한인의 역사(하)』, 2010.

금강학원, 「2016학년도 학교경영 계획서」, 2016.

금강학원, 「2020학년도 학교경영 계획서」, 2020.

국회인권정책연구회·동북아평화센터 공편, 『재일동포의 민족교육에 관한 심포지움』, 2001.

김경준·김태기, 『미래인재 개발 전략으로서의 재외동포 청소년 지원방안 연구Ⅰ』, 한국청소년정책연구원, 2015.

김경해 저, 정희선 외 옮김, 『1948년 한신교육투쟁』, 경인문화사, 2006.

김대성, 「재일한국인의 민족교육에 관한 연구」, 단국대학교대학원 박사학위논문, 1996.

김덕룡, 「재일조선인민족교육에 관한 한 고찰-현황과 과제의식을 중심으로-」, 『한일민족문제연구』 제15호, 2008.

김덕룡,『바람의 추억』, 선인, 2009.

김덕룡·박삼석,『재일동포들의 민족교육』, 東京: 학우서방, 1987.

김봉섭,「이승만정부 시기의 재외동포정책」, 한국학중앙연구원 한국학대학원 박사학위논문, 2009.

김상현,『재일한국인-교포80년사-』, 어문각, 1969.

김상호,「재일본조선인총연합회의 '민족교육' 연구」, 북한대학원대학 석사학위논문, 2009.

김웅기,「기로에 선 재일동포 민족교육: 도쿄 한국학교 분규사태를 중심으로」,『한민족연구』제6호, 2008.

김은숙,「재일본 조선대학교 연구(1956~1968)」, 성균관대학교대학원 석사학위논문, 2008.

김은숙,「재일본 조선대학교의 설립과 인가에 관한 연구(1956-1968)」,『사림』제34호, 2009.

김인덕,「재일조선인 민족교육 연구 현황과 과제」,『재일한국인 연구의 동향과 과제』, 제주대학교 재일제주인센터, 2014.

김태기,「일본정부의 재일한국인 정책」, 강덕상 편,『근·현대 한일관계와 재일동포』, 서울대학교출판사, 1999.

김태기,「한국정부와 민단의 협력과 갈등관계」,『아시아태평양지역연구』, 2000.8.

김태기,「GHQ의 반공정책과 재일한인의 민족교육: 2차 조선인학교 폐쇄조치를 중심으로」,『일본비평』제1호, 2009.

김태기,「재일한인의 정체성과 국가와 민족, 그리고 이데올로기」, 국사편찬위원회편,『일본 한인의 역사(하)』, 국사편찬위원회, 2010.

김환,「재일동포민족교육의 어제, 오늘, 그리고 내일」,『교육월보』제178호, 1996.

김희정,「재일조선학교 교육변화에 관한 연구: '도꾜조선제1초중급학교'의 사례를 중심으로」, 이화여자대학교대학원 석사학위논문, 2008.

동경한국학원,「동경한국학교 연구프로젝트위원회 검토 보고서」, 2015.6.

동경한국학교 초등부,「2016학년도 학교교육계획」, 2016.

동경한국학교 중고등부,「2016학년도 학교 교육계획」, 2016.

동경한국학교(초등부),「2019학년도 학교교육계획」, 2019.

동경한국학교(중고등부),「2019학년도 학교교육계획」, 2019.

민관식, 『재일본한국인』, 아세아정책연구소, 1990.

민단 30년사 편찬위원회, 『민단 30년사』, 1977.

민단 50년사 편찬위원회, 『민단 50년사』, 1997.

박종상, 『봄비』, 평양: 문학예술종합출판사, 2001.

박종운·박종철, 『주체의 해빛아래 발전하여온 總聯의 民主主義的民族敎育』, 東京: 학우서방, 1981.

백두학원, 「2016년도 교육계획」, 2016.

백두학원, 「2019년도 교육계획」, 2019.

변우량, 「재일동포 2세의 민족교육」, 『입법조사월보』 No. 99, 1976.12.

송기찬, 「민족교육과 재일동포 젊은 세대의 아이덴티티」, 한양대학교대학원 석사 학위논문, 1999.

송용미, 「재일동포 민족교육의 역사적 변천과정 연구」, 연세대학교대학원 석사학 위논문, 2007.

안병만, 「글로벌 인재 확보 경재 시대에 대응한 재외동포교육 선진화 방안」, 『통상 법률』 제93호, 2010.

량우직, 『서곡』, 평양: 문학예술종합출판사, 1995.

오가타 요시히로, 「이승만정부의 '재일동포'정책 연구」, 연세대학교대학원 박사학 위논문, 2018.

오자와 유사쿠 지음·이충호 옮김, 『재일조선인 교육의 역사』, 혜안, 1999.

오일환, 「재일조선인의 북송문제」, 국사편찬위원회편, 『일본 한인의 역사(하)』, 국 사편찬위원회, 2010.

윤송아, 「총련 결성과 재일조선인 민족교육－박종상의 『봄비』와 량우직의 『서곡』 에 나타난 총련 결성 시기 '조선학교'의 재현양상을 중심으로－」, 『비교문 화연구』 제57집, 2019.12.

이남교, 「재일동포의 민단계학교: 민족교육 2」, 『새교육』 제506호, 1996.12.

이수경 외, 『재일동포 민족교육 실태 심화조사 및 정책방향제시』, 재외동포재단, 2017.

이토히로코, 「재일한인 사회와 조선학교－이바쇼로서의 가능성을 중심으로－」, 경 북대학교대학원 박사학위논문, 2019.

이형규, 「정책의제 형성과 전이에 관한 연구: 재일동포사회 활성화 지원 방안을 중심으로」, 성균관대학교대학원 박사학위논문, 2000.

재일본대한민국거류민단중앙본부, 『교육백서: 민족교육, 학교교육, 사회교육, 모국
　　　교육』, 재일본대한민국거류민단중앙본부, 1990.

정영환, 「4 · 24교육투쟁과 재일조선인의 민족교육: 폭력의 흔적과 연대의 기억」,
　　　『창작과 비평』 186号, 2019겨울호.

정진성 외 2명, 『민족학교(조선 · 한국) · 학급 전수조사를 위한 예비조사-도쿄권의
　　　초중고 민족학교를 중심으로-』, 재외동포재단보고서, 2007.

정희선, 『재일조선인의 민족교육운동(1945-1955)』, 재일코리아연구소, 2011.

정희영, 「'재일코리안 한국계 민족학교의 학교문화 특성에 관한 연구'에 대한 반론
　　　을 통한 민족학교 이해」, 『일어일문학』, 2018.5.

중앙대학교부설 한국교육문제연구소, 『문교사』, 1974.

진희관, 「남북대립과 민족단체의 경직화」, 국사편찬위원회 편, 『일본 한인의 역사
　　　(상)』, 국사편찬위원회, 2009.

창립 10주년 기념연혁사편찬위원회, 『도쿄 조선중고급학교 10년사』, 1956.

청암대 재일코리안연구소, 『재일동포 민족교육 현황조사』, 재외동포재단, 2013.

최영호, 「조총련에 의한 민족교육의 어제와 오늘」, 『황해문화』 제47호, 2005.

한경구, 「일본사회의 국제화와 공존을 지향하는 재일한인의 운동」, 국사편찬위원
　　　회 편, 『일본 한인의 역사(상)』, 국사편찬위원회, 2009.

홍리나, 「문화적 저항으로서의 재일동포 민족학급: 히가시오사카시 공립소학교의
　　　사례를 중심으로」, 한국학중앙연구원 한국학대학원 석사학위논문, 2015.

홍효정, 「재일동포 청소년 민족교육에 관한 연구」, 한양대학교 교육대학원 석사학
　　　위논문, 2006.

2. 일본어문헌

赤塚康雄, 「戦後大阪市教育史(Ⅳ)」, 『大阪市教育センター研究紀要』 第18号, 1988.

阿部彰, 『戦後地方教育制度成立過程の研究』, 風間書房, 1983.

安宇植, 『天皇制と朝鮮人』, 三一書房, 1977.

李月順, 「在日朝鮮人の民族教育と在日朝鮮人教育」, 朴鐘鳴編著, 『在日朝鮮人の歴史と

文化』, 明石書店, 2006.

李殷直, 『「在日」民族教育・苦難の道－1948年10月~54年4月－』, 高文研, 2003.

磯田三津子, 「京都市公立学校における外国人教育の概念の検討—1970年代の市民運動 と外国人教育方針の内容分析を通して—」, 『埼玉大学紀要』 第63巻2号, 2014.

磯田三津子, 「1980年代初頭における在日コリアンを対象とした外国人教育の特質—『外 国人教育の基本方針(試案)』(1981年)と京都市立陶化小学校の校内研究」, 『埼玉 大学紀要』 第64巻2号, 2014.

李東準, 『日本にいる朝鮮の子ども』, 春秋社, 1956.

異文化間教育學會, 『在日外國人教育の現在』, アカデミア出版會, 2005.

李南教, 「在日韓国人の民族教育に関する研究」, 芦屋大学大学院博士学位論文, 1995.

稲継靖之, 「戦後の滋賀県公立学校内における民族学級について」, 『滋賀県立大学研究 報告－人間文化』 第19号, 2006.

今里幸子, 「神奈川における在日朝鮮人教育の民族教育－1945年~49年を中心に－」, 『在 日朝鮮人史研究』 第39号, 2009.

內山一雄, 『在日朝鮮人の教育』, 三一書房, 1982.

ウリハッキョをつづる会, 『朝鮮学校ってどんなとこ?』, 社会評論社, 2001.

大阪市外国人教育協議会, 『市外教30年のあゆみ』, 大阪市外国人教育協議会, 2002.

小熊英二・姜尚中編, 『在日一世の記憶』, 集英社, 2008.

小沢有作, 『民族教育－日韓條約と在日朝鮮人の教育問題』, 靑木書店, 1966.

小沢有作, 『在日朝鮮人教育論 歴史編』, 亜紀書房, 1973.

小沢有作, 「在日朝鮮人教育實踐・序說」, 『人文学報』 第16号, 1981.

呉永鎬, 『1950~1960年代における朝鮮学校教育史』, 明石書店, 2019.

呉永鎬・中島智子, 「「公立学校的」存在としての朝鮮学校－愛知県朝鮮学校の新設・移 転・統廃合－」, 『世界人権問題研究センター研究紀要』 第23号, 2018.

呉鳴夢・成大盛, 「解放後の初期在京都朝鮮人民族教育(1945~1950)」, 『社協京都会報』 第9号, 2007.

呉林俊, 『朝鮮人の光と影』, 合同出版, 1972.

鍛治致, 「つなげよう民族の心: 大阪朝鮮高級学校」, 志水宏吉・中島智子・鍛治致編著, 『日本の外国人学校:トランスナショナリティをめぐる教育政策の課題』, 明石 書店, 2014.

河合俊治,「民族教育の視点—京都市陶化中学校の実践」,『部落』第155号, 1962.

康成銀,「朝鮮學校での朝鮮史教科書の見直しと變化」, 康成銀,『朝鮮の歴史から民族を考える−東アジアの 視點から−』, 明石書店, 2010.

梶井陟,『都立朝鮮人学校の日本人教師 1950-1955』, 岩波書店, 2014.

梶井陟,『朝鮮人学校の日本人教師』, 亜紀書房, 1974.

菊池一隆,「在日朝鮮人学校における中等歴史教科書について」,『人間文化: 愛知学院大学人間文化研究所紀要』, 2012.7.

岸田田美,「在日韓国・朝鮮人教育にみる「公」の境界とその移動」,『教育学研究』第70号, 2003.

金敬得,『在日コリアンのアイデンティテと法的地位』, 明石書店, 2005.

金光敏, 「多文化共生のための教育はどこから學ぶべきか−公教育における在日朝鮮人民族教育の起源」,『抗路』第2号, 2016.

金正泰,「国境を超えた子どもたちが創る多文化社会」,『立命館産業社会論集』第57巻第1号, 2021.6

金石範,『「在日」の思想』, 筑摩書房, 1981.

金時鐘,『「在日」のはざまで』, 立風書房, 1986.

金贊汀,『朝鮮總連』, 新潮新書, 1994.

金贊汀,『激動の百年』, 朝日新聞社, 2004.

金兌恩,「公立学校における在日韓国・朝鮮人教育の位置に関する社会学的考察: 大阪と京都における『民族学級』の事例から」,『京都社会学年報』第14号, 2006.

金兌恩,「在日韓国・朝鮮人児童のアイデンティティとポジショナリティ: 京都市立小学校における「民族学級」を事例に」,『京都社会学年報』第16号, 2008.

金太基,『戦後日本政治と在日朝鮮人問題』, 勁草書房, 1997.

金泰虎, 「在日コリアン学生を対象とする『民族学級』−民族意味合いと在日コリアンの教育の変遷及び特徴−」,『韓国文化研究』別冊第1号, 2018.3.

金德龍,『朝鮮學校の戦後史−1945~1972−』, 社會評論社, 2002.

金慶海,『在日朝鮮人民族教育の原占−4.24阪神教育鬪爭の記録』, 田畑書店, 1979.

金仲倍・金月順,「在日朝鮮人の民族教育」, 山田照美・朴鐘鳴編,『在日朝鮮人−歴史と現狀』, 明石書店, 1991.

京都大學校育學部比較教育研究室,『在日韓國・朝鮮人の民族教育意識』, 明石書店, 1990.

倉石一郎, 「日本型『多文化共生教育』の古層──マイノリティによる立場宣言実践によせて──」, 『異文化間教育』第44号, 2016.

公安調査庁, 『朝鮮総連の教育活動の実態 附－北鮮の教育体系－』, 1956.

高賛侑, 『国際化時代の民族教育』, 東方出版, 1996.

高賛侑, 『ルポ 在日外国人』, 集英社, 2010.

コリア国際学園中等部高等部, 「KIS 2020学園案内」, 2020.

佐野通夫, 「学校と国籍」, 『東京大学教育行政研究室紀要』第3号, 1982.

庄司潤一郎, 「朝鮮戦争と日本の対応──山口県を事例として──」, 『防衛研究所紀要』第8巻第3号, 2006.3.

鄭祐宗, 「植民地支配体制と分断体制の矛盾の展開──敗戦後山口県の対在日朝鮮人統治を中心に──」, 『立命館法学』, 2010年5・6号.

瀬上幸恵, 「山口県における民族教育擁護運動(地域社会における在日朝鮮人とGHQ」, 『東西南北』別冊1, 2000.

宋基燦, 『「語られないもの」としての朝鮮学校』, 岩波書店, 2012.

孫・片田晶, 「1960年代の日教組教研の在日朝鮮人教育論－『在日朝鮮人教育』の変容』」, 『社会学評論』第67巻第3号, 2016.

曺慶鎬, 「在日朝鮮人コミュニティにおける朝鮮学校の役割についての考察－朝鮮学校在学生を対象としたインタビュー調査を通じて」, 『移民政策研究』第4号, 2012.

竹田青嗣, 『〈在日〉という根拠』, 国文社, 1983.

田中宏, 「朝鮮学校の戦後史と高校無償化」, 『〈教育と社会〉研究』第23号, 2013.

崔紗華, 「占領期日本における朝鮮人学校－学校の閉鎖と存続をめぐって－」, 『早稲田政治公法研究』第108, 2015.

崔紗華, 「東京都立朝鮮人学校の廃止と私立各種学校化──居住国と出身社会の狭間で──」, 『境界研究』第8号, 2018.

崔紗華, 「朝鮮人学校存廃問題の歴史過程 1945-1957──グローバル・ヒストリーの視点から──」, 早稲田大学大学院博士学位論文, 2020.

坪井豊吉, 『在日同胞の動き』, 自由生活社, 1975.

土屋明広, 「日本社会における在日アイデンティティの(被)構築性」, 『岩手大学教育学部研究年報』第68巻, 2009.2.

東京都生活文化局私学部私学行政課調整担当, 「朝鮮学校調査報告書」, 東京都, 2013.

東京都立教育研究所編,『戦後東京都教育史 上巻 教育行政編』1964.

外村大,『在日朝鮮人社會の歴史學的研究－形成・構造・變容－』, 綠蔭書房, 2004.

中島智子,「在日朝鮮人教育における民族学級の位置と性格―京都を中心として」,『京都大学教育学紀要』第27号, 1981.3.

中島智子,「朝鮮学校保護者の学校選択理由―「安心できる居場所」「当たり前」をもとめて―」,『プール学院大学研究紀要』第51号, 2011.

中島智子,「第2部 コリア系學教」, 志水宏吉・中島智子・鍛治致編著,『日本の外国人学校: トランスナショナリティをめぐる教育政策の課題』, 明石書房, 2014.

朴校熙,『分斷國家の國語教育と在日韓國.朝鮮教育の民族語教育』, 風間書房, 2013.

朴康秀,「福岡県の公立学校における民族学級の歴史と現状」,『部落解放史ふくおか』第118号, 2005.6.

朴慶植,『解放後在日朝鮮人運動史』, 三一書房, 1989.

朴永炅・竹中優子,「在日同胞の民族教育の変遷と現状―大阪府公立小学校における民族学級を中心に―」,『大阪経済法科大学論集』第114号, 2019.3.

朴成玏,「戦後在日朝鮮人運動史・年表(その2)」,『部落解放研究』第11号, 1977.

韓徳銖,『主体的海外僑胞運動の思想と実践』, 未来社, 1986.

兵庫在日韓國朝鮮人校育お考える會,『多文化・多民族共生教育の原点: 在日朝鮮人校育から在日外國人教育への歩み』, 明石書占, 2008.

卞喜載・全南哲,『いま朝鮮學校でなぜ民族教育か』, 朝鮮青年社, 1988.

黃淞鉉,「日本の公立学校における民族学級の意味－S小学校の事例を手がかりに－」,『일어일문학』, 제73권73호, 2017.2.

法務研究所,『在日北鮮系朝鮮人団体資料集』, 法務研究所, 1959.

マキー智子,「在日朝鮮人教育の歴史：戦後日本の外国人政策と公教育」, 北海道大学大学院博士学位論文, 2014.

松下佳弘,「占領期朝鮮人学校閉鎖にかかわる法的枠組みとその運用: 滋賀県の事例に即して」,『教育史・比較教育論考』第20号, 2010.6.

松下佳弘,「戦後の在日朝鮮人教育行政の展開(1945~55年)－在日朝鮮人と地方自治体の関係－」, 京都大学大学院 博士学位論文, 2018.

松下佳弘,「朝鮮人学校閉鎖措置以降の私立学校設置認可―京都府の事例から(1949年~53年)―」,『研究紀要』第24号, 2019.

閔智炅, 『韓国政府の在日コリアン政策[1945-1960] 包摂と排除のはざまで』, クレイン, 2019.

民族教育促進協議会, 『民促協10周年史』, 1995.5.

山本かほり, 「愛知における朝鮮学校―教育と学校生活、参与観察を踏まえて―」, 『社会福祉研究』第21巻, 2019.

山本かほり, 「排外主義の中の朝鮮学校―ヘイトスピーチを生み出すものを考える」, 『移民政策研究』第9号, 2017.

山本晃輔, 「インクルーシブな教育と葛藤－大阪の民族学級の事例から－」, 『未来共創』第7号, 2020.

梁陽日, 「大阪市公立学校における在日韓国・朝鮮人教育課題の展望―民族学校の教育運動を手がかりに―」, 『Core Ehtics』第9号, 2013.

梁永厚, 『戰後・大阪の朝鮮人運動』, 未來社, 1994.

김태기

일본정치외교 연구자.

전 호남대학교 교수, 서울대학교 일본연구소 연구교수.

저서로는 『戰後日本政治と在日朝鮮人問題』(勁草書房, 1997) 등이 있으며, 공저로는 『근현대 한일관계와 재일동포』(서울대학교출판사, 1999), 『일본 한인의 역사(상·하)』(국사편찬위원회, 2010·2011), 『미래인재 개발 전략으로서 재외동포 청소년 지원 방안 연구 Ⅰ』(청소년정책연구원, 2015), 『재일동포 민족교육 실태 심화조사 및 정책방향 제시』(재외동포재단, 2017) 등이 있다. 논문으로는 「신한일 어업협정을 둘러싼 양국외교의 허와 실」(『한일민족문제연구』, 2005.12), 「일본 우익의 사상과 활동에 관한 사적 고찰」(『한일민족문제연구』, 2007.12), 「The Korean War and Koreans in Japan: An Actors Analysis」(*The Review of Korean Studies*, 2014.12), 「일본회의의 성장과 종교단체의 역할: 세이쬬노이에(生長の家)를 중심으로」(『한일관계사연구』, 2016.09) 등이 있다.